文物考古收藏风云录

吴峰云　著

學苑出版社

图书在版编目（CIP）数据

文物考古收藏风云录/吴峰云著．—北京 ：学苑出版社，2013.10

ISBN 978-7-5077-4397-5

Ⅰ．①文… Ⅱ．①吴… Ⅲ．①文物－考古－中国－文集②文物－收藏－中国－文集 Ⅳ．①K870.4-53②G894-53

中国版本图书馆CIP数据核字（2013）第241683号

责任编辑：洪文雄 何纯谱
封面设计：徐道会
出版发行：学苑出版社
社　　址：北京市丰台区南方庄2号院1号楼
邮政编码：100079
网　　址：www.book001.com
电子信箱：xueyuan@public.bta.net.cn
销售电话：010-67675512、67678944、67601101（邮购）
印 刷 厂：河北保定彩虹艺雅印刷有限公司
开本尺寸：710×1000　1/16
印　　张：26
字　　数：370千字
版　　次：2013年10月北京第1版
印　　次：2013年10月第1次印刷
定　　价：90.00元

作者荣获的部分奖章、证书

全国文博系统先进个人奖章

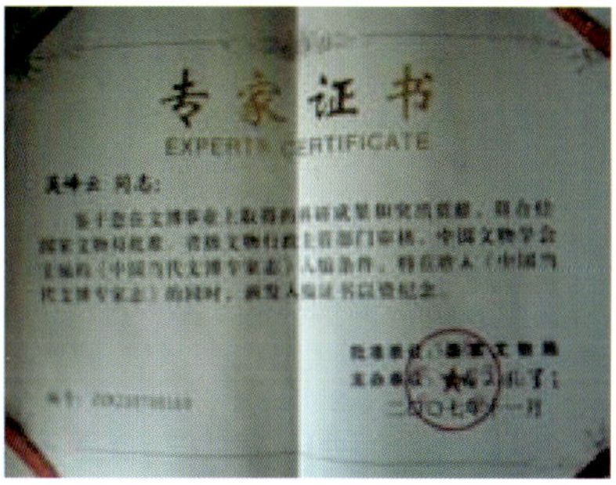

中国文物学会颁发的专家证书

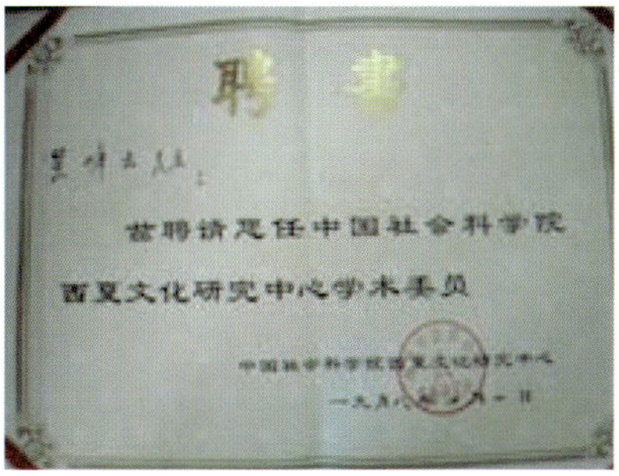

中国社会科学院西夏文化研究中心聘书

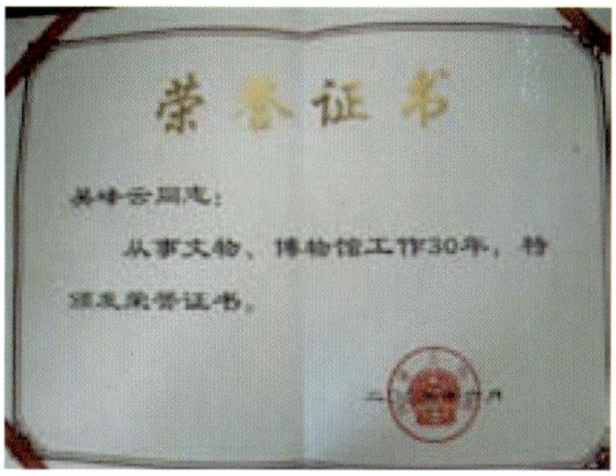

国家文物局颁发的荣誉证书

作者撰写出版的著作

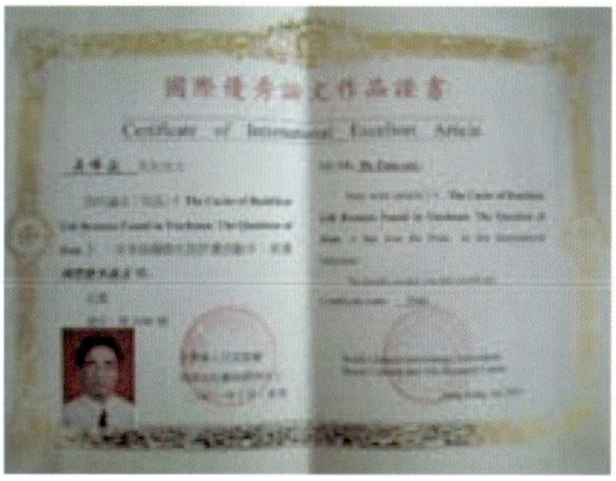

世界华人交流协会、世界文化艺术研究中心颁发的国际优秀论文作品证书

内文图版

图一 宁夏银川始建于西夏的承天寺塔

图二 宁夏贺兰山拜寺沟西夏方塔

图三 西安市文管会藏西夏敕燃马牌

图四 内蒙古伊金霍洛旗出土西夏金盏托

图五 西夏陵区出土迦陵频嘉

图六 上海博物馆藏西夏褐釉瓷罐

图七 西夏剔刻花褐釉瓷罐

图八 西夏剔刻花褐釉四系罐

图十 西夏文《大方广佛华严经》

图九 黑水城出土西夏双头泥塑佛像

图十一 西夏陵出土西夏文残碑

图十二 宁夏贺兰山下的西夏陵区

图十三 西夏八号陵出土的人像石碑座

图十四　西夏八号陵出土的琉璃鸱吻

图十五　西夏陵区一〇一号墓出土文臣头像

图十六　西夏陵区一〇一号墓出土的鎏金大铜牛

图十七　西夏陵区一〇一号墓出土的石雕大石马

图十八 宁夏吴忠崇兴出土白釉高足碗

图十九 磁窑堡出土黑釉剔刻花瓷瓶

图二十 宁夏灵武磁窑堡西夏窑址出土黑、褐釉剔刻花瓷扁壶

图二十一 银川新华街出土西夏鎏金铜造像

图二十二 西夏陵区北部遗址出土的白釉瓷钵、罐

图二十三 宁夏贺兰县宏佛塔

图二十四 宏佛塔出土炽盛光佛绢质画

图二十五 宏佛塔出土西夏文木雕刻印版

图二十六 宏佛塔出土泥塑佛头像

图二十七 宏佛塔出土泥塑罗汉全身像

图二十八 宏佛塔出土彩绘木雕伎乐女像

图二十九 贺兰山拜寺口双塔出土上乐金刚木雕双身像

图三十 贺兰山拜寺口双塔出土绢花

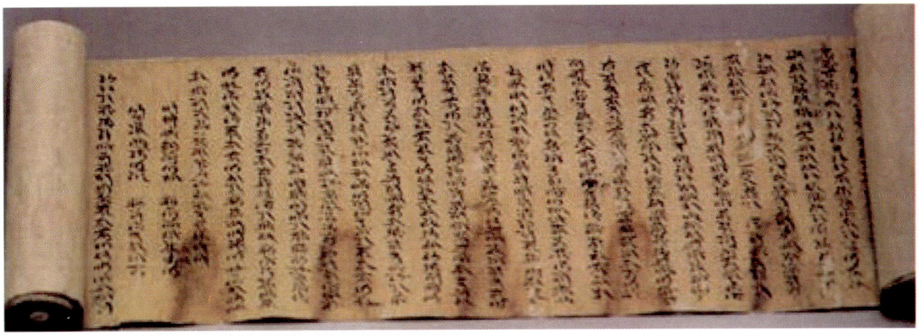

图三十一 贺兰山拜寺沟方塔遗址出土西夏文长卷文书

图三十二 濒临灵江的台州府古城

图三十三 誉为“江南八达岭”的台州府城

图三十四 小巧玲珑的半面圆弧形马面

前　言

时光荏苒，光阴似箭。惊回首，40 年文物考古工作、研究生涯，弹指一挥间。忆往昔，峥嵘岁月稠。

20 世纪 60 年代末，我从银川师范毕业，被分配到银川市第十一中学任教。数年后，考入西北大学历史系考古专业深造。在西北大学学习期间，陈直教授对文献史料背诵如流的娴熟程度，张启之教授从严治学、环环相扣的逻辑思维，张扬教授声情并茂、抑扬顿挫的授课方式，都给我留下了深刻的印象。

大学的图书馆，有最令我流连忘返的学习环境。在那里，我从浩瀚的文献史料中查阅到零零星星有关古代党项族人的活动踪迹，和西夏王国曾经在华夏大地上存在过，但渐渐被人遗忘的历史。从那时起，我便立志要从文物考古学的角度，去探寻那个神秘的西夏王国和它所创造的人类文明。于是，我在大学的图书馆里开始用抄录历史文献和制作文字资料卡片的笨拙办法，对党项、西夏史料进行搜集和分类。同时，又利用暑假自费从西安到北京，向当时在国内外享有盛名的西夏学专家王静如先生求教西夏文。

大学毕业后，我放弃了留校任教的机会，毅然回到宁夏，在自治区博物馆考古队开始从事田野考古和西夏学研究。20 世纪七八十年代从事田野考古和文物调查，工作条件和生活环境都十分艰苦。直到今天我还会时常想起当年进行野外考古调查时，雇上当地农民的毛驴，背着干粮、水和测绘、照相工具，翻越宁夏贺兰山、大螺山、六盘山各沟口的情景。西夏王陵的考古发掘，更是在荒芜戈壁滩上搭起的、冬冷夏热的帆布帐篷里吃住和工作，夏季烈日炎炎，冬季寒风刺骨，在每天风吹日晒的恶劣条件下持续工作了五年多。记得有一次，我带着考古队几名队员去海原县菜园村新石器考古工地的路上，在一个前不着村后不着店的地方遇到瓢泼大雨。车行进在湿滑泥泞的黄土坡上，几次都差点儿滑到路旁的沟里。汽车好不容易开到了村边，眼看着前面不远就是我们考古工地的驻地，却不想陷进村前的一条排水沟里。大家只好下车冒雨推车，费了九牛二虎之力，车才被推了上来。除司机外，其余的人一个个都被淋成了落汤鸡！

1984 年，我参加国家文物局在山东兖州举办的全国考古领队培训班，和后来担任国家博物馆副馆长的王晓田一起担任了培训班的正、副班长。培训班学员在黄景略、俞伟超、张忠培、叶学明、郑笑梅、孔哲生等研究员和教授们的指导下，田野考古发掘水平有了大幅度提高。辛勤的耕耘，总会换来一定的收获。1985 年，我被评为“全国文物博物馆系统先进个人”，出席了文化部在京召开的表彰大会，其后由考古队副队长升任队长，不久又担任了博物馆业务副馆长。在宁夏博物馆工作期间，我与他人合作或独立钻研，先后出版了《西夏简史》、《西夏文物》、《宁夏古塔》、《宁夏寺庙与佛塔》、《西夏钱币》、《探寻西夏文明》等数部著作，并在各类专业刊物和报刊杂志上发表论文、文章七八十篇。

2003 年，应中国文物研究所（现改名为“中国文化遗产研究院”）的聘请，我又回到了幼、少年时期生活、读书、成长的北京，在中国文物研究所信息资料中心从事全国重点文物保护单位记录档案建档，和第三次全国文物普查规范、标准的研究、制定工作。在此工作的七八年间，通过调研、讲课、指导工作等方式，调查、了解了全国大部分省、市、自治区的文物工作情况，从宏观上对我国的不可移动文物与可移动文物（包括馆藏文物和流散文物）又有了许多新的认识。

很多年前，就有一些国内外学术界的同行，希望我能将分散在各类刊物上的论文和文章编辑成册，以便查询。但因上世纪发表的许多文章都没有电子版，还有不少文章的原稿也已丢失，苦于没有时间搜集整理，便一拖再拖。近年又有同窗好友提及此事，我如今业已退休，方才静下心来了此心愿。经过一段时间的搜集、电子文件的输入和编排，终于把一些能够代表本人学识水平和学识观点的主要论文和文章汇集起来，编辑成册，以飨读者。

本书分为西夏考古与文字研究、党项民族调查与研究、收藏鉴定与博物馆学研究、文物普查与不可移动文物研究和历史的记忆与回顾等五部分。每部分都按照文章发表的时间先后编排，未曾发表过的新作编在相应部分的最后。在对发表过的文章编辑时，本人对原文，尤其是原登载刊物出现的缺文、错字等失误，做了适当的修改和补充。

回想一生所走过的学术生涯，我在考古学、西夏学和文物鉴定学领域曾受到前辈们的辛勤指教。因而，在总结自己一生学术成果之时，总不免要想起那些曾经给过我科学滋养的许许多多的人，特别是已经离世而去的陈直、王静如、苏秉琦、俞伟超、史树青等令人永远缅怀的一代先师。

本人一生虽发表了一些学术见解，但是由于学识浅薄不成大器。若这些文章真能有助于年轻一代的学识增长，同时对后人的学术研究起到一定的启示作用，我也就感到欣慰了。

吴峰云于北京

2013 年 8 月 1 日

目　录

党项民族调查与研究

收藏鉴定与博物馆学研究

文物普查与不可移动文物研究

历史的记忆与回顾

西夏考古与
文字研究

西夏陵区一〇八号墓发掘简报

1975年秋冬，我们在发掘西夏陵区八号陵以后，为了进一步搞清西夏帝陵与陪葬墓的关系、地面布局、墓葬形制、墓室结构等方面的差别，又发掘了一〇八号陪葬墓。

发掘工作从9月16日开始，12月5日结束，虽然一〇八号陪葬墓也遭到严重的盗扰，但墓室的形制比较完整，刻有西夏文和汉文的残碑块发现较多，同时又出土了一部分西夏文物。因此，对于研究西夏的历史、党项民族的丧葬制度和生活习俗，以及西夏与北宋、辽政权的关系诸问题，都可作参考资料。

一

一〇八号陪葬墓四周筑有宽约1米的夯土墙。夯土墙南北长58、东西宽55.6米，现残留高度仅0.20米，内外均涂有两层白色石灰墙皮（因年久而呈桔黄色）。南墙中部有一宽约3.25米的门道，从地面发现的部分砖瓦推断，初建时设有门楼。南墙外靠东一侧距墙约40米处，有一正方形的碑亭残基，边长10米，高出地表约0.80米，基面铺有方砖。碑亭的上部结构已全部毁坏，刻有汉文和西夏文的石碑亦被砸碎。墓塚、墓道在土墙内子午线以西。封土现残留一高约4.50米、直径5.6米的圆形不规则椎体。下部发现两层与夯土墙皮同色的石灰皮，说明封土原来全部涂抹石灰，下葬若干年后又进行过维修。墓道在墓塚之南，方向160度，发掘前墓道填土隆起，成鱼脊状。

一〇八号陪葬墓是一座阶梯墓道土洞墓。墓道全长16.4米，共有阶梯三十六级，每一阶梯宽约40厘米。墓道坡度约40度。墓道口宽1.73—3.45米，距地表深0.10—12.50米。清理墓道时，在北端距地表深1.10米的填土中，发现一堆莲花附加堆纹绿釉陶罐残片，有二十余块。从釉色上看，不属同一釉陶罐上的残片，也无法复原。在距地表深度分别为2.20米和5.40米处，先后发现两个由四根长方木组成的“井”字形方架，估计可能是仿唐墓的“天井”。

在墓道和墓室之间有一段长1.75米的甬道，宽1.75—1.90、高2.50米。甬道外用三层木板封门，每层十块，每块宽15、20、25厘米不等，厚度均在10厘米左右，残长最长的有2.60米。从封门板保存的情况来看，盗墓人没有从甬道进出。甬道门在清理前因自然塌方，形成弓形顶，但从土质上分辨，当复原为平顶。在甬道底部，发现有木门扇的残迹。甬道口下部有一高约25厘米的土梁与两根12厘米宽、厚的长方木共同组成的阶梯门限。在甬道外的墓道两侧，各立一长约2.15米的长方木，上端雕有人头身像，出土时压于三层封门板之下，已完全朽坏。

墓室平面呈方形，圆转角，边长约4米。穹窿顶，顶高3.5米。顶部正中有一直径约80厘米的盗洞，清理前，墓室和盗洞几乎填满了大块石头和碎石土。墓室四壁和顶部均为原生黄土，没有砌砖、涂灰和使用护墙板的痕迹，墓室底部未用铺地砖。

二

该墓早期被盗，墓室内的葬具和随葬品遭到了严重的破坏和扰乱，现仅就出土的遗物加以介绍。

墓室内共发现人体骨架三具：其中两具完整，一具已被扰乱。骨架一是完整的，在靠近墓室北壁距墓底1.15米的填土中发现，头向西南，面向西北，俯身侧首，下肢骨向前弯曲，并压于身躯骨之下。骨架二在靠近墓室西壁距墓底0.78米的填土中发现，头向西北，俯身直肢，双手肢骨压于腹下，出土时也是完整的。骨架三出土时已散于墓室底部。

墓室中部发现棺钉四十四枚和大量朽木，朽木最长的残存2.15米左右。在骨架三残骨周围，还发现丝织品残片数块。

该墓大量的随葬物为家畜、家禽。在墓室填土及底部出土的有羊、牛、狗等家畜骨骼近百块，并发现完整的鸡、鸭骨架和蛋壳。在距墓道门1.40米的墓道底部，还发现一个完整的幼狗骨架。在墓室西南角有一完整的幼羊骨架。

随葬品中还有石狗、石马各一件，均为砂石质，通体雕刻，出土时倒在墓室东北部填土中。石狗高（包括底座）30、长65、宽16厘米。石马高（包括底座）34、长67、宽13厘米。

此外，尚出土开元通宝、祥符通宝、天圣元宝、皇宋通宝和熙宁元宝等货币。墓室内还发现绿釉罐和白瓷碗残片、残碎铜片、铜块、残断银丝、银帽铁钉等。

三

经上海自然博物馆鉴定：一〇八号墓内发现的三具骨架均属男性。骨架一年龄“接近四十岁”，“头骨颅底破损，右侧顶骨近结节处有一厘米见方的小洞，洞周围有向四周扩散的裂缝。下颌骨在联合部断裂，右侧髁突和喙突破损”；骨架二“估计在三十岁上下”，“头骨在枕骨枕脊部位有骨折以外，余尚好”；骨架三“估计在五十至六十岁”。

鉴定结果三具骨架均属男性，故排除了夫妇合葬墓的可能。由于三具骨架出土时的层位，只有骨架三出于墓底，而骨架一、骨架二皆出于距墓底约80厘米以上的填土中，且骨架完整，似不可能葬于同一时代，也就不存有殉葬的问题，估计是被同伙杀死的盗墓人。至于被扰散于墓室底部，并有烧灼痕迹的骨架三，当为该墓的墓主人。

四

在一〇八号陪葬墓的碑亭残基上，收集到有字碑残块349块，其中刻有汉文的有216块，刻西夏文的133块，每块少则一两字，多则380余字。两种文字的碑文内容基本一致，互为补正，仍能对考证墓主人及其生前部分活动和墓葬的年代提供一些线索。

根据出土的汉文和西夏文残碑碑首，有“梁国正献王之神道碑”字样推断，一〇八号陪葬墓是西夏梁国正献王之墓。正献王“嵬名[1]，讳安惠”，被尊为“尚父”，任“太师、尚书令、知枢密院事、六部□□”（据《通典》所载宋代官职，可能系六部监门）等职。

史载：西夏贞观三年（1103）“秋九月，封弟察哥为晋国王”[2]。西夏元德二年（1120）“冬十一月，封宗世子仁忠为濮王，仁礼为舒王”[3]。仁孝于西夏天盛十二年（1160）封其相任得敬为楚王。十四年（1162）“封制藩字师野利仁荣为广惠王”[4]。说明西夏有封王之制，但梁国正献王之封，史籍缺载。

正献王的出生年代因石碑被砸，无法得知。其卒年仅根据汉文碑“正德三年”下行有“谥曰忠毅”推测，可能距此年（1129）不远。残碑中出现的最早年代为“毅惠两朝”，“毅”即毅宗，西夏第二代皇帝李谅祚，即位于公元1049年；“惠”即惠宗，西夏第三代皇帝李秉常，即位于公元1068年。残碑中出现最早的年号为“拱化”，拱化系谅祚之年号，改元拱化在公元1063年。从全部碑文中的叙事内容分析，正献王的出生年代当在

---

① 《西夏书事》卷11载：元昊称帝时，声言“李、赵赐姓不足重，自号嵬名氏称吾祖。吾祖华言可汗也。于是属族悉改嵬名，蕃部尊荣之，疏族不与焉”。

② 《西夏书事》卷31。

③ 《西夏书事》卷32。

④ 《宋史·夏国传》卷486《夏国下》。

“拱化初”以后，假设以公元1063年为正献王的出生年代，则其在世大约在公元1063至1129年的这六十余年间。此年龄的推测与上海自然博物馆鉴定的骨架三“估计在50—60岁”也大致相符。

墓主人生前活动，仅据残存的碑文，有两件大事：

1. 随梁太后征怀德军

汉文残碑中有：“太后亲征怀德军，分遣诸将，公……一夕还朝。”“公”指墓主人——梁国正献王，曾与梁太后随征。“太后”即梁太后，秉常之妻，乾顺之母。西夏大安十二年（1086）七月，秉常卒，子乾顺立，方三岁，尊母梁氏为皇太后，梁氏与兄梁乙逋摄政。“怀德军”即平夏城。《宋史·地理志》云：“平夏城旧名石门城，绍圣四年（1097）赐名，大观二年（1108）升为怀德军”。史载，永安元年（1098）“冬十月，梁氏复自将收平夏城，溃还”。

2. 维修兴庆府

汉文残碑中有：“崇宗践位，虽总览乾（坤）……上即命公城中兴，于是……”。“崇宗”即西夏第四代皇帝李乾顺。“中兴”即西夏首府兴庆府。① 西夏建国自李元昊开始，“元昊自先此并吞西土三十余年，聚中国所赐赀财无算外，倚契丹为援，异谋日甚，升兴州为府改名兴庆，广宫城，营殿宇，其名号悉仿中国所称”。② 此城过了五十多年，又经正献王维修了一次。

一〇八号墓的汉文或西夏文残碑中记述墓主人生前活动，多为西夏乾顺时期，而正献王大约卒于乾顺正德年间。所以，可以初步断定该墓当建在西夏中期，为乾顺显陵的陪葬墓。

---

① 西夏桓宗纯祐时，又“以蒙古兵退，修复被兵诸城堡，大赦境内，改兴庆府为中兴府”（《西夏书事》）。一〇八号墓碑上说“崇宗践位”，“命公城中兴”，可能是在桓宗时期立的碑，故不提兴庆府而说中兴府。为什么在正献王死后很多年再立此碑，待考。

② 《西夏书事》卷11。

五

西夏墓葬的形制，与唐、北宋、辽的墓葬大体相同。阶梯（或斜坡）墓道土洞墓，是唐、北宋、辽墓葬中所常见。不过自汉代以来，有些大墓（指贵族墓）多作砖室墓，特别是北宋时期，砖砌仿木结构的墓室大为盛行。而西夏的墓室结构都很简单（包括已发掘的八号陵），既无唐墓中常有的壁龛，也不砌砖室。我们从西夏陵区地面发现大量的砖瓦分析，绝不会是砖瓦不足而不作砖室，恐怕主要是由于“夏俗”，即受到党项民族生活习俗的影响。《旧唐书》载：党项羌“俗皆土著，居有栋宇，其屋织犛牛尾及羊毛覆之，每年一易”。《西夏书事》又载：“夏俗皆土屋或犛牛尾及粘羢毛为盖，惟有命者，得以瓦覆。”当然也会受到西夏的经济、陵区的地理环境和陵区建筑技术条件等因素的限制。

该墓发现大量家畜、家禽的骨骼，尤其是完整的幼狗、幼羊的随葬，似是党项民族特有的葬俗。唐代以前，“党项羌在古析支（今西藏、青海、四川交界处）之地”，“其种每姓别自为部落”，并处于“畜犛牛、马、驴、羊，以供其食，不知稼穑，土无五穀”的原始游牧部落的情况下。初唐时，“吐蕃强盛，拓跋氏（党项羌之强部）渐为所逼，遂请内徙，始移其部落于庆州（今甘肃庆阳）”①。在汉族和其他少数民族的影响下，虽然党项民族封建化速度很快，但是，党项族传统习俗依旧保存着。如大量随葬家畜、家禽，可能就是西夏特有的葬俗。

从一〇八号陪葬墓碑亭中的汉、西夏两种文字的残碑、墓葬形制以及出土的唐、宋货币等方面来看，都说明了西夏与北宋、辽之间的政治、经济、文化上的密切联系。因为西夏元昊称帝，开始建立起与北宋和辽相对独立的封建割据政权时，它已积聚了三十余年北宋所赐的资财，得到了辽

① 《旧唐书·党项羌传》。

的长期支援。同时，元昊还仿北宋所设官职立官制，长期使用宋、辽货币，仿汉字造西夏字，而且以西夏、汉两种文字并用。凡此种种，也说明了西夏文化绝不是什么“独立发展起来的，自成一体的”。至于胡诌什么“西夏文化源于中央亚细亚各族人民的文化”[①] 更不值得一驳了。

（原文以宁夏回族自治区博物馆的署名发表，载《文物》1978 年第 8 期。李范文参与发掘清理工作）

① 符·斯·库兹涅佐夫:《评叶·伊·寇恰诺夫著〈唐古惕国史纲〉》。

一〇一号墓的铜牛和石马

1977年9月，在西夏陵区一〇一号陪葬墓中出土了两件造型生动、形象逼真的珍贵文物——铜牛和石马。

铜牛（图十六），青铜质，长1.20、宽0.38、高0.45米，重188公斤。模制浇铸成型，内空心，腹中尚残留铁砂内模。外表鎏金，出土时部分鎏金已脱落。

石马（图十七），青白砂石质，通体圆雕，长1.30、宽0.38、高0.70米，重355公斤。出土时右耳已缺，左耳稍残，余皆完好。在口唇部位发现少许粉红色彩，可能原为彩绘。

铜牛和石马同出于墓室甬道内，虽然该墓被严重盗扰，但铜牛、石马的位置，根据迹象分析，不曾扰动。铜牛位置靠近甬道东壁，头向墓室。石马位置靠近甬道西壁，头向墓道。二者并列，方向相反，可能反映了党项民族一定的葬制。

近年来，在西夏陵区发掘中出土较完整的铜牛和石马有两处，另一处在一一六号陪葬墓内，但形体要比一〇一号墓的小得多。此外，在一〇八号墓出土了石马和一铜牛耳部，估计铜牛被盗。从这些情况来看，铜牛和石马可能是西夏皇族、重臣墓葬的主要随葬品之一。它们不仅反映了党项民族对牛、马等家畜的珍爱，更重要的是反映了西夏农牧经济的发展。

西夏所属的河套地区和河西、河外十三个州“地饶五谷，尤宜稻麦”，灵州则很早以来就引黄河水而修建了秦家、汉延、唐徕诸渠，在西夏李元昊时期又修筑了“昊王渠”。西夏所实行的广辟农田、兴修水利等措施，有力地促进了农业经济的发展。敦煌（安西）榆林窟壁画中的西夏农耕图，反映了西夏同中原地区一样，使用“二牛抬杠”犁地。耕牛在农业生产中广泛应用，对发展西夏的农业经济无疑是起了很大作用。马也是西夏畜牧业中的主要家畜。因此，西夏墓葬中随葬铜牛、石马为我们研究西夏社会的封建经济，提供了一个旁证。

重达一百多公斤的空心铜牛的铸造，也为研究西夏的冶金工艺提供了新的资料。

（原文载《介绍西夏陵区的几件文物》，《文物》1978年第8期）

西夏陵区一〇一号墓发掘简报

1977年2月至11月，宁夏回族自治区博物馆派吴峰云、李范文、杜玉冰三同志对西夏陵区一〇一号陪葬墓进行了发掘清理。现简报如下：

一、地面布局

一〇一号陪葬墓位于西夏陵区的中部，西邻最近的一座帝陵（编号为YHXM4）约800米。地面布局由南至北分为碑亭、月城和内城三部分。

碑亭：

在茔城的南端，共两座，东西对称，间隔43米。现存两碑亭遗址，台基呈正方形，边长10.50米。

东碑亭的台基高于地表0.96米，夯筑，四周以长条砖包砌。台基面中部用方形砖铺地，东、北两边各存扁平柱础石两块。四周无筑墙痕迹。遗址近旁出土少量长方形绳纹砖，有纹饰一面的正中凹成方槽形，中间有一“干支”汉字。碑亭台基的西侧正中有一宽1.70、长1.43米的斜坡踏步。

西碑亭的台基略低于东碑亭，高出地表0.78米，四周无砖包裹的痕迹，台基面上也未发现铺地砖。但是在台基面的四边残留有土坯石灰墙或墙基。围墙平面呈正方形，边长5.20米。每堵墙的内外两边，均有两块扁平自然柱础石，其中个别柱础石曾被前人移动。西碑亭遗址的周围有大量残砖碎瓦，东侧正中为一斜坡砖砌踏步，宽1.53、长1.30米。

从两座碑亭的清理结果来看，虽然它们的形状和面积基本相同，但上部的建筑形式却有明显差异。西碑亭可能是一座殿宇式建筑，而东碑亭则可能是一座亭台式建筑。在两座碑亭遗址的台基上，出土有汉文和西夏文两种文字的残碑石块101块。其中最大的有40余字，最小的仅存半字。

月城：

在碑亭基址之北，距碑亭8米，呈长方形，东西宽37、南北长41.75米。东、南、西三墙均宽约1米，残存高度仅25厘米。

南墙正中有一宽8.5米的门道，由门道向北，有一条与门道同宽的夯土踏道，长38米，高于地表20厘米，与内城门道前的踏步连接。踏道两旁有放置石像生的痕迹，但石像早已不存。

月城的北墙与内城的南墙同为一墙。

内城：

位于月城之北，平面呈长方形，南北长117.4、东西宽101.4米。四周筑有宽1.50米的夯土墙，残存高度仅45厘米。墙体内外均涂有两层白色石灰墙皮，说明墙体曾经维修过。

内城墙的四个转角处，墙体加宽，呈边长3.5米的正方形台基。清理时在周围发现有砖、瓦等建筑材料，说明台基之上原建有角楼。

南墙的中部有一宽8.5米的门道，并夯筑一平面呈正方形两面坡的踏步。

在内城距门址约10米处，有一道长11.5、宽1.75米的影壁，残高约40—50厘米，壁身夯筑，外裹白色石灰墙皮。

墓塚与墓道在内城内，但避开南北中轴线而位于内城的西北部。墓道的前开口正对内城南门的方向。发掘前墓道填土隆起，犹如鱼脊梁。墓塚在墓道的西北，形状呈截尖圆锥体，高10、底径11.4、顶径5.8米。周壁上下有六排夯土时搭架留下的“架孔”，壁外原涂有两层石灰墙皮。

二、墓葬形制和出土文物

一〇一号陪葬墓是一座斜坡墓道土洞墓。墓道长40.50、上口宽5.40—4.60、距地表深0.20—21米，方向161°，坡度30°。填土中夹杂着大量的残砖碎瓦和石灰墙皮等。

在墓道和墓室之间，有一底部向外倾斜的甬道，长4.60、宽2.50、高3.60—4.20米。甬道底部东、西壁的两侧，各有一条长4.60米、宽30、深12厘米的凹槽，用途不明。甬道门宽2.50、高4.20米，拱形顶，门外侧有封门木板的痕迹。

墓室为土洞，底部基本上呈正方形，边长5米。穹窿顶，高6米。西南角有一高约3.1、宽约1.5米的不规则形盗洞。

该墓曾遭盗掘，随葬器物遗存不多。但在甬道内出土了两件大型随葬品——重188公斤的鎏金大铜牛和重355公斤的大石马，这两件珍贵文物已于《文物》杂志1978年第8期上公布。除此而外，在墓室出土的遗物还有：

铁狗：1件，长43、宽22、高26厘米，模制，出土时已朽。

铁釜：1件，出土时已朽坏。

铁矛：1件，长17厘米，插杆一端直径3.5厘米，出土时已朽坏。

铜铃：2件，直径2.8、高3.7厘米，出土时悬舌已脱落，其中一件铃壁完整，一件稍残。

面食点心：2块，方形，边长5、厚1厘米，内夹馅。出土时一块稍残，一块残半。

白瓷碗：1件，出土时已残，仅存底部与腹部。

褐釉陶罐：1件，出土时已残，仅存碎片3块。

丝织物残片：10余片，出土时已残碎，仅可分辨出锦和罗两种。

石人头：1件，白砂石质，长31、面阔17、厚24厘米，出土时冠部、面部和颈部均有残损，似为地面月城内安放的石人像的头部，被后人从盗洞带入墓室。

棺钉：34枚，铁质，长16—18厘米，出土时已锈残。

棺板：8块，松木，最长的一块长123、厚5厘米，出土时均朽坏。

此外，在甬道的填土中还发现银质乳帽钉10枚、铁质门钉13枚。在墓道底部距墓门约 1. 35 米处发现菱形镶金铜饰品 1 件，在地面内城东北角发现鎏金铜饰品 2 件，铸铜 1 块。

墓主人尸骨严重扰乱，全部遗骨送请上海自然博物馆鉴定，经陈翁良同志鉴定认为：墓中有四个个体，一男三女，男性为中年人，女性一人为老年，余二人为中年。在发掘过程中，也发现有二次或多次葬的痕迹，说明该墓是一夫多妻的合葬墓。

关于墓葬的大致年代和墓主人的身份，从出土的汉文残碑有“天盛二年庚午秋”、“都大勾（当）”、“兼知枢（密院事）”及西夏文残碑有“[illegible][illegible][illegible][illegible]”（译为“庚戌四年”）、“[illegible][illegible]”（译为“中书令”）等字样来看，墓葬的年代当在西夏第五代皇帝仁宗李仁孝天盛二年（1150）之后，仁宗乾祐二十四年（1193 年，夏仁宗卒年）之前。墓主人是一位身份非常显赫的贵族。

党项族很早就实行一夫多妻制，一〇一号墓多具残骸的出土，为党项族一夫多妻制的婚配制度提供了实物资料，但这种夫妻同穴合葬的情况，在发掘的西夏墓中尚属首次发现。这属普遍性还是偶然性，是党项族自身的埋葬习俗，抑或是受汉民族的影响所致？这些问题还有待于继续研究。

（原文以宁夏回族自治区博物馆的署名发表，载《考古与文物》1983 年第 5 期。李范文、杜玉冰参与发掘清理工作）

《番汉合时掌中珠》校补

1909年沙俄军官柯兹洛夫在我国内蒙古额济纳旗黑水城遗址，掘得大量西夏文物和文献资料，存入圣彼得堡大学附属人种博物馆，当年即由圣彼得堡大学副教授伊凤阁着手整理和研究。他发现了《番汉合时掌中珠》（以下简称《掌中珠》），并在同年的《帝俄科学院院报》上撰文介绍。[①]

1912年，伊凤阁把《掌中珠》中的一页及部分照片带到日本。罗振玉得其照片（《掌中珠》第七、九、十至十七页）遂影印成册，是为最早在我国流传的《掌中珠》影印本。此册共十页二十面，页面六十四开本，故称“小本掌中珠”。

1922年，伊凤阁来华。罗振玉向他借得《掌中珠》全书影件，由其子罗福成抄录，于1924年刻印问世。但缺其中第三至六、八及二十六页之前半面。1930年春，苏联聂历山又据德国查赫博士所贻残片影刊于《史林》，补罗氏写本之不足，[②] 但仍缺第二十六页前半面，且第五页与第八页有部分词相重、版心形式亦异，可知此书至少有两种版本。同年，王静如将所缺之页油印发表，惟刻印错误较多。1935年罗福成又将所抄《掌中珠》全书三十七页重校一遍，由嘉草轩刊刻再版。现在国内流传最广的《掌中珠》，即此刻本。

《掌中珠》为党项族人骨勒茂才所纂，成书于西夏仁宗乾祐二十一年（1190）。作者生卒年代及生平无考，但其所著《掌中珠》一书，已为国内

① 伊凤阁：《西夏语简介》，载《帝俄科学院院报》第6种，第3卷，第12—18号，第1221—1233页。

② 王静如：《西夏番汉合时掌中珠补序》，国立中央研究院历史语言研究所西夏研究临时刊之一，1930年，油印本。

外西夏学者所熟知。全书共三十七页，每页两面，每面三行，每行一般有五个词或三个短句（亦有例外），从右至左分为四列：第二列为西夏词或短句；第三列为其汉译；第一列为西夏字的汉字注音；第四列则为汉译字的西夏读音。骨勒茂才在序言中写道："然则今时人者，番汉语言可以俱备。不学番言，则岂和番人之众；不会汉语，则岂入汉人之数。番有智者，汉人不敬；汉有贤士，番人不崇。若此者，由语言不通故也。"又说："准三才，集成番汉语节略一本，言音分辨，语句照然。言音未切，教者能整，语句虽俗，学人易会。号为合时掌中珠。"由此可见，《掌中珠》乃是党项人和汉人相互学习对方语言、文字所用的启蒙书。因为《掌中珠》所收每一个西夏字都有汉译和汉字注音，所以西夏文研究者一般都从此书入手。此外，《掌中珠》一书以天、地、人分为三大类，收入近千常用词，因而也为研究西夏社会，提供了珍贵的资料。

《掌中珠》原本现藏苏联（今俄罗斯——编者注），迄今未见全部公诸世人，实为遗憾。鉴于我国流传的《掌中珠》一书，乃传抄刻印本，错误甚多，颇有详加校订之必要。近年来，笔者利用所见西夏文资料陆续校正，因成此文。但学识浅薄，所见有限，错漏在所难免，敬希同好指正。

校补《掌中珠》主要依据苏联刊布的西夏文字典《文海》、《音同》和国内收藏的西夏、元代刊刻的西夏文佛经、碑刻等资料，为篇幅所限，不可能在校勘表中一一详列出处，一般只列举一两种文献（特别是以《掌中珠》本身）做依据。

国外学者，如苏联聂历山、日本西田龙雄等，也曾对《掌中珠》做过一些零星的纠谬工作，笔者在校补过程中，借鉴了他们的见解。本文蒙中国社会科学院民族研究所史金波同志热情指教，并以他多年收集资料见示，特表衷心感谢。

《掌中珠》校勘表

说　明：

1. 以1935年罗福成手抄刊刻本为底本，凡罗氏校补无误者，不再重校。

2. 表中左列编号，从左至右分别表示《掌中珠》中页、行、组、字。前三者之间用“、”隔开，后者加“（ ）”。例如，“13、4、2（1）”即表示13页4行2组第1字。

3. 误栏中的西夏文错字电脑无法显示，故用“□”表示其位置，正栏中电脑无法显示的西夏字，暂用“?”表示。校补根据不足者，在正字之下标以“?”。

4. 校补根据见于《掌中珠》者，仅用编号，不录书名。

序号	编　号	误	正	校 补 依 据
1	序01、1（4） 序01、4（8） 标题03、1（1）	□	[illegible]	见《文海杂类》（以下简称《杂类》）4页2面3行第2字。
2	序01、4、（11）	□	[illegible]	见《文海》16页1面7行第1字和5页2面7行第1字注释小字。
3	序01、4、（16）	□	[illegible]	见01、11、（6）和27、2、2（2）西夏字。又《文海》21页1面3行第2字注释小字。
4	序01、15、（12）	□	[illegible]	见《杂类》11页2面3行第1字。又《音同》54页1面7行第2字。

续表

序号	编号	误	正	校补依据
5	序01、15、(15)	□	皴	见《文海》8页1面2行第1字注释小字。又《音同》46页2面4行第3字小字。
6	03、3、1(2)	□---	籢	见03、5、1(2)和04、1、1(2)注音西夏字。
7	03、3、2(1)	---没	°没	见03、3、1(1)和03、3、3(1)注音汉字。
8	03、3、3(3)	□---	兘	见《文海》26页1面2行第2字。又《音同》43页2面3行第3字。按该字在罗氏手抄《掌中珠》中均缺点，避免重复，仅校此一处。
9	03、5、1(3)	□---	銌	见03、3、1(3)和04、1、1(3)注音西夏字。又《音同》36页2面3行第2字。
10	03、5、2(1)	□---	籢	见03、5、1(1)和03、5、3(1)注音西夏字。
11	05、1、1	(缺)	兹昴豿贼 僦宿戮迎	从05、1、1至05、3、1，西夏字据聂历山《西夏语文学》卷1第61页补，注音西夏字和汉字据《掌中珠》补。
12	05、1、2	(缺)	豴畢豯°説尼 僦宿戮迎	同上。
13	05、1、3	(缺)	□豵□□ 僦宿戮迎	同上。

续 表

序号	编　号	误	正	校补依据
14	05、1、4	（缺）	𗄿参𗅁𗆅 𗈪宿𗉘迎	同上。
15	05、1、5	（缺）	𗄃井𗄿濁 𗈪宿𗉘迎	同上。
16	05、2、1	（缺）	𗆐鬼𗊻□ 𗈪宿𗉘迎	同上。
17	05、2、2	（缺）	𗌈柳𗍫□ 𗈪宿𗉘迎	按聂氏原误。
18	05、2、3	（缺）	𗎇星𗏃□ 𗈪宿𗉘迎	同上。
19	05、2、4	（缺）	𗐨張𗑓肚 𗈪宿𗉘迎	同上。
20	05、2、5	（缺）	□翼𗒸□ 𗈪宿𗉘迎	同上。
21	05、3、1	（缺）	𗓁軫𗔬□ 𗈪宿𗉘迎	同上。
22	06、4、1（1）	□---	𗕑	同序号 6。
23	07、1、4（2）	□---	𗖊	见本组第 2 个西夏字。又《文海》31 页 2 面 7 行第 1 字注释小字。
24	07、2、2（2）	--□-	𗗙	见《文海》56 页 1 面 6 行第 1 字中注形字。又《千佛名经》：𗘂𗗙（蝮蝎）。
25	07、2、5（2）	□---	𗙏	见 16、1、4（2）注音西夏字。又《论语》：𗙏𗚩（子贡）。

续 表

序号	编号	误	正	校补依据
26	08、1、3（1）	□---	𗁅	见12、5、1（1）和12、5、2（2）注音西夏字。又所误之字在《音同》中属重唇音，读作“末”。
27	08、1、4（1）	---没	°没	见23、6、5（1）和27、1、3（1）注音汉字。
28	08、2、1（2）	---婁	婁合	见15、5、7（1）注音汉字。
29	08、4、3（1）	--□-	𗋒	见08、4、4（1）和08、4、5（1）西夏字。又《文海》36页2面5行第1字。
30	09、2、5（1）	---没	°没	见04、3、1（1）和04、3、2（2）注音汉字。
31	09、3、1（2）	---婁	婁合	同序号28。
32	09、3、3（2）	---則	則°?	见19、2、4（2）注音汉字。
33	09、3、5（2）	---□	°祖?	见25、2、5（1）注音汉字。
34	09、5、2（2）	---則	則°?	同序号32。
35	10、1、4（2）	--□□	𗿢長尼	①见16、5、4（1）西夏字。又《杂类》7页2面5行第1字。 ②见16、5、4（1）注音汉字。
36	10、1、5（2）	-□	𗡞	见《文海》9页1面6行第1字。又《音同》23页1面2行第5字。
37	10、4、1（1）	---没	°没	同序号30。
38	10、4、5（1）	---力	力。	见06、1、2（1）和06、1、3（1）注音汉字。

续表

序号	编号	误	正	校补依据
39	10、5、2（1）	□---	蘐	见08、4、4（2）和08、4、5（2）注音西夏字。又《文海》21页2面4行第2字。
40	10、5、3（1）	□---	蘐	同上。
41	10、5、4（2）	□---	娰	见《音同》26页1面3行第4字。又《孙子》：蓩娰（魏绛）。
42	11、1、1（1）	---能	°能?	见10、2、1（2）注音汉字。
43	11、1、3（3）	---能	°能?	同上。
44	11、3、4（3）	紁---	紁	见12、1、2（1）和36、1、2（1）（3）注音西夏字。
45	11、3、4（4）	□---	祾?	见17、4、1（1）和17、6、6（1）注音西夏字。
46	12、1、5（1）	---玉	°玉	见13、1、3（1）注音汉字。
47	12、2、2（1）	□---	緅	见14、2、3（2）注音西夏字。又《音同》28页1面6行第8字。
48	12、6、2（2）	---溺	溺合	见03、1、1（5）注音汉字。
49	13、1、1（2）	---乙	°乙	见21、3、1（1）注音汉字。
50	13、1、5（1）	□---	娍	见28、3、1（1）注音西夏字。又《音同》39页1面7行第8字。
51	13、2、4（2）	--□-	蒞	见13、2、5（2）西夏字。又《文海》76页1面1行第1字。

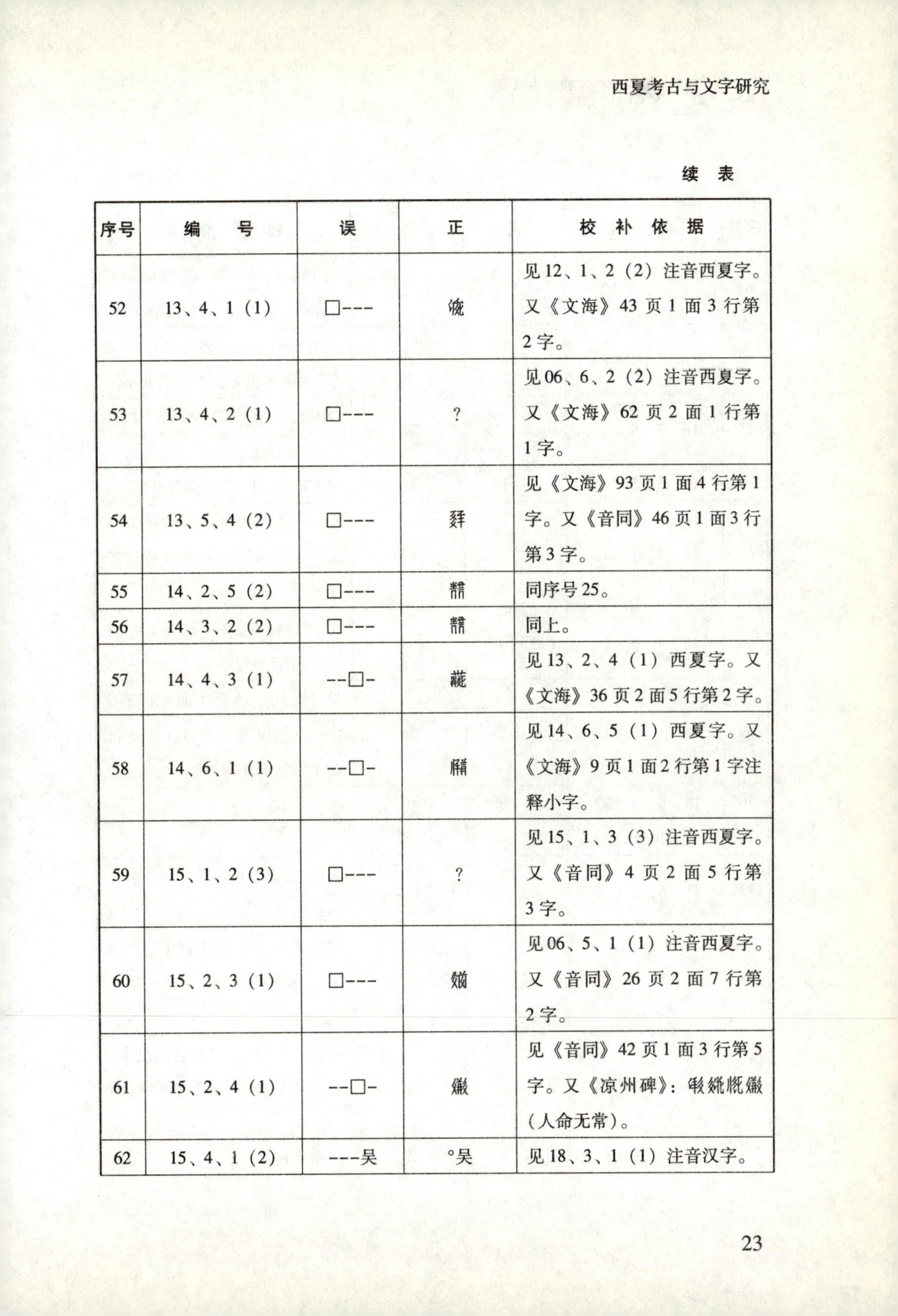

续 表

序号	编 号	误	正	校 补 依 据
52	13、4、1（1）	□---	[illegible]	见12、1、2（2）注音西夏字。又《文海》43页1面3行第2字。
53	13、4、2（1）	□---	?	见06、6、2（2）注音西夏字。又《文海》62页2面1行第1字。
54	13、5、4（2）	□---	[illegible]	见《文海》93页1面4行第1字。又《音同》46页1面3行第3字。
55	14、2、5（2）	□---	[illegible]	同序号25。
56	14、3、2（2）	□---	[illegible]	同上。
57	14、4、3（1）	--□-	[illegible]	见13、2、4（1）西夏字。又《文海》36页2面5行第2字。
58	14、6、1（1）	--□-	[illegible]	见14、6、5（1）西夏字。又《文海》9页1面2行第1字注释小字。
59	15、1、2（3）	□---	?	见15、1、3（3）注音西夏字。又《音同》4页2面5行第3字。
60	15、2、3（1）	□---	[illegible]	见06、5、1（1）注音西夏字。又《音同》26页2面7行第2字。
61	15、2、4（1）	--□-	[illegible]	见《音同》42页1面3行第5字。又《凉州碑》：[illegible]（人命无常）。
62	15、4、1（2）	---昊	°昊	见18、3、1（1）注音汉字。

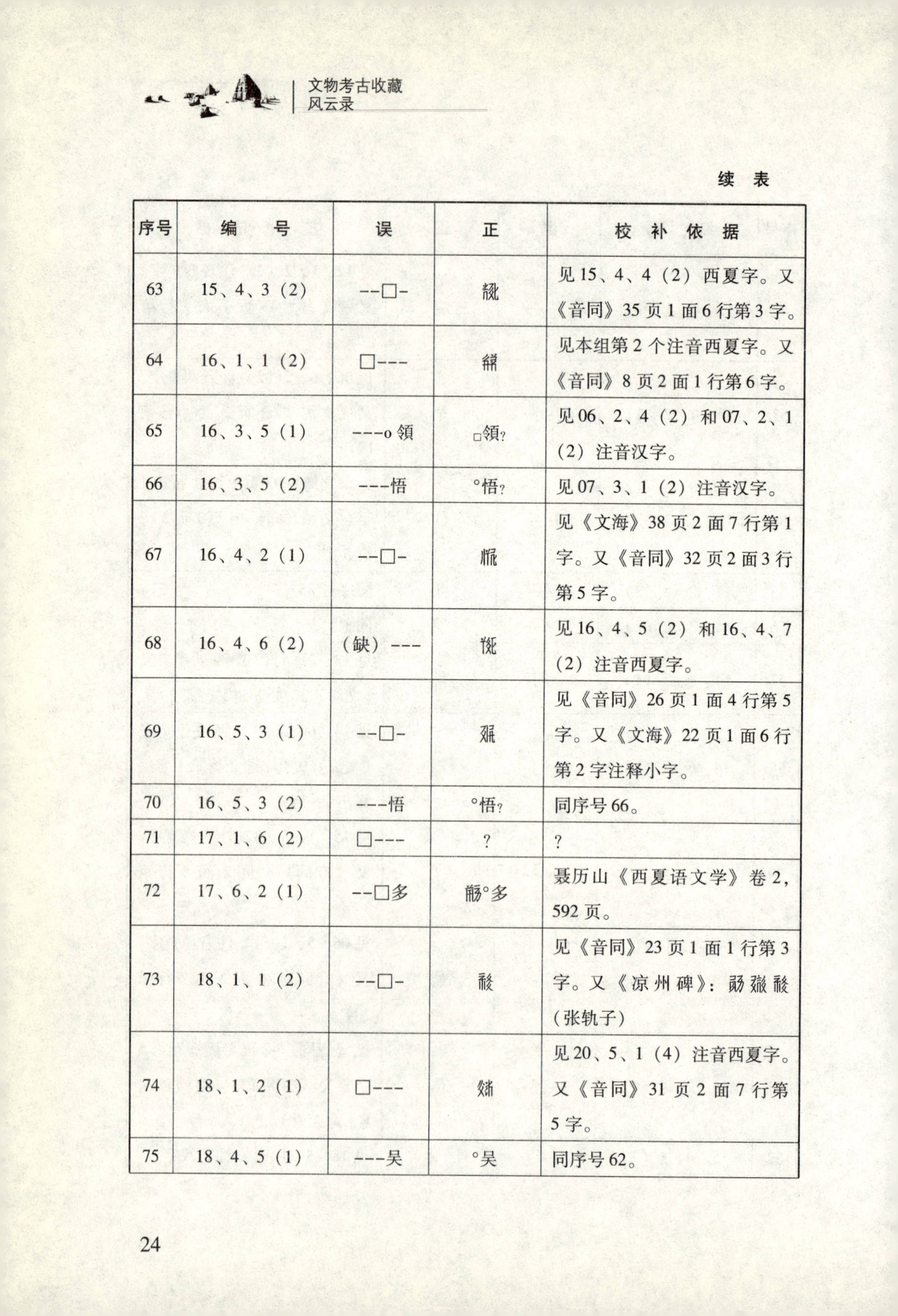

续表

序号	编　号	误	正	校补依据
63	15、4、3（2）	--□-	[illegible]	见15、4、4（2）西夏字。又《音同》35页1面6行第3字。
64	16、1、1（2）	□---	[illegible]	见本组第2个注音西夏字。又《音同》8页2面1行第6字。
65	16、3、5（1）	---o領	□領?	见06、2、4（2）和07、2、1（2）注音汉字。
66	16、3、5（2）	---悟	°悟?	见07、3、1（2）注音汉字。
67	16、4、2（1）	--□-	[illegible]	见《文海》38页2面7行第1字。又《音同》32页2面3行第5字。
68	16、4、6（2）	（缺）---	[illegible]	见16、4、5（2）和16、4、7（2）注音西夏字。
69	16、5、3（1）	--□-	[illegible]	见《音同》26页1面4行第5字。又《文海》22页1面6行第2字注释小字。
70	16、5、3（2）	---悟	°悟?	同序号66。
71	17、1、6（2）	□---	?	?
72	17、6、2（1）	--□多	[illegible]°多	聂历山《西夏语文学》卷2，592页。
73	18、1、1（2）	--□-	[illegible]	见《音同》23页1面1行第3字。又《凉州碑》：[illegible]（张轨子）
74	18、1、2（1）	□---	[illegible]	见20、5、1（4）注音西夏字。又《音同》31页2面7行第5字。
75	18、4、5（1）	---吴	°吴	同序号62。

续 表

序号	编　号	误	正	校 补 依 据
76	18、5、2（1）	□---	[illegible]	见14、2、3（2）注音西夏字。又《文海》31页1面1行第1字注释小字。
77	18、6、4（1）	--□-	[illegible]	见18、5、5（1）西夏字。又《文海》91页1面4行第1字注释小字。
78	19、1、2（1）	[illegible]---	[illegible]	所误之字为喉音，读作“腰”，见《音同》46页1面3行第4字。正字为重唇音，读作“孛”，见08、3、1（2）注音西夏字。
79	19、1、5（2）	□---	[illegible]	见《音同》45页2面3行第1字。又《文海》48页1面6行第2字。
80	19、2、3（1）	---刻	°刻?	见19、1、5（1）注音汉字。
81	19、3、1（2）	--□-	[illegible]	见《杂类》11页1面1行第2字。又《音同》55页2面7行第3字。
82	19、3、3（2）	□---	[illegible]	见《音同》52页1面7行第7字。又《文海》15页1面2行第2字注释小字。
83	20、1、2（2）	--□-	[illegible]	同序号61。
84	20、2、1（1）	--（缺）-	[illegible]	见31、3、1（1）西夏字。
85	20、3、2（3）	□---	[illegible]	见20、3、2（3）和本组第1个西夏字。又《音同》44页1面2行第6字。

续 表

序号	编 号	误	正	校补依据
86	20、5、1（2）	---羅	°羅?	见34、5、1（4）注音汉字。
87	20、6、1（4）	--□-	㾄	见《文海》93页1面1行第1字注释小字。又《凉州碑》：𗐱𗍐（修造塔）。
88	20、6、2（3）	□---	?	同序号59。
89	21、1、1（3）	---勒	°勒?	见34、6、2（4）注音汉字。
90	21、1、2（2）	□---	𗂧	见《音同》54页1面3行第1字。又《六韬》Ⅱ：𗏹𗂧（飞凫）。
91	21、5、1（4）	---士	七	“士”为“七”之笔误。见《音同》33页1面7行第8字。
92	21、5、2（2）	---工尼	正尼	见27、3、2（4）注音汉字。
93	21、6、1（3）	𗃮---	𗃯	所误之字在《音同》中属牙音，见24页2面4行第8字，读作“屈”。正字在《音同》中亦属牙音，读作“家”。
94	21、6、2（2）	---嵬	°嵬?	见22、3、5（1）注音汉字。
95	21、6、2（4）	--□-	㾄	同序号87。
96	21、6、3（1）	□---	𗅋	见26、6、1（2）注音西夏字。又《文海》53页1面7行第2字。
97	22、4、1（2）	--□-	𗆧	见《音同》37页1面5行第1字。
98	22、5、1（1）	□---	𗆧	同上。

续 表

序号	编　　号	误	正	校 补 依 据
99	23、1、6（2）	𗍫---	?	所误之字在《音同》中为重唇音，读作“稗”，正字音注“栅”。又《文海》54页2面5行第1字注释小字。
100	23、2、4（2）	𗈪---	𗈪	所误之字在《音同》中为舌头音，读作“奴”。正字为重唇音，见7页1面1行第8字。又18、6、2（2）注音西夏字。
101	23、3、3（1）	□---	𗏁	见23、3、4（1）西夏字。又《音同》13页2面1行第7字。
102	24、1、1（1）	---没	°没	同序号27。
103	24、1、2（1）	---没	°没	同上。
104	24、4、3（2）	□---	𗤋	见17、3、1（2）注音西夏字。又《音同》11页2面5行第1字。
105	25、1、1（1）	---瓦	兀?	13、2、2（2）与之同，注音“鱼骨”，故推测“瓦”乃“兀”字笔误。又《音同》20页2面1行第6字，属牙音。
106	25、1、3（1）	---刻	°刻?	同序号80。
107	25、2、1（2）	--□-	𗗙	见《音同》27页2面6行第2字。又《文海》18页2面2行第1字。
108	25、2、2（2）	--□-	𗖵	见《音同》45页2面5行第2字。又《文海》57页2面6行第2字注释小字。

续 表

序号	编　　号	误	正	校 补 依 据
109	25、2、3（1）	--□-	㲊	见25、4、1（2）西夏字。又《文海》9页2面7行第1字注释小字。
110	25、3、2（2）	--□-	𧿳	见《文海》28页1面5行第2字。又《音同》3页1面4行第2字。
111	25、6、1（2）	---領	□領?	见09、1、1（1）注音汉字。
112	25、6、3（2）	□---	𢇗	见08、6、2（1）注音西夏字。
113	25、6、5（2）	□---	𢇗	同上。
114	26、1、1	（缺）	𦧺一㮴阿 㸬寸㸬寸	从序号114至126，参见西田龙雄：《关于已故聂历山的西夏语研究》，载《言语研究》第32号，67—71页，1957年3月。西田氏据聂氏《西夏语文学》补《掌中珠》第26页之前半面词13个，顺序可能有误。汉字的西夏文注音，据《掌中珠》补。
115	26、1、2	（缺）	𦧺一㮴阿 㣊尺㪺召	同上。
116	26、1、3	（缺）	□新㰃悉 □舊𥾻泪	同上。
117	26、1、4	（缺）	□厚㴚膓 □薄𦐝迷	同上。
118	26、1、5	（缺）	𡢢狭𢁊娙 □闊𦐗浪	同上。

续 表

序号	编　号	误	正	校补依据
119	26、2、1	（缺）	玐重絥勒 □輕緖盈	同上。
120	26、2、2	（缺）	□褐烕□ 祴布僦闞	同上。
121	26、2、3	（缺）	□表𦂛郭 □褭𦃇°能	同上。
122	26、2、4	（缺）	□煮僉領 綫絲敍末	同上。
123	26、2、5	（缺）	□尅僉領 綫絲敍末	同上。
124	26、3、1	（缺）	□透僉惧 □貝敍謀	同上。
125	26、3、2	（缺）	□綵豫骨魚 □帛𧴪你	同上。
126	26、3、3	□---	□白敍°婁 □氍𦃇特	同上。
127	26、4、2（1）	□---	𦔮	见 14、4、4（1）和 14、4、5（2）注音西夏字。又《音同》33 页 1 面 4 行第 4 字。
128	26、4、3（4）	□---	𦃇	同序号 6。
129	26、6、2（1）	--□-	𦿆	见《音同》16 页 1 面 3 行第 3 字。
130	27、1、5（2）	--□-	𧆂	见《杂类》19 页 1 面 2 行第 2 字。又《音同》40 页 1 面 4 行第 1 字。

续表

序号	编号	误	正	校补依据
131	27、2、1（3）	□---	[illegible]	见34、5、3（3）注音西夏字。又《音同》27页1面2行第1字小字。
132	27、2、2（3）	□---	[illegible]	见19、6、3（3）注音西夏字。又《文海》20页2面5行第2字。
133	27、2、3（4）	--□-	[illegible]	见《文海》58页2面1行第1字。又《音同》31页1面7行第5字。
134	27、3、2（3）	---折	°折	见37、2、2（2）注音汉字。
135	27、3、3（1）	--□-	[illegible]	见31、5、2（1）西夏字。又《文海》81页1面7行第1字。
136	27、4、3（1）	--□-	[illegible]	见36、5、1（2）西夏字。又《文海》28页1面2行第3字注释小字。
137	27、4、3（2）	---没	°没?	见07、2、1（1）注音汉字。
138	27、4、3（4）	---缧	缧	见30、2、1（2）注音汉字。
139	28、3、3（2）	--□-	[illegible]	见《音同》52页2面6行第3字。又《文海》21页2面3行第2字注释小字。
140	28、4、4（1）	---托	°托?	见09、1、2（1）注音汉字。
141	28、4、5（1）	□---	[illegible]	见本组第1个西夏字。又《音同》17页1面3行第1字小字。
142	28、5、1（1）	---嵬	°嵬?	见22、3、5（1）注音汉字。

续表

序号	编号	误	正	校补依据
143	28、5、4（1）	--□-	[illegible]	见30、1、3（3）西夏字。又《杂类》2页2面1行第2字。
144	28、5、4（2）	---领	领。?	见32、3、1（2）注音汉字。
145	28、6、1（3）	□---	?	见28、5、5（1）注音西夏字。又《文海》5页2面1行第3字。
146	28、6、3（3）	--□-	[illegible]	同序号143。
147	29、2、2（2）	---多	°多?	见27、2、2（3）注音汉字。
148	29、2、2（4）	--□-	[illegible]	见30、2、2（4）西夏字。又《文海》86页1面2行第2字。
149	29、4、2（1）	--□-	[illegible]	见18、1、2（1）西夏字。又《文海》97页1面3行第1字。
150	29、4、2（3）	---折	°折?	见37、2、2（2）注音汉字。
151	29、4、3（1）	---折	°折?	同上。
152	29、5、2（2）	□---	[illegible]	见29、4、2（2）注音西夏字。又《音同》55页2面1行第1字。
153	29、6、1（4）	--□-	[illegible]	见《文海》70页2面2行第1字。又《音同》7页2面3行第7字。
154	29、6、2（2）	□---	?	所误之字在《音同》中属喉音。
155	30、2、1（1）	--□-	[illegible]	见30、1、1（3）西夏字。又《音同》20页1面3行第1字。
156	30、2、1（4）	---開	關	见本组第4个汉字。

续表

序号	编号	误	正	校补依据
157	30、2、3（3）	--豨-	瓶	见29、2、3（3）西夏字。又《文海》14页2面6行第3字。误字为“做”、“为”意，正字为“遣”、“用”意。
158	30、4、1（2）	□---	乖	见29、3、1（2）注音西夏字。又《音同》24页2面2行第1字。
159	30、4、3（2）	---没	°没	见18、3、5（2）注音汉字。
160	30、5、2（1）	---瓦	兀	原注“兀”音，罗氏校为“瓦”，误。
161	30、5、2（2）	---泥	泥	见27、2、2（2）注音汉字。被注音的西夏字在《音同》中为舌头音。
162	30、5、2（4）	□---	黹	同序号25。
163	30、6、1（2）	--□-	?	见《音同》53页2面3行第4字。又《文海》27页1面3行第2字注释小字。
164	30、6、4（2）	□---	㢴	见30、1、1（3）注音西夏字。又《音同》24页1面4行第3字。
165	30、6、4（3）	---領	°領	见29、4、3（2）和29、5、2（2）注音汉字。
166	31、1、2（2）	---□	竹	见聂氏《西夏语文学》卷1，167页。又《文海》11页2面7行第1字，“知、输”切。
167	31、1、2（4）	---泠	▫泠。	见31、3、3（4）注音汉字。

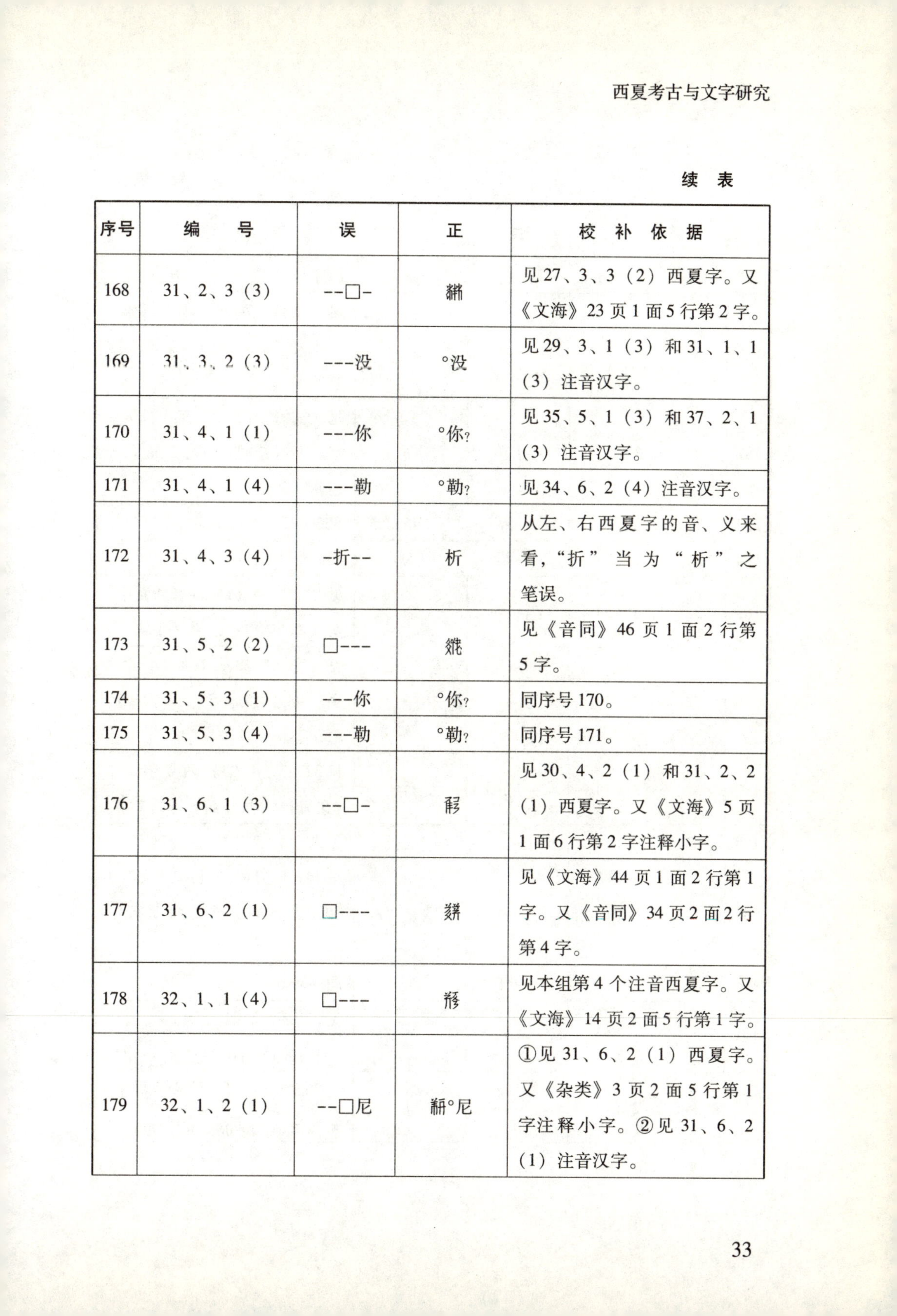

续 表

序号	编 号	误	正	校 补 依 据
168	31、2、3（3）	--□-	[illegible]	见27、3、3（2）西夏字。又《文海》23页1面5行第2字。
169	31、3、2（3）	---没	°没	见29、3、1（3）和31、1、1（3）注音汉字。
170	31、4、1（1）	---你	°你?	见35、5、1（3）和37、2、1（3）注音汉字。
171	31、4、1（4）	---勒	°勒?	见34、6、2（4）注音汉字。
172	31、4、3（4）	-折--	析	从左、右西夏字的音、义来看，“折”当为“析”之笔误。
173	31、5、2（2）	□---	[illegible]	见《音同》46页1面2行第5字。
174	31、5、3（1）	---你	°你?	同序号170。
175	31、5、3（4）	---勒	°勒?	同序号171。
176	31、6、1（3）	--□-	[illegible]	见30、4、2（1）和31、2、2（1）西夏字。又《文海》5页1面6行第2字注释小字。
177	31、6、2（1）	□---	[illegible]	见《文海》44页1面2行第1字。又《音同》34页2面2行第4字。
178	32、1、1（4）	□---	[illegible]	见本组第4个注音西夏字。又《文海》14页2面5行第1字。
179	32、1、2（1）	--□尼	[illegible]°尼	①见31、6、2（1）西夏字。又《杂类》3页2面5行第1字注释小字。②见31、6、2（1）注音汉字。

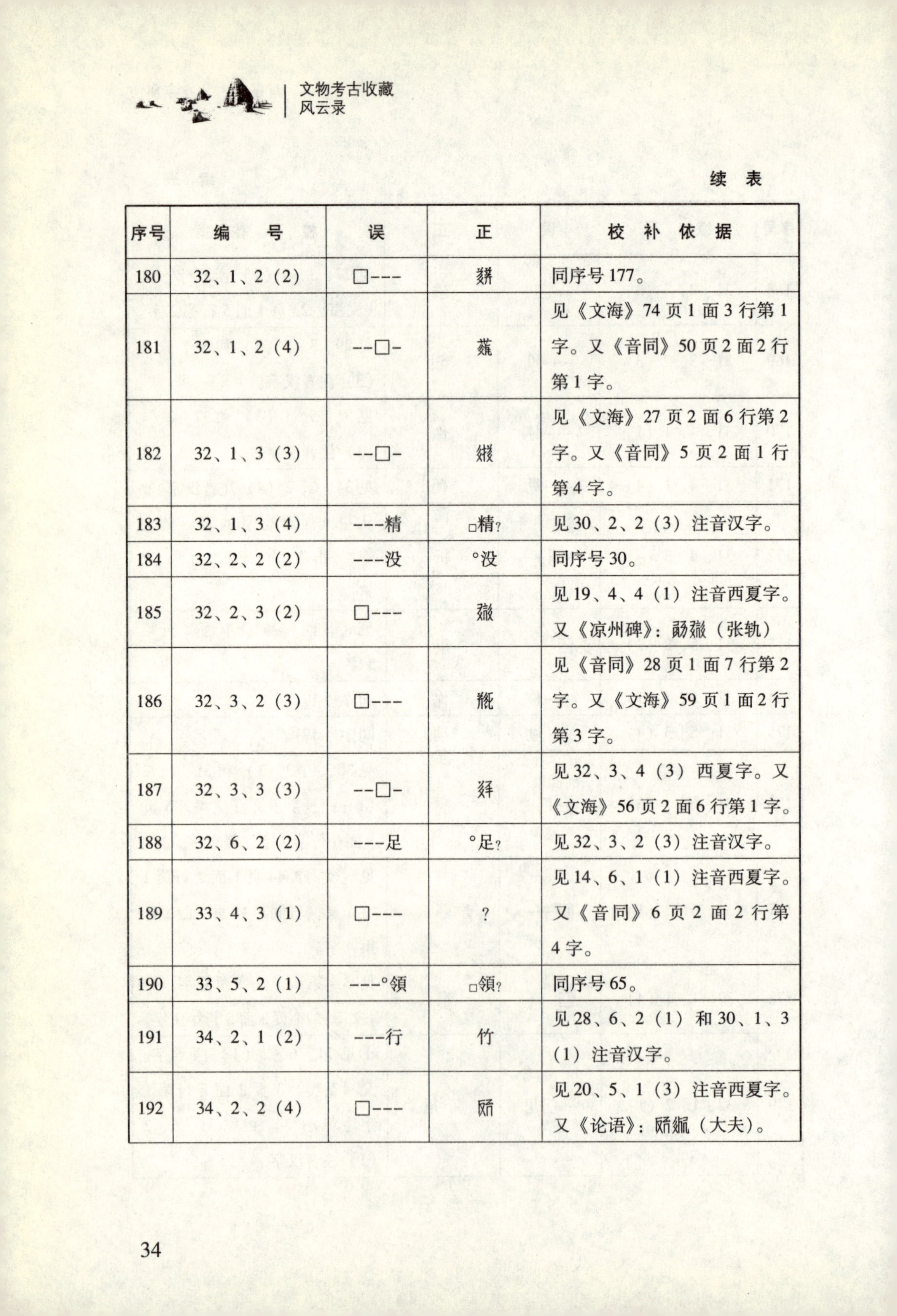

续表

序号	编号	误	正	校补依据
180	32、1、2（2）	□---	[illegible]	同序号177。
181	32、1、2（4）	--□-	[illegible]	见《文海》74页1面3行第1字。又《音同》50页2面2行第1字。
182	32、1、3（3）	--□-	[illegible]	见《文海》27页2面6行第2字。又《音同》5页2面1行第4字。
183	32、1、3（4）	---精	□精?	见30、2、2（3）注音汉字。
184	32、2、2（2）	---没	°没	同序号30。
185	32、2、3（2）	□---	[illegible]	见19、4、4（1）注音西夏字。又《凉州碑》：[illegible]（张轨）
186	32、3、2（3）	□---	[illegible]	见《音同》28页1面7行第2字。又《文海》59页1面2行第3字。
187	32、3、3（3）	--□-	[illegible]	见32、3、4（3）西夏字。又《文海》56页2面6行第1字。
188	32、6、2（2）	---足	°足?	见32、3、2（3）注音汉字。
189	33、4、3（1）	□---	?	见14、6、1（1）注音西夏字。又《音同》6页2面2行第4字。
190	33、5、2（1）	---°领	□领?	同序号65。
191	34、2、1（2）	---行	竹	见28、6、2（1）和30、1、3（1）注音汉字。
192	34、2、2（4）	□---	[illegible]	见20、5、1（3）注音西夏字。又《论语》：[illegible]（大夫）。

续 表

序号	编　　号	误	正	校 补 依 据
193	34、2、3（2）	-（缺）--	將	见聂氏《西夏语文学》卷1，556页。
194	34、2、3（3）	（缺）	□媒祇正	同上。
195	34、2、3（4）	（缺）	亥人豩為	同上。
196	34、4、1（1）	--□-	敗	见29、6、3（1）西夏字。又《文海》37页2面2行第1字。
197	34、5、1（3）	--□-	髩	见20、5、1（1）西夏字。又《文海》7页1面3行第1字注释小字。
198	34、5、2（2）	□---	觥	见27、2、2（2）西夏字。又《音同》21页1面7行第8字。
199	34、5、3（4）	---说尼	°说尼	见33、5、1（4）注音汉字。
200	34、6、1（2）	□--你	?°你?	①见37、2、2（1）注音西夏字。又《音同》19页1面7行第6字。②同序号170。
201	34、6、2（2）	--□-	繼	见29、5、1（2）西夏字。又《文海》74页2面7行第2字。
202	34、6、3（4）	--□-	蕤	见《音同》33页2面5行第4字。又《杂类》5页1面5行第2字。
203	35、5、3（4）	□---	殲	同序号185。
204	36、1、3（3）	--□-	?	见36、4、2（3）西夏字。又《音同》35页2面7行第4字。

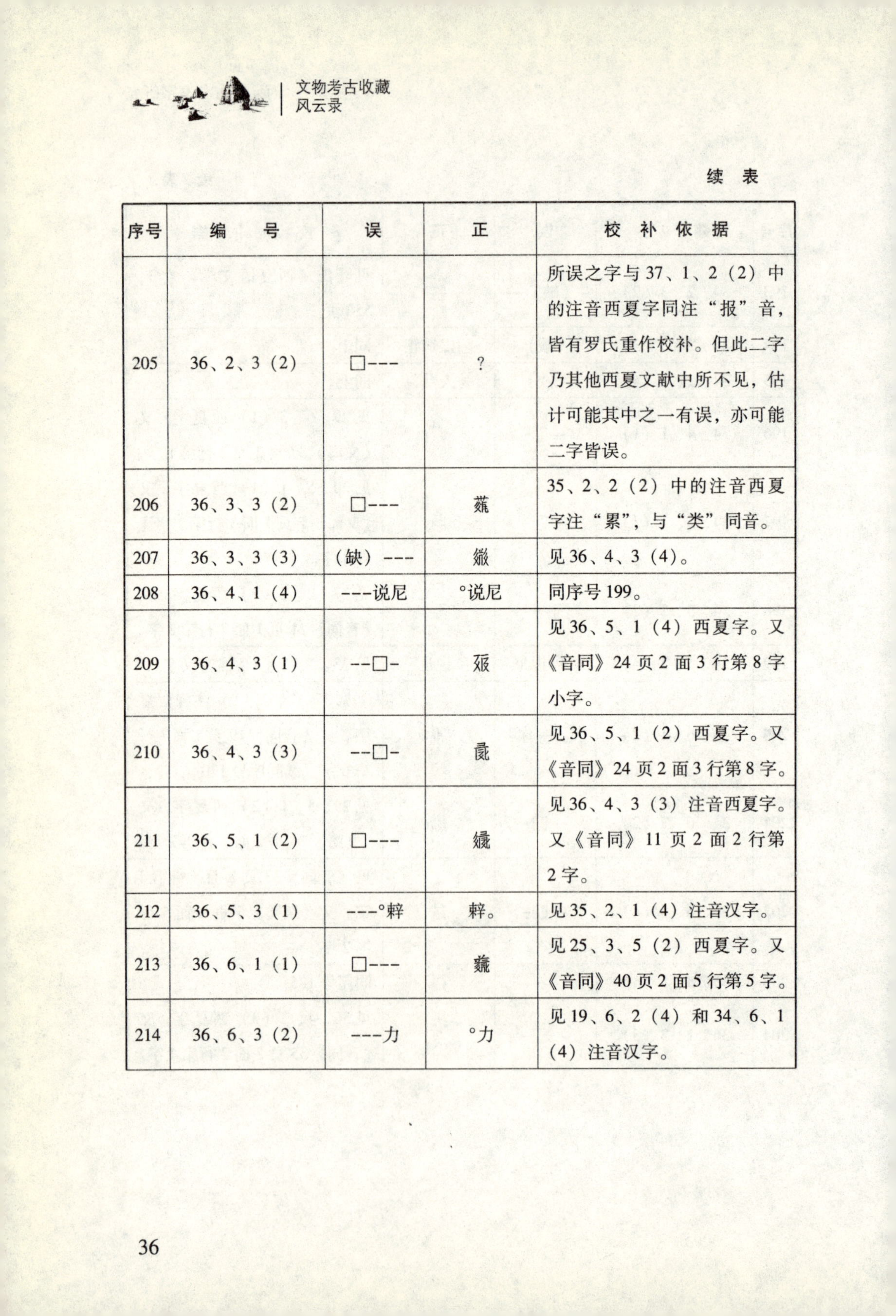

续 表

序号	编　号	误	正	校 补 依 据
205	36、2、3（2）	□---	？	所误之字与37、1、2（2）中的注音西夏字同注“报”音，皆有罗氏重作校补。但此二字乃其他西夏文献中所不见，估计可能其中之一有误，亦可能二字皆误。
206	36、3、3（2）	□---	[illegible]	35、2、2（2）中的注音西夏字注“累”，与“类”同音。
207	36、3、3（3）	（缺）---	[illegible]	见36、4、3（4）。
208	36、4、1（4）	---说尼	°说尼	同序号199。
209	36、4、3（1）	--□-	[illegible]	见36、5、1（4）西夏字。又《音同》24页2面3行第8字小字。
210	36、4、3（3）	--□-	[illegible]	见36、5、1（2）西夏字。又《音同》24页2面3行第8字。
211	36、5、1（2）	□---	[illegible]	见36、4、3（3）注音西夏字。又《音同》11页2面2行第2字。
212	36、5、3（1）	---°[illegible]	[illegible]°	见35、2、1（4）注音汉字。
213	36、6、1（1）	□---	[illegible]	见25、3、5（2）西夏字。又《音同》40页2面5行第5字。
214	36、6、3（2）	---力	°力	见19、6、2（4）和34、6、1（4）注音汉字。

续 表

序号	编　　号	误	正	校补依据
215	37、2、1（2）	---托泥	浪泥	见21、5、2（4）注音汉字。又所注之字在《音同》中属舌头音，见16页2面5行第1字。
216	37、2、2（4）	□--力	㕘°力	①见《文海》21页2面4行第1字注释小字。又《音同》13页1面1行第8字。 ②同序号214。

（原文载《中国民族古文字研究》，中国社会科学出版社1984年出版）

《宋西事案》介评

《宋西事案》是一部专门辑录和论述北宋与西夏（仅元昊一朝）关系史的著作。明代木刻本，高25、阔16厘米。线装，两卷六册，计177页（序言5页，目录3页，上卷63页，下卷106页）。正文每页两面各9行，行18字，总计约55，000字。上卷两册，四十五目，专辑宋夏关系史事；下卷四册，专录宋人奏疏。是书因于清乾隆年间列为禁毁书，故今南京图书馆所藏，竟是海内孤本。

《宋西事案》一书的作者与成书年代，于书内虽有签署，但不很明确。正文卷一、卷二首页下方俱署“海滨询士漫辑”。序言《辑宋西事案引》开首亦云：“询士居海滨……”，可知是书作者自称“询士”，居于沿海之地。然“询士”之称显然非其本名。清代山阴（今浙江绍兴）人沈复粲（紫霞西）编《鸣野山房书目》卷二中列：“《宋西事案》，二卷，海滨询士漫辑”，与是书卷数和署名相同。清人黄虞稷编，王鸿绪等删定的《明史艺文志》附编载：“明祁尔光《宋西事案》，二卷二册。”又清人姚觐元编《清代禁毁书目》（补遗）中，分别于《军机处奏准全毁书目》和《应缴违碍书籍各种名目》条下同载：“《宋西事案》，明祁尔光撰。”补遗中还特别指出：“《宋西事案》一部二本。查《宋西事案》，系明祁尔光撰，序文中狂悖之语甚多，应请销毁。”禁毁书目乃各地督抚奉旨查缴，其所录作者姓名当真实可信。故《宋西事案》作者海滨询士，即祁尔光无疑。至于《明史艺文志》所载是书卷同册不同，可能系后人在收藏过程中，又曾分册装订。

祁尔光之生平，见于朱彝尊《明诗综》卷五十九、祁承㸁《澹生堂藏书约》、祁彪佳《祁彪佳集》、叶昌炽《藏书纪事诗》等。祁尔光，名承牒，字尔光，初号越凡，更号夷度，晚号旷翁、密士老人等。山阴人，明嘉靖四十二年（1563）生。万历二十八年（1600）顺天举人。三十二年（1604）进士。曾先后于山东、江苏、安徽、河南、江西等地就职，历官至江西节度使右参政。崇祯元年（1623）卒，享年六十五岁。祁尔光一生好藏书，著述颇丰，所著《澹生堂全集》二十一卷，被列为清代禁毁书之一，今已散失。《宋西事案》为其晚期之作，“海滨”或为浙江沿海某地，“询士”之署名，是作者有意隐姓埋名，不为时人所知。

《宋西事案》的成书年代，见之于序言《辑宋西事案引》结尾题款：“今天子龙飞辛酉之春海滨询士漫辑”。“天子龙飞”，比喻皇帝即位，语本《易·乾》“飞龙在天，利见大人”。《十三经注疏》：“犹若圣人有龙德，飞腾而居天位。”贯休：《寿春节进》诗“圣运关天纪，龙飞古帝基”。辛酉年即帝位的明代皇帝，独有明熹宗朱由校，是年乃天启元年（1621）。因此可以断定，《宋西事案》的成书年代为明熹宗天启元年。

祁尔光编辑《宋西事案》的目的何在？这在作者自撰的序言中已交代得十分清楚。《辑宋西事案引》开首即云：“询士居海滨，于天下事懵如也，而独有恋巢顾卵之念。自奴酋狂逞，宇内鼎沸，闻之道路言日异而日危。夫天下乱，则无安国，一国乱，则无安家。士不能忘家，政不能忘国。藿食无谋戚焉如焚矣！”

作者这里所讲的“奴酋”，显然是指满金而言。“奴酋”之称在《明实录》中屡见不鲜，是对关外满族的一种辱称。明万历四十四年（1616），居住在东北地区的女真诸部由努尔哈赤所统一，建立后金，称金国汗，割据辽东。四十六年（1618），努尔哈赤率军伐明，萨尔浒之战后，进入辽河流域。随后准备大举入关，使明王朝惊恐万状。所谓“奴酋狂逞，宇内鼎沸”，正是作者对当时形势的概括。

祁尔光这时虽已告老还乡，归耕海滨，但他一生为官，久事朝廷，自然不能不把明王朝的兴亡悬挂在心。序言开首短短数言，不仅表达了作者忧国忧民的不安心情，而且反映作者不甘“藿食无谋”，立志为朝廷献策的决心。

作者接着又写道："顾自念归耕以来，不能借上书言天下事，……士生平独喜观史，……士故起明道，终庆历，十五、六年间，凡乃制御西夏者，采之正史，合以纪传，附以奏议，而总识之曰《宋西事案》。试观前事，亦成败得失之林已。"由此可见，作者因不能借上书言天下事，于是借辑、论宋夏之事以达到"言天下事"之目的。借古论今，针砭时弊，作者的一片苦心也就显而易见了。

《宋西事案》的史事非出自作者自述，其来源正如作者所云："采之正史，合以纪传，附以奏议。"据初步查对，是书卷一多录自明人陈帮瞻的《宋史纪事本末》，该书初刻于万历三十三年（1605），较《宋西事案》的成书早十六年。此外，还取材于宋人司马光《涑水纪闻》、李焘《续资治通鉴长编》、洪迈《容斋三笔》、元人脱脱《宋史》等著作。卷二则采自宋人文集，如赵汝愚《诸臣奏议》、张方平《采全集》、夏竦《闻庄集》、韩琦《韩魏公集》、范仲淹《范文正公文集》、欧阳修《欧阳文忠全集》、苏轼《东坡集》等。其取材方法，或全录，或节录，绝无更改。唯字里行间的评语和正文之后的按语，为作者所加。凡作者所加按语，俱降于正文两格。行间评语因不在行内，更易与正文区别。

《宋西事案》尽管篇幅不多，所采史料又多出自现存古籍，但仍不失其重要的学术价值。是书发现以前，在我国流传最早的西夏专史为清乾隆年间周春编纂的《西夏书》十五卷。其后有佚名者《西夏志略》四卷、张鉴《西夏纪事本末》三十六卷、吴广成《西夏书事》四十二卷及民国初年戴锡章《西夏纪》二十八卷等。《宋西事案》可谓是目前我国最早的一部西夏专史。它能够将散见于前人著作中的史料，按纪事本末体融为一书，对后人研究西夏历史，无疑提供了方便。同时，由于作者在序言、正文旁注和每节之后的按语中，详尽阐述了对宋夏关系史事的看法，因而对今人研究宋、夏初年的历史，提供了重要的参考。

（原文载《宁夏图书馆通讯》1984 年第 1 期）

西夏陵园及其建筑特点

西夏陵区位于宁夏回族自治区首府银川市（西夏都城兴庆府）以西，约45公里的贺兰山东麓，20世纪60年代还鲜为人知，当地居民称之为“昊王坟”，以为是西夏第一代开国皇帝嵬名元昊一人之墓。在他们中间还流传着这样一段故事：元昊这个人很残暴，他做皇帝的时候，下令在夏国境内征调民夫数万，于贺兰山下为自己建造陵墓。但是，他又担心自己死后陵墓被盗，于是就决定让民工每天修一座墓，经过整整一年，建成365座坟墓。陵墓修好以后，元昊就将参与修陵的人全部杀死。元昊死后，葬入了这365座墓中的一座。因此，后人有去盗墓者，始终未能找到。这段故事虽属讹传，但也反映了“贺兰山下古塚稠，高下有如浮水沤”[①] 的壮观场面（图十二）。

70年代以来，我国考古工作者通过长时间的调查和发掘，不仅陆续发现了许多珍贵的西夏文物，而且还逐步摸清了陵园的布局和建筑结构，为我国考古学填补了一段空白。

史载：“景德元年秋七月，葬保吉（即李继迁）于贺兰山。”[②] “（天圣）九年十月，德明卒”[③]，“葬于嘉陵，在贺兰山”[④]。但是，都没有行帝王制度。夏天授礼法延祚元年（1038），“元昊令群臣奉册，谥祖保吉曰神武皇帝，庙号太祖，妣野利氏曰顺成懿孝皇后。父德明曰光圣皇帝，庙号

① 安塞王樗齐：《古塚谣》，《嘉靖宁夏新志》卷7。

② 吴广成：《西夏书事》卷8。

③ 脱脱等：《宋史》卷485《夏国传》上。

④ 《西夏书事》卷11。

太宗，妣卫慕氏曰惠慈敦爱皇后。”① 在此之后，继迁与德明之墓才有可能以帝王建制重修为陵。因此，西夏王陵的始建年代当定为公元1038年。元昊之后的西夏诸帝，除末主嵬名晛被蒙古大军掳杀外，余者均葬于贺兰山下，其陵号如下：

太祖	李继迁 ②	裕陵
太宗	李德明 ③	嘉陵
景宗	嵬名元昊（曩霄）④	泰陵
毅宗	嵬名谅祚	安陵
惠宗	嵬名秉常	献陵
崇宗	嵬名乾顺	显陵
仁宗	嵬名仁孝	寿陵
桓宗	嵬名纯祐	庄陵
襄宗	嵬名安全	康陵
神宗	嵬名遵顼	（失号）
献宗	嵬名德旺	（失号）

明代管律等编纂的《嘉靖宁夏新志》卷二云：“贺兰山之东数冢巍然，即伪夏所谓嘉、裕诸陵是也。其制度仿巩县宋陵而作。”诚然，中国自秦汉以来，已逐渐形成一套完整的帝王埋葬制度。西夏从嵬名元昊称帝建国之后，“得中国土地，役中国人力，称中国位号，仿中国官属，任中国贤才，读中国书籍，用中国车服，行中国法令”。⑤ 因而在埋葬制度上也必然要受到中原封建王朝的影响。但是，西夏毕竟是由党项民族为主体建立的政权，其历朝帝王又均属党项族人，故其埋葬制度与中原王朝绝不可能雷

① 《西夏书事》卷12。

② 党项拓跋部唐朝赐“李”姓，宋朝时又赐“赵”姓，故李继迁亦名赵保吉。

③ 李德明，亦名赵德明，宋赐赵姓。

④ 元昊立国，改姓“嵬名”，更名“曩霄”。其后诸帝均以“嵬名”为姓。

⑤ 李焘：《续资治通鉴长编》卷150。

同，陵园的设计与建造，也必然呈现出自己独特的风格。

一、帝陵与陪葬墓的分布

绵延在宁夏回族自治区西北部的贺兰山脉，南北走向，长500余里，远瞩似骏马静卧，近视峰峦重叠，挺拔苍秀。群峰之间，清泉潺湲，松柏青翠，明代礼部尚书兼武英殿大学士金幼孜有诗赞曰："贺兰之山五百里，极目长空高插天，断峰迤俪烟云阔，古塞徽茫紫翠连。"① 西夏陵区就在这山巅岗阜之下，南迄三关口，北至泉齐沟。陵区之东，为西夏建国初年开凿的著名渠道——"昊王渠"。这里坡高地阔，居高临下，俯视整个银川平原，极目远瞩又可以看到波涛汹涌的黄河，正是当时地理学家所谓的"上吉之地"。②

这里所以能被西夏帝王择为皇家陵园，不仅因为其地势优越，更重要的是取决于西夏都城的确定。宋天圣元年（1023）党项首领李德明"城怀远镇为兴州以居"③，实为定都兴州之前奏。宋明道二年（1033），元昊"升兴州为府，改名兴庆，广宫城，营殿宇，其名号悉仿中国所称"④，正式确定以兴庆府（今宁夏银川市）为都城。西夏陵园的建造，则是在定都兴庆府后开始的。

据调查，西夏陵区现存帝陵9座，陪葬墓200余座，陵邑遗址一处，还有专为陵区烧制建筑材料的砖瓦窑址和石灰窑址数十座。它们分布在南北长约10公里、东西宽约5公里，总面积约50平方公里的范围内，构成一个完整的陵区建筑群体。

---

① 金幼孜：《出郊观猎至贺兰山》，《嘉靖宁夏新志》卷7。

② 王洙等：《地理新书》卷2，"地形凶吉"条："后有走马岗，前有饮马塘，冈阜形势，小顿大起，延连百里不断者，为上吉。"

③ 《宋史》卷485《夏国传》上。

④ 戴锡章：《西夏纪》卷6。

西夏陵区帝陵的排列是颇有规律的。但是，由于目前对帝陵碑亭遗址只发掘了3处，要确定各帝陵的准确位置，还缺乏必要的文字资料，尚需继续对其余各帝陵的碑亭遗址进行发掘。[①] 然而，根据现已确知墓主人的两座帝陵的相对位置，以及其他有关材料，可以肯定帝陵是从南向北依时代先后排列的。从平面上又可看出分为两组，一组为平原起塚；另一组为依山起塚，各自为行。为了调查和叙述方便起见，我们将各陵做了编号，编号M1—6的帝陵为第一行，M7—9的帝陵为第二行。[②] 位于陵区南端，平原起塚的M1、M2号陵时代最早，两座陵规模、形制完全相同，相距又很近，可能即元昊称帝后按帝制为其祖、其父重修的裕、嘉二陵。此二陵之后（向北）于平原起塚的M3—6号陵递次渐晚。[③] 依山起塚的三座帝陵，时代上要晚于平原起塚的诸陵。

为什么会出现帝陵分东、西两行排列呢？自然不是地形选择上的原因。当与西夏政权内帝王的承袭、传位有关。在西夏历史上，从元昊到纯祐相传六代，均属父子相承，而到了纯祐在位之时，即夏天庆三年（1196）十二月，越王嵬名仁友卒，其子嵬名安全上表炫耀先世之功，欲袭越王爵，纯祐不许，封为镇夷郡王。安全极为不满，遂于天庆十三年（1206）与纯祐母罗氏合谋，“废其主纯祐自立”。[④] 安全乃崇宗乾顺之孙，

---

① 西夏皇陵各有墓号，但史书未明确记载各陵的相对位置。近年从陵前碑亭遗址发掘出土的残碑碑文上，可以见到一些与陵墓时代和墓号有关的资料。其中有直接材料确定墓号者，仅有寿陵。宁夏回族自治区博物馆《西夏八号陵发掘简报》一文（载《文物》1978年第8期）以间接材料推断该陵的墓主人为西夏第八代皇帝嵬名遵頊。

② 1972年宁夏回族自治区博物馆钟侃等同志开始在西夏陵区调查时，曾对皇陵和规模较大的一些陪葬墓做过一次编号。这次编号按调查的先后顺序，从北向南确定号数。著者后来在进一步调查时，将西夏陵区的帝陵和陪葬墓分开，重新进行了编号。其中皇陵的编号依时代先后，用一位或两位阿拉伯数字表示，数前冠以“M”符号。本文所使用的编号，均为本人调查时的编号。

③ 如果假定M3为夏景宗嵬名元昊的泰陵，那么，从M3—M5（寿陵）中间至少应有三座帝陵，即安陵、献陵和显陵，但是根据目前实地调查的结果，M3—M5中间仅有帝陵一座。原因何在呢？据陵区周边的群众反映，某单位在这一地区修建工程时，平掉了不少墓塚、台阙和墙垣。由于这项工程开始施工是在西夏陵区调查工作进行之前，因此其中是否有帝陵也就不得而知了。但是，从现存的帝陵数量来看，平掉的墓塚中很可能包括两座帝陵在内。

④ 《宋史》卷486《夏国传》下。

仁宗仁孝之侄，与纯祐互为叔伯兄弟，其陵墓自然不肯排列在纯祐的陵墓之后。

陪葬墓是西夏皇亲贵臣的墓葬，分布于各帝陵的周围。每座帝陵的陪葬墓多寡不等，多者十余座，少者两三座。陪葬墓无论在规模上，还是在形制上都与帝陵有显著的差别。[①] 从而反映出西夏的埋葬制度同样具有严格的封建等级观念。

在西夏陵区的北部，有陵邑遗址一处，为长方形庭院式殿宇建筑。面积10万余平方米，当为护陵者及僧侣等人的居处和祭祀活动的场所。

陵区东部，沿“昊王渠”两岸，分布了砖瓦窑和石灰窑数十座，这些窑的形制与中原地区所常见的同类窑址基本上相同。[②] 从而说明了西夏陵区所使用的大量建筑材料，是就地取材，就地烧制的。西夏陵区皇陵和陪葬墓，以及其他有关建筑遗址的分布，同中原地区的唐、宋皇陵相比较，在总体上有许多共同之处，但也存在着以下几点显著的差异：

（一）西夏陵园的范围较唐、宋皇陵要小。唐代是我国封建社会的繁荣鼎盛时期，其埋葬制度又无所谓“七月之期”[③] 的限制，皇帝即位之日，就可以开始修造陵墓，故陵园规模宏大，一陵几乎占地一县。[④] 宋代除政治、经济等原因外，限于埋葬制度，因而陵区面积和陵园的规模较唐陵显著缩小。然宋陵虽集于一县，但比起西夏陵区依然要大得多。[⑤]

（二）宋陵于皇陵之后有祔葬后陵及下宫等建筑。西夏皇陵较为单纯，

---

① 在西夏陵区里，除个别的陪葬墓规模较大外，绝大多数的陪葬墓都比帝陵小得多。在形制上，陪葬墓没有帝陵所必须具有的阙台、角台、献殿等个体建筑，墓塚的形状也与帝陵有别。此外，在城垣石灰墙面的颜色和建筑材料的使用上，都有明显的不同。

② 宁夏回族自治区博物馆：《银川缸瓷井西夏窑址》，载《文物》1978年第8期。

③ 所谓“七月之期”乃宋代的埋葬制度。宋朝规定，在皇帝死后方可动工修陵，七个月之内竣工下葬，超过七个月者为不吉。

④ 参阅陕西省文官会：《唐乾陵勘查记》，载《文物》1960年第4期；陕西省考古研究所：《唐顺陵勘查记》，载《文物》1964年第1期；陕西省文官会：《唐建陵探测工作简报》，载《文物》1965年第7期；陕西省文官会：《唐桥陵调查简报》，载《文物》1966年第1期。

⑤ 参阅郭湖生等：《河南巩县宋陵调查》，载《考古》1964年第11期。

无论是皇陵之后还是兆域内均无后陵，亦无下宫等附带建筑。而且从地面现存情况来看，绝大多数后陵可能与帝陵同穴。

（三）宋代阴阳堪舆之术极甚，丧葬凶吉皆依五音，即先按姓属分五音（宫、商、角、徵、羽），五音择地各不相同。宋皇室为赵姓，《地理新书》卷十“五姓所属”条列赵姓为角音，又有角音贯鱼葬之法，① 故宋陵在同一兆域内之陪葬墓的排列是有一定规律的。西夏虽受中原阴阳堪舆之术的影响，但其皇姓“嵬名”，葬法不可能与宋陵相同。西夏陵区的陪葬墓多不在兆城之内，也没有明显的排列规律。

（四）西夏陵区的陵邑位置选择在陵区的北部，因而可以推测其始建年代在西夏中期以后。陵邑的占地面积不大，因它不同于皆带有行政区划性质的唐、宋陵邑。② 西夏主管修陵、安葬和祭礼等活动的机构或官员，称为“纟蓚䭭訊”，汉意为“圣茔地居”，③ 属中等司，其职权范围可能与宋山陵使相当。

二、帝陵的地面布局与墓室结构

西夏皇陵基本上坐北朝南，从南至北由鹊台、碑亭、月城、内城以及角台等各部分组成，而以鹊台和角台为兆域范围之标界。每座陵园占地面积约十余万平方米。

鹊台（亦称阙台）一对，对称坐落在陵园的最南端，实为陵园的兆门，这与唐、宋陵园立阙为门是一样的。黄土夯筑，方形，底大顶小，外包砖灰，台顶建有阙楼。

---

① 参阅宿白：《白沙宋墓》注 168—177。

② 陵邑的设置始于汉代。唐在昭陵设醴泉县，在乾陵设乾县，分管各陵。宋代陵园集中，便改永安镇为县，兼管诸陵。唐宋陵邑皆并于县级行政机构。

③ 克恰诺夫：《有关西夏政权机构的西夏史料》，载苏联 1965 年《亚洲民族研究所简报》第 69 册。

鹊台之北为碑亭，各陵所建碑亭数目两座、三座不等，凡两座者，东、西各一座；三座者，为两座位东，一座位西。碑亭的台基略呈正方形。但是，即使是同一陵园的碑亭，其面积和建筑形式亦不相同（后文专论）。碑亭的台基面上，铺有方形砖并立有石碑（今已残碎），碑文以西夏文和汉文两种文字篆刻。

碑亭北面为月城，呈长方形，南墙正中辟门，门道两侧比墙身要宽。东、西两墙与内城的南墙相接，北墙与内城之南墙合为一墙。月城内御道两侧各置两列或三列文臣武士石像。

内城位于陵园的北部，平面呈长方形，四面环内神墙，墙体黄土夯筑，底宽上窄，外部贴有残砖，然后再用石灰墙皮包裹，石灰面涂朱色。四面神墙均正中辟门，并建有门阙。但有些陵园内城仅南门畅通，东、西、北三面虽有门阙，然在门道内以土坯砌成数米高的台阶，无通行之意。在内神墙的四个转角处，墙体加宽，上部建有角阙。内城为陵园的主体建筑，占地面积超过整个陵园的一半。内城之中，建有献殿、陵台等建筑。陵台之东南向为墓道，墓道填土隆起高一两米，形状如鱼脊背，这种情况在中国历代陵园中是极少见的。陵台与墓道位于内城西北方，其墓穴择于丙穴地，反映了西夏统治阶级同样受到北宋时期阴阳家的影响。①

月城与内城以外有外神墙，早期陵园的外神墙与角台接近，城垣较高，晚期陵园则外神墙内收，仅有东、西、北三面，并以未加工的自然石料筑一道不宽的墙基，城垣已不明显。

西夏陵园的地面布局，与唐、宋陵园大体相同。但是，它在布局上有一个最大的特点，这就是，它不同于中原帝陵从鹊台至神门之间有漫长的

① 我国阴阳学说渊源甚远，《旧唐书》卷79《吕才传》中记载：“太宗以阴阳书近代以来渐致讹伪，穿凿既甚，拘忌亦多，遂命才与学者十余人共加刊正……”宋人更迷信阴阳堪舆之说，司马光于元丰七年（1084）正月撰《葬论》一篇，其云“今人葬不厚于古，而于阴阳禁忌则甚焉”。又：“今之葬书乃相山川冈畎之势，考岁月日时之支干，以为子孙贵贱、贫富、寿夭、贤愚皆系焉，非此地非此时不可葬也。”西夏的埋葬制度显然也受到当时阴阳学说的影响。

御道，而是将石像生群安置在月城内御道的两旁，从而缩短了陵园前后间的距离，使整座陵园的平面布局显得比唐、宋陵园更加紧凑。这种布局使西夏陵园增加了月城建筑，而在宋陵和唐陵中都是没有月城的。

墓室（即所谓地宫）的形制与唐、宋皇陵基本相同。它也是由甬道、中室及左右耳室组成。值得注意的是，其墓室不做砖室，而于墓室四壁立护墙板。① 中国自进入封建社会以来，始于秦汉时期的砖室墓，经魏晋、隋唐五代至北宋，不仅流行广泛，而且营造技术已经发展到娴熟的水平。迄今发现的宋代墓葬，绝大多数为土洞内作砖室。有些宋墓，特别是大、中型墓的砖石仿木结构，几乎能与当时的木构建筑相媲美。② 近年在甘肃省武威地区发现的西夏墓内，墓主人为汉族，其墓室同样作砖室墓。③ 由此说明，西夏帝陵的墓室作土洞而不修砖室，除经济上和埋葬期限等方面的原因外，当与党项民族的生活习俗有关。地下的墓室是地上居室的反映。党项族历来就有“俗皆土著，居有栋宇，其屋织犛牛尾及羊毛覆之，每年一易”的习俗。④ 即使到了夏国建立之初，依然“皆土屋，惟有命者，得以瓦覆之。”⑤ 可见，至少在建国以前和建国以后的很长一段时期里，土屋在西夏境内为党项民族主要的居住建筑。虽然西夏的帝王是不可能以土屋为居室的，但是我们可以从帝王墓室的土洞结构中，看到党项民族传统的生活习俗。

三、陵园地面建筑的独特风格

西夏时期规模宏伟的建筑见于史书记载的不少，从现存史料中可知，

---

① 见宁夏回族自治区博物馆：《西夏八号陵发掘简报》，载《文物》1978 年第 8 期。

② 见宿白：《白沙宋墓》第一、二、三号墓。

③ 见宁笃学、钟长发：《甘肃武威西郊林场西夏墓清理简报》，载《考古与文物》1980 年第 3 期。

④ 刘昫：《旧唐书》卷 198《党项羌传》。

⑤ 《宋史》卷 486《夏国传》下。

早在西夏建国之前，党项首领赵德明即“大役民夫数万，于鏊子山大起宫室，绵亘二十余里，颇极壮丽”。[①] 元昊称帝后，于兴庆府“城内作避暑宫，逶迤数里，亭榭台池，并极其胜”[②]；于贺兰山之东“营离宫数十里，台阁高十余丈”。[③] 现存甘肃武威的凉州重修护国寺感应塔碑上也记载了西夏当时重修的护国寺“金碧相间，辉耀日月，焕然如新，丽矣壮矣，莫能名状”。[④] 然而，这些宏伟壮丽的西夏建筑，历经数百年战乱和大自然的冲击，已荡然无存。始建于西夏而保存至今的较完整的建筑目前所知仅有两处，即矗立于今宁夏银川市的承天寺塔，和坐落在今甘肃张掖市的大佛寺。但是，这两座建筑又都经后代屡次重修，并非当时实物。因此，保存至今的西夏陵园地面建筑和遗址，是研究西夏建筑十分重要的实物资料。

西夏陵园的地面建筑，如前所述，就总体而言，无疑受到中原地区汉族建筑的巨大影响。但是，如果我们剖析一下其中的一些个体建筑，就不难发现，西夏陵园建筑更富有自身的民族特色。

（一）陵台

陵台是陵园中的主体建筑之一。在中国古代陵园建筑中，陵台一般为土塚，起封土的作用。即墓室之上，或堆土如山；或依山掘塚；或夯一方形或圆形土台，再用砖或石灰面加以包裹。但是西夏皇陵的陵台建筑却别具一格。

首先，其陵台的位置设在墓室垂直线后部约10余米处，因而实际上根本不具封土塚的作用。这种情况，在中原地区的唐、宋陵园中是没有的。

其次，西夏陵台以夯土筑成平面呈正八边形的高台，从下至上分为七层，逐级内收，每层收分处为出檐木结构，并挂有瓦当、滴水、屋脊兽等

---

① 《西夏书事》卷9。

② 《西夏纪》卷11。

③ 《西夏书事》卷18。

④ 张维：《陇右金石录》卷4。

建筑材料，夯土台外部则砌砖包裹。陵园未破坏前，其陵台无疑是一座密檐式的七层实心高塔建筑。陵台建以塔形，这在中国陵园建筑中是极特殊的。

塔是佛教的建筑物，其本意就是坟，是埋葬佛骨的坟墓。西夏陵园修造塔形陵台，反映了西夏统治者崇奉佛教的宗教意识。西夏正式建国前后曾多次向宋朝求赐佛经①，元昊本人就"晓浮图学"②。西夏统治阶级还驱使境内各族人民广建寺院，修造佛塔。据《重修凉州护国寺感应塔碑铭》记述，西夏"释教尤所崇奉，近自畿甸，远及荒要，山林磎谷，村落坊聚，佛宇遗址，只橼片瓦，但仿佛有存者，无不必葺"。③ 仅兴庆府城内外，除原有的"黑宝塔寺"④、"戒坛寺"⑤ 等佛教寺院外，元昊时期曾在兴庆府东建高台寺，谅祚时期又在兴庆府西建承天寺。⑥ 从西夏文献资料中，还可以看到这一时期刊刻西夏文和汉文佛经的记载。⑦

（二）碑亭

碑亭是西夏陵墓建筑中重要的组成部分。它是后人用来为自己的先世歌功颂德、树碑立传的地方，其建筑结构和布局具有下述三个明显的特点：

第一，西夏陵区每座帝陵一般为两座或三座碑亭。它们的位置不同于

---

① 《宋史》卷485《夏国传》上；《续资治通鉴长编》卷109，卷115。

② 曾巩：《隆平集》卷20。

③ 张维：《陇右金石录》卷4。

④ 乾隆年间所修《宁夏府志》录闽浙总督赵宏燮于康熙年间所撰《重修海宝塔记》云：该塔"惟相传赫连勃勃曾为重修，遂有讹为赫宝塔者"。"黑宝塔"之称见于明代宁夏地方志。清重修后则称"海宝塔"。西夏时该塔寺名称不详。此处暂借明代之称。

⑤ 《西夏书事》卷18：夏天授礼法延祚八年（1046）八月，元昊"得没藏氏于三香家，迎养宫中，己与之私，野利氏觉之，不忍杀，使出为尼，号没藏大师，居于兴州戒坛寺。"可见该寺在西夏初年即有之，但始建年代不详。

⑥ 《西夏书事》卷18；《西夏纪》卷18。

⑦ 周叔迦：《馆藏西夏文佛经目录》，载《国立北平图书馆馆刊》4卷3号（西夏文专号），1932年；哥尔芭切娃、克恰诺夫：《西夏文写本与刊本》，莫斯科，东方文献出版社，1963年。

唐陵和宋陵，而是设在鹊台之后，月城（包括石像生）之前，而多数帝陵为三座碑亭，即西边一座，东边两座。这样的布局从局部来看是极不协调的。但是，如果纵观陵园的全局，就不难发现，由于西夏陵园的陵台和墓道位置都避开了子午线，而偏于南北中轴线以西，所以东、西碑亭数目的不等，反倒使整个陵园的布局避免了“西重东轻”的缺陷。

第二，在各帝陵中的碑亭无论是两座或三座，其建筑面积各不相同。有两座碑亭的帝陵，一般来说都是东碑亭大于西碑亭。而有三座碑亭的帝陵，则在东边的两座碑亭中，位南的一座碑亭建筑面积最小。这些碑亭的建筑面积互相间相差很大，可能是随立碑人的身份、地位不同而异。但就建筑本身而言，显然是打破了中国传统的对称格局。

第三，在同一陵园中的各碑亭，建筑形式截然不同。以现已发掘的八号陵园为例，其东、西两座碑亭的台基虽均呈正方形，但东碑亭的台基高于西碑亭。西碑亭的台基面上，除发现有扁平的自然石块作柱础外，还堆积了大量的砖、瓦残块和脊兽、鸱吻等建筑顶部的装饰材料，在台基的东、西两侧，还各有一砖砌的斜坡踏步。这些迹象表明，它可能是一座穿堂式的殿宇建筑。东碑亭则完全不同，在它的台基面上无一块柱础，仅用方砖铺成圆形地面，周围虽堆积有大量的残砖和完整的长条砖，却不见片瓦，台基仅西侧有一砖砌的阶梯踏步。这些迹象表明，它可能是一座穹窿顶的圆形建筑，这种建筑形式就如同我们在西北黄土高原上至今还可以看到的窑洞。

此外，碑亭内所树的墓碑，都是以西夏文和汉文两种文字刻成，它们同西夏陵园具有民族特色的碑亭建筑相配，更增添了浓厚的民族色彩。

（三）角台

角台是西夏陵园中独特的建筑。每一陵园均有四座角台，其位置建在陵园兆域之外围，后部的两座角台，位于陵园的尽北端，前部的两座角台其南端基本上不超过碑亭所在的位置。早期陵园的角台与外神墙比较接近；中、晚期陵园由于外神墙逐渐内收，角台则成了兆域东、西、北三面的唯一标界。从角台四周堆积的残砖碎瓦等物可以肯定，角台之上原建有角楼，但周围没有登高的阶梯，它同鹊台上的阙楼一样，似乎仅起装饰作用，并不实用。而在唐、宋陵园中，只有建筑在神墙四周转角处之上的角阙，而没有类似西夏陵园中的自成一体的角台建筑，西夏陵园中以角台为兆域的标界，那更是中国陵园建筑中绝无仅有的事。

综上所述，西夏的陵园建筑吸收了我国秦汉以来，特别是唐、宋时期陵园建筑之所长，同时又受到了佛教建筑的巨大影响，使汉族文化、佛教文化和党项民族文化三者有机地结合在一起，从而构成了我国陵园建筑中别具一格的建筑形式。透过西夏的陵园建筑，也可以使我们看到西夏建筑之一斑。它不仅为我们研究西夏时期的建筑工艺提供了重要的资料，同时也为中国古代建筑史增添了别开生面的重要一页。

（原文载《西夏文物》，文物出版社 1988 年 3 月出版）

西夏王国の貴重な文物

紀元11世紀から13世紀にかけて、中国の西北地方に自称「大白上国」、後に「西夏」と呼ばれた封建王朝が現われた。この国は今の寧夏の首都銀川を都とし、甘粛、青海、寧夏、陝西、内蒙古等の省区に跨がり、189年続いた。西夏と同じ時期に中国大陸に前後して存在した北宋、遼、南宋、金のいずれもこの国を征服できなかった。13世紀の20年代の末になってやっと、ヨーロッパ・アジア大陸のその他の国国とともに、ジンギスカン自ら率ぃる蒙古の大軍に滅ぼされた。

果てしない歴史の長ぃ流れの中に、西夏王国を建てたタングート族は、多種多様、特色豊かな民族文化を創造した。彼らはこのような文化を、漢民族、契丹族、吐蕃族、回鶻（ウイグル）族等、領土内の各民族の文化と有機的に結合して、当時の社會の繁栄のために、きわめて大きな貢献をした。

しかし、西夏王朝が滅ぼされてから、元代の文人が宋、遼、金の“三史”を編纂した折、西夏の社会の姿を十分に反映した専門の歴史を編集することができなかったので。後世の人たちの、「大白上国」に対する理解がますます乏しくなり、人人にほとんど知られない「神秘の王国」になってしまった。

この2世紀以来、殊に最近の30年来、西夏の文物が次次と発見され、それはあたかも歴史の迷宮を一っ一っあけていく鍵のように、固く閉ざされた神秘の王国の大きな扉を押し開いて、歴史の書物が一巻一巻、人人の眼前に繰り広げられたのである。

これまで発見された西夏の文物はきわめて数多く、大ざっぱに以下の数種類に分類することができる。

一、世界中の注目する西夏の文献

もしも、かなりの内容量をもっ西夏の専史が元代に編纂できなかったために、この王朝の当時の保存文書がほとんど遺失してしまった、と言うならば、今日までの、西夏の文献の発見はきわめて驚嘆に値することであり、在りし日を再び甦らせる文書であると言うことができょう。これらの文献は、内容に基づいて仏教の経典、辞書、文書、専門書、翻訳文等に分類することができる。

漢語、西蔵語から訳した西夏文の仏教経典は文献総数の約 90% を占めており、全部で2000 余巻、400 種近くある。このように膨大な西夏文の仏教経典はタングート民族の仏教に対する深い信仰を表わしている。西夏が建国されて、支配者が大大的に奬励したことにより、仏教はこの国の中で異常なほど盛んになった。西夏の領内に、今なお知られている有名な寺院が二、三十もあったが、そのうち銀川にある承天寺、張掖の臥仏寺、賀蘭山の拜寺口の双塔等は、後世にも絶えず修理され、今日までずっとその姿を留めている。敦煌の莫高窟、西千仏洞、安西の楡林窟等には今に至るまで西夏の壁画が数百点保存されている。この外、西夏陵園の中に聳え立つ塔式の陵墓、西夏陵域の中の仏殿の跡、賀蘭山の岩に描かれた仏像と仏教の咒文、また武威の西夏墓の木緣塔と泥塔婆等、すべて仏教が西夏の国に及ぼした影響がいかに深かったかを物語っている。

西夏の文献の中にはさまざまな類型の字典や音韻の書がある。たとえば「文海」、「音同」、「五音切韻」、「義同一類」等はタングート民族の、自ら民族の言語、文字に対する研究の成果の結晶であり、タングート民族が言语学と文字学方面おいて高研究水準をもっていたことを表わしている。

官用、私用のさまざまの応用文書は、西夏の文献の中で直接当時の社会の、政治、経済、军事、文化を反映した重要な資料である。これまでに発見された文書は主として、審判記録、守將の上申書、役所の報告書、土地売賣の契約書、貸借書、抵当契約書、集金伝票、金の借用書、休暇願い等、その内容はきわめて多種多様である。

重要な学術的価值をもっ西夏文の専門書、たとえば「太祖継遷文」は西夏の歴史上の事件や人物を研究した重要な著作であり、「天盛年改新定法令」、「新法」、「亥年新法」、「夏国官階封号表」等は西夏の法律方面の重要著作であり、「诗歌集」、「格言集」「諺語集」、等は西夏の文学・芸術方面の結晶であり、その中にはタングート族の長期にわたる生活実践から総括した深い哲理が含まれており、西夏文の処方箋は西夏の医学・藥学を研究する上での大切な資料である。

漢文から翻訳した「論語」、「孟語」、「孝経」、「類林」、「孫子兵法」、「孙子兵法三注」、「黄石公三略」、「六韬」、「貞観要文」、「十二国」等は、タングート族が漢文化の影響を吸収した一面を物語っており、この中の一部の漢文の典籍はすでに失われてしまったが、意外にも西夏文の文献の中に保存されてきている。

二、歴史学的価値をもっ重要な碑文

これまでに発見された西夏文の碑文は比較的多く、そのうち、西夏王国の歴史に直接かかわりあいのある重要な碑文の主なものは次の通り。

西夏の天祐民安5年（1094年）に建てた「重修涼州護国寺感通塔碑」は高さ2.5m、幅0.9m。その碑文の内容は主に仏法が広大無辺であることと西夏の統治者の功績德行を宣揚したもので、と同時に、西夏王国の社会の、政治、経済、宗教、建築学の方面の重要な史実を記述している。

西夏乾祐7年（1176年）に建立した「黑水河建橋敕碑」は高さ1.15m、幅0.7mあり、碑文は、西夏社会の宗教、官職の研究と西夏の史実の補足証明に重要な資料を提供している。

西夏の陵墓地域から出土した約3200余の西夏文や漢文で書かれた碑文の断片は破損が甚だしいとはいえ、なお、後世の文献にない貴重な史料を含んでいる。その中の仁孝寿陵の碑額の上部には、西夏年号、皇帝の称号、部族の名、地名、人名、官名および重要な史実の記載があり、西夏王国の歴史研究にとってきわめて大きな価値をもっている。

三、驚くべき数量の印章、銅牌、貨幣

これまでに発見された西夏文の銅の印章（すべて公印）は130個余りに上り実に驚異的な数量である。そのうちち2字、4字、6字の区別があるが、刻まれた文字はすべて曲りくねった篆書である。大部分2字印であり、ひとしく「首領」と訳すことができるが、篆刻の方法は一つとして同じものはない。

世に伝わる西夏の銅牌は、少量の装飾牌を除いて西夏文字が刻まれているものは大まかに3種類に分けることができる。一つは宮廷内で使用する「内宿命令」牌、もう一つは軍内で使用する「守御命令」、さらに一つの上下二つを組み合わせて使用するのは、皇帝の緊急の聖旨を伝える「勅燃馬牌」である。

西夏の年号を刻んだ貨幣は、現在鉄銭と銅銭が発見されており、また漢文銭と西夏文銭もある。その種類はたいへん多く、全部で16種類あり、そのうち、鉄銭2種類、漢文銅

銭3種類、西夏文銅銭5種類である。この外西夏の国内でさらに大

量の宋、遼、金代の貨幣を使用していた。

四、民族の風格を具体化した日用生活用具

今日までに発見された西夏生活用具には金銀器や陶磁器があるが、器の形にはすべて中原の漢族のものと異なった風格があり、特に高足の器と、遊牧や行軍のとき使用するのに適した陶磁の扁壺には鮮明な民族的特徴が見られる。

内蒙古臨河県の西夏城址から出土したかなりの量の金器は、形が優美で、細工かく、技術に深みがあり、西夏の工匠の技能がきわめて高いレベルにあったことを物語っている。

寧夏の霊武県から出土した一群の窖蔵（穴ぐらに埋蔵されていた）銀器は、造形が軽やかで精巧で、器の表面の光沢が美しく、ある器には精緻な図案を彫ったものもあり、またある器にはその本体の重量を西夏文で墨書してある。

発見された西夏の日用生活用具の中で磁器の数量が最も多く、完全もしくは復元可能なものだけでも、すでに500点以上に上っている。主な器の形式は、碗、盤、皿、広口の壺、瓶、壺、豆、甕、钵等であって、寧夏の霊武の磁器窯から多く産し、掻落し文や、無地の氷裂文が盛んに作られた。

五、飾り気のない素朴な鋳造と彫刻工芸品

西夏陵墓区の一〇一号の殉死者の墓から出土した横たわる大金銅牛と丸彫の大石馬は西夏の文物の中で最も人人の注目を引く大型の鋳造と彫刻工芸品であり、これらの造型は生き生きとして、形象が真に迫り、均斉がとれた得がたい珍品である。西夏の寿陵と遵頊陵碑亭の遺迹から

出土した5 点の人像石碑座は様相が一風変わっていて、西夏の工匠の手になった抽象芸術の佳作である。この外、西夏の陵園からさらに小銅牛、龍彫欄柱、小石馬、小石狗、石彫螭頭、石彫人頭、竹彫等も出土したおり、これらの実物が西夏の造形芸術の水準を代表している。

六、生き生きとしてイメージの岩画と壁画

賀蘭山はタングート人の心に生きる神聖な山であった。そこでは至る所に昔日の王国の宮殿や寺院の名残りを見ることができるばかりでなく、タングート人がある信仰から刻んだ岩画を見ることもできる。その主な内容は、太陽、月、仏頭、宝瓶、各種野獣、家畜の掌、足あと等で、いくらかの岩画の傍らには仏教に関係のある西夏文も刻まれている。同じような内容の岩画はオルドス草原以北のナレウラ山中でも発見された。ここの岩画の大部分はタングート建国前に描かれたものと思われる。

もし賀蘭山とナレウラ山で発見された岩画がタングートの民間芸術に過ぎないとするならば、敦煌の莫高窟、西千仏洞、安西の楡林窟、酒泉の文殊山、玉門の昌馬石窟、张掖の馬蹄寺石窟、また内蒙古の百眼窯等の石窟の、西夏の洞窟の中に留められた壁画は、王国の画工たちの手になったものであることは疑いない。これらの作品は、表現された境地深く、構図が奇抜で、筆の運びが流暢、技法が習熟しており、西夏王国の繪画水準を代表するに足るものといえよう。

七、絢爛多彩な建築材

神秘的な西夏王国が滅亡して今日まですでに760 年の歳月が流れ、むかしの王国の建物の在りし日の姿は再び存在しない。しかし、かって

の夏国の領域内から発見された柱の土台、れんがや瓦、滴水、壁貼、脊獣、鴟尾等の建材は、私たちが西夏建築を復元するの正しい、貴重な材料を提供している。

西夏陵園から出土した大型の瑠璃釉の鴟尾と瑠璃釉の脊獣は口を開いて歯をむき出し、威風堂堂とたけだけしい。精巧に焼き上げた瑠璃釉の丸瓦、瓦当、滴水、等色彩が美しく鮮やかで、絢爛と目を奪うぱかりである。形が板瓦のような白磁の壁貼と各種緑色の瑠璃釉の壁貼は、うわぐすりな塗った表面に光沢があり、透き通ってまことに美しい。蓮華文柱礎と各種角れんが、棒れんが等は規格が統一されて、きめこまかく磨かれている。もし私たちがこれらの建築材を新たに、木造建築物のもとの位置にとりつけるなら、必ずや西夏建築は、いかめしくも、落ち着きを具えて、金碧燦爛と輝き出すことであろう。

西夏の文物を大量に発見したことは、西夏に対する私たちの認識を広げた。考古学の調査、発掘、研究の仕事が日増しに深く進むにつれて、西夏王国の謎が徹底的に解明されることと信じている。

（原文載《敦煌・西夏王国展》图录，日本国东宝企画 1988 年编辑出版）

西夏文物综述

由党项族在公元11至13世纪建立的西夏王朝的历史，由于无“正史”传世，而逐渐地成为鲜为人知的“神秘王国”。但是，自从19世纪初，甘肃著名学者张澍在武威首次发现《重修凉州护国寺感应塔碑》以来，近两个世纪陆续发现的西夏文物古迹，却像一把把打开历史迷宫的钥匙，启开了紧锁着的神秘王国的大门，把历史的画卷一幅幅地展现在人们的面前。

迄今发现的西夏文物内容十分丰富，大致上可划分为两大类：一类称作“不可移动文物”，包括遗址、城址、窑址、寺院、佛塔、石窟、壁画、陵墓、岩画等；另一类称作“可移动文物”，包括文献、碑刻、陶瓷、印章、铜牌、钱币、金银器、铜铁器、木竹器和建筑构件等。它们涉及西夏社会的各个方面，成为研究西夏历史的重要实物史料。

一、举世瞩目的西夏文献

如果说元代史学家由于缺少文史档案而未能纂成一部颇具分量的西夏专史的话，那么迄今异常惊人的西夏文献被发现，可以说为西夏文史档案的重新建立奠定了基础。已发现的西夏文献，就内容而言，可分为以下几类：

1. 浩如烟海的西夏文佛经

在迄今发现的西夏文献中，译自汉、藏文的西夏文佛经，约占总数的百分之九十以上。北京图书馆收藏的西夏文佛经有一百二十余卷，其中最多的为木刻本《慈悲道场忏法》、《金光明最胜王经》，手抄本《大般若波罗蜜多经》，活字本《大方广佛华严经》（图十）。陕西、甘肃、宁夏等地也收藏有西夏文的泥金写经和活字本佛经。

苏联科学院东方学研究所列宁格勒分所（今俄罗斯科学院东方学研究所圣彼得堡分所）收藏的西夏文佛经两千余卷三百多种。日本、英国、瑞典等国的高等学府、博物馆、图书馆也有一定数量的西夏文佛经收藏。

如此浩瀚的西夏文佛经，反映了党项民族对释教的崇信。西夏建国以后，由于统治阶级的大力提倡，佛教在这个国度中异常兴盛。目前所知的西夏著名寺院就有二三十座。无名寺院则不计其数。其中西夏始建的承天寺（在今银川市）、卧佛寺（在今张掖市）、双塔寺（在今贺兰山拜寺口）等，经后代不断维修，一直保存至今。敦煌莫高窟、西千佛洞和安西榆林窟等近百个西夏洞窟中保存了佛教壁画数百幅。尤其令人惊讶的是，西夏王陵的陵台筑成五层或七层的八角形密檐式塔形建筑。在陵邑的中部，也建有一座规模宏伟的巨大佛殿。此外，在贺兰山岩画中刻有佛的形象和佛教咒语。在武威西夏墓中发现以木缘塔为葬具。在内蒙古额济纳旗黑城遗址和伊金霍洛旗西夏遗址中，又大量出土与佛教有关的泥塔婆等物。所有这些都表明了佛教在西夏国中的影响至深。

2. 颇具水平的西夏文辞书

在西夏文献中，含有多种类型的字典、韵书。① 它们的编纂者多为党项族人，反映了党项民族对本民族的语言文字的研究达到了很高的水平。

在编纂体例上扬《说文解字》和《广韵》之长的大型西夏文辞书《文海》，是一部研究党项民族语言、文字的重要文献。② 它虽现存仅有平声和杂类两大部分的残本，佚上声部，但分类科学，字形分析清晰，字意注释准确，字音采用反切，是今人研究西夏语言、文字难得的参考文献。

---

① 史金波：《简论西夏文辞书》，载《辞书研究》1980 年第 1 期。

② 史金波、白滨、黄振华：《〈文海〉研究》，中国社会科学出版社，1983 年。

迄今发现至少有四种版本的《音同》，是西夏文辞书中收字最多的字典，共收单体字六千余个，按声母分成九类。[①] 它在西夏语言文字研究中，与《文海》具有同等重要的价值。

以西夏文与汉字对音对意为特点的字典《番汉合时掌中珠》，是一部按天、地、人分类的西夏辞书，编者骨勒茂才为党项族人。[②] 该书不仅在当时为党项族人与汉人互相学习对方的语言文字提供了方便，而且也是今人初学西夏语文最易入门的工具书。

《要集》也是一部按事物门类分类的西夏文辞书。它的每一个被解释的西夏文词语，都是用为汉字注音的西夏字组成的汉语来注释。从中反映了党项与汉族人民之间的文化交流。

在字序上与《音同》相近，在注解上同《文海》相仿的长卷式西夏文写本辞书，虽残缺较为严重，但反映了党项学者在语言文字学方面的概括能力，同时也是今人研究西夏语文的重要参考工具书。

以图表形式显示西夏语言特点的《五音切韵》，韵表共九表，每一声类一表；韵图共一百零五图，每一韵一图。用直观的表现形式显示西夏语音特点，是党项学者在研究本民族语言的基础上一种大胆的尝试，也是现代语言学家的重要借鉴。

类似汉籍类书的《圣立义海》，是一部内容十分广泛的西夏文百科全书。《义同一类》是一部西夏文的同义词典。此外，党项人还编纂了《杂字》等平日常用字、词的工具书。

从以上这些西夏文辞书来看，反映了党项民族已具有很高的文化水平。

3. 各种官私应用文书

目前发现的西夏国官私应用文书，主要有审判记录、守将上书、官府

---

① 李范文：《同音研究》，宁夏人民出版社，1986 年。

② 《番汉合时掌中珠》，罗福成 1935 年手抄本。拙文：《〈番汉合时掌中珠〉校补》，见《中国民族古文字研究》，中国社会科学出版社，1984 年。

报告、卖地文契、借贷文书、典当契约、会款单、欠款单、请假条等等，内容也较为丰富。

《瓜州审判记录》是夏天赐礼盛国庆元年（1069）和二年（1070）在瓜州（今甘肃省安西县）审理一起侵夺牲畜财产案的现场记录。[①] 它是西夏国依法判案的实例。

《黑水城守将告近禀帖》是夏乾定申午（1124）黑水城守将要求调往内地的申请书。它同乾定酉年（1225）的《黑水城副将上书》都是反映西夏中、晚期政治、军事等方面情况的重要文献资料。[②]

发现于甘肃武威的《卖地文契》，是夏天盛二十二年（1170）一位党项族妇女出卖自己牧地的契约文书，其中有出卖土地的田界和当事人、证明人姓名。[③]《钱会单》记录了夏天庆虎年（1194）十个党项族人和汉人，为了互助，共同出钱筹款的情况。此外还发现有夏光定十三年（1223）《谷物借贷文书》和汉文的《欠款单》等。这些文献是研究当时社会经济的典型资料。

4．具有重要学术价值的著作

在西夏文献中，有一部分是由党项族人撰写的著作，它们涉及历史、法律、文学、医学等许多方面，并具有很高的学术价值。[④]

《太祖继迁文》记述了夏景宗嵬名元昊的祖父、谥为太祖的李继迁的重要生平，是一部研究西夏历史事件和人物的重要史籍。

《天盛旧改新定律令》、《新法》、《亥年新法》、《夏国官阶封号表》等，是西夏法律方面的重要著作。其中的《天盛旧改新定律令》长达二十章，是夏仁宗天盛年间（西夏国最昌盛时期）汇集的一部有关夏国法律条

---

① 史金波：《西夏文化》，吉林教育出版社，1987 年，第 37 页。

② 黄振华：《评苏联近三十年的西夏学研究》，载《社会科学战线》1978 年第 3 期。

③ 黄振华：《西夏天盛二十二年卖地文契考释》，见《西夏史论文集》，宁夏人民出版社，1984 年。

④ 史金波：《西夏文化》，吉林教育出版社，1987 年，第 38—39 页。

文、内容丰富的专著。对研究西夏国的立法、执法和法律制度，提供了难得的详细资料。

用西夏文撰写的《诗歌集》、《格言集》、《谚语集》等，是西夏党项族在文学艺术方面取得成就的部分反映。① 通过这些文学作品，不仅能看出党项民族的文学水平，而且还能够体会党项族人民在长期生活的实践中，总结出来的深刻哲理。

出土于武威地区的西夏文药方，记述了许多治疗疾病的药名，是研究西夏医药学的珍贵材料。

由西夏党项族人撰写的著作当然远非这些，迄今所发现的仅仅是其中极少部分。但是，从这极少的一部分著作中，已能够窥见西夏科学文化之一斑。

5. 译自汉文的典籍

在出土的西夏文献中，有一批译自汉文的典籍，其中有些汉文典籍已失传，却意外地在西夏文文献中被发现。②

西夏文译本《论语》，为木刻残本，其章节与汉文《论语》有别，可能是西夏著名学者斡道冲所注。

西夏文译本《孟子》，目前发现有两种不同的手抄本残页。一种以竹笔抄写，楷书，带有注释。另一种用毛笔抄写，楷书，无注释，但有用朱砂红字校改过的笔迹。

西夏文译本《孝经》，为草书手稿，共十八章，保存基本完好，其中以朱砂红字修改处甚多。从序言末尾有吕惠卿所作题款看，可证明为宋吕氏注本的译本。汉文《孝经》吕氏注本早已失传，西夏文译本《孝经》吕氏注本的发现，无疑补充了汉文的失传文献。

西夏文译本《类林》，以唐代于立政所撰十卷本《类林》为底本，刻

---

① 陈炳应：《西夏的诗歌、谚语所反映的社会历史问题》，载《甘肃师范大学学报》1980 年 2 期。

② 白滨：《西夏文献及其史料价值》，载《中国研究史动态》1981 年第 7 期。

于夏仁宗乾祐十二年（1181）。此译本虽残，但汉文本早已失传，从译本中可知这是一部十卷五十篇，记述唐以前数百名著名历史人物的故事集。

译自汉文的兵书《孙子兵法》、《孙子兵法三注》、《黄石公三略》、《六韬》等，反映了西夏统治者重兵尚武的政策。其中的《孙子兵法三注》，系曹操、李筌、杜牧三家的合注本残卷，仅存中、下卷的一部分。书后附《孙子名记》。

西夏文译本《贞观要文》，译自唐吴兢所编《贞观政要》。此外还发现有春秋各国历史汇编《十二国》的西夏文译本残卷。

二、具有史学价值的重要碑刻

直接涉及西夏历史和社会状况的重要碑刻有：

1．重修凉州护国寺感通塔碑

重修凉州护国寺感通塔碑建于夏天祐民安五年（1094），现存甘肃武威县文庙内，高2.5、宽0.9米。碑阳刻西夏文，碑额篆刻题名“敕感通塔之碑铭”。正文楷书，计28行，行65字。碑阴刻汉文，碑额篆刻题名“凉州重修护国寺感通塔碑铭”。正文楷书，计26行，行70字。碑文内容虽主要宣扬佛法无边和西夏皇帝的功德，但也记述了西夏国的政治、经济、宗教等方面的重要史实。①

2．黑水河建桥敕碑

黑水河建桥敕碑建于夏乾祐七年（1176），现存甘肃张掖文化馆，碑高1.15、宽0.7米，无碑额。碑阳刻汉文楷书，计13行，行30字；碑阴刻藏文正楷，计12列，但已漫漶过半。碑文内容虽较简单，但对研究西夏

① 罗福颐：《西夏护国寺感应塔碑介绍》，载《文物》1981年第4—5期；陈炳应：《重修护国寺感通塔碑（西夏碑）》，载《文物》1979年第12期。

社会的宗教、职官和补正西夏史实提供了重要的资料。①

3. 西夏陵残碑

出土于西夏陵区部分帝陵和陪葬墓碑亭遗址中的约三千二百余块西夏文、汉文残碑块（图十一），是近年来西夏考古发掘的重要收获之一。尽管破碎十分严重，但依然包含了许多为现存史料所缺少的珍贵资料。其中如仁宗皇帝寿陵篆书碑额和有关西夏年号、帝号、族名、国名、地名、官名及重要史实的记载，对研究西夏王国的历史，具有十分重要的价值。②

三、数量惊人的印章、铜牌和钱币

出土和传世的文物中，西夏文印章数量之多令人惊叹。③ 目前已知的西夏文铜印总数达一百三十余方，分别收藏于北京、天津、上海、宁夏、内蒙古等十多个省、市、自治区的文博单位，个人也有少量的收藏，还有一些收藏于国外。西夏文印章有二字、四字、六字之别，印文为屈曲盘回的九叠篆书。其中二字印最多，印文虽皆可译为“头领”或“首领”，但篆书笔划无一相同。印背除纽上凿一西夏字“上”，以示用印方向外，一般还在纽之两侧凿刻授印时的年款和掌印人姓名，有的还在人名前冠以“头领”、“大头领”等官职。西夏文印章对研究西夏国的职官制度和订正后人记述西夏纪年之误，是十分宝贵的实物资料。

传世的西夏铜牌，除有一部分为雕刻花纹的装饰牌外，刻有西夏文字的大致可按用途分为三类：一类为在宫城内使用的信物《内宿命令》牌，一般呈长方形；一类为在军营中使用的信物《守御命令》牌，一般呈圆形；另一类为需急速传递西夏皇帝旨意时方可使用的《敕燃马牌》。前两

① 王尧：《西夏黑水桥碑考补》，载《中央民族学院学报》1978 年第 1 期。

② 宁夏回族自治区博物馆发掘，李范文译释：《西夏陵墓出土残碑粹编》，文物出版社，1988 年。

③ 史金波、白滨、吴峰云：《西夏文物》，文物出版社，1988 年。

者体积较小，可在腰上佩带，因此也可称为腰牌。后者体积较大，且由上、下两块套合，因此也可称之为符牌（图三）。

西夏大量使用宋、辽、金和前朝货币，但目前所见西夏钱币，证明其历代均铸有本朝钱。西夏货币皆为年号钱，品种十分丰富，从钱文上有汉文钱与西夏文钱之分；从质地上又有铜钱和铁钱之分。[①] 汉文铜质钱有："天授通宝"、"大德元宝"、"元德元宝"、"元德重宝"、"天盛元宝"、"乾祐元宝"、"天庆元宝"、"光定元宝"、"皇建元宝"等九品，其中"天盛元宝"和"乾祐元宝"发现最多，并有相当数量的铁质钱。西夏文铜质钱有"福圣宝钱"、"大安宝钱"、"贞观元宝"、"乾祐宝钱"、"天庆宝钱"等五品，尚未发现铁质钱。

四、体现民族风格的日用生活器皿

迄今发现的西夏日用器皿中，有金器、银器和陶瓷器。它们与中原地区出土的汉族使用的器皿有着明显的不同风格。特别是高足器和适合于游牧、狩猎时使用的瓷扁壶，具有鲜明的民族特点。

内蒙古自治区临河县西夏遗址中出土的一批金器，制作十分精细。[②] 高约 5 厘米的莲花盏托（图四），上部为宽唇狭边平底浅盘，盘中间是十瓣空心莲花托，盘边、盘底和盏托外沿均刻有西番莲花纹，圈足为喇叭形。另有金碗两件，一件碗心刻凤凰团喜，碗腹圜刻芍药、牡丹和西番莲，碗口刻一圈连枝牡丹；另一件碗口两侧、碗心和圈足上都凿刻有精美的花卉纹。从这些工艺精湛、造型优美的金器上，反映出西夏工匠的高超技艺。

---

① 牛达生：《宁夏贺兰山发现西夏窖藏钱币》，载《考古与文物》1986 年第 8 期；钟侃、吴峰云、李范文：《西夏简史》，宁夏人民出版社，1979 年。

② 郑隆、陆思贤：《西夏的珍贵文物》，载 1981 年 8 月 4 日《内蒙古日报》。

宁夏灵武县出土的一批窖藏银器，[1] 有直口曲腹钵、敞口深腹碗和梵文小银盒等，造型轻巧，器表光莹。有一件残碗的内底上，以细线雕刻着牛卧草坪的精细图案。有的碗、钵的内底上，用西夏文墨书着银器自身的重量。梵文小银盒内，还盛放着细小的玉珠。

瓷器在西夏日用生活器皿中发现数量最多，仅完整或可复原的就已多达五百余件。其中在宁夏吴忠市崇兴乡和磁窑堡两地，就先后出土完整器皿四百多件。崇兴乡窖藏中出土的主要有白瓷碗、高足碗（图十八）和白瓷盘。[2] 磁窑堡窑址中出土的除上述类型器物和其他素面白瓷外，还有数量极多的剔花白瓷罐、剔花褐釉瓷瓶、瓷瓮、瓷扁壶（图七、八、十九、二十）和牛首埙、瓷人头、瓷骆驼等乐器和工艺品[3]，宁夏嵬城遗址、内蒙古伊金霍洛旗遗址中出土的瓷器，与磁窑堡出土的瓷器，无论在器型上还是制作工艺上都基本相同，反映了这些西夏瓷均同出于磁窑堡这一产地。甘肃武威西夏墓和窖藏遗址出土的瓷器，与磁窑堡所烧瓷器有所不同。西夏陵邑遗址中出土的白瓷碗、豆、罐、瓶、钵等（图二十二），除器型上与磁窑堡窑址出土的同类器物有某些相似之处外，在瓷质、瓷釉、纹饰和烧制工艺等方面都有所差别，说明它们非磁窑堡窑址所烧制。西夏陵邑是管理和守卫陵园的文臣武将及其家眷居住的城址，其中所出大部分瓷器与一般西夏遗址中所出瓷器在质地和工艺等方面的差别，反映了西夏皇室与一般臣民间的等级差别。

五、朴实无华的铸造和雕刻工艺品

出土于西夏陵区一〇一号陪葬墓中的鎏金大铜牛和圆雕卧式大石马，

---

① 董居安：《宁夏石坝发现墨书西夏文银器》，载《文物》1978 年第 12 期。

② 钟侃：《宁夏灵武出土的西夏瓷器》，载《文物》1986 年第 1 期。

③ 中国社会科学院考古研究所内蒙古工作队：《宁夏灵武县磁窑堡瓷窑址调查》，载《考古》1986 年第 1 期。

是西夏文物中最引人瞩目的两件大型工艺品。[1] 鎏金大铜牛，长120厘米，体形硕大，重188公斤，外表通体鎏金，造型生动，形象逼真，比例匀称，是西夏铸造艺术品中不可多得的珍品。圆雕卧式大石马，长130厘米，与真马一般大小，重355公斤，唇部残留粉红色彩，说明原施有彩绘。此马雕刻细腻，刀法娴熟，是西夏雕刻工艺品中的佳作。

在西夏泰陵、寿陵和遵頊陵碑亭遗址上出土的八件人像石碑座，[2] 是西夏工匠抽象艺术的结晶。人像石碑座虽为圆雕，但呈长方体，每边长六十厘米左右，分男、女像（图十三）。男像面部扁圆，颧骨高突，粗眉高翘，双目突出，鼻準短粗，獠牙外露，颈顶齐肩，下颚抵腹，腹带肚兜，双手抚膝，肘部后曲，下肢屈跪，背部平直。女像的基本形态与男像相同，只是双乳下垂，半握拳撑于膝，手腕、足胫带有双环，反映出与男像不同的妇女形象。这些忍辱负重、堪受压迫的人物形象，也许正是西夏王国里劳动者的真实写照。但是同属于劳动者阶层的西夏工匠，却巧妙地运用了抽象艺术的雕刻手法，表达了对他们的同情。

在西夏陵园中，还出土有石刻雕龙栏柱、小石马、小石狗、石螭首、石刻人头像（图十五）、小铜牛以及细小的庭院人物竹雕等雕刻和铸造工艺品，这些实物反映了西夏造型艺术的水平。

六、生动形象的岩画和绘画

贺兰山在党项民族的心目中是一座神圣的山，因为在那里不仅到处可以看到昔日王国宫殿寺宇的残迹，而且还可以找到党项游牧民族出于心理

① 吴峰云：《介绍西夏陵区的几件文物》中《一〇一号墓的铜牛和石马》，载《文物》1978年第8期。

② 李志清：《介绍西夏陵区的几件文物》中《一号陵和八号陵的人像石座》，载《文物》1978年第8期。

上的某种崇拜而留在岩石上的大量凿刻画。[①] 迄今发现的可以证明是党项民族留下的岩画，不下一二百幅，内容主要有太阳、月亮、佛头像、宝瓶、牛、马、驴、骆驼、鹿、狗、羊、手掌、脚印等。这些岩画构图虽比较简单，但生动形象地表达了党项族深刻的心理。有些岩画旁，还夹杂着与佛教有关的西夏文字。同样内容的岩画，在今鄂尔多斯草原以北的那仁乌拉山里也有发现，[②] 那里的岩画似乎比贺兰山西夏岩画更加原始。

如果说贺兰山和那仁乌拉山发现的岩画，还只是党项民族民间艺术的话，那么在甘肃敦煌莫高窟和西千佛洞、安西榆林窟、酒泉文殊山、玉门冒马窟、张掖马蹄寺石窟以及内蒙古百眼窖石窟等西夏洞窟中保留至今的壁画，则出自西夏王国中党项族、汉族和其他民族画工们的手迹。这些作品或许更能代表西夏王国的绘画水平。

构思奇妙的安西榆林二窟中的《水月观音图》上，画着全神贯注的观世音菩萨，静坐在金刚宝座上，头上祥云缭绕，脚下碧波荡漾。碧水彼岸，唐僧双手合十，面向观音，顶礼膜拜。孙行者跟随其后，牵着驮经的红马。这幅画不仅是意境深奥、技法娴熟的西夏绘画佳作，而且记述了我国最古老的唐僧取经故事，具有重要的文学和史学研究价值。

绘画于敦煌莫高窟第九十七窟龛内的《童子飞天》，画面为左右对称的两童子，头顶髡发，两鬓结辫，身着团花彩衫，四肢裸露，臂缠飘带，手挚花束，脚穿红靴，在祥云中浮翔。两童子虽身圆体胖，但浮翔于祥云中，显得轻盈可爱。以童子作飞天形象，在敦煌壁画中是极少见的，它反映了西夏画工们的独特构思和大胆创作精神。

敦煌西夏壁画有数十窟数百幅，从整体上看以早、中期作品居多。早期其画风多承袭五代和宋初的传统，较少创新；中期受高昌回鹘壁画艺术的影响，开始有所创新；晚期吸收了吐蕃密宗文化的某些成分，逐渐形成

---

① 李祥石：《岩画之乡》，载《宁夏文物》1986 年试刊号。

② 盖山林：《举世罕见的珍贵古代文物》，载《内蒙古社会科学》1980 年第 2 期。

了具有本民族特点的艺术风格。[1]

七、绚丽多彩的建筑构件

西夏王国灭亡至今已有760余年，昔日的宫殿、寺院、陵寝等建筑，有的早成为一片废墟，有的已面貌全非，有的只留下残垣断壁。但是，在西夏故土上发现的昔日的柱础、砖瓦、滴水、壁贴、脊兽、鸱吻等建筑构件，为我们复原西夏建筑的原貌。提供了真实而宝贵的资料。

出土于西夏陵园的大型琉璃鸱吻，龙首鱼尾，张口结舌，双目圆睁，头部有鳍，身披鱼鳞，尾部高翘，表面施绿色釉，通高152厘米，形象威猛生动（图十四）。[2] 出土于同一地点的绿色琉璃脊兽，张口露牙，长舌卷曲，上唇翘起，下唇前伸，双角斜立，威严凶猛。烧制精细的绿色琉璃筒瓦、兽面纹瓦当、花卉纹滴水等构件色彩艳丽，光亮夺目。西夏陵邑中出土的建筑构件，除与陵园相同的外，还发现大量形如小板瓦的瓷墙贴。这些构件釉面光润，晶莹美观。另外还发现大量规格统一、打磨精细的各类方砖、条砖、凹槽砖和灰陶筒瓦、板瓦、滴水等构件。从现存建筑遗址和各类建筑构件上，不难看出昔日西夏建筑威严肃穆、金碧辉煌的景象。

已发现的西夏文物，为我们探索西夏王国的历史和社会面貌，提供了形象、具体的珍贵史料。但要彻底揭开西夏王国之谜，还有待于包括考古学家在内的国内外西夏研究专家们进一步深入研究。

（原文载《中国民族史研究》1989年第2期）

---

① 段文杰：《晚期的莫高窟艺术》，载《敦煌研究》1985年第3期。
万庚育：《莫高窟、榆林窟的西夏艺术》，见《敦煌研究文集》，甘肃人民出版社，1983年。
② 牛达生：《西夏鸱吻》，载1983年7月17日《宁夏日报》。

也谈西夏货币

近年来，随着西夏学热潮的兴起和西夏铜、铁古钱的不断发现，人们对搜集西夏钱币的兴趣愈来愈浓厚，学术界对西夏钱币的探讨和研究也愈来愈广泛。但是，由于文献资料匮乏和实物资料短缺，许多问题依然是众说纷纭、莫衷一是。借宁夏召开钱币学术讨论会之际，本人亦想就西夏货币的某些问题，陈述一管之见。

1．关于西夏货币的概念

人们现在一提起西夏货币，即刻会想到那是指圆形方孔、上刻西夏文或汉文年号的铜、铁钱。其实，这是一种十分片面的概念。在西夏时期，作为货币在社会经济领域流通的，显然不只是铜、铁质地的方孔圆钱，同时还应包括其他质地和形态的钱币。

西夏时期是否流通西夏王国自己印制的交钞纸币？这一问题由于既无史料记载，又无实物佐证，故难做定论。但西夏铸造并使用除铜、铁以外的其他金属货币，则是毫无疑义的。

据《宋会要辑稿》记载，夏使人宋“以钱银博买物色”[①]。而《续资治通鉴长编》亦曾记载过西夏高官高惟正因“贷银于国人”[②] 被杀的史实。又《西夏书事》记载：夏天盛七年（1155）秋九月“仁孝猎于贺兰山原，有骏马损足，命执治道者，戮之。（尚食官）阿华侍侧谏曰：田猎非人主所宜，今为马多杀，贵畜贱人，何闻于四境乎！仁孝讶而止。还，以语罔后，后赐银币奖之，以愧从臣之不言者。”[③] 此外，早年在黑水城出土的瓜

① 《宋会要辑稿》第140册《食货》38和市条。

② 《续资治通鉴长编》卷162，宋嘉祐四年八月条。

③ 《西夏书事》卷36。

州审判记录（原件藏北京图书馆）中，有一西夏天赐礼盛国庆二年的审判记录残页，其上记录了罪犯党项族人那尼征自述道："……我有铸银近万，乃持折用，诸处为贩，无买者……"①

尽管我们目前还没有发现西夏有关金、银货币的实物，但从以上所述史料的零星记载中不难看出，西夏显然铸造过银币和银版，不仅作为宫廷贵族内部的赏赐，而且还在民间的一定范围内流通。

金银作为一种货币形态，早在我国春秋战国以前就已出现，至迟到战国时期，金银已取代了珠玉，由"中币"升为"上币"。秦统一中国，以法律形式确定："币为三等：黄金以溢为名，上币；铜质钱为周钱，文曰半两，重如其文。"② 其后历朝历代无论是否作出明文规定，但实际上沿用了秦代这种"币分二等"的货币制度，西夏自然也不会例外。

在西夏社会里，金银作为一种贵重金属同样是"天然适于担任一般等价物这种社会职能的商品"。③ 因此，党项民族在发展社会商品经济的过程中，也会像套购宋朝的铜、铁钱币一样，套购宋朝的金银，致使北宋汴梁城内一度金银价格暴涨，此事甚至惊动了皇上。《宋会要辑稿》载："大中祥符元年（1008）帝（宋真宗）以京城金银价贵，以问三司使丁谓，谓言多为西贼（指党项）、回鹘所市人。诏约束之。"④ 此外，宁夏灵武横城出土的银钵、银碗上，以墨书西夏文"[illegible]"（三两半）、"[illegible]"（三两）、"[illegible]"（二两八）等字样来标明银器的自身重量，⑤ 也说明在西夏境内金银本身就具有较高的经济价值。

所以，我们在提出"西夏货币"这个概念的时候，根据现有的史料也不能局限于铜、铁方孔钱，如此才能扩大视野，以利于今后西夏货币更多

① 《国立北平图书馆馆刊》4卷3。
② 《汉书》卷24《食货志》下。
③ 马克思：《资本论》第1卷第1篇第3章。
④ 《宋会要辑稿》第169册《刑法》2。
⑤ 史金波、白滨、吴峰云：《西夏文物》第4类第213、214号。

质地、更多品类的实物有新的发现。

2. 关于西夏铜币的始铸年代

西夏铜币的始铸年代，是一个依现存史料难以解决的棘手问题。关于西夏铸钱之事，见于正史记载的，仅《宋史·夏国传》有云："（绍兴）二十八年（夏天盛十年，1158），始立通济监铸钱。"①

清人据前人史料亦略有记述，如吴广成《西夏书事》也在绍兴二十八年夏五月条下记"仁孝乃立通济监，命监察御史梁惟忠掌之，铸天盛永（"元"字之误）宝钱"。② 而张鉴《西夏纪事本末》则于绍兴十七年（1147）条下记"是岁夏改元天盛，……铸天盛元宝钱"。又于绍兴二十八年条下记"是岁夏始立通济监铸钱"。③

以上这些记述看起来很矛盾。其实，经仔细分析和推敲，他们不仅不矛盾，而且为我们探索西夏铜币的始铸年代，提供了一丝线索。

其一，《宋史·夏国传》的记载仅说明了绍兴二十八年西夏设立铸钱的专门机构或者是监督机构—通济监，但并未讲在此之前是否有其他的专门机构来执掌或监督铸钱，也未否认在此之前西夏铸钱的任何可能性，只是由于缺乏史料而未加记载。

其二，《西夏书事》、《西夏纪事本末》在"绍兴二十八年条"下的记述，史料显然来源于《宋史·夏国传》。《西夏书事》的记载虽然加入了一些对西夏当时情况的分析，并叙述了立通济监所铸之钱的名称和与金"正隆元宝"钱并用的史情，但依然未否认在此之前铸钱的可能性，包括对"天盛元宝"钱，亦未使用"始铸"的字样。

其三，《西夏纪事本末》在"绍兴十七年条"下所记西夏"改元天盛，铸天盛元宝钱"之事，虽不知源于何处，但从夏天盛年以前就有多种

① 《宋史》卷486《夏国传》下。
② 《西夏书事》卷36。
③ 《西夏纪事本末》卷34。

铸币的实例来看，绝非杜撰。

因此，我们从前人的这些记述中，不仅看到西夏仿宋制行年号钱，而且有可能同宋朝一样实行改元铸币，只是西夏在天盛以前每次所铸的铜币数量甚少，且经长年使用和后代的回炉重铸，至今很难保存完整品类的实物了。

既然从文献中无法得知西夏铜币的始铸年代，那么只有依据现已发现的实物资料来加以分析和推测。

在迄今发现的西夏铜币中最早的西夏文钱为“𘄴𘉋𘓯𘓐”，最早的汉文钱为“天授元宝”。[①] 如果这两品铜币能确定是西夏铸造的年号钱，则至少可以证实西夏立国后，除献宗德旺（西夏倒数第二代皇帝）和末主晛（西夏末代皇帝）以外，其余八代帝王执政期间，均有铸钱的实例，也至少可以证实西夏铸币始于西夏第一代皇帝嵬名元昊时期。但目前钱币学界恰恰是在对这两品钱币的看法上分歧较大。

西夏文“𘄴𘉋𘓯𘓐”，由于除传世品外，近年来在甘肃永昌、宁夏盐池等地已不止一次地出土，因而现在已无人怀疑它是真品。但最近又有人对它是否是年号钱提出质疑。此钱最早见于罗福苌先生1914年著录的《西夏国书略说》，并附有拓片。近年所出数枚，对照拓片似乎出于一模。且字迹基本清晰，其中“𘄴𘉋”二字虽略有缺笔，但笔锋走向十分明显。当为意译字“𘄴𘉋”（圣福）二字无疑。汉译则为“福圣”。此二字与“𗪘𗢳”（汉意“禀德”）二字无论在笔划的多寡，还是笔锋的走向上，都相去甚远。因而，将此钱视为是元昊为“宣扬自己当皇帝是天授的、禀德的，是合理合法的，所以钱文用禀德宝钱。”[②] 显然有点牵强附会。

“福圣”为西夏第二代皇帝嵬名谅祚“福圣承道”年号的省称。这种省略的称法，在敦煌莫高窟与安西榆林窟的西夏汉文和西夏文题记中，是

① 《西夏文物》第3类第185、184号。

② 陈炳应：《关于西夏钱币的几个问题》，载《中国钱币》1989年第3期第21页。

屡见不鲜的。因此“纟䌖𬙊䌓”依然属年号钱，且铸于夏福圣承道年间，应该是没有问题的。

西夏文“纟䌖𬙊䌓”非西夏第一代皇帝嵬名元昊时期所铸，那么作为西夏开国皇帝的嵬名元昊有没有铸过钱币呢?

这又涉及汉文“天授通宝”的真伪和是否为西夏钱的问题。丁福葆编《古钱大辞典》称其为伪品，其实是不妥的。在我国历史上，以“天授”为年号者，有北朝的刘获、郑辩（527），唐朝的武则天（690—692），后理的段正淳（1097—?）。但均未见过有铸“天授”年号钱之例。而在失传的宋人金光袭所著《泉宝录》中，著录了此钱，曰：“天授通宝钱，景宗铸。”① 当朝人录当时钱，其可信程度应远胜于后代。

考宋、辽、夏三国，以景宗为帝号者，唯辽景宗耶律贤和夏景宗嵬名元昊。而前者又未曾以天授建元。“天授通宝”钱的规格和风韵又与其他西夏汉文钱颇为相似，故“天授通宝”为西夏景宗嵬名元昊天授礼法延祚年间所铸，应该是没有问题的。况且从历代著录和现存实物来看，“天授通宝”也非面世孤品，相信随着西夏考古的不断深入，此钱将会有更多数量的出土。

综上所述，可以肯定地说，西夏铸币始于夏景宗嵬名元昊时期。

3. 西夏货币制度的特点

目前研究西夏货币的文章，大部分都认为西夏的货币制度仿宋制。这种看法不能说不对，但也不能说全对。从表面上看，宋行年号钱，西夏亦行年号钱；宋代改元铸币，西夏亦改元铸币；宋代有对钱，西夏亦铸对钱；宋代铸铁钱，西夏亦铸铁钱……似乎西夏完全仿照宋朝，亦步亦趋，其实非然。

我以为，西夏的货币制度在仿宋制的同时，还具有以下三大特点：

（1）西夏铸币从一开始，就不是以流通为主要目的，而是把它作为党

---

① 张崇壹辑《钱志新编》。

项政权政治和经济独立的象征。近年来的考古发掘资料中所见的情况，充分证实了这一特点。

据甘肃省博物馆陈炳应先生撰文介绍，1955 年甘肃永昌县河西堡发现西夏窖藏。共出土汉代至西夏的铜币 4528 枚，其中西夏钱仅有 7 枚，[①] 仅占总数的 1.5‰。又据宁夏文物考古研究所牛达生先生撰文介绍，1979—1980 年，宁夏贺兰山大风沟和榆树台曾先后两次发现西夏窖藏，共出土汉代至西夏的铜币 14014 枚，其中西夏钱 144 枚，[②] 约占总数的 1%。即使是在西夏王陵这样一处专门埋葬西夏皇帝以及皇亲贵戚的陵园遗址和墓葬里，也依然找不到全部随葬西夏货币的证据。由此可见，西夏货币发行之少，是不足以在社会贸易活动中成为主要流通货币的。

（2）西夏圆形方孔的铜质年号钱，钱文分汉文和西夏文两大类，这两类铜币自成体系：汉文钱称“元宝”“通宝”和“重宝”；西夏文钱则称“元宝”或“宝钱”。这一特点不仅在宋代和宋以前的汉族政权中不曾有过，就是在以少数民族为主体的政权中也不多见。

在西夏货币制度中，形成这一特点的重要原因，是西夏统治阶级内部蕃、汉两种文化相互斗争和统一的结果。西夏立国之初，元昊为建立一个摆脱宋、辽的地方割据政权，竭力推行党项民族文化。例如，造蕃书、更礼乐、改服饰、行秃发、设蕃汉二字院等等。[③] 但是党项民族毕竟是一个由“畜牛、马、驴、羊，以供其食，不知稼穑，土无五谷”[④] 的原始游牧民族，在汉族封建文化的强烈影响下，迅速转变为农牧业并举的开化民族。因此，西夏社会的发展，又迫使党项贵族统治者不得不继续吸收汉族的先进文化。因而，蕃、汉两种文化的相互斗争和统一，贯穿了西夏社会

① 陈炳应：《西夏钱币论述》，载《甘肃金融》1987 年（增三）。

② 牛达生：《宁夏贺兰山发现西夏窖藏钱币——兼论西夏货币经济的若干问题》，载《考古与文物》1986 年第 6 期。

③ 《宋史》卷 485《夏国传》上。

④ 《旧唐书》卷 198《党项羌传》。

的整个历史，西夏汉文和西夏文两类铜币的出现，则是这种斗争与统一在经济领域里的具体反映。

（3）西夏铜币钱文秀丽、铸工精细，构成了西夏货币制度上的又一显著特点。迄今所知的西夏汉文和西夏文铜币虽数量不多，但品类已有二十余种，详见附表：

序号	名称	重量（克）	直径（厘米）	孔径	钱背	书体	出土地点或收藏处
1	天授通宝（汉文小平）	3.8	2.3	0.55		真	山西省博物馆收藏
2	福圣宝钱（西夏文小平）	3.8—4.8	2.3—2.35	0.55		真	甘肃永昌河西堡、宁夏盐池萌城出土
3	大安宝钱（西夏文小平）	未见实物			俯月	篆	初尚龄《吉金所见录》介绍
4	大安宝钱（西夏文小平）	3.9	2.35	0.55		真	甘、宁、陕、蒙、辽等多地出土
5	大安通宝（汉文小平）	3.8	2.33	0.55	仰月	隶	内蒙古林西三道营子出土
6	贞观元宝（西夏文小平）	3.8	2.51	0.69		真	赵权之收藏《泉币》第三期介绍。宁夏盐池出土。
7	元德元宝（汉文小平）	未见实物				真	赵权之收藏《泉币》第三期介绍
8	元德通宝（汉文小平）	3.8	2.2	0.5		真	山西省博物馆收藏

续 表

序号	名称	重量（克）	直径（厘米）	孔径	钱背	书体	出土地点或收藏处
9	元德重宝（汉文折二）		3.05			真	甘肃武威近郊出土
·10	大德元宝（汉文小平）	未见实物					金氏《泉宝录》著录
11	大德通宝（汉文小平）	未见实物				真	张叔训收藏《泉币》创刊号介绍；金氏《泉宝录》著录
12	天盛元宝（汉文小平）	2.4—3.8	2.1—2.4	0.6		真	宁、甘、蒙、陕、鄂、湘等多地出土
13	天盛元宝（汉文小平）	未见实物			两	真	程伯逊收藏《泉币》第二十三期介绍
14	乾祐宝钱（西夏文小平）	3.9	2.3	0.5		真	宁夏贺兰山大风沟出土
15	乾祐元宝（汉文小平）	3.4—4.8	2.1—2.5	0.55		真	甘肃永昌河西堡、宁夏贺兰山大风沟、榆树台出土
16	乾祐元宝（汉文小平）	3.8	2.3	0.6		真	宁夏西夏陵区出土
17	乾祐元宝（汉文折二）	4.8	2.8	0.55		真	宁夏贺兰山滚钟口出土
18	乾祐元宝（汉文折二）	4.8	2.8	0.55		行	宁夏贺兰山滚钟口出土
19	天庆宝钱（西夏文小平）	3.8	2.3	0.5		真	宁夏盐池、贺兰山大风沟、甘肃武威大坝场出土
20	天庆元宝（汉文小平）	3.1	2.35	0.75		真	宁夏盐池萌城、贺兰山松树台、内蒙古三原等地出土

续 表

序号	名称	重量（克）	直径（厘米）	孔径	钱背	书体	出土地点或收藏处
21	皇建元宝（汉文小平）	4.2—4.7	2.4—2.5	0.5		真	宁、甘、蒙、陕等多地出土
22	光定元宝（汉文小平）	4.1	2.2	0.6		真	宁、甘、蒙、陕等多地出土
23	光定元宝（汉文小平）	3.2	2.5	0.55		篆	宁夏贺兰山滚钟口出土

这些西夏铜币中，除“字画繁冗，屈曲类符篆”的西夏文铸于不足四五平方厘米的铜币上，难免会出现某些钱文缺笔或字迹不清的现象外，汉文钱币几乎每品都十分规整，钱文苍劲、秀丽，不仅远胜于同时代的辽、金铜币，而且是可以与极重钱文的宋朝钱币相媲美。这一特点反映了西夏铸币虽少，但十分重视钱质，而且有一套严格的铸钱管理制度。

（原文载《宁夏金融》1990 年增刊第 1 期）

The Cache of Buddhist Gilt Bronzes Found in Yinchuan: The Question of Date

In April 1986, an underground cache of gilt-bronze Buddhist sculptures and bronze ritual utensils was accidentally discovered when a department store on East Xinhua street in Yinchuan, the capital of the Ningxia Hui Autonomous Region, was digging the foundation pilings for its expansion. The finds are very significant from archaeological and historical as well as art historical perspectives: the seven sculptures, part of an elaborate set of Buddhist deities, were created with consummate craftsmanship. The figures are vivid and detailed, and the ritual utensils meticulously finished. They can be considered the finest group of cultural relics to have been excavated in Ningxia in recent years.

However, the date of the group's manufacture has sparked something of a controversy among Chinese scholars. Opinions have varied widely. Although it is now ten years since they were discovered, the lack of a consensus on their dating has kept them from receiving the attention they richly deserve. Since the author personally directed and participated in the excavation and cleaning of the artefacts, it is hoped that a fresh discussion of the group from archaeological perspectives will prove useful. In particular, this article aims at resolving the question of their date of manufacture and burial.

The bronzes were excavated from an irregularly-shaped pit some 75 to 95 centimetres below the surface. The upper portion of the pit is roughly 120 centimetres in diameter and the bottom, 145 centimetres. Its depth varies from 54 to 75 centimetres. The bronze objects were found inside: the aforementioned seven Buddhist figural sculptures, two bronze vases and a large bell. They were piled up together without any discernible order. The uppermost stratigraphic layer consisting of present-day rubble, is 30 to 35 centimetres thick. Below this is a Ming (1368 - 1644) and Qing (1644 - 1911) period layer some 25 to 35 centimetres thick, in which were found a number of sherds of porcelain and building tiles. Below the Ming-Qing stratigraphic level is a Song (960-1279) and Yuan (1279-1368) stratum roughly 20 to 25 centimetres thick, in which a small quantity of Song and yuan period porcelain sherds were discovered. The top of the pit is located immediately below the Song-Yuan level. This is consistent with the historical position of the Xixia (or Tangut Xia) empire (c. 982 - 1227).

Within the Xixia stratum were discovered fragments of Yaozhou and Jun ceramic wares from the territory of the Song and sherds from the Tangut kilns at Lingwu in Ningxia, along with broken bricks and tiles. Also found were two coins one with a Qianyuan reign date (758-60) of Emperor Suzong (r. 756-61) of the Tang period (618-906), and one with a Xining (1068-77) reign date of the Song Emperor Shenzong (r. 1068-85). From its stratigraphic position, it can be inferred that the relative date of the pit must be earlier than the Yuan and later than the beginning of the Xixia period.

Another factor to be taken into consideration is the typology of the bronzes found in the pit. Among the group of seven images are three gilt - bronze *bodhisattvas*: Samantabhadra riding an elephant, Manjushri on a lion and Mahasthamaprapta, also on a lion. They share a number of characteristics. The faces of the three are similarly full and oval with long earlobes hanging to the shoulders; the eyes are heavy-lidded and the expressions kindly. All three wear similar wide-sleeved robes, jewellery and body scarves, and are seated on lotus thrones supported by their respective mounts. The mounts each have a saddle-carpet on which, in the cases of Samantabhadra and Manjushri, there is an elaborate design of a dragon stirring up the sea as it chases a pearl Mahasthamaprapta's cloth differs only in that a pair of symmetrically balanced dragons vies for central pearl.

Held in Samantabhadra's lowered left and raised right hands is the long stem of a lotus, its flower blooming at his right shoulder and supporting a bound scroll. On Samantabhadra's head is an elaborate crown with a wish-fulfilling jewel at its crest. The recumbent white elephant turns its head backwards as if to look behind. It has long tusks and floppy ears, and its curled up trunk and half-closed eyes give it a docile appearance. [Translator's note: Samantabhadra is the *bodhisattva* 'Universal Good', whose vow to protect and encourage anyone who hears the *Lotus Sutra* forms the last chapter of that influential Buddhist scripture. He is also Sudhana's 53rd and culminating teacher on his spiritual pilgrimage detailed in the *Gandhavyuha*, the final book of the *Avatamsaka Sutra*.]

Manjushri, who is associated with enlightening wisdom, sits cross-legged and bears a *ruyi* sceptre in his hands. His left hand is raised, his right hand lowered. An elaborate crown graces his head, surmounted by a hexagonal gem. The lion, lying on an oval pedestal, turns his head, looking back with a gentle expression, both round eyes open and mouth closed.

The third *bodhisattva*, Mahasthamaprapta, with the left leg bent close to the body and right knee raised, half squats, half sits on the back of the roaring lion bearing the lotus pedestal. His right hand hangs over his right knee, and his left rests at his left thigh. His crown features a seated image of the Buddha Amitabha, while at his shoulders are small lotuses bearing a vase and a text. Although roaring, the upturned face and open eyes of the lion appear tranquil. [Translator's note: Mahasthamaprapta, who represents the 'Great power' of the Buddha, is a *bodhisattva* often paired with Avalokiteshvara on either side of

Amitabha. He is usually identified by a vase in his crown. It is the translator's opinion that this figure does not in fact represent Mahasthamaprapta–a rarely encountered deity who is not known to be associated with an animal mount – but actually the more popular Avalokiteshvara, Simhanada Lokeshvara, is seated in exactly this position atop a roaring lion, and had wide currency in India, Tibet and China. Although the vase of *amrita* (nectar) is common to both Mahasthamaprapta and various forms of Avalokiteshvara, the book on the lotus is not known to be held by the former, but is occasionally associated with the latter. Finally, the seated figure of Amitabha in the crown seems to be a definitive iconographic attribute of Avalokiteshvara. If this identification is accepted, then the finds include the three great *bodhisattvas* of East Asian Buddhism: Avalokiteshvara, Manjushri and Samantabhadra. A fourth, Ksitigarbha, is sometimes added to this group.]

The three *bodhisattvas* are animated in bearing and wellproportioned, the linear patterns adorning them fluid and graceful. The three mounts are imaginative, yet believable in their good–humoured obedience. The casting and finishing are meticulous and fine, allowing for the elaborate decoration.

This group also features two martial guardians, likewise of gilt bronze, although both are slightly smaller than the *bodhisattvas*. One of these is Weituo (Skt. Skanda), often placed so as to protect the entrance to a shrine–room. The figure has a round face and a spirited expression. His helmet is adorned with a plumed standard and he wears armour and battle dress underneath a wide–sleeved cloak. A long scarf flutters around him. His palms are held together in front of his chest, supporting a horizontally placed *danda* (demon–quelling staff). With feet spread he stands on a crescent – shaped pedestal, his whole attitude expressive of devotion and gentleness.

The other martial figure is one of the four *lokapala* (Ch. *tianwang*), the guardian kings of the four directions. He has a squarish face, with protruding cheekbones and a prominent forehead. His eyes are markedly slanted. A long beard sweeps off his jaw, obscuring his neck. He wears a crown more closely resembling those of the *bodhisattvas* than it does Skanda's helmet. His elaborately decorated protective armour, worn beneath a cloak, is, however, similar to Skanda's, and like the latter, he also has long scarves swirling around him. His right hand makes a fist as if grasping a weapon, now lost. His left hand makes a gesture, the index and little finger extended, the middle finger and thumb joined. His feet are planted firmly apart on a crescent-shaped base, giving him an appropriately awe-inspiring sternness.

The other two gilt-bronze standing figures represent Hanshan and Shide. Hanshan has long, unkempt hair, a round face with big ears and a mischievous smile. He wears a wide-sleeved robe with a sash at the waist. Hanging at an angle across one shoulder is a rope strung with five bottle-gourds, and a pouch is tied at his hip. Both hands are extended, and in one he holds a scroll, perhaps inscribed with his own poetry. His bare feet stand on a hexagonal base. Shide also has long hair, a round face with large ears, and a wide grin. He is dressed like Hanshan, and likewise has five calabashes strapped to his torso. He is slightly more portly than the other figure, and stands with right arm raised, the palm upturned and the index finger pointing upwards. His left arm hangs at his side and grasps a broom. [Translator's note: Hanshan and Shide are a pair of eccentric 'fools of Buddha' celebrated for their outrageous behaviour and good humour in the Chan Buddhist tradition. Hanshan (active around the eighth century) was a reclusive poet who lived near the monastery in which Shied, a foundling taken in by the abbot, worked in the kitchen. Although this figure of Hanshan holds a rolled-up scroll, painted depictions sometimes show the scroll open and blank, 'because he could read the unwritten book of existence and so needed no text' (Seckel, p. 234) Shide's broom recalls his menial station, disguising his inner enlightenment, and so becomes the tool 'with which he sweeps away the dust of doubt and worldly cares which are obstacles to true enlightenment' (ibid.). Interestingly, Hanshan and Shide are considered to be incarnations of Manjushri and Samantabhadra, respectively, who are included in the same set of sculptures.]

In addition to these seven Buddhist figures, the cache revealed three bronze ritual utensils, which, unlike the former, were not gilded. Of these, two are identical hexagonal vases. Each vase has a high foot, and a slender neck cast with a handle to each side. The handles form animal masks where they join the upper part of the neck, and a single ring is suspended from each. The neck and the foot are ornamented with a diaper pattern. When they were found, only one of the vases was intact, the other having been broken vertically in half. The third piece is a bell with a double-dragon handle and decorated with the eight trigrams. The handle consists of an arching dragon body terminating in a head at each end. The dragon's body is covered with a crisply executed pattern of scales, and the central ridge of its back has raised sawtooth fins, contributing to the overall vigorous and bold effect. On the upper shoulder, the bell is decorated with a band of lotus petals bordered by a row of pearl beading. The main body is divided into sixteen rectangles by a grid of horizontals and verticals, the upper rectangles enclosing the relief-cast symbols of the eight trigrams. The lower apron of the bell terminates in eight arched cusps. [Translator's note: The eight trigrams, core elements of the 64 hexagrams of the *Yijing*, the ancient Chinese text of prognostication, contribute a sense of the underlying cosmic flux, a concept central to Daoism. See Schuyler V. R. Cammann, 'The Eight Trigrams: Variants and their Uses', *History of Religions* 29, no. 4 (1990), pp. 301–17.]

Unfortunately, neither the gilt bronzes nor the ritual objects are inscribed in such a way as to provide a direct indication of their date of manufacture. However, technical analysis of production methods and comparative assessment of the style of the figures and of their clothing can supply us with indirect evidence of their provenance. Looking first at the methods of manufacture, we can determine that in the case of the gilt - bronze figures, certain components, including the base, the mount and the figure itself, were cast separately using piece-mould assemblies. The details were subsequently executed by hand. After which the parts were gilded and, finally, assembled. Evidence of a comparable production process can be found among other Xixia bronze objects, such as a large gilt-bronze ox weighing 188 kilograms recovered in 1976 from one of the auxiliary tombs accompanying a Xixia imperial tomb (see Shi Jinbo et al. pl. 217). The casting and gilding methods employed are identical to those used on the Buddhist figures found in the cache at East Xinhua street.

There are some who feel that the Tangut Xixia empire was a localized separatist regime which attained only a primitive level of economic and cultural development. In this view, such finely made gilt bronzes could never have been produced in the Xixia empire. However, this view is completely without historical basis. To be sure, the Xixia empire was ruled by the Tanguts, whose pre-dynastic history is hazy at best, and may indeed have been marked by relatively low levels of technical and cultural attainment. Nevertheless, within the first hundred years after they established their state, the economy and culture of the Tanguts underwent an amazing development. Moreover, the population within the borders of their empire included a significant Han Chinese component, and the state was not lacking in highly skilled craftsmen. From the Xixia gold and silver artefacts, ceramics, seals and coins discovered to date, as well as the level of technology displayed in their printed works and architecture, it is clear that culturally, the Tangut compare favourably to their contemporaries, the Song, Liao (907-1125) and Jin (1125-1234). In fact, there are Tangut objects which, in technical skill, surpass those of their neighbouring states. This being the case, although objects of the number and sophistication of the gilt bronzes under consideration have never before been excavated in Xixia territory, there is absolutely no reason to believe a priori that they could not have been made by Tangut craftsmen.

Furthermore, although no bronzes of this type have been previously unearthed, there are a number of comparable pieces in other materials in the form of cloth paintings, murals, and sculptures of clay and stone, with dependable Xixia dates and with a similar subject matter. Of note in this regard are the sculptures of *bodhisattvas* and monks in Cave 263 of the Mogao caves at Dunhuang, which is datable to the Xixia period (Dunhuang Yanjiusuo, pl. 120) and the clay sculptures of donors discovered at Dalankubu in Inner Mongolia (Shi Jinbo et al., pls 247-50). The faces, the proportions and the outward bearing of these figures are closely related to the three gilt-bronze*bodhisattvas* in the cache at East Xinhua street. The gilt-bronze *lokapala* may be compared to a stone head of an official recovered from Tomb 101 at the Xixia imperial tomb site (Shi Jinbo et al., pl. 235). The squared-off shape of the face, high forehead and prominent cheekbones are easily discernible in both pieces. The figures of Hanshan and Shide can be compared to the clay sculpture of a female donor featured in Cave 491 at the Mogao caves (Dunhuang Research Institute, pl. 84). The style of the hair and the features of the face are especially notable.

These similarities are by no means merely coincidental: they are direct reflections of parallel artistic conceptions and creative activities undertaken by artists and craftsmen working in different media for different patrons within the same period. These comparisons with archaeologically dated materials permit us to conclude that the bronze objects excavated from the pit beneath East Xinhua street may be comfortably attributed to the Xixia period.

All the gilt bronzes in the cache can be seen to have a religious character. Apart from the Daoist-influenced bronze bell with the eight trigrams and dragon handle, the bronzcs all rclatc cxclusively to Buddhism. That these two types-Daoist-influenced and Buddhist-were found within the same cache is perhaps evidence of a religious synthesis taking place at the time.

The seven Buddhist gilt - bronze figures evidently do not constitute a complete set of deities, since a complete set of the four great *bodhisattvas* would in all probability include Avalokiteshvara in addition to Manjushri, Samantabhadra and Mahasthamaprapta. Moreover, since among the seven we find both Weituo and one of the four *lokapala*, it seems likely that the original set would have included the other three *lokapala*. Finally, it is hard to imagine a Buddhist altar featuring relatively minor figures, such as Hanshan and Shide, and not the founder minor figures, such as Hanshan and shide, and not the founder of Buddhism himself-Shakyamuni-not to speak of Ananda, kashyapa and the other original followers, or the multitude of *luohan* which are encountered so often in the extended Buddhist pantheon of this time.

It seems very probable, therefore, that the figures that have been recovered are just a part of the original set. If the rest were buried elsewhere and not destroyed, then perhaps others will be found as Yinchuan's rebuilding continues. Yet, based solely on the quantity and quality of those which have already been excavated, one can conclude that the financial resources necessary to produce this group were definitely beyond the means of a typical monastery or ordinary pious Buddhist. The high quality of the casting and finishing, as well as the quantity and value of the materials, make it difficult to conceive that this was anything but a commission for the imperial family chapel, and it is likely that state resources were tapped for the project. A comprehensive survey of the history of Ningxia also leads one to the conclusion that it could only have been during the Xixia period, when the Tangut ruling elite devoted themselves to Buddhism, that such abundant resources would have been invested in creating these precious objects.

Let us assume that these images were once placed on an altar in a Buddhist shrine-room, the focus of Buddhist reverence. If an earthquake or fire had destroyed the shrine-room, these images would have been excavated surrounded by its shattered or incinerated remains. Instead, they emerged as a cache from an underground pit. In the process of excavation, I saw no traces whatsoever of a collapsed temple or burned architecture, which proves that the cache was intentionally created by someone under exceptional circumstances. It should also be recalled that the shape of the pit is quite irregular, and that the objects were hurriedly buried. There can be only one explanation for the cause of these specific conditions, and that is the chaos caused by war.

From its founding in the Wei-Jin period (220-317), Yinchuan continued to develop through the Northern and Southern Dynasties period (317-589). By the tenth century, it had expanded into a full-fledged city. It was here in the eleventh century, when Li Yuanhao (r. 1032-48) formally declared the Xixia state an empire and took the title Emperor Jingzong, that he established his capital, then known as Zhongxing. Naturally, this increased the city's splendour, and additions were also constantly made throughout the Yuan, Ming and Qing periods. Admittedly, since its founding Yinchuan has been the site of no fewer than ten military battles, although only one of these forced residents, including Buddhist and Daoist clergy, to flee and abandon the city altogether. This occurred at the end of the Xixia period when the Mongol leader Genghis Khan

(*c*. 1162–1227) led an attack to wipe out the Tangut empire. There is quite a strong probability, therefore, that the cache was made at this time.

In conclusion, the evidence presented by archaeological excavation, by stylistic analysis and by political, religious and social history all points to the same provenance for the set of seven Buddhist gilt-bronze figures and three ritual objects found below East Xinhua street in Yinchuan. We can declare with considerable certainty that these precious objects were created at the capital of the Tangut Xixia state for the ruling elite, and that they were buried at the fall of the empire.

Wu Fengyun is Deputy Director of the Ningxia Museum in Yinchuan

Translated and adapted by Rob Linrothe.

Selected bibliography

1. Dunhuang Research Institute. Art Treasures of Dunhuang: Sculpture. Joint publishing Co. , Hong Kong, 1981.

2. Dunhuang Yanjiusuo. Dunhuang Mogaoku (The Mogao Caves of Dunhuang). vol. 5. Wenwu Chubanshe, Beijing, 1987.

3. Dietrich Seckel. Buddhist Art of East Asia. Western Washington University, Bellingham, 1989.

4. Shi Jinbo, Bai Bin and Wu Fengyun eds,. Xixia Wenwu (Xixia Cultural Artefacts). Wenwu Chubanshe, Beijing, 1988.

5. Zhu Qixin. Bronze Buddhist Figures of the Late Western Xia Dynasty. Orientations, October 1991, pp. 62–64.

(原文载香港 *Orientations*, APRIL 1996)

西夏考古学的兴起与发展

今天，我们提出“西夏考古学”这个概念，已经不再为学术界所感到陌生。但是在20多年前，人们对何谓“西夏”都知之甚少，当然更谈不上对“西夏考古学”的认识了。翻开我国60年代以前的教科书，不论是中学的中国历史课本，还是大学的中国古代史教材，都很难找到有关叙述和研究西夏历史的篇章。

然而，西夏这个在中世纪以党项民族为主体建立并雄据我国西北部地区长达近200年的封建王朝，在人类社会发展与进步的历史长河中，确实占有十分重要的地位。它前期与北宋、辽互为三足；后期又与南宋、金相鼎立，成为中国中世纪历史舞台上一个不可忽视的政权。只是由于西夏王朝在被成吉思汗率领的蒙古大军灭亡以后，未能留下足以撰写一部具有相当分量的西夏专史的史料档案，致使元人脱脱在编纂前朝史实时，只编写了《宋史》、《辽史》和《金史》，而把西夏王朝仅以“传”的形式，列入宋、辽、金三史之中，给后人造成许多历史的误会。同时，随着时间的推移和历史的变迁，人们对西夏社会的了解和认识愈来愈模糊，西夏王朝不仅被披上一层层浓厚的神秘色彩，而且也给史学家们留下了一个个难解的谜。

也许正是因为史料的匮乏，作为历史学重要组成部分的考古学，也就历史地承担起探索西夏社会、研究西夏历史的重任。于是，西夏考古学随着史学和西夏学研究的不断深入应运而生。西夏考古学是中国考古学的一部分，它的主要研究方法同样是考古地层学与器物类型学；西夏考古学也是被国际上称之为“绝学”的“西夏学”的一部分，西夏考古学除了在研究对象上明确为西夏王朝和党项民族的历史遗迹、遗物外，在研究方法上还必须运用民族学、民族史学和民族古文字学等相关学科的研究手段。

虽然运用科学严谨的考古地层学手段所进行的西夏考古学研究，迄今只有20余年，但是，西夏文化遗迹和遗物的最早发现，却可以追溯到190多年前。

早在清嘉庆九年（1804），我国著名的史地学家张澍（字介侯）就在甘肃武威发现了一通一面刻有西夏文字，另一面刻有汉文的石碑。这通石碑面世前被砌封在武威清应寺内的一座碑亭里。当地传说，若打开砌封已久的碑亭，必遭风雹之灾。张澍在家乡武威养病期间闻知此事，但他不信鬼神不信邪，邀了几位朋友去清应寺，让寺内的住持派人将碑亭的封砖拆除，使这通具有重要科研价值的珍贵文物重见天日。[①] 这通碑就是现被国家列为全国重点文物保护单位的“凉州重修护国寺感通塔碑”。

在张澍之后，清代著名金石学家刘青园又在武威发现几坛西夏时期窖藏的钱币。其中有西夏汉文年号钱和所谓的“梵字钱”。刘青园将梵字钱上的文字与“凉州重修护国寺感通塔碑”碑阳文字相对照，考证出所谓“梵字钱”即西夏文年号钱。[②]

由于“凉州重修护国寺感通塔碑”的发现，使国际上后来发生的持续了半个世纪的有关居庸关六体石刻中一种无人辨识文字的争论，终于有了准确的结论。元顺帝至正五年（1345）修建的北京居庸关云台门洞的两壁，刻有梵、藏、八思巴、汉、回鹘和西夏六种民族文字，但其中的西夏文至19世纪中叶依然无人能识别出究竟为何种文字。1870年，英国学者伟烈（A. Wylia）考证为“女真文字”。1882年，法国学者德维利亚（Derezia）根据河南开封发现的女真文宴台碑上的文字与之不同，提出反驳，认为可能为西夏文。1895年，德氏再次撰文论述居庸关六体石刻中不可识别文字可能是西夏文。直到1898年，他在看到了“凉州重修护国寺

① 张澍：《书西夏天祐民安碑后》，《养素堂文集》卷19。

② 初尚龄：《吉金所见录》。

感通塔碑”后，才十分把握地肯定这种不可识别的文字为西夏文。

西夏遗迹、遗物最重要、最惊人的发现，莫过于发生在神秘的哈拉浩特（即黑水城，亦称黑城）古城中的外国人的盗掘。

在我国甘肃河西和内蒙古西部，有一条先东西，后转向南北的河流，其上游被称为黑河，中游称弱水，下游分为东、西两支，东支称东河，西支称西河。东河尾端有一湖，名苏古诺尔；西河尾端亦有一湖，名噶顺诺尔。这条河在历史上有过许多不同的称谓，到清代一般称黑河为张掖河，弱水为额济纳河，东支流为坤都仑河。哈拉浩特古城就在坤都仑河东侧今内蒙古额济纳旗境内，距额济纳旗政府所在地东南 25 公里，北纬 41°45′40″，东经 101°5′55″。

1908 年，俄国著名的探险家、沙俄皇家地理学会会员科兹洛夫（P. K. Kozlov）大佐率队首次踏入这座有许多神话般传说的古城。科兹洛夫是从俄国另一位探险家波塔宁的两卷本著作《中国的唐古特——西藏边区和中央蒙古》中得到有关哈拉浩特古城信息的。波塔宁在该书中写道：“在（土尔扈特）古文献中提到额里·哈拉·硕克城遗址，它位于坤都仑河东部，即位于额济纳东部支流一天的路程处。也就是说，看不到大的‘卡拉伊’，即不大的城墙，四周有许多被沙填平的房屋遗迹。拨开沙，可找到银质的东西。”① 科兹洛夫一心惦记着这个未被打开的宝库，在进行第五次中央亚细亚考察路过额济纳时，放弃了原定的考察计划，在那里停留了下来。他在事隔多年后的回忆中记道：“对哈拉浩特的热念，完全吸引了我的注意和想象，……我们是多么向往哈拉浩特和它的神秘宝藏啊！”②

科兹洛夫在额济纳旗不惜重金备办厚礼，拜见了当时的郡王达什，从他的口中探到了哈拉浩特的具体位置。科兹洛夫以甜言蜜语说服郡王允许他去古城考察，达什不仅同意了，而且还特为他派了位曾多次到过哈拉浩

① 波塔宁：《中国的唐古特——西藏边区和中央蒙古》第 1 卷，第 464 页。
② 科兹洛夫：《蒙古安多和死城哈拉浩特》第 103 页。

特城址的向导——巴塔。

巴塔领着科兹洛夫等一行由额济纳旗出发，向东南循最近的路前往哈拉浩特，过了坤都仑河，很快进入了平展的沙漠地带。他们穿越了沙丘中的杂草和怪柳丛，路过了一些农业定居部落的遗址，同时还发现了一个据说是护卫哈拉浩特城的、被称为“阿克坦浩特”的要塞遗址，随后在一条干枯了的古河床附近，找到了哈拉浩特城址。

这座古城建在瀚海沙漠边缘的低台地上，城呈方形，仅东、西两面城墙正中辟门，“东西南北各半里余，垣堞大体完整”[①]。城内有高大的殿堂建筑的遗迹和一排排土屋的残垣断壁，除了城墙的东北角上耸立着一座高大的喇嘛式佛塔外，城内城外随处可见到佛塔和佛寺的建筑遗址。城西南隅还有一座规模不大但显然为圆形屋顶的建筑物残迹，它可能是元代伊斯兰教清真寺。整个城内排列着整齐的街区，街道用小圆石组成花纹铺成。城址表层随处可捡到陶、瓷、铜、铁器的残片和残件。很多地方还发现有钱币、串珠、玉片、丝织品等物。

面对蕴藏如此丰富的古城址，科兹洛夫等人兴奋得手舞足蹈。他们在城中央安营扎寨，并立即投入了紧张的觅宝活动。短短几天时间里，他们得到了超出预料的巨大收获。在一些残破倒塌的寺庙遗址里，发现许多精致的佛像和汉文、西夏文的书籍文稿及墙壁上的精美绘画。几天后，科兹洛夫一行因没有备足食品和水，不得不怀着恋恋不舍的心情暂时离开了古城。

时隔14个月，科兹洛夫在探访了西藏东部之后，再次返回额济纳，第二次踏入哈拉浩特城址。这次科兹洛夫做了充分的准备，携带了充足的食品，增加了两三倍的助手，为解决饮水，专门雇佣当地人用骆驼和毛驴从20多公里以外的坤都仑河给他们供水。由于有了这些条件，这一次他们在古城址的挖掘工作持续了整整一个月，得到的古物比第一次更多、更

① 《徐旭生西游日记》第1卷，第122页。

丰富。

他们的惊人发现和重要收获，主要来自城外的一座古塔中。这座塔为喇嘛式佛塔，高10余米。当他们打开塔心室时，在北壁高台上发现一具保持着坐姿的人骨架，地上堆放着一捆捆书籍和一卷卷画轴，有些书稿还用绸缎包裹着。室内还发现大量的木质、青铜和铜质镀金佛像及其他随葬物。这座塔显然是埋葬一位德高望重的高僧的“和尚坟”，室内的书籍、手稿、画卷和佛像等，均是这位高僧的随葬品。仅在这座塔里，科兹洛夫所得的文书就有2000余卷，绘画300余幅。

科兹洛夫在哈拉浩特城址盗取的西夏文刊本、写本达数百种（约8000多个编号），其中80%为佛经，计343种；涉及政治、法律、军事、语言文字、文学、历法、医学、占卜等方面的世俗文献60种。① 此外还有汉、藏、回鹘、突厥、叙利亚、女真、蒙古等多种民族文字的书籍和文稿，以及大量的陶器、瓷器、木器、铁器、铜器、丝织品、雕塑、皮革制品、绘画、钱币、泥塑佛像（图九）等文物。

尽管哈拉浩特古城的发现是惊人的，但全部的出土文物却被运往了沙俄圣彼得堡（作者原注为“今俄罗斯列宁格勒”，该城1992年恢复使用“圣彼得堡”的名字——编者）。清政府的腐败与旧中国殖民地半殖民地的烙印，从本世纪初就深深地打印在西夏考古学的发展史上。

继哈拉浩特的重大发现之后，1917年宁夏灵武知县余鼎铭在主持修城时，于城东寺院内发现五个陶罐，内藏活字版西夏文《大方广佛华严经》等佛教经典数十卷，今散失在我国北京、宁夏、甘肃和日本国。②

上述这些发现，虽然为西夏学研究提供了十分丰富和重要的资料，但是由于早期的这些发现，包括科兹洛夫在哈拉浩特的盗掘，均未运用考古地层学的基本方法，因而所出文物地层不清，造成相对年代和绝对年代上

---

① 戈尔巴切娃、克恰诺夫：《西夏文写本和刊本》。

② 史金波：《西夏文化》，吉林教育出版社，1957年，第35页。

的混乱。

真正意义上的西夏考古学，是从本世纪70年代初才开始的。1972—1975年，考古工作者对位于西夏都城兴庆府（今银川市）以西约45公里的西夏陵区八号陵的发掘和陵区调查，揭开了西夏考古发掘与西夏考古学研究的序幕。该陵在发掘前进行了地面勘察，基本探明了陵园布局和墓道的方向。发掘过程中又不断运用考古地层学的方法，依据土质土色分辨墓道、墓室中随葬品与回填物在时代上的区别。同时进行了科学的文字、绘图、照相记录。①

继八号陵发掘之后，宁夏的考古工作者又先后发掘了西夏陵区一〇八和一〇一号陪葬墓、缸瓷井西夏砖瓦石灰窑址、陵邑遗址、银川新市区西夏贫民瓮罐葬土坑墓、银川城区新华街青铜鎏金像窖藏遗迹等；中国社会科学院考古研究所在宁夏灵武发掘了磁窑堡瓷器作坊遗址和窑址②；甘肃的考古工作者在武威发掘了西夏平民墓③；内蒙古的考古工作者在准格尔旗发掘了西夏壁画墓④、在额济纳旗哈拉浩特发掘了西夏城址⑤。此外，宁夏的文物工作者还在古建维修中，清理了始建于西夏时期的同心康济寺塔、青铜峡一百零八塔、贺兰拜寺口双塔、贺兰拜寺沟方塔（图二）和贺兰潘昶宏佛塔（图二十三），出土了大批重要文献和珍贵文物。⑥

通过科学的发掘、清理，所解剖的西夏陵墓、遗址、城址、佛塔、窖址、窑址等，为判定历史文化遗迹的考古学层位和出土文物的相对年代，提供了准确的依据。

---

① 宁夏回族自治区博物馆：《西夏八号陵发掘简报》，载《文物》1978年8期。

② 中国社会科学院考古所内蒙古工作队：《宁夏灵武县磁窑堡窑址清理简报》，载《考古》1987年10期。

③ 宁笃学、钟长发：《甘肃武威西郊林场西夏墓清理简报》，载《考古与文物》1983年3期；宁笃学：《武威西郊发现西夏墓》，载《考古与文物》1984年4期。

④ 郑隆：《准格尔旗大沙塔及附近的古城》，载《内蒙古文物考古》1981年1期。

⑤ 内蒙古考古所：《内蒙古黑城考古发掘纪要》，载《文物》1987年7期。

⑥ 雷润泽、于存海、何继英：《西夏佛塔》，文物出版社，1995年。

西夏考古学的建立与发展，拓宽了西夏学研究的领域。早期的西夏学研究，基本上局限于对西夏语言、文字的研究。大批西夏文文献的发现，造就了苏联的聂夫斯基，日本的桥本万太郎，中国的罗振玉、罗福苌、罗福成和王静如等一代西夏学研究的开拓者。然而，他们的研究成果突出地表现在对西夏文文献的释读、翻译方面。而西夏考古学的建立，使西夏学研究产生了突飞猛进的发展。迄今为止，至少反映在以下几个方面：

一、西夏考古学的成果，促进了西夏史学研究的深入和发展。由于史料的短缺，西夏考古学建立以前，对西夏历史的探讨，还只能局限在局部和某些专题上。全面的、系统的西夏史学研究，则产生于西夏考古学兴起之后。1979 年，由钟侃、吴峰云、李范文三人合著的《西夏简史》，是新中国成立后第一部阐述西夏历史的专著。该书的最大特点，就是大量引用了西夏考古学资料和西夏考古学研究成果。此后，由吴天墀先生撰写的《西夏史稿》，虽不乏对西夏史料的分析研究和考证，但文物考古资料成为该书叙史、论史的重要补充。由史金波先生编纂的《西夏文化》、《西夏佛教史略》和由白滨先生论著的《元昊传》等这些专题史和西夏断代史，更是广泛使用了考古学研究成果。

二、西夏考古学的建立，促进了西夏文物古迹和出土文物的专题研究。近年来，西夏学研究不断向深度和广度发展，其中最大量的成果反映在对西夏文物古迹和出土文物的专题研究方面。由罗福颐、李范文编译的《西夏官印汇考》；李范文编释的《西夏陵墓出土残碑粹编》；陈炳应先生撰写的《西夏文物研究》；史金波、白滨、吴峰云三人合编的《西夏文物》；许成、杜玉冰合编的《西夏王陵》；韩小忙撰写的《西夏王陵》；雷润泽、于存海、何继英三人合编的《西夏佛塔》等著作，均从西夏文物的各个侧面，对西夏社会、政治、经济、文化进行了有益的探讨。此外，近年来关于西夏城址、遗址、窑址以及出土的碑刻、印章、铜牌、钱币、文书及其他出土文物的专题论文亦发表颇丰。

三、西夏考古学的兴起和发展，促进了对我国中世纪科技发展水平的研究。西夏考古发掘过程中，出土了许多珍贵的文物，按照过去史学界对我国中世纪科技发展水平的认识，很难想象出党项这个由游牧部落迅速发展起来的民族所建立的地方割据政权，能创造出如此光辉灿烂的物质文化，但考古地层学证明，这些珍贵的文物的确出自西夏。

西夏陵区一〇一号陪葬墓出土的鎏金大铜牛（图十六），造型生动，形象逼真，形体与真牛一般大小，通体鎏金，重188公斤。[①] 如此硕大的青铜鎏金器物，没有高超的冶炼、铸造和鎏金技术，是不可能制造出来的。与鎏金大铜牛有异曲同工之妙的银川新华街出土佛教人物鎏金铜造像（图二十一），令许多考古学专家为之惊叹。在该批铜造像出土后的很长一段时间内，不敢确定其为西夏时代的文物。但根据考古现场的地层叠压关系，埋葬这批珍贵文物的窖址的上开口是被迭压在元代地层之下，打破了宋代地层，由此证明窖藏的年代为西夏晚期是确定无疑的。[②] 这批青铜鎏金造像，也已达到了极高的工艺技术水平。

1978年，上海纺织科学研究院高汉玉等人，根据西夏陵区一〇八号墓出土的丝织品，进行了工艺技术分析、研究，指出："这些丝织品有素罗、纹罗、工字绫、异向绫和茂花闪色锦等，显示了11、12世纪我国丝织品手工业的精湛技艺。"其中，"一〇八号墓首次出土的茂花闪色锦，经纬组织结构和织制方法都比较奇特"。[③] 虽然这些丝织品迄今还很难断定是西夏自制抑或宋朝输入，但都同样反映了我国中世纪在纺织手工业和丝织工艺技术上所达到的水平。

据沈括《梦溪笔谈》记述，宋代已发明了木活字印刷术。但迄今

---

① 吴峰云：《介绍西夏陵区的几件文物之一——一〇一号墓的铜牛和石马》，载《文物》1978年8期。

② WuFengyun：《The Cache of Buddhist Gilt Bronzes Found in Yinchuan：The Question of Date》，1996年香港《Orientation》第4期。

③ 上海市纺织科学研究院纺织史组：《西夏陵区一〇八号墓出土丝织品》，载《文物》1978年8期。

为止，在宋代的遗址、墓葬中，尚未发现过木活字印刷的实物。因此，史学界一直认为木活字印刷术起源于宋代，而广泛运用于元代。近年来，西夏学者不仅在早年科兹洛夫盗走的西夏文文献中发现了有用木活字印刷的印本，而且从近年清理的西夏佛塔——拜寺沟方塔中出土的大批西夏文佛经中，发现了明显使用木活字印刷的实物。西夏文创制于西夏建国前夕，使用时间也没有汉字的使用时间长，西夏文文献采用了木活字印刷，有力地证明了木活字印刷术早在宋代就已经广泛采用了。

总之，西夏考古学的兴起与发展，不仅推动了西夏学研究的深入和发展，而且丰富了中国考古学的内容。同时，也为其他相关学科的研究，提供了必不可少的重要资料。

（原文载西北大学文博学院编《考古文物研究——纪念西北大学考古专业成立四十周年文集》，三秦出版社 1996 年 12 月出版）

论银川出土鎏金铜造像的年代问题

1986年4月，在宁夏回族自治区首府银川新华东街出土了一批窖藏的青铜鎏金佛教人物造像和青铜宗教器皿。这批珍贵文物是银川新华百货大楼在扩建后楼工程地基打桩时，无意中发现的。这次发现，堪称宁夏文物考古史上一次十分重大的发现，出土青铜鎏金文物数量之多，文物工艺之精湛，人物形象之生动，均可列为宁夏近年来文物考古发现之最。但是，由于这批珍贵文物出土后，国内各专家学者对它们的制作年代众说纷纭，莫衷一是，故这批珍贵文物虽出土多年，却至今未能引起学术界的足够重视。

本人因亲自指挥并参加了这批文物的发掘清理工作，所以拟就银川市新华东街出土的这批鎏金铜造像的年代问题，论证如下：

一、地层所反映的年代问题

这批珍贵文物出土前，被埋藏在一个距地表深约75—95厘米的不规则形土坑内。土坑口小底大，呈袋状。该地层的地表为厚30—35厘米的现代扰土层；扰土层之下为厚约25—35厘米的明、清地层，其中发现许多明清时期的破碎瓷片和瓦片。明、清地层之下是厚约20—25厘米的宋、元地层，其中发现少量宋、元时期的瓷片。袋状土坑的上开口叠压在宋、元地层之下，打破了周围的宋代地层（即西夏地层）。

在被打破的宋代（即西夏）地层中，发现有破碎的宋代耀州窑、钧窑和灵武窑瓷片及大量残砖断瓦，同时还出土了两枚唐、宋时期的青铜货币——乾元重宝和熙宁重宝。上开口呈不规则形的袋状土坑，口部最大直径120厘米，底部最大直径145厘米，坑深54—75厘米。坑内共出土青铜器物10件，其中青铜佛教人物造像7尊；青铜宝瓶2件；青铜大钟1件。器物堆放无序。此外在土坑内还发现有宋代瓷片和西夏瓷片。

从上述地层情况分析，窖藏这批青铜器物的土坑是被叠压在宋、元地层之下，而打破了周围宋代（即西夏）地层。由此判断，土坑形成的相对年代应早于元代而晚于宋代（西夏）。那么，更显而易见的是，窖藏在土坑内的青铜器物，其制作和使用年代，必然要比土坑形成的年代更早。

二、器形类比反映的年代问题

银川新华东街出土的这批文物中，有三尊青铜鎏金菩萨像（图二十一），他们是骑象的普贤菩萨、骑狮的文殊菩萨和骑冲天吼的大势至菩萨。这三尊菩萨像面部形象相差无几：面部圆润，大耳垂肩，双目微闭，神态慈祥。但它们的顶冠、衣着装饰及手势、坐势各不相同。普贤菩萨结跏趺坐于象背莲花座上，手持如意，右手在上，左手在下，头戴佛冠，身穿宽袖紧身袈服，项挂璎珞，飘带绕体。莲花坐下垫一蛟龙闹海图样的披毡。白象回首伏卧，长牙，大耳，象鼻卷曲，双眼微睁，姿态温顺。通高61.5、身宽26、底宽43厘米，重28.8公斤。文殊菩萨结跏趺坐于狮背莲花座上，手持如意，右手在上，左手在下，头戴佛冠，身穿宽袖紧身袈服，项挂璎珞，飘带绕体。莲花坐下垫一火云纹蟠龙戏珠图样的披毡。青狮侧首伏卧，双目圆睁，合口垂耳，姿态文静。通高63、身宽26、底宽47厘米，重21.3公斤。大势至菩萨左腿单盘，右腿支起，半蹲半坐于冲天吼背莲花座上，左手搭垂于左膝前，右手放在右大腿部，头戴佛冠，身穿宽袖紧身袈服，项挂璎珞，飘带绕体，左右肩肘处各托一净瓶宝物。莲花坐下垫二龙戏珠图样的披毡。冲天吼仰首伏卧，双目圆睁，张口收尾，姿态安宁。通高62、身宽25、底宽45厘米，重26.4公斤。三尊菩萨像造型生动，比例匀称，衣纹飘带线条流畅。胯下坐骑均呈伏卧势，神态安详驯服。坐骑背上的毡毯花纹繁缛，铸雕精细。

两尊武士造像，青铜质地，通体鎏金。其中一尊为护法神韦陀造像，圆面高準，双目炯炯有神，头戴缨盔，身着盔甲及宽袖紧身战服，飘带绕体。双手合十，双臂托一兵器——降魔杵。双脚分开，直立于月牙形神台上。神态慈祥、虔诚、和善。通高58、底宽21厘米，重17公斤。另一尊为“四大天王”之一护世天王造像，方脸盘，高颧骨，高额头。双目圆睁，眼角上挑，满腮须髯，长5寸许。头戴佛冠，身着盔甲及宽袖紧身战服，飘带绕体。赤手空拳，手无兵器。右手掌心向前，食指和小指向上，其余三指微屈。左臂向内弯曲，左手握空拳。双脚分开，神态威严，直立于月牙形神台上。通高57、底宽21厘米，重16.2公斤。

另有两尊是寒山和尚和拾得和尚造像。二者亦青铜质地，通体鎏金，呈立姿。寒山和尚头披长发，圆面大耳，面带微笑，身着宽袖紧身袈服，系腰带。左肩斜挎结绳串联的五个宝葫，腰右胯下挂一锦囊。双手各置左右，手中无物，赤脚立于六边形神台上。通高54、身宽21、底宽25厘米，重16.4公斤。拾得和尚头披长发，圆脸大耳，面呈微笑，身着宽袖紧身袈服，系腰带。右肩斜挎结绳串联的五个宝葫，腰左胯下挂一锦囊。形体较寒山和尚略胖。右臂上举，右手掌心朝上，食指上指。左手持把笤帚。通高54、身宽22、底宽25厘米，重16.8公斤。

除以上七尊佛教人物造像外，土坑内还出土了三件青铜器物，器表均无鎏金。其中两件为形体大小、造型、花纹完全相同的一对六棱细颈鼓腹单耳高足瓶。出土时，一只完好，一只已残损近半。瓶高55、口径14.4、腹径22.7、底径18.5厘米，重6.4公斤。直口，耳铸于颈，耳内套一圆环，耳上部铸龙首纹。瓶颈和圈足的六棱面上，均饰有斜线网格纹。

另一件为龙首八卦钟。钟钮二龙联体，左右相背，探首躬背，呈拱形钮；龙体鳞片整齐，刻铸分明，项背龙鳞立起，呈锯齿状；龙头双角向上，两须前伸，龙眼圆睁，显得十分苍劲有力。钟肩饰一周串珠莲瓣。钟体外表用竖双道、横三道的凸弦纹分割成16个长方格，上部的长方格内分别阴刻八卦符号。钟口呈八面连弧形。钟通高 67.5、口径 51.5、壁厚 2 厘米，重 46.5 公斤。

虽然这批青铜鎏金人物造像和青铜器物上，未留下任何可供直接断定其制作年代的文字依据，但是通过对这批文物制作工艺的研究和人物造型及人物衣服纹饰等方面的类比，同样能够间接地推测出它们的制作年代。

首先，就制作工艺而言，这批青铜鎏金人物造像均采用了先翻模浇铸定型，而后进行细部加工和鎏金粘贴工艺的制作方法。这种制作方法，在目前所出土的西夏青铜文物中屡见不鲜。特别是 1976 年在西夏王陵一〇一号陪葬墓中出土的一件长 120、宽 38、高 45 厘米，重 188 公斤的大型鎏金铜牛，其铸造工艺和贴金方法与新华东街出土的这批青铜鎏金佛教人物造像完全一样。有人认为，西夏是一个由党项族建立的地方割据政权，经济、文化都比较落后，造不出如此精美的青铜造像，其实这完全是一种误解。西夏的统治民族虽然是少数民族，但党项族在建国后的百余年中，经济、文化出现了惊人的发展。同时西夏境内人口居多的仍然是汉族，国内不乏能工巧匠。至今发现的西夏文物，包括金银器、陶瓷器、青铜器、建筑构件、印章钱币等，其制作的工艺水平均能与同期鼎立的宋、辽、金三朝相媲美。因而在此之前，尽管尚未出土过如此之多、如此精美的西夏青铜造像，但绝不能因此断言西夏造不出这些青铜精品。

第二，新华街出土的这批青铜造像，虽然没有同类的青铜造像可做比较，但是可与相同或相近题材的已有确切年代可考的西夏绘画、壁画、泥塑、石刻等艺术形象作考古类型学比较。我们注意到，新华街出土的三尊青铜鎏金菩萨像，同敦煌莫高窟第 236 窟方柱东龛佛坛上的比丘、菩萨塑像以及内蒙古额济纳旗达兰库布镇出土的女供养人泥塑相比较，面部形象和表情神态十分相像。新华街出土的青铜鎏金护世天王造像，和银川西郊贺兰山下的西夏王陵一〇一号陪葬墓出土的石人头像相比较，方脸盘、高额头、高颧骨面部造型极为相似。新华街出土的青铜鎏金寒山和尚和拾得和尚造像，与敦煌莫高窟第 491 窟正壁佛座南侧的一尊西夏女供养人塑像相比较，体态神情如出一辙。这些情况绝非巧合，而是同一时代艺术工匠同一创作思维和艺术构思的具体反映。从上述的器物比较中，我们也可得出这样的结论，即新华街出土的这批青铜文物，其制造年代当在西夏，而非元代或明代。

三、窖藏原因所反映的年代问题

新华街出土的这批青铜鎏金造像和青铜器皿，均属宗教文物。其中除青铜龙首八卦钟为道教之物外，其余皆系佛教文物。二者被埋藏在同一窖坑内，反映了当时已出现佛、道合一的宗教现象。其中的鎏金佛教人物造像共七尊，显然是极不完整的佛教造像组合。其中既然出土了文殊、普贤、大势至三尊菩萨像，那么就不应该缺少四大菩萨中的另一位观音菩萨的造像；其中既然出土了韦陀和四大天王之一的南方增长护世天王的造像，那么就不应该缺少另三尊护世天王的造像；其中既然有寒山、拾得和尚这类佛教崇拜中较为低级的人物造像，那么就不应该缺少佛法无边的佛教创始人释迦牟尼和阿难、迦叶等十大弟子及众多罗汉的造像。由此可见，现在出土的这几尊佛教人物造像，仅系一组完整的佛教人物造像中的一部分，如果其余造像仍被埋藏地下而尚未破坏的话，那么随着银川城市建设的不断进行，可能还会有更多新的发现。但就这些已经出土的鎏金青铜佛教人物造像的数量和质量而言，也绝非是一般寺院或普通供养人财力所能及的。如果不是皇家寺院和国家财力的投入，似乎很难想象还有谁能够制造出如此一批体形较大、数量众多、工艺精细又通体鎏金的青铜造像来。综观宁夏历史，恐怕也只有在西夏王国时期，由于党项民族及最高统治集团笃信佛教，才有可能出此雄厚财资，塑造出如此之多的珍贵鎏金造像。

此外，这批文物作为当时人们宗教信仰和崇拜偶像，显然应被供奉在寺院内，即使因地震或失火等原因，造成寺院坍塌或烧毁，那么这批文物也应出土于遗址，而不可能出自窖藏。我们在发掘过程中，未发现窖藏周围有寺院倒塌和被烧毁的建筑痕迹，证明窖坑的出现是特殊情况下人为所致。况且，窖坑极不规则，文物放置无序，更说明窖坑是当时人在慌乱中挖掘而成，文物是当时人忙乱中放置，这一现象的唯一解释，只能是因战乱而导致。

从银川城市发展来看，自魏晋南北朝时期的大夏国主赫连勃勃在此创丽子园，至北宋初年建兴州，银川已初具城市规模。公元11世纪初，党项族首领嵬名元昊立国西夏，定都兴庆府，更使这座城市增色生辉。经历元、明、清，银川城市格局愈加完善。虽然银川城自创建以来，经历大小战争不乏数十次，但真正能够造成城市居民背井离乡，甚至连僧侣、道士都要弃城而走的，恐怕只有在西夏末年蒙古首领成吉思汗率军攻城灭夏之时。由此，我们也可确定，这批珍贵文物的埋藏年代当在西夏末年。

（原文载《首届西夏学国际学术会议论文集》，宁夏人民出版社1998年11月出版）

西夏考古学与西夏文物

西夏考古学是中国考古学的一部分。它的主要研究方法同样是考古地层学和器物类型学；西夏考古学也是被国际上称之为“绝学”的“西夏学”的一部分，西夏考古学除了在研究对象上明确为西夏王朝和党项民族的历史遗迹、遗物外，在研究方法上还必须运用民族学、民族史学和民族古文字学等相关学科的研究手段。

西夏文化遗迹和遗物的最早发现，可以追溯到190多年以前：早在清嘉庆九年（1804），我国著名的史地学家张澍（字介侯）就在甘肃武威发现了一通一面刻有西夏文字，另一面刻有汉文字的石碑。这通碑就是现被全国重点文物保护单位的“凉州重修护国寺感通塔碑”。

在张澍之后，清代著名的金石学家刘青园又在武威发现几坛西夏时期窖藏的钱币。其中有西夏汉文年号钱和所谓的“梵字钱”。刘青园将梵字钱上的文字与“凉州重修护国寺感通塔碑”碑阳文字相对照，考证出所谓的“梵字钱”即西夏文年号钱。①

由于“凉州重修护国寺感通塔碑”的发现，使国际上后来发生的、持续了近半个世纪的、有关居庸关六体石刻中一种无人辨识文字的争论，终于有了准确的结论。元顺帝至正五年（1345）修建的北京居庸关云台门洞两壁，刻有梵、藏、八思巴、汉、回鹘和西夏六种民族文字。但其中的西夏文至19世纪中叶依然无人能识别出究竟为何种文字。1870年，英国学者伟烈（A. Wylia）考证为女真文字。1882年，法国学者德维利亚（Deviria）根据河南开封发现的女真文宴台碑上的文字与之不同，提出反

① 初尚龄：《吉金所见录》，清道光年间刻本。

驳。认为可能为西夏文。1895 年，德氏再次撰文论述居庸关六体石刻中不可识别文字可能是西夏文。至 1898 年，他在看到了“凉州重修护国寺感通塔碑”后，才十分把握地确定这种不可识别的文字为西夏文。

1908—1909 年，俄国著名的探险家、沙俄皇家地理学会会员科兹洛夫（P. K. Kozlov）大佐先后两次率队踏入黑水古城遗址。

哈拉浩特城（即黑水城）址发现的西夏文刊本、写本达数百种（约 8000 多个编号），其中 80% 为佛经，计 345 种；涉及政治、法律、军事、语言文字、文学、历法、医学、占卜等方面的世俗文献 60 种。① 此外还有汉、藏、回鹘、突厥、叙利亚、女真、蒙古等多种民族文字的书籍和文稿，以及大量的陶器、瓷器、木器、铁器、铜器、丝织品、雕塑、皮革制品、绘画、钱币等文物。全部的出土文物被运往沙俄圣彼得堡。

之后，1917 年宁夏灵武知县余鼎铭在主持修城时，于城东寺院内发现五个陶罐，内藏活字版印刷的西夏文《大方广佛华严经》等佛教经卷数十卷，今散藏于我国的北京、宁夏、甘肃和日本国，以国家图书馆所藏最多。②

上述的这些发现，虽然为西夏学研究提供了十分丰富和重要的资料，但由于早期的这些发现，包括科兹洛夫在哈拉浩特的盗掘，均未运用考古地层学的基本方法，因而所出文物地层不清，造成相对年代和绝对年代上的混乱。

一、西夏考古学的兴起

真正意义上的西夏考古学，是从本世纪 70 年代初才开始的。1972—1976 年，宁夏考古工作者对位于西夏都城兴庆府（今宁夏银川市）以西、

---

① 戈尔巴切夫、克恰诺夫：《西夏文写本和刊本》。

② 史金波：《西夏文化》，吉林教育出版社，1957 年版。

约45公里的西夏陵区八号陵的发掘和陵区调查，揭开了西夏考古学研究的序幕。考古工作者在发掘前进行了地面勘查，基本探明了陵园布局和墓道的方向。发掘过程中又不断运用考古地层学的方法，依据土质土色分辨墓道、墓室中随葬品与回填物在时代上的区别。同时进行了科学的文字、绘图、照相记录。①

继八号陵发掘之后，宁夏的考古工作者又先后发掘了西夏陵区一〇八号陪葬墓、一〇一号陪葬墓、缸瓷井西夏砖瓦石灰窑址、陵邑遗址、银川新市区西夏贫民瓮棺葬土坑墓、银川市新华街鎏金铜造像窖藏遗迹等；中国社会科学院考古研究所在宁夏灵武发掘了磁窑堡瓷器作坊遗址和窑址②；甘肃的考古工作者在武威发掘了西夏平民墓③；内蒙古的考古工作者在准格尔旗发掘了西夏壁画墓④、在额济纳旗哈拉浩特发掘了西夏城址⑤。此外，宁夏的文物工作者还在古建维修中，清理了始建于西夏时期的同心康济寺塔、青铜峡一百零八塔、贺兰山拜寺口双塔、贺兰山拜寺沟方塔和贺兰县潘昶宏佛塔，出土了大批重要文献和珍贵文物。⑥

通过科学的发掘、清理，所解剖的西夏陵墓、遗址、城址、佛塔、窖址、窑址等，为判定历史文化遗迹的考古学层位和出土遗物的相对年代，提供了准确的依据。

西夏考古学的建立与发展，拓宽了西夏学研究的领域。迄今为止，至少反映在以下几个方面：

1. 西夏考古学的成果，促进了西夏史学研究的深入和发展。由于史

---

① 宁夏回族自治区博物馆：《西夏八号陵发掘简报》，载《文物》1978年第8期。

② 中国社会科学院考古所内蒙古工作队：《宁夏灵武县磁窑堡窑址发掘简报》，载《考古与文物》1987年第10期。

③ 宁笃学、钟长发：《甘肃武威西郊林场西夏墓清理简报》，载《考古与文物》1983年第3期；宁笃学：《武威西郊发现西夏墓》，载《考古与文物》1984年第4期。

④ 郑隆：《准格尔旗大沙塔壁画墓及附近的古城》，载《内蒙古文物考古》1981年第1期。

⑤ 内蒙古考古所：《内蒙古黑城考古发掘纪要》，载《文物》1981年第7期。

⑥ 雷润泽、于存海、何继英：《西夏佛塔》，文物出版社，1995年。

料的短缺，西夏考古学建立以前，对西夏历史的探讨，还只能局限在局部和某些专题上。全面的、系统的西夏史学研究，则产生于西夏考古学兴起之后。1979 年，由钟侃、吴峰云、李范文三人合著的《西夏简史》，是新中国成立后第一部阐述西夏历史的专著。该书的最大特点，就是大量引用了西夏考古学资料及其研究成果。此后，由吴天墀先生撰写的《西夏史稿》，虽不乏对西夏史料的分析研究和考证，但文物考古资料，成为该书叙史、论史的重要补充。由史金波先生编纂的《西夏文化》、《西夏佛教史略》和由白滨先生论著的《元昊传》等这些专题史和西夏断代史，更是广泛使用了考古学研究的成果。

2. 西夏考古学的建立，促进了西夏文物古迹和出土文物的专题研究。近年来，西夏学研究不断向深度和广度发展，其中大量的成果反映在对西夏文物古迹和出土文物的专题研究方面。由罗福颐、李范文编译的《西夏官印汇考》；李范文先生编释的《西夏陵墓出土残碑粹编》；陈炳应先生撰写的《西夏文物研究》；史金波、白滨、吴峰云三人合编的《西夏文物》；许成、杜玉冰合编的《西夏王陵》；韩小忙撰写的《西夏王陵》；雷润泽、于存海、何继英三人合编的《西夏佛塔》等著作，均从西夏文物的各个侧面，对西夏社会、政治、经济、文化进行了有益的探讨。此外，近年来关于西夏城址、遗址、窑址以及出土的碑刻、印章、铜牌、钱币、文书及其他出土文物的专题论文亦发表颇丰。

3. 西夏考古学的兴起和发展，促进了对我国中世纪科技发展史的研究。西夏考古发掘过程中，出土了许多珍贵的文物，按照过去史学界的认识，很难想象出党项这个由游牧部落迅速发展起来的民族所建立的地方割据政权，能创造出如此光辉灿烂的物质文化，但考古地层学证明，这些珍贵的文物的确出自西夏。

西夏陵区一〇一号陪葬墓中出土的鎏金大铜牛，[①] 形体与真牛一般大小，如此硕大的青铜鎏金器物，没有高超的冶炼、铸造和鎏金技术，是不可能制造出来的。与鎏金大铜牛有异曲同工之妙的银川新华街出土佛教人物鎏金铜造像，令许多考古学专家为之惊叹。在该批铜造像出土后很长一段时间内，不敢确定其为西夏时代的文物。但根据考古现场的地层迭压关系，埋藏这批珍贵文物的窖址的上开口，是被迭压在元代地层之下，打破了宋代地层。由此证明窖藏的年代为西夏晚期是确定无疑的。[②] 这批青铜鎏金造像，也已达到了极高的工艺技术水平。

1978 年，上海纺织科学研究院高汉玉等人，对西夏陵区一〇八号墓出土的丝织品，进行了工艺技术分析、研究，指出："这些丝织品有素罗、纹罗、工字绫、异向绫和茂花闪色锦等，显示了 11、12 世纪我国丝织品手工业的精湛技艺。"其中，"一〇八号墓首次出土的茂花闪色锦，经纬组织结构和织制方法都比较奇特"。[③] 虽然这些丝织品还很难断定是西夏自制还是从宋朝输入，但都同样反映了我国中世纪在纺织手工业和丝织工艺技术上所达到的水平。

据沈括《梦溪笔谈》记述，宋代已发明了活字印刷技术。但迄今为止，在宋代的遗址、墓葬中，尚未发现过用活字印刷的实物，近年来，西夏学者不仅在早年科兹洛夫盗走的西夏文献中发现有活字印刷的印本，而且从近年清理的西夏佛塔——拜寺沟方塔中出土的大批西夏佛经中，发现了明显使用木活字印刷的实物。[④] 西夏文创制于西夏建国前夕，使用时间

---

① 吴峰云：《介绍西夏陵区的几件文物》中《一〇一号墓的铜牛和石马》，载《文物》1978 年第 8 期。

② Wu Fengyun：《The Cache of Buddhist Gilt Bronzes Found in Yinchuan：The Question of Date》1996 年香港《Orientations》4 月刊。

③ 上海市纺织科学研究院纺织史组：《西夏陵区一〇八号墓出土丝织品》，载《文物》1978 年第 8 期。

④ 史金波：《现存世界上最早的活字印刷品——西夏活字印本考》，1996 年中国民族史学会第四届年会论文。

也远没有汉字长，西夏文文献采用了木活字印刷，有力地证明了木活字印刷技术在当时已经广泛采用了。

二、迄今所发现的西夏文物

迄今发现的西夏文物，内容十分丰富，大致上可划分为两大类：一类称作“不可移动文物”，包括遗址、城址、窑址、寺院、佛塔、石窟、壁画、陵墓、岩画等；另一类称作“可移动文物”，包括文献、碑刻、陶瓷、印章、铜牌、钱币、金银器、铜铁器、木竹器和建筑构件等。它们涉及西夏社会的各个方面，成为研究西夏历史的重要实物史料。

（一）西夏文献

如果说元代史学家由于缺少文史档案而未能纂成一部颇具分量的西夏专史的话，那么迄今异常惊人的西夏文献被发现，可以说为西夏文史档案的重新建立奠定了基础。已发现的西夏文献，就内容可分为以下几类：

1. 西夏文佛经

在迄今发现的西夏文献中，译自汉、藏文的西夏文佛经，约占总数的百分之九十以上。国家图书馆收藏的西夏文佛经有一百二十余卷，其中最多的为木刻本《慈悲道场忏法》、《金光明最胜王经》，手抄本《大般若波罗蜜多经》，活字本《大方广佛华严经》（图十）。陕西、甘肃、宁夏等地也收藏有西夏文的泥金写经和活字本佛经。

俄罗斯科学院东方学研究所圣彼得堡分所收藏的西夏文佛经两千余卷三百多种。日本、英国、瑞典等国的高等学府、博物馆、图书馆也有一定数量的西夏文佛经收藏。如此浩瀚的西夏文佛经，反映了党项民族对释教的崇信。西夏建国以后，由于统治阶级的大力提倡，佛教在这个国度中异常兴盛。目前所知的西夏著名寺院就有二三十座。无名寺院则不计其数。其中西夏始建的承天寺（图一，在今宁夏银川市）、卧佛寺（在今甘肃张掖市）、双塔寺（在今宁夏贺兰山拜寺口）等，经后代不断维修，一直保存至今。敦煌莫高窟、西千佛洞和安西榆林窟等近百个西夏洞窟中保存了佛教壁画数百幅。尤其令人惊讶的是，西夏王陵的陵台筑成五层或七层的八角形密檐式塔形建筑；而陵前的阙台则修筑成覆钵形喇嘛塔式建筑；在陵邑的中部则是一座规模宏伟的巨大佛殿。此外，在贺兰山岩画中刻有佛的形象和佛教咒语。在武威西夏墓中发现以木缘塔为葬具。在内蒙古额济纳旗黑水城遗址和伊金霍洛旗西夏遗址中又大量出土与佛教有关的泥塔婆等物。所有这些都表明了佛教在西夏国中的影响至深。

2．西夏文辞书

在西夏文献中，含有多种类型的字典、韵书。[①] 它们的编纂者多为党项族人，反映了党项民族对本民族语言文字的研究达到了很高的水平。

在编纂体例上，扬《说文解字》和《广韵》之长的大型西夏文辞书《文海》，是一部研究党项民族语言、文字的重要文献。[②] 它虽现存仅有平声和杂类两大部分的残本，佚上声部，但分类科学，字形分析清晰，字意注释准确，字音采用反切，是今人研究西夏语言、文字难得的参考文献。

迄今发现至少有四种版本的《音同》，是西夏文辞书中收字最多的字典，共收单体字六千余个，按声母分成九类。[③] 它在西夏语言文字研究中，与《文海》具有同等重要的价值。

以西夏文与汉字对音对意为特点的字典《番汉合时掌中珠》，是一部按天、地、人分类的西夏辞书，编者骨勒茂才为党项族人。[④] 该书不仅在当时为党项族人与汉人互相学习对方的语言文字提供了方便，而且也是今人初学西夏语文最易入门的工具书。

---

① 史金波：《简论西夏文辞书》，载《辞书研究》1980 年第 1 期。

② 史金波、白滨、黄振华：《〈文海〉研究》，中国社会科学出版社，1983 年。

③ 李范文：《同音研究》，宁夏人民出版社，1986 年。

④ 《番汉合时掌中珠》，罗福成 1935 年手抄本；吴峰云：《〈番汉合时掌中珠〉校补》，见《中国民族古文字研究》，中国社会科学出版社，1984 年。

《要集》，也是一部按事物门类分类的西夏文辞书。它的每一个被解释的西夏文词语，都是用为汉字注音的西夏字组成的汉字来注释。从中反映了党项与汉族人民之间的文化交流。

在字序上与《音同》相近，在注解上同《文海》相仿的长卷式西夏文写本辞书，虽残缺较为严重，但反映了党项学者在语言文字学方面的概括能力，同时也是今人研究西夏语文的重要参考工具书。

以图表形式显示西夏语言特点的《五音切韵》，韵表共9表，每一声类一表；韵图共105图，每一韵一图。用直观的表现形式显示西夏语音特点，是党项学者在研究本民族语言的基础上一种大胆的尝试，也是现代语言学家的重要借鉴。

类似汉籍类书的《圣立义海》，是一部内容十分广泛的西夏文百科全书。《义同一类》是一部西夏文的同义词典。此外，党项人还编纂了《杂字》等平日常用字、词的工具书。

从以上这些西夏文辞书来看，反映了党项民族已具有很高的文化水平。

3. 官私应用文书

目前发现的西夏国官私应用文书，主要有审判记录、守将上书、官府报告、卖地文契、借贷文书、典当契约、会款单、欠款单、请假条等等，内容也较为丰富。

《瓜州审判记录》是夏天赐礼盛国庆元年（1069）和二年（1070）在瓜州（今甘肃安西县）审理一起侵夺牲畜财产案的现场记录，① 它是西夏国依法判案的实例。《黑水城守将告近禀帖》是夏乾定申年（1124）黑水城守将要求调往内地的申请书。它同乾定酉年（1225）的《黑水城副将上书》都是反映西夏中、晚期政治、军事等方面情况的重要文献资料。②

---

① 史金波：《西夏文化》，吉林教育出版社，1987年，第37页。

② 黄振华：《评苏联近三十年的西夏学研究》，载《社会科学战线》1978年第3期。

发现于甘肃武威的《卖地文契》，是夏天盛二十二年（1170）一位党项族妇女出卖自己牧地的契约文书，其中有出卖土地的田界和当事人、证明人姓名。[①]《钱会单》记录了夏天庆虎年（1194）十个党项族人和汉人，为了互助共同出钱筹款的情况。此外还发现有夏光定十三年（1223）《谷物借贷文书》和汉文的《欠款单》等。这些文献是研究当时社会经济的典型资料。

4. 学术著作

在西夏文献中，有一部分是由党项族人撰写的著作，它们涉及历史、法律、文学、医学等许多方面，并具有很高的学术价值。[②]

《太祖继迁文》记述了夏景宗嵬名元昊的祖父、谥为太祖的李继迁的重要生平，是一部研究西夏历史事件和人物的重要史籍。

《天盛旧改新定律令》、《新法》、《亥年新法》、《夏国官阶封号表》等，是西夏法律方面的重要著作。其中的《天盛旧改新定律令》长达二十章，是夏仁宗天盛年间（西夏国最昌盛时期）汇集的一部内容丰富的有关夏国法律条文的专著。对研究西夏国的立法、执法和法律制度，提供了难得的详细资料。

用西夏文撰写的《诗歌集》、《格言集》、《谚语集》等，是西夏党项族在文学艺术方面取得成就的反映。[③] 通过这些文学作品，不仅能看出党项民族的文学水平，而且还能够体会党项族人民在长期生活的实践中总结出来的深刻哲理。

出土于武威地区的西夏文药方，记述了许多治疗疾病的药名，是研究西夏医药学的珍贵材料。

---

① 黄振华：《西夏天盛二十二年卖地文契考释》，见《西夏史论文集》，宁夏人民出版社，1984 年。

② 史金波：《西夏文化》，吉林教育出版社，1987 年。

③ 陈炳应：《西夏的诗歌、谚语所反映的社会历史问题》，载《甘肃师范大学学报》1980 年 2 期。

由西夏党项族人撰写的著作，当然远非这些。迄今所发现的，仅仅是其中极少的一部分。但是，从这极少的一部分著作中，已能够窥见西夏科学文化之一斑。

5. 译自汉文的典籍

在出土的西夏文献中，有一批译自汉文的典籍，其中有些汉文典籍已失传，却意外地在西夏文文献中被发现。①

西夏文译本《论语》，为木刻残本，其章节与汉文《论语》有别，可能是西夏著名学者斡道冲所注。

西夏文译本《孟子》，目前发现有两种不同的手抄本残页。一种以竹笔抄写，楷书，带有注释。另一种用毛笔抄写，楷书，无注释，但有用朱砂红字校改过的笔痕。

西夏文译本《孝经》，为草书手稿，共十八章，保存基本完好，其中以朱砂红字修改处甚多。从序言末尾有吕惠卿所作题款看，可证明为宋吕氏注本的译本。汉文《孝经》吕氏注本早已失传，西夏文译本《孝经》吕氏注本的发现，无疑补充了汉文的失传文献。

西夏文译本《类林》，以唐代于立政所撰十卷本《类林》为底本，刻于夏仁宗乾祐十二年（1181）。此译本虽残，但汉文本早已失传，从译本中可知为十卷五十篇数百名著名历史人物的故事集。

译自汉文的兵书《孙子兵法三注》、《黄石公三略》、《六韬》等，反映了西夏统治者重兵尚武的政策。其中的《孙子兵法三注》，系曹操、李筌、杜牧三家的合注本残卷，仅存中、下卷的一部分。书后附《孙子名记》。

西夏文译本《贞观要文》，译自唐朝吴兢所编《贞观政要》。此外还发现有春秋各国历史汇编《十二国》的西夏文译本残卷。

---

① 白滨：《西夏文献及其史料价值》，载《中国研究史动态》1981 年第 7 期。

（二）重要的碑刻

直接涉及西夏历史和社会状况的重要碑刻有：

1. 重修凉州护国寺感通塔碑

刻于夏天祐民安五年（1094），现存甘肃武威市文庙内，高 2.5、宽 0.9 米。碑阳刻西夏文，碑额篆刻题名“敕感通塔之碑铭”。正文楷书，计 28 行，行 65 字。碑阴刻汉文，碑额篆刻题名“凉州重修护国寺感通塔碑铭”。正文楷书，计 26 行，行 70 字。碑文内容主要是宣扬佛法无边和西夏皇帝的功德，但也记述了西夏社会政治、经济、宗教等方面的重要史实。①

2. 黑水河建桥敕碑

刻于夏乾祐七年（1176），现存甘肃张掖市文化馆，碑高 1.15、宽 0.7 米，无碑额。碑阳刻汉文楷书，计 13 行，行 30 字；碑阴刻藏文正楷，计 12 列，但已漫漶过半。碑文内容虽较简单，但对研究西夏社会的宗教、职官和补正西夏史实提供了重要的资料。②

3. 西夏陵残碑

出土于西夏陵区部分帝陵和陪葬墓碑亭遗址中的三千二百余块西夏文、汉文残碑块（图十一），是近年来西夏考古学的重要收获之一。尽管破碎十分严重，但依然包含了许多为现存史料所缺少的珍贵资料。其中如仁宗皇帝寿陵篆书碑额和有关西夏年号、帝号、族名、国名、地名、官名及重要史实的记载，对研究西夏王国的历史具有十分重要的价值。③

（三）印章、铜牌和钱币

---

① 罗福颐：《西夏护国寺感应塔碑介绍》，载《文物》1981 年第 4—5 期；陈炳应：《重修护国寺感通塔碑（西夏碑）》，载《文物》1979 年第 12 期。

② 王尧：《西夏黑水桥碑考补》，载《中央民族学院学报》1978 年第 1 期。

③ 宁夏回族自治区博物馆发掘，李范文译释：《西夏陵墓出土残碑粹编》，文物出版社，1988 年。

1. 印章

出土和传世的文物中，西夏文印章数量之多令人惊叹。目前已知的西夏文铜印总数达一百三十余方，分别收藏于北京、天津、上海、宁夏、内蒙古等十多个省、市、自治区的文博单位，个人也有少量的收藏，还有一些收藏于国外。① 西夏文印章，有二字、四字、六字之别，印文为屈曲盘回的九叠篆书。其中二字印最多，印文虽皆可译为“首领”，但篆书笔划无一相同。印背除纽上凿刻一西夏字“上”，以示用印方向外，一般还在纽之两侧凿刻授印时的年款和掌印人姓名，有的还在人名前冠以“首领”、“大首领”等官职。西夏文印章对研究西夏国的职官制度和订正后人记述西夏纪年之误，是十分宝贵的实物资料。

2. 铜牌

传世的西夏铜牌，除有一部分为雕刻花纹的装饰牌外，刻有西夏文字的大致可按用途分为三类：一类为在宫城内使用的信物《内宿命令》牌，一般呈长方形；一类为在军营中使用的信物《守御命令》牌，一般呈圆形；另一类为需急速传递西夏皇帝旨意时方可使用的《敕燃马牌》。前两者体积较小，可在腰上佩带，因此也可称为腰牌。后者体积较大，且由上、下两块套合，因此也可称之为符牌（图三）。

3. 钱币

西夏大量使用宋、辽、金和前朝货币，但目前所见西夏钱币，证明其历代均铸有本国钱。西夏货币皆为年号钱，品种十分丰富，从钱文上有汉文钱与西夏文钱之分，从质地上又有铜钱和铁钱之分。② 汉文铜质钱有“天授通宝”、“大德元宝”、“元德元宝”、“元德重宝”、“天盛元宝”、“乾祐元宝”、“天庆元宝”、“光定元宝”、“皇建元宝”等九品，其中“天

---

① 史金波、白滨、吴峰云：《西夏文物》，文物出版社，1988 年。

② 牛达生：《宁夏贺兰山发现西夏窖藏钱币》，载《考古与文物》1986 年第 8 期；钟侃、吴峰云、李范文：《西夏简史》，宁夏人民出版社，1979 年。

盛元宝”和“乾祐元宝”发现最多，并有相当数量的铁质钱。西夏文铜质钱有“福圣宝钱”、“大安宝钱”、“贞观元宝”、“乾祐宝钱”、“天庆宝钱”等五品，尚未发现铁质钱。西夏钱币中还发现有对钱。

（四）日用生活器皿

迄今发现的西夏日用器皿中，有金器、银器和陶瓷器。它们与中原地区出土的汉族使用的器皿有着明显的不同风格。特别是高足器和适合于游牧、狩猎时使用的瓷扁壶，具有鲜明的民族特点。

1. 金器

内蒙古临河西夏城址中出土的一批金器，制作十分精细。① 高约5厘米的莲花盏托（图四），上部为宽唇狭边平底浅盘，盘中间是十瓣空心莲花托，盘边、盘底及盏托外沿均刻有西番莲花纹，圈足为喇叭形。另有金碗两件，一件碗心刻凤凰团喜，碗腹圜刻芍药、牡丹和西番莲，碗口刻一圈连枝牡丹；另一件碗口两侧、碗心和圈足上都凿刻有精美的花卉纹。从这些工艺精湛、造型优美的金器上，反映出西夏工匠的高超技艺。

2. 银器

宁夏灵武石坝出土的一批窖藏银器，② 有直口曲腹钵、敞口深腹碗和梵文小银盒等，造型轻巧，器表光莹。有一件残碗的内底上，以细线雕刻着牛卧草坪的精细图案。有的碗、钵的内底上，用西夏文墨书着银器自身的重量。梵文小银盒内，还盛放着细小的玉珠。

3. 瓷器

瓷器在西夏日用生活器皿中发现数量最多，仅完整或可复原的就已达五百余件。其中在宁夏吴忠市崇兴乡和灵武磁窑堡两地，就先后出土完整器皿四百多件。崇兴乡窖藏中出土的主要有白瓷碗、高足白瓷碗（图十

① 郑隆、陆思贤：《西夏的珍贵文物》，载1981年8月4日《内蒙古日报》。

② 董居安：《宁夏石坝发现墨书西夏文银器》，载《文物》1978年第12期。

八）和白瓷盘。[1] 磁窑堡窑址中出土的除上述类型器物和其他素面白瓷外，还有数量极多的剔花白瓷罐、剔花褐釉瓷瓶、瓷瓮、瓷扁壶（图七、八、十九、二十）和牛首埙、瓷人头、瓷骆驼等乐器和工艺品。[2] 宁夏石嘴山省嵬城遗址、内蒙古伊金霍洛旗遗址中出土的瓷器与磁窑堡出土的瓷器，无论在器型上还是制作工艺上都基本相同，反映了这些西夏瓷均同出于磁窑堡这一产地。甘肃武威西夏墓和窖藏遗址出土的瓷器，与磁窑堡所烧瓷器有所不同。西夏陵邑遗址中出土的白瓷碗、豆、罐、瓶、钵（图二十二）等，除器型上与磁窑堡窑址出土的同类器物有某些相似之处外，在瓷质、瓷釉、纹饰和烧制工艺等方面都有较大的差别，说明它们非磁窑堡窑所烧。西夏陵邑是管理和守卫陵园的文臣武将及其家眷居住的城址，其中所出大部分瓷器与一般西夏遗址中所出瓷器在质地和工艺等方面的差别，反映了西夏皇室与一般臣民间的等级区分。

（五）铸造和雕刻工艺品

出土于西夏陵区一〇一号陪葬墓中的鎏金大铜牛和圆雕卧式大石马，是西夏文物中最引人瞩目的两件大型工艺品。[3] 鎏金大铜牛（图十六），长120厘米，体型硕大，重188公斤，外表通体鎏金，造型生动，形象逼真，比例匀称，是西夏铸造艺术品中不可多得的珍品，被定为国宝级文物。圆雕卧式大石马（图十七），长130厘米，与真马一般大小，重355公斤，唇部残留粉红色彩，说明原施有彩绘。此马雕刻细腻，刀法娴熟，是西夏雕刻工艺品中的佳作。

银川新华街窖藏遗址中出土的青铜器，共十件。除一件为龙首八卦

---

① 钟侃：《宁夏灵武出土的西夏瓷器》，载《文物》1986年第1期。

② 中国社会科学院考古研究所内蒙古工作队：《宁夏灵武县磁窑堡瓷窑址调查》，载《考古》1986年第1期。

③ 吴峰云：《介绍西夏陵区的几件文物》中《一〇一号墓的铜牛和石马》，载《文物》1978年第8期。

钟、两件为八棱瓶外，其余七件均为佛教人物造像（图二十一）。文殊、普贤、大势至三尊菩萨各盘坐骑，手持不同宝器，面部神态十分端庄、慈祥。韦陀、力士各持护法兵器，挺直站立，威猛雄壮。寒山、拾得和尚面带笑容，潇洒自若。所有这些造像铸造精细，器表鎏金，比例匀称，栩栩如生，是一批不可多得的珍品。

在西夏泰陵、寿陵和遵顼陵等碑亭遗址上出土的十一件人像石碑座（图十三），[①] 是西夏工匠抽象艺术的结晶。人像石碑座为圆雕，呈长方体，每边长60厘米左右，分男、女像。男像面部扁圆，颧骨高突，粗眉高翘，双目突出，鼻準短粗，獠牙外露，头顶齐肩，下颚抵腹，腹带肚兜，双手抚膝，肘部后曲，下肢屈跪，背部平直。女像的基本形态与男像相同，只是双乳下垂，半握拳撑于膝，手腕、足胫带有双环，反映出与男像不同的妇女形象。这些忍辱负重、堪受压迫的人物形象，正是西夏王国里劳动者的真实写照。但是同属于劳动者阶层的西夏工匠却巧妙地运用了抽象艺术的雕刻手法，表达了对他们的同情。其中一件刻有汉文和西夏文题记的石碑座被定为国宝。

在西夏陵园中，还出土有石刻雕龙栏柱、小石马、小石狗、石螭首、石刻人头像（图十五）、小铜牛以及细小的庭院人物竹雕等雕刻、铸造工艺品，这些实物反映了西夏造型艺术的水平。[②]

（六）岩画和绘画

贺兰山在党项民族的心目中是一座神圣的山，因为在那里不仅到处可以看到昔日王国宫殿寺宇的残迹，而且还可以找到党项游牧民族出于心理

① 李志清：《介绍西夏陵区的几件文物》中《一号陵和八号陵的人像石座》，载《文物》1978年第8期。

② 宁夏回族自治区博物馆：《西夏八号陵发掘简报》、《西夏陵区一〇一号墓发掘简报》，载《文物》1978年第8期；《西夏一〇一号墓发掘简报》，载《文物》1983年第5期。

上的某种崇拜而留在岩石上的大量凿刻画。[1] 迄今发现的可以证明是党项民族留下的岩画，不下一二百幅，内容主要有太阳、月亮、佛头像、宝瓶、牛、马、驴、骆驼、鹿、狗、羊、手掌、脚印等。这些岩画构图虽比较简单，但生动形象地表达了党项族深刻的心理。有些岩画旁，还夹杂着与佛教有关的西夏文字。同样内容的岩画，在今鄂尔多斯草原以北的那仁乌拉山里也有发现，[2] 那里的岩画似乎比贺兰山西夏岩画更加原始。

如果说贺兰山和那仁乌拉山发现的岩画，还只是党项民族民间艺术的话，那么在甘肃敦煌莫高窟和西千佛洞、安西榆林窟、酒泉文殊山、玉门冒马窟、张掖马蹄寺石窟以及内蒙古百眼窖石窟等西夏洞窟中保留至今的西夏壁画，则出自西夏王国中党项族、汉族和其他民族画工们的手迹。这些作品或许更能代表西夏王国的绘画水平。

构思奇妙的安西榆林2窟中的《水月观音图》上，画着全神贯注的观世音菩萨，静坐在金刚宝座上，头上祥云缭绕，脚下碧波荡漾。碧水彼岸，唐僧双手合十，面向观音，顶礼膜拜。孙行者跟随其后，牵着驮经的红马。这幅画不仅是意境深奥、技法娴熟的西夏绘画佳作，而且记述了我国古老的唐僧取经故事，具有重要的文学和史学价值。

绘画于敦煌莫高窟97窟龛内的《童子飞天》，画面为左右对称的两童子，头顶髡发，两鬓结辫，身着团花彩衫，四肢裸露，臂缠飘带，手挚花束，脚穿红靴，在祥云中浮翔。两童子虽身圆体胖，但浮翔于祥云中，显得轻盈可爱。以童子作飞天形象，在敦煌壁画中是极少见的，它反映了西夏画工们的独特构思和大胆创作精神。

敦煌西夏壁画数十窟数百幅，从整体上看以早、中期作品居多。早期其画风多承袭五代和宋初的传统，较少创新；中期受高昌回鹘壁画艺术的影响，开始有所创新；晚期吸收了吐蕃密宗文化的某些成分，逐步形成了

---

① 李祥石：《岩画之乡》，载《宁夏文物》1986年试刊号。

② 盖山林：《举世罕见的珍贵古代文物》，载《内蒙古社会科学》1980年第2期。

具有本民族特点的艺术风格。①

（七）建筑构件

西夏王国灭亡至今已有760余年，昔日的宫殿、寺院、陵寝等建筑，有的早成为一片废墟，有的已面貌全非，有的只留下残垣断壁。但是，在西夏故土上发现的昔日的柱础、砖瓦、滴水、壁贴、脊兽、鸱吻等建筑构件，为我们复原西夏建筑的原貌，提供了真实而宝贵的资料。

出土于西夏陵园的大型琉璃鸱吻（图十四），龙首鱼尾，张口结舌，双目圆睁，头部有鳍，身披鱼鳞，尾部高翘，表面施绿色釉，通高152厘米，形象威猛生动。出土于同一地点的绿色琉璃脊兽，张口露牙，长舌卷曲，上唇翘起，下唇前伸，双角斜立，威严凶猛。最新出土于西夏三号陵的建筑装饰构件妙音鸟（佛教中亦称“迦陵频伽”），人面鸟身，面部神态端庄慈祥（图五）。烧制精细的绿琉璃筒瓦、兽面纹瓦当、花卉纹滴水等构件色彩艳丽，光亮夺目。西夏陵邑中出土的建筑构件除与陵园相同的外，还发现大量形如小板瓦的白瓷墙贴和绿琉璃兽形墙贴。这些构件釉面光润，晶莹美观。另外还发现大量规格统一、打磨精细的各类方砖、条砖、凹槽砖和灰陶筒瓦、板瓦、滴水等构件。从现存建筑遗址和各类建筑构件上，不难看出昔日西夏建筑威严肃穆、金碧辉煌的景象。

总之，西夏考古学的兴起与西夏珍贵文物的不断发现，不仅推动了西夏学研究的深入和发展，而且丰富了中国考古学的内容。同时，也为其他相关学科的研究提供了必不可少的重要资料。

（原文载2002年《国家图书馆学刊》增刊——西夏研究专号）

① 段文杰：《晚期的莫高窟艺术》，载《敦煌研究》1985年第3期。

趣谈西夏文字

被史学界称为“神秘王国”的西夏，人们不仅想了解它的历史和社会面貌，更想探知它那“乍看都认识，细看一个都不识”的奇异文字。对于看惯了汉字的人，了解西夏文字，显然比了解西夏历史、西夏文物更难一些。1987年5月，在甘肃武威亥母洞，发现了一批重要的西夏文经卷和文书，由于当地村民中最有文化的老人也辨识不出经卷和文书上的文字，于是村民们便将它们当做“天书”，经过一番烧香磕头之后付之一炬，敬了天神。幸好有几位老人将其中不足10%的经卷和文书藏于洞内石缝之中，才得以保存了剩余部分。因此，普及西夏历史文化知识，对文物的保护具有同样的重要意义。

西夏文字创造于西夏建国前夕。它是西夏开国皇帝嵬名元昊命大臣野利仁荣创制的、能够记录党项民族语言的书写符号，在当时被称作“蕃书”，而近代学者给它起名为“西夏文”。这种文字虽然仿汉字而造，也采用了一字一音的方块文字形式，但在文字的笔画上，斜笔（撇、捺）运用的比例较多，且绝大部分文字的笔画都在十划以上，因此给人一种繁复的感觉。北宋曾巩所著《隆平集》中说：“元昊自为蕃书十二卷，文类符篆。”南宋李焘所撰《续资治通鉴长编》中也说元昊“自制蕃书十二卷，字画繁冗，屈曲类符篆”。目前发现的西夏文字，共计五千九百余字，它们从创制到推广使用，仅仅用了短短数年的时间。如此繁复的西夏文字，为什么会在很短的时间内，就被西夏境内的党项族、汉族及其他民族的臣民们所掌握？其奥秘就在文字的构字法上。

汉字的创制，是从写实的图画文字到象形文字，又经过漫长的社会发展、演变过程，形成以“六书”法（即象形、指示、会意、形声、假借、转注）确定的方块文字。西夏文字的创制，则借鉴了汉字构造的表现形式，同时也吸收了回鹘、吐蕃等周边民族早已出现的拼音文字的合理成分，用合成法创制出来的。所谓合成法，就是用各种不同的文字元素的组合，来构成文字。拼音文字，从本质上讲是一种以音合成的文字，文字元素采用的是字母；而西夏文字则更多的是采用了以意合成，文字元素是若干个不可再分割的形体符号。西夏文字的基本元素，虽然在具有一定的含义上，类似汉字的偏旁部首，但它们在组字时，并不像汉字的偏旁部首那样，具有固定的位置，而只是利用它们的义或音，合成与之相关的字。用一种通俗易解的比喻来讲，就好像用各种各样的几何体积木，能够搭出千姿百态的景物一样，用这些文字元素，同样可以创造出足以表达党项民族语言的丰富多彩的西夏文字。

例如：

（与木有关） （与金属有关） （与钱财物有关）

（与虫有关） （与发声有关） （与丝织物有关）

在西夏文字中，有一部分是直接采用文字元素作为表达一定音义的单纯字。它们又分成两种：一种是表义单纯字，多为具有固定含义的实字。

例如（括号中为汉意）：

（人） （虫） （老） （小）

（一） （半） （禾） （皮）

另一种是表音单纯字，多为介词和组成或翻译人名、地名及佛教咒语、真言的注音字。

例如（括号内为汉字注音）：

（任） （李） （令） （丘）

（柬） （崇） （皮） （党）

但是，西夏文字中80%以上，是采用文字元素的相互结合构成的。结合时遵循一定的规律，使新创的字与组成它们的文字元素之间保持一定的关系，这样才能使所创的文字便于记忆、掌握和应用。其合成的方法大致上可分为四种：（1）会意合成；（2）音意合成（又可再分成单音意合成、音兼意合成和间接音意合成）；（3）反切合成；（4）长音字合成。

采用合成法构成的西夏文字，细细琢磨，有的像词组，有的像短句，有的像俗语，有的像成语，有的还像诗句。

例如：

[illegible]（闲）由[illegible]（事）和[illegible]（无）的[illegible]合成。

（无事即闲）

[illegible]（婚）由[illegible]（女）的[illegible]和[illegible]（嫁）的[illegible]合成。

（嫁女为婚）

[illegible]（灭）由[illegible]（自）的[illegible]、[illegible]（火）的[illegible]和[illegible]（无）的[illegible]三部分合成。

（火自无则灭）

[illegible]（爬）由[illegible]（膝）的[illegible]、[illegible]（手）的[illegible]和[illegible]（行）的[illegible]三部分合成。

（膝手并行为爬）

[illegible]（堕）由[illegible]（步）的[illegible]和[illegible]（失）的右半部分合成。

（一失足成千古恨）

[illegible]（温）由[illegible]（不）的[illegible]、[illegible]（热）的[illegible]和[illegible]（冷）的右半部[illegible]等部分合成。

（不热不冷为温）

西夏文字大部分是采用了这种合成法合成的。在合成法的基础上，一部分西夏字还采用了对称合成造字和互换合成造字法构成。其中对称字本身就具有对称的含义。

例如：

[illegible]（唇）　[illegible]（分）　[illegible]（双）　[illegible]（聚）

[illegible]（中间）　[illegible]（挤奶）　[illegible]（相似）　[illegible]（分、称）

互换字基本上也是采取对称位置的互换，即一字的上下互换，或左右互换，或某部分不变，另一部分的上下、左右互换。

例如：

[illegible]（手指）—[illegible]（脚趾）　[illegible]（烧）—[illegible]（烤）

[illegible]（盛入）—[illegible]（放入）　[illegible]（匿）—[illegible]（藏）

[illegible]（逃跑）—[illegible]（降伏）　[illegible]（水）—[illegible]（鱼）

[illegible]（斑点）—[illegible]（土地）　[illegible]（皱）—[illegible]（缩）

西夏文字不仅在西夏立国期间，被西夏国臣民广泛使用，甚至在西夏灭亡后的两百多年时，仍然还有人能够识读和撰写西夏文字。迄今所见的西夏文文献中，有楷、篆、草、行等多种字体，由于西夏字斜笔较多，四角饱满，因而在书法艺术上亦可与汉字相媲美。

（原文载 2002 年 10 月 22 和 29 日《银川晚报》）

二十世纪西夏考古重大发现

西夏考古学，是20世纪才产生的一个新概念。早在19世纪初，已被世人逐渐淡忘的西夏历史和文物古迹，就有学者开始在探索。但是，在那一个世纪里，连“中国考古学”这个概念都还没有产生，当然也就谈不上会有“西夏考古学”这一概念了。无论是自然科学，还是社会科学，学术上的研究和探讨，总是循序渐进的。西夏考古学，也是在前人探索、发现、研究的基础上应运而生的一门新型学科。

西夏是中国历史上一个以党项民族为主体，包括汉、吐蕃、回鹘等多民族，在我国西北地区建立的封建地方割据政权。这个政权，在中国历史的长河中，存在了近两个世纪，前期与北宋、辽互为三足；后期与南宋、金相鼎立，为中国西北部地区的民族融合和封建所有制经济的发展，以及元初出现的国家大统一奠定了基础。但是，在西夏这个封建王国被蒙古成吉思汗率领的强大军队灭亡以后，由于未能留下足够的文献史料档案，致使元人脱脱在编纂前朝史实时，只编写了《宋史》、《辽史》和《金史》，而将西夏王朝的历史仅以“传”的形式，列入宋、辽、金三史之中，给后人造成许多历史的误会。而且，随着时间的推移和历史的发展，后人对西夏社会的了解、认识愈来愈模糊，以至绝大多数的世人，已经不再知道在中国历史上，曾经有过西夏王朝的存在。

也许正是由于文献史料的匮乏，使得西夏历史的研究和探讨，更多地依赖于实物史料的发现，西夏考古学也就历史地承担起探索西夏社会的重任。西夏考古学，是中国考古学的一部分。因此，它的主要研究方法同样是考古地层学和器物类型学。但西夏考古学也是被国际上称之为“绝学”的“西夏学”的一部分，所以，西夏考古学除了在研究对象上明确为西夏王朝和党项民族的历史遗迹、遗物外，在研究方法上还必须借鉴民族学、民族史学、民族古文字学等许多相关学科的研究手段。

虽然西夏考古学产生于20世纪，但西夏文物古迹的发现最早可以追溯到19世纪初。早在清嘉庆九年（1804），清代著名的史地学家张澍（字介侯）就在甘肃武威发现一通高2.5、宽0.9米的石碑。[①] 碑阳刻西夏文，碑额篆书题名“敕感通塔之碑铭”。正文楷书，计28行，行65字。碑阴刻汉文，碑额篆书题名“凉州重修护国寺感通塔碑铭”。正文楷书，计26行，行70字。碑文内容主要是宣扬佛法无边和西夏皇帝的敬佛、侍佛功德，其中涉及了许多西夏社会政治、经济、宗教、建筑、文化等方面的重要史实。[②] 张澍通过对碑文的识读、考证，发现这通碑刻于西夏崇宗天祐民安五年（1094），对研究西夏历史、文字具有重要的价值。新中国成立后，这通碑被首批列为“全国重点文物保护单位”。

继张澍之后，清代著名的金石学家刘青园，又在甘肃武威发现了几坛西夏时期窖藏的钱币，其中有西夏汉文铜质钱，还有在此以前一直被认为的所谓“梵字钱”。清道光七年（1827），初尚龄撰《吉金所见录》，在卷13《宋伪品·西夏》中，著录西夏文“大安宝钱”一品，称：“右西夏梵字钱，洪志（指南宋洪遵撰著的《泉志》）梵字钱，径八分……刘青园曰：‘凉州土人掘地，得古钱数瓮，其中开元最多，北宋、辽钱及西夏元德、天盛、乾祐、天庆、皇建、光定诸品，亦复不少。而此种梵字钱亦有数品，余共拣得千余枚。又尝于凉州大云寺访得古碑，碑阳面正作此等字。碑阴楷书，扪读之，则天祐民安五年所立，乃知此钱为西夏梵书。景严（即洪遵）作《泉志》时，即不识之，数百年后，破此疑窦，亦快事也！’”刘青园根据凉州碑上的西夏文字，考证出在甘肃武威出土的所谓“梵字钱”即西夏文年号钱。这批西夏钱发现的时间，可以肯定是在公元

---

① 张澍：《书西夏天祐民安碑后》，《养素堂文集》卷19。

② 罗福颐：《西夏护国寺感应塔碑介绍》，载《文物》1981年4—5期；陈炳应：《重修护国寺感通塔碑（西夏碑）》，载《文物》1979年12期。

1827年以前。

19世纪中后期，学术界对北京居庸关云台石刻上一种无人能识的文字，展开了国际间争论。元顺帝至正五年（1345）修建的居庸关云台的门洞两壁上，刻有梵、藏、八思巴、汉、回鹘和西夏六种民族文字的《陀罗尼经》，但其中的西夏文，在当时无人能够识别。从1870年，英国学者伟烈（A. Wylia）撰文考证为“女真文字”，到1898年法国学者德维利亚（Deviria）根据凉州碑确定居庸关云台石刻中的西夏文，争论持续了近三十年。

19世纪对西夏文物古迹的发现，虽然还十分有限，但至少使学术界对西夏，特别是西夏文字，已经有了一个初步的认识。为20世纪西夏文物古迹的大量发现，奠定了基础。

20世纪西夏考古学建立前的重大发现

西夏文物古迹最惊人的发现，发生在20世纪的初叶。1908—1909年，一个外国探险家闯入了西夏王朝曾经设立过黑水镇燕监军司的城址中，在这座已经被沙漠掩埋了的废弃古城内外，肆无忌惮地到处乱挖乱掘，盗走了大批西夏时期的珍贵文物。这位探险家，就是沙俄时期的皇家地理学会会员柯兹洛夫（P. K. Kozlov）大佐。

1908年，柯兹洛夫率领一支沙俄探险队穿越蒙古草原，准备到中国的青藏地区考察。在路过内蒙古额济纳旗的时候，听当地的向导讲述了一位黑将军的故事：很久很久以前，在黑水河畔的哈拉浩特古城内，驻扎着一位黑将军，英勇善战，所向无敌。有一次，中国的皇帝率领全国的军队来围剿他。黑将军准备决一死战，但知道自己寡不敌众，于是杀死了妻子儿女，并将城内所有的金银珠宝，埋进城里的一口井中，然后率军出战。结果，黑将军与所有官兵全部战死。从此以后，没有人再知道金银珠宝埋藏的具体位置。柯兹洛夫在离开俄国之前，也曾从另一位探险家波塔宁的两卷本著作《中国的唐古特——西藏边区和中央蒙古》中，获得过有关哈拉浩特古城的信息。波塔宁在他的著作中这样写道："在（土尔扈特）古文献中提到额里·哈拉·硕克城遗址，它位于坤都仑河东部，即位于额济纳东部支流一天的路程处。也就是说，看不到大的'卡拉伊'，即不大的城墙，四周有许多被沙填平的房屋遗迹。拨开沙，可找到银质的东西。"① 有关黑水城藏有金银珠宝的信息，使柯兹洛夫暂时放弃了原定的考察计划，一心想找到哈拉浩特古城中的宝藏。

在额济纳旗，柯兹洛夫不惜重金备办厚礼，去拜见了当时的郡王达什，从郡王的口中探到了哈拉浩特古城的具体位置。柯兹洛夫用甜言蜜语说服郡王允许他去古城考察，达什不仅同意了，而且还为他派了位曾多次到过哈拉浩特古城的向导——巴塔。柯兹洛夫一行由额济纳旗出发，在巴塔的带领下，向东南沿一条最捷径的路，前往哈拉浩特古城。过了坤都仑河，很快进入了沙漠地带。他们穿越了沙丘中的怪柳和草丛，踏过了一些农业定居部落的遗址，在接近哈拉浩特古城时，发现了一座据说是护卫哈拉浩特城的、被称为"阿克坦浩特"的要塞遗址。随后，他们在一条干涸了的古河床旁，找到了哈拉浩特古城址。事隔多年后，柯兹洛夫在回忆寻找哈拉浩特古城的心情时，写道："对哈拉浩特的热念，完全吸引了我的注意和想象，……我们是多么向往哈拉浩特和它的神秘宝藏啊！"②

这座修筑在瀚海沙漠边缘低洼台地上的古城，平面呈方形，仅东、西两面城墙的正中辟门，"东西南北各半里余，垣堞大体完整"。③ 城内有高大的殿堂建筑遗址和一排排土屋的残垣断壁。除了在城墙的东南角上耸立着一座高大的喇嘛式佛塔外，城内城外随处可见到佛塔和佛寺的建筑遗迹。城内街道用小圆石组成花纹铺设，纵横整齐。城内地表上，随处可捡到陶、瓷、铜、铁、木器的残片和残件，在很多地方还发现有钱币、串

① 波塔宁：《中国的唐古特——西藏边区和中央蒙古》卷1，第464页。

② 柯兹洛夫：《蒙古安多和死城哈拉浩特》，第103页。

③ 《徐旭生西游日记》卷1，第122页

珠、玉片、丝织品等物。

面对蕴藏如此丰富的古城址，柯兹洛夫等人兴奋得手舞足蹈。他们在城中心安营扎寨，并立即投入了紧张的觅宝活动。短短几天，他们获得了超出预料的巨大收获。在一些残破倒塌的寺庙遗址里，发现了许多十分精致的泥塑佛像和汉文、西夏文的书册文稿以及墙壁上的精美绘画。由于没有备足食品和水，几天后，柯兹洛夫一行不得不怀着恋恋不舍的心情，暂时离开了古城。

时隔14个月，柯兹洛夫在探访了西藏东部以后，再次返回额济纳旗，第二次踏入哈拉浩特城址。这次，柯兹洛夫做了充分的准备，携带了足够的食品，增加了两三倍的助手。为解决饮水问题，专门雇佣了当地人，用骆驼和毛驴，从20多公里以外的坤都仑河，给他们供水。由于有了这些条件，这一次他们在古城址的挖掘持续了整整一个月，得到的文物比第一次更多、更丰富。

柯兹洛夫在黑水城最惊人的发现，主要来自城外的一座古塔中。这座喇嘛式佛塔高10余米，当他们打开塔心室时，在场的所有人几乎都惊呆了。室内北壁高台上端坐着一具完整的人骨架，地上堆放着一捆捆书籍和一卷卷画轴，有些书稿还用绸缎包裹着。书画周围放置了许多木质、青铜和铜质鎏金的佛像及其他随葬品。这座塔，显然是为埋葬一位德高望重的高僧，而建造的“和尚坟”。仅在这座塔里，柯兹洛夫所得的文书就有2000余卷，绘画300余幅。

在哈拉浩特古城址中，被柯兹洛夫盗取的西夏文刊本、写本达数百种（约8000多个编号），其中80%为佛经，计345种；涉及政治、法律、军事、语言文字、文学、历法、医药学、占卜等世俗方面的文献60种。[①] 此外，还有汉、藏、回鹘、突厥、叙利亚、女真、蒙古等多种民族文字的文献，以及大量的陶器、瓷器、木器、铁器、铜器、金银器、雕塑、绘画、

---

① 戈尔巴切娃、克恰诺夫：《西夏文写本和刊本》。

丝织品、皮革制品、钱币、泥塑佛像（图九）等文物。尽管20世纪初在黑水城址中的发现，对西夏学研究来讲，具有十分重大的意义。但是这次发现的全部文物，被运往了沙俄的圣彼得堡。继柯兹洛夫之后，英国的斯坦因，法国的伯西和、日本的橘瑞超也纷纷闯入过黑水城，盗走了我国许多珍贵的西夏文物。帝国主义的列强、清政府的腐败和旧中国殖民地半殖民地的烙印，从20世纪初，就深深地印在了西夏考古学的发展史上。

1917年，宁夏灵武知县余鼎铭在主持修城时，于城东一座佛教寺院内，发现五个陶罐。罐内装有用活字版印刷的《大方广佛华严经》等佛教经卷数十卷，今散藏于北京国家图书馆和宁夏、甘肃以及日本国，以北京国家图书馆收藏的数量最多。

20世纪20—40年代，国内外一些致力于西夏学研究的专家学者，把主要精力放在了对西夏文字的研究上，对当时已发现的、带有西夏文字的文物，如：碑刻、钱币、佛经、世俗文献、文书等进行了译释、解读和研究。期间，上海博物馆征集到一件黑釉刻字瓷瓶（图六），器腹刻有西夏文“廉凤室”（似姓氏）和汉文“斗斤”（似瓷器容量）。

1954年内蒙古文物工作者，对鄂尔多斯市达拉特旗城塔村古城遗址的调查，是新中国成立后最早开展的西夏考古调查。城塔村古城遗址位于东胜县东约20公里的哈什拉沟北侧，东西长约490米、南北宽约436米。城内地表散布有许多陶、瓷片，瓷片以白瓷为主，也曾发现过少量的黑釉大瓮和瓷瓶残片。调查时征集到白釉瓷碟2件，其中一件底部刻有“众直”二字；另有白釉小瓷罐、大碗各1件；黑釉小口瓶1件；印有“西京雍和坊马松砚瓦记”字样的残砚瓦1件。据汪宇平先生考证，“西京”为辽金时代之大同。而城址所在的位置当在与辽金同时代的西夏统辖境内。[①]1956年在内蒙古伊金霍洛旗调查时，首次发现了西夏时期烧制的两件黑釉

① 汪宇平：《达拉特旗城塔村古城》，载《文物参考资料》1954年8期

剔刻花瓷瓶，但当时没有能确认为西夏时期的遗物。①

1956年，由陕西省文管会和博物馆组成的陕北文物调查征集组，在靖边县红墩界乡对西夏建国前党项拓跋氏占据的夏州故址——统万城，进行了考古调查。② 统万城位于今内蒙古与陕西的交界处，南距靖边55公里，东距榆林120公里，北距乌审旗90公里，始建于魏晋南北朝时期，是由匈奴族人赫连勃勃所建大夏国的国都。据《晋书》记载统万城“乃蒸土筑城，锥入一寸，即杀作者而并筑之”，可见城垣之坚硬。此次调查之后，陕西省考古研究所戴应新先生又不辞辛苦，多次前往调查。据戴先生的调查、测量，统万城分外郭、东、西三城，外郭城的面积比东、西二城总和略大，但“破坏严重，仅留断断续续几段略高于地面的残迹，城址内街衢道路已不可辨，遍布沙砾、砖瓦和骨渣”。“东、西两城除东城南垣一段被沙丘覆压外，现存城垣均高出地面2—10余米，尤以西城保存得最好。两城略呈长方形，惟西城西垣有一曲折，由于东城比西城长出，故东西二城的南垣亦构成一个曲折，二城中间由一道隔墙分开。东城周长2566米，其东垣长737、西垣774、北垣504、南垣551米。西城周长2470米，其东垣长692、西垣721、北垣500、南垣557米。西城基厚约16米，加上马面长度可达30米。东城基较薄，厚10米左右。西城内西半部，紧挨西城墙的地方，已为流沙覆盖。沙梁之高，几乎与城垣平齐。”③ 在多次调查时采集和征集到一些文物标本，主要有铜印、铜佛像、铜镜、石雕艺术品、残碑、瓷器、建筑构件等，由于统万城遗址至今尚未进行发掘，因此地表上发现的这些文物，除有一部分可以明确其年代外，大部分还需通过考古发掘，根据地层来加以分辨。

甘肃敦煌莫高窟、安西榆林窟和西千佛洞，保存了从北魏以来历朝历代极其精美的佛教壁画。西夏时期，河西地区的瓜、沙二州属西夏统辖，

① 汪宇平：《伊金霍洛旗发现黑釉剔花瓶》，载《文物参考资料》1958年5期。
② 陕北文物调查征集组：《统万城遗址调查》，载《文物参考资料》1957年10期。
③ 戴应新：《赫连勃勃与统万城》，陕西人民出版社，1990年。

而西夏党项族又是一个笃信佛教的民族，因而西夏近二百年立国期间，在皇室的倡导下，必然对那里的佛教石窟进行新建和重建。但过去在莫高窟和榆林窟，被认为属西夏时期的洞窟各有四窟。①

1964年，由敦煌文物研究所和原中国科学院民族研究所，共同组成敦煌西夏资料工作组，进行了西夏石窟艺术的考古调查工作。通过对洞窟形制结构、壁画内容、艺术风格、文字题记等多方面的考察研究，初步确定属于西夏时代的洞窟可达70余座，壁画数百幅，塑像数十尊。此外，还发现西夏文和汉文题记二百多条（篇），其中西夏文题记就有一百余处，1200多字。② 这次调查，不仅对西夏佛教艺术的研究具有重要的意义，而且对西夏社会政治、经济、文化等许多方面的研究都产生了极大的影响，是西夏石窟艺术考古的一次重大突破。

1964年，内蒙古的文物工作者调查了位于鄂托克旗境内的陶思图西夏城堡。③ 1965年，宁夏考古工作者在石嘴山庙台乡（现归惠农县）对省嵬城遗址进行了试掘，由于发掘面积太少，未能搞清城址的布局和城内建筑的结构，但出土了玉壶春瓶、褐釉瓷罐、瓷人头、铜花押等一些珍贵文物。④

20世纪西夏考古学建立后的重大发现

20世纪70年代以前的西夏考古工作，基本上还局限于考古调查。虽然在这些调查工作中，发现了西夏时期许多重要的文物古迹，对西夏学研究起到了一定的促进作用。但是，由于没有对西夏遗址的发掘和对西夏遗

① 敦煌文物研究所：《敦煌艺术画库》，中国古典艺术出版社，1958年。

② 白滨、史金波：《莫高窟、榆林窟西夏资料概述》，载《兰州大学学报》（敦煌学专号）1998年2期。

③ 张郁：《鄂托克旗陶思图西夏城堡》，载《内蒙古文物资料选辑》1964年编。

④ 宁夏回族自治区展览馆：《宁夏石嘴山市西夏城址试掘》，载《考古》1981年1期。

迹的解剖，因此还无法建立起西夏考古学体系。真正意义上的西夏考古学，是从20世纪70年代以后才逐步建立起来的。

1972—1978年，宁夏考古工作者在西夏都城兴庆府（今宁夏银川市）以西、贺兰山下的西夏陵区（图十二）展开了大规模的考古调查和发掘工作。在此期间，除了对陵区的规模、陵园的分布、陵墓的排列、帝陵和陪葬墓的形制、陵墓的地面结构和保存情况等做了详细、反复的调查外，还先后发掘了帝陵1座、陪葬墓4座和专为陵园烧制砖瓦、石灰的窑址3座。不仅初步摸清了西夏帝陵、皇亲贵臣大型墓地上、地下的形制结构和葬俗，而且还出土了一批极其珍贵的文物，对进一步探讨西夏社会的政治、经济、军事、文化等提供了十分重要的实物资料。同时，也为西夏文物的断代，建立起具有考古地层依据的参考体系。

西夏陵区八号陵，是一座规模宏大的皇帝陵墓，陵园占地面积约10万平方米。坐北朝南，方向南偏东5°。发掘前地面建筑经自然和人为的破坏已成废墟，但遗迹尚存。整个陵园的地面建筑，从外向内由双阙、两座碑亭、4座角台、外城、月城、内城，以及内城中的献殿、墓道、灵台等建筑组成。在碑亭上原立有用西夏文和汉文篆刻的石碑；月城内原置有文臣武士等石刻雕像，发掘前均已被砸得破碎不堪。献殿在内城近南门处，为面阔五间的长方形殿堂建筑。在高约0.9米的台基面上，用方形花砖铺地，是当时陵园举行祭奠活动的场所。献殿西北为填土隆起呈鱼脊梁的墓道，墓道后端发掘前已有一直径约30米的圆形盗坑。灵台位于内城偏西北处，黄土夯筑，平面呈八角形，边长12米，外沿底边用方砖平砌三层，高16.5米，七层，逐层内收，每层的收分处都残存有瓦当、滴水、筒瓦、檐木等屋檐上的建筑构件。这些遗迹现象说明，灵台在未遭破坏前，是一座实心的八角形七级浮屠。八号陵是一座阶梯式墓道土洞墓，墓室距地表深24.6米，由甬道、中室和两个耳室组成。在甬道壁上，残留有头顶火焰，身着战袍铠甲，双手叉腰，腰佩宝剑，臂缠飘带的武士画像。中室和耳室四壁均以木板护墙，发掘前木板已朽，墙面上只留下木板的痕迹。中、耳室地面平铺方砖，由于墓室多次被盗，顶部和部分墓室壁早已坍塌，发掘前中、耳室里充满了填土。墓室中未发现葬具，但发现有被烧过的长块朽木，说明墓主人下葬时使用了棺椁一类的葬具。虽然八号陵严重被盗，但在陵园地面、墓室以及盗洞中仍然出土了许多珍贵文物。主要有：人像碑座（图十三）、西夏文和汉文残碑（图十一）、雕龙栏柱、石刻经幢、石人像、石螭首、琉璃鸱吻（图十四）、灰陶鸱吻、琉璃龙首脊饰、灰陶龙首脊饰、庭院人物竹雕、铠甲片、门钉泡、铜铃、铁剑、荔枝纹金带饰、鎏金银饰、花瓣形镂孔带钉金饰、马鞍前桥金边饰、兽面纹鎏金银饰、镶蓝宝石的铜饰、白瓷高足碗 残件、褐釉瓷碗、白瓷瓶残件、汉唐宋夏钱币等。①

西夏陵区一〇八号墓，是一座规模不大，但墓主人身份较高的帝陵陪葬墓，占地面积仅3200多平方米。② 地面茔域形制也较简单，四周夯筑宽1米、近似方形的土墙，残留高度只剩0.2米，土墙内外均用白石灰墙皮包裹。南墙正中辟有门道，从门道周围出土的砖、瓦构件来看，初建时设有门檐或门楼。茔域内除墓道、墓塚外，无任何其他建筑。茔域南墙外40米的东侧，有一边长10米、高出地表0.8米的正方形碑亭台基。其上出土有字的残碑349块，其中汉文残碑216块，西夏文残碑133块。两种文字的碑文，内容基本一致，互为补正，为考证墓葬年代、墓主生平提供了重要线索。同时，也补充、纠正了史料记载的漏缺和错误。从残碑断断续续的内容中，为西夏历史研究至少提供了以下几条重要的史料：

（1）碑首称“梁国正献王之神道碑”，说明墓主人曾受封过“梁国正献王”的爵位。史料记载，西夏有封王之制，但梁国正献王之封，史籍缺载。

（2）碑文记述梁国正献王“嵬名，讳安惠”，被尊为“尚父”，曾任

① 宁夏回族自治区博物馆：《西夏八号陵发掘简报》，载《文物》1978年8期。
② 宁夏回族自治区博物馆：《西夏陵区一〇八号墓发掘简报》，载《文物》1978年8期。

“太师、尚书令、知枢密院事、六部□□”等职。说明梁国正献王属皇族，姓“嵬名”，名“安惠”，所任之职中，“六部□□”（参照《通典》所记宋代官职，可能是六部监门）文献史料中从未记载。

（3）碑文中有“太后亲征怀德军，分遣诸将，公……”的记述。“太后”指梁太后，惠宗秉常之妻，崇宗乾顺之母。“怀德军”即平夏城。“公”指墓主人梁国正献王。据史料记载，永安元年（1098）“冬十月，梁氏复自将收平夏城，溃还”。说明梁国正献王曾随梁太后出征平夏城，但文献史料中无记载。

（4）在汉文残碑中记述：“崇宗践位，虽总览乾（坤）……上即令公城中兴，于是……”崇宗乾顺即位后城中兴一事，文献史料中无记载。中兴府在景宗元昊称帝立国时称兴庆府，史书记载兴庆府改名中兴府，是在西夏天庆十二年（1205），因蒙古军队第一次攻打西夏后撤军，桓宗嵬名纯祐以为从此西夏可以中兴，于是将兴庆府改称中兴府。但碑文记述说明在崇宗即位后不久就已经出现中兴府这一名称。在西夏都城改名问题上，碑文记述对史书记载是一个重大的修正。

一〇八号墓为阶梯墓道土洞墓，墓室距地表深12.5米。单室，室内四壁、顶和地面均没有砌砖、涂灰和使用护墙板的痕迹。墓室被盗严重，发现的三具人骨中，有两具出土层位较高的是盗墓人的完整骨架。墓室内发现棺钉44枚和最长达2.15米的大量朽木，同时发现散于墓底的人骨，有被大火烧过的痕迹。证明墓主人下葬前先采用了火葬，下葬时又使用了棺木。该墓的随葬物中，有大量的家畜、家禽，墓室中出土羊、牛、狗、鸡、鸭等骨骼近百块，并发现有完整的幼羊、幼狗、鸡、鸭骨架和蛋壳。出土文物主要有石马、石狗各1件，丝织品残片数块，唐宋钱币数枚等。其中的丝织品经上海纺织科学院鉴定，品种有素罗、纹罗、工字绫、异向绫和茂花闪色锦等。特别是茂花闪色锦，在国内还是第一次出土，其“经纬组织和织制方法都比较奇特”，“显示了11、12世纪我国丝织手工业的精湛技艺”。[1] 该墓的墓主人身份较高，但墓葬规模较小，出土的随葬品也不够丰富，其原因可能蕴藏了西夏最高统治阶级内部激烈的政治和权利斗争。

继一〇八号墓发掘之后，在西夏陵区的中部，又发掘了一座形制规模较一〇八号墓更大的陪葬墓，编号为一〇一号。这座墓占地面积约18200平方米，坐北朝南，从南至北由东西两座碑亭、放置石像生的月城和茔域主体—内城三大部分组成。月城和内城均面南辟门，内城门处原建有过殿式门楼。在南北长117.4、东西宽101.4、四周筑有宽1.5米围墙的内城中，入门处建一长11.5、宽1.75米的影壁。墓塚和墓道避开南北中轴线，位于内城的西北部。墓塚呈截尖圆锥体，底径11.4、顶径5.8、高10米，外表以石灰墙皮包裹。一〇一号墓是一座斜坡墓道土洞墓，墓室距地表深21米。方形单室，穹窿顶，四壁、顶和地面均为原生黄土。墓室早年被盗，但在墓室与墓道之间的甬道里，发现两件体积极大的珍贵文物，一件是长1.2、宽0.38、高0.45米，重188公斤的鎏金大铜牛，出土时紧靠甬道东壁，头向墓室（向内）；另一件是长1.3、宽0.38、高0.7米，重355公斤的圆雕大石马，出土时紧靠甬道西壁，头向墓道（向外）。这两件珍贵文物均为卧姿，造型生动，形象逼真，是十分难得的西夏艺术品，为研究西夏社会的经济、文化、铸造和雕刻工艺以及党项民族的葬俗，提供了极其宝贵的实物资料。

此外，在墓室中还出土了铁狗、铁釜、铁矛、石雕人头像各1件；铜铃2件；面食点心2块；锦、罗等丝织品10余片；棺钉34枚；最长123、厚5厘米的棺板8块；银质乳帽钉10枚；铁门钉13枚；鎏金铜饰品2件；菱形镶金铜饰品1件；铸铜1块；残破的白瓷碗、褐釉陶罐各1件。墓室中出土的全部残损人骨，经上海自然博物馆鉴定，分属一男三女四个个

---

① 上海市纺织科学研究院纺织史组：《西夏陵区一〇八号墓出土的丝织品》，载《文物》1978年8期。

体，男性为中年；女性为一老年、两中年。在发掘过程中，发现有二次或多次葬的痕迹，说明一〇一号墓是一座一夫多妻的合葬墓。①

位于西夏陵区以东约三公里处的缸瓷井窑场遗址，是专为西夏陵园烧制砖瓦、石灰的土窑，考古工作者在此发掘了其中的两座砖瓦窑和一座石灰窑。砖瓦窑的平面呈马蹄形，由窑门、火膛、窑室、烟道、烟囱等几部分组成，全长6.3米。从窑壁残存情况看，无窑顶结构。烧砖时，在窑室内装满砖坯后，再从窑室外封一拱形或穹窿形顶。石灰窑结构和建造工序，都比砖瓦窑简单，由火门、火膛、窑室三部分组成，无窑顶和烟囱，装料后封顶并留出烟孔。缸瓷井窑址的发掘，不仅摸清了西夏陵园建筑材料砖瓦、石灰的来源，而且也为西夏砖瓦、石灰烧制工艺的研究，提供了考古学资料。

1972年在甘肃武威张义乡发现一批西夏遗物，主要有西夏文《杂字》印本残页、西夏文佛经印本残页、西夏文楷体药方写本残页、西夏文楷体题记、西夏文楷体佛经写本残页、西夏文行草体墨书会款单、西夏文墨书行草体占卜辞、西夏文楷书木简、藏文佛经印本残页、藏文佛经写本残页、汉文版印布告残页、汉文楷体文书残页、汉文楷体光定二年西路乐府公文残页、汉文楷体请假条残页、汉文楷体欠款单残页、汉文行书体便条残页、汉文楷体日历残页、竹笔2支、木刮布刀1件、宋夏钱币7枚以及石纺轮、牛皮靴、泥塔婆等。尽管这批西夏晚期藏于洞中的文物残损十分严重，但种类极为丰富，为研究西夏社会的政治、经济、文化、宗教、医药、历法、文字、手工工艺等许多方面，提供了重要的依据。

1977年在甘肃武威西郊林场发现两座西夏单室砖墓，墓室四壁均以平砖叠砌，墓顶呈圆锥形，墓室后壁底部设石灰面二层台。两座墓系西夏桓宗天庆年间刘氏家族墓，墓内出土随葬品主要以木器为主，但大部分木器

---

① 宁夏回族自治区博物馆：《西夏陵区一〇一号墓发掘简报》，载《考古与文物》1983年5期。

因在淤泥中浸蚀已久，腐朽严重。约半数以上经整理尚能复原。出土的主要文物为木条桌1件、木衣架2件、小木塔4件、木笔架1件、木宝瓶2件、木缘塔1件、木板画29块、瓷碗1件。其中的木缘塔通高76厘米，由座、身、顶、刹四部分组成，外表彩绘，且书梵文咒语。塔座四级八角形。塔身用八块木板合成八边形，上端绘有斗拱。塔顶由八块弯曲的近似三角形木板组成，上下绘云气纹，中间丹书一梵文字。塔刹底座绘一周卷草纹，座上有两道相轮，刹顶略残。塔顶内面汉文墨书“故考任西经略司都案刘德仁，寿六旬有八，于天庆五年岁次戊午四月十六日亡殁，至天庆七年岁次庚辰（申）□夏十五日兴工建缘塔，至中秋十三日入课讫”。出土的木板画内容有老年人、重甲武士、男女侍从、马夫等人物和鸡、狗、猪等家禽家畜。个别板画的侧面或背面，还有“蒿里老人”、“童子”、“二童子”、“大六”、“太阳”、“天关”、“金鸡”等汉文墨书题名。这些木板画的内容生活气息浓厚，部分再现了西夏人的生活状况。

1978年，内蒙古鄂尔多斯市准格尔旗黑岱沟乡发现五座西夏壁画墓，五座墓除了规模大小和装饰繁简有差异外，基本结构形制大体相同，均为斜坡墓道圆形砖室墓，墓室内用青砖垒砌成仿木结构的房屋居室建筑。[①]其中一号墓室墙壁用砖雕砌六根等距离的方形壁柱，方柱上端为一组仿木斗拱。柱间筑假门、壁橱和屋檐，檐下绘夫妻对饮图。墓门作仿木结构的门楼，门额之上雕出筒瓦、板瓦、瓦当、滴水、屋脊、鸱吻等。二号墓与四号墓室内装饰基本相同，墓道壁用不规则的石块垒砌，棺床土筑成凹形须弥座式，床面铺有方砖和条砖。墓室墙壁用砖雕砌八根立柱，除北壁两根较细，柱下无柱础外，其余六柱均有柱础，上端为一组仿木斗拱。柱间筑屋顶、假门、橱龛，并在橱龛内砖雕剪刀、熨斗等工具。砖雕均作彩绘，但大部分脱落。三号墓道用砖平砌，墓室墙壁同为八根砖雕仿木壁

---

① 郑隆：《准格尔旗西夏壁画墓》，载《鄂尔多斯文物考古文集》（伊克昭盟文物工作站编内部资料）。

柱，但无柱础，壁画已脱落。五号墓室墙壁砖雕四根立柱，上端一组斗拱，下端方形柱础。柱间东西砖雕假门。西壁南边彩绘一头戴高帻、高鼻深目、满腮胡须、身着黄衣、脚穿短靴、右手高举骨朵的人物形象，人物背后还绘一株扶桑树。西壁北边彩绘一在乌云闪电下，身着黑衣，手提缰绳，骑驼急奔的人物形象，黄驼张嘴立耳，昂首长鸣。东壁南边的人物与西壁南边的人物形象大体相同，所不同的是身着红衣，左侧绘黄驼一只背向人物奔驰。南北壁砖雕壁龛，龛内绘有形似骆驼、跪爬着的怪兽，被一条蛇形动物绕体缠身，两怪物都张着血盆大口，正吐舌相互搏斗。穹庐式墓顶砖雕瓦作，并在瓦作的椽、滴水上彩绘红、黄二色。棺床台壁上，绘有水纹彩画。这群墓早年被盗，墓室内文物基本上被洗劫一空，出土仅有部分陶瓷器残件和唐“开元通宝”2 枚。从墓葬的形制、壁画的内容和出土的陶瓷、钱币来看，这些壁画墓的年代当在唐末、五代时期。这一时期，墓葬所在的地域属党项拓跋氏统辖，故应为唐末、五代时期的党项墓，这对研究西夏早期党项民族的历史，提供了极为重要的资料。

自从 1975 年在宁夏盐池县八道梁发现大量西夏窖藏钱币以来，20 世纪 70—90 年代，已在宁夏贺兰山大风沟、榆树沟、滚钟口、小水沟、小耶和沟、灵武崇兴乡、盐池萌城乡、中宁石空镇，内蒙古鄂克托旗二道川、包头沙尔沁、林西县三道营子、乌审旗陶利，陕西定边县堆子梁，甘肃武威大坝场等地，出土了西夏窖藏钱币两三千公斤、近40 万枚。虽然在西夏窖藏的钱币中，绝大多数为汉代以后历朝历代特别是北宋时期的货币，但也出土了许多西夏汉文和西夏文钱币。其中有些钱，如西夏文“福圣宝钱”、“贞观元宝”，汉文“大安通宝”、“元德通宝”、“元德重宝”等，过去虽有发现，但都属传世品，由于缺少考古地层的验证，而不被钱币学界的一些专家所认可。还有些钱，如汉文篆书“光定元宝”、汉文行书“乾祐元宝”等，为20 世纪 70 年代后首次发现。1987 年在甘肃武威市内署东巷首次出土了西夏银锭 21 锭半，总重量为 35. 995 公斤。银锭均为两端圆弧形的束腰银版，背面布满蜂窝状气孔。其中有 10 锭的正面铸有文字和戳记，文字为“官匠”、“使匠”、“行人”、“称”、“赵铺记”“夏家记”等汉字。每一银锭的大小、厚薄、重量不等，最大的长15.3、腰宽5.4、厚1.7厘米，重2000克；最小的长11、腰宽6、厚1.5厘米，重950克。大量西夏窖藏钱币的出土，所能反映的西夏社会问题，不仅涉及经济，而且也包含了政治、文化、铸造工艺、艺术等诸多方面。

中国社会科学院考古研究所1983年在宁夏灵武磁窑堡西夏窑址调查后，从1984年起对磁窑堡窑址进行了连续三年度的考古发掘，基本摸清了西夏瓷窑的结构和工艺流程，也初步掌握了西夏瓷的特征。此后，宁夏文物考古研究所在与磁窑堡窑址相邻的回民巷窑址，再次进行了发掘，证明两处为一个窑场。两处出土的西夏瓷器品种繁多，以釉色分类有白釉瓷、黑釉瓷、褐釉瓷、青釉瓷、茶叶末釉瓷及少量的紫釉瓷和双色釉瓷；以装饰技法分有素釉、刻釉、剔刻釉、刻化妆土、剔刻化妆土、印花、雕塑和点彩；以用途分有生活用品、文房用具、娱乐器具、雕塑艺术品、建筑构件、兵器、窑具等。其中生活用品出土的数量最大，包括食具如碗、盘、碟、钵等；炊具如釜、盆、罐、甑等；茶酒具如杯、高足杯、壶等；容器如缸、瓮、瓶、盒、扁壶等（图七、八、十九、二十），以及灯、钩、漏斗、铃等小用具。磁窑堡西夏瓷窑的烧制工艺受中原磁州窑和耀州窑的影响很大，但也具有自己独特的艺术风格和工艺特点。如高足碗、高足杯、高足瓶、高足钵等一类高足器，在中原各窑烧制的瓷器中较为少见，而在西夏窑址、墓葬、窖藏中出土较多。此外，剔刻花工艺在西夏瓷器装饰中，运用也比较广泛。西夏生产的白釉、黑釉、褐釉剔刻花瓷扁壶和素釉小扁壶，是一种出行时便于挂绑在驼、马背上，用于盛酒、盛水的容器，极具民族特色。磁窑堡和回民巷窑址的发掘，为研究西夏制瓷手工业的发展，提供了极为丰富的实物。①

1986年宁夏银川新华百货大楼扩建时，在扩建工程的地基上，发现一

① 马文宽：《宁夏灵武窑》，紫禁城出版社，1988年。

个窖藏遗址，宁夏博物馆文物考古队得知消息后，立即派人前去发掘清理。在一个不规则形的地窖内，发掘出土了10件十分精美的青铜制品，其中7件为佛教人物鎏金铜造像（图二十一），形象生动，神态慈祥，比例匀称，出土时完整无损，金光灿灿。另有1对六棱衔环铜瓶、1口龙首八卦铜钟。埋藏这批珍贵文物的地窖，上开口叠压在宋元地层（在银川宋代地层即西夏地层，元代时间短，在小范围里，宋、元地层很难加以区别）之下，打破了宋代地层。另外，这批文物在不规则形地窖中，是被东倒西歪地相互挤压叠放在一起，如果不是僧侣或佛教信徒出现了生命不保的情况，如此精美的佛教造像，是不可能像垃圾一样被丢弃的。因此，无论从考古地层，还是宁夏的历史背景来看，这批文物的窖藏年代都应在西夏晚期。①

西夏陵区北部，有一处由守陵官兵及其眷属和专为陵园超度亡灵、举行祭奠活动的僧侣们居住的长方形城址，东西宽160米，南北长350米，总面积约56000平方米。城址内为三进院落式布局，主体建筑集中在中院。1986—1987年宁夏考古工作者在城址的中院进行了大规模发掘，发掘面积达4400平方米。发掘中对内院的中心大殿、周围的过殿、厢房、夹屋作了细致的清理解剖。同时还发掘出土了大批西夏建筑构件和瓷器等文物。出土的建筑构件主要有板瓦、筒瓦、瓦当、滴水、方砖、条砖、槽心砖、白瓷墙贴、琉璃鸱吻、琉璃脊兽（琉璃鸽、四足兽、龙首鱼、宝瓶）等。出土的瓷器主要有白釉瓷碗、褐釉瓷碗、白釉瓷盘、白釉瓷豆、白釉瓷钵、白釉瓷瓶、青釉瓷盆等（图二十二）。其中出土的白瓷器，无论器型，还是釉色，都与磁窑堡和回民巷窑址发现的白瓷器不同，在烧制工艺上也显示出更高的水平。此外，在城址中心大殿遗址上，出土了大量的泥塑残件，可辨出形象的有佛手、佛耳、佛鼻、佛脚、小型秃发人物像、莲花

---

① 吴峰云：《论银川出土鎏金铜造像的年代问题》，见《首届西夏学国际学术会议论文集》，宁夏人民出版社，1998年。

座、蛇头、蛇首含珠、莲花纹饰件、莲蕾纹饰件、石榴纹饰件等，说明中心大殿是一座佛殿而不是祠堂。西夏陵区北部城址的发掘，虽然面积还不够大，还存有许多值得探讨的问题，需通过进一步的考古发掘来加以解决，但仍然为西夏建筑的研究提供了重要的考古学资料。

宁夏文物管理委员会从1985年在同心县韦州维修清理始建于西夏时期的康济寺塔起，又先后于1986—1987年维修清理了贺兰山拜寺口双塔，1987—1988年维修清理了青铜峡一百零八塔，1990—1991年维修清理了贺兰县宏佛塔（图二十三）。维修清理工作，不仅为确定这些古建筑的始建年代，提供了佐证，而且还从塔里清理出一批极为珍贵的西夏文物。在宏佛塔内出土的文物主要有绢织彩绘佛画14幅（图二十四）、西夏文木雕版2000余残块（图二十五）、彩塑泥佛头像6件（图二十六）、彩塑泥佛面像2件、彩塑泥罗汉头像18件、彩塑泥力士面像2件、彩塑泥罗汉身像18尊（图二十七）、彩绘木雕菩萨像1尊、彩绘木雕伎乐女像1尊（图二十八）、木塔模1件、西夏文木简1枚、《番汉合时掌中珠》残页1件、西夏文书残页1件、墨书西夏文残绢1件、墨书汉文幡带1条、陶模1件、北宋钱币39枚以及大量灰陶、琉璃建筑构件。在拜寺口双塔出土的主要西夏文物有绢织彩绘佛画2幅、上乐金刚木雕双身像1尊（图二十九）、彩绘长条木供桌1张、彩绘木椅1把、描金彩绘木花瓶1对、绢纸花2束（图三十）、印花绸3块、鎏金铜佛像1尊。① 西夏佛塔中出土的这些珍贵文物，使学术界对西夏佛教文化的认识，产生了巨大的变化。

1990年，贺兰山拜寺沟内，一座在宁夏文物普查时被认为是明代的方塔（图二），遭不法分子炸毁。1991年宁夏文物考古研究所派人前去发掘清理，基本搞清了方塔的建筑结构和始建年代。这是一座西夏时期建造的方形密檐式塔，在现存的西夏佛塔中形制比较特殊，具有中国唐代佛塔的

① 宁夏回族自治区文物管理委员会办公室、贺兰县文化局：《宁夏贺兰县宏佛塔清理简报》、《宁夏贺兰县拜寺口双塔勘测维修简报》，载《文物》1991年8期。

形制特征。经清理，在方塔的废墟中，出土了约 12 万字、36 种带有西夏文字和汉文字的佛经、文书。其中西夏文刻本约 10 万字，西夏文写本约 7 千字，汉文刻本约 3 千字，汉文写本约 1 万字。此外，还出土残损的佛画 5 幅、墨书汉夏文字的八棱塔心柱 1 根、西夏文木牌 1 件、绢纱包巾残片 3 件、织锦荷包 2 件、绢锦舍利包 1 件、木刀 1 把、铜铎 1 个、麻绳 1 束、舍利子 4 颗、小泥塔约 5000 个、小泥佛约 1100 个、刻画方格棋盘的方砖 3 块。[①] 特别是其中的西夏文印本佛经《吉祥遍至口和本续》，为活字印刷本，有专家认为是木活字印本。[②] 对研究中国印刷术的发明和发展，具有十分重要的意义。另有一件西夏文文书，由 9 张白麻纸粘接而成，总长 574、高 16 厘米，全篇墨书西夏文草体，是目前发现最长的西夏文长卷文书（图三十一）。

20 世纪，西夏考古工作有了长足的发展，特别是 20 世纪 70 年代西夏考古学建立后，对西夏时期的城址、陵墓、窖藏、窑址、寺庙、佛塔等遗迹，进行了全面的发掘清理，为西夏学研究开辟了许多新的和更加广阔的天地。同时，也使世人对西夏社会面貌的认识愈来愈清晰，对西夏历史的了解愈来愈深入。然而，西夏考古学的历史重任还远远没有结束，在西夏考古领域，还有许多需要探讨和研究的课题，期待着年轻一代的文物考古工作者去为之努力。21 世纪，将是西夏考古学发展更加辉煌的世纪。

（原文载《二十世纪西夏学》，宁夏人民出版社 2004 年 12 月出版）

---

① 宁夏回族自治区文物考古研究所、宁夏回族自治区贺兰县文化局：《宁夏贺兰县拜寺沟方塔废墟清理纪要》，载《文物》1994 年 9 期。

② 牛达生：《西夏佛经〈吉祥遍至口和本续〉的学术价值》，载《文物》1994 年 9 期。

论西夏文的造字规律

目前发现的西夏文物中，带有西夏文字的文物愈来愈多，如文献、文书、碑刻、铜牌、钱币、印章等。有些文物上还发现有西夏文题记，如在敦煌等石窟寺的西夏壁画上，发现多条随笔所题的西夏文题记。[①] 宁夏回族自治区博物馆收藏、灵武石坝出土的银器上，有墨书的西夏文“三两”、“三两半”字样；[②] 上海博物馆收藏的一件黑釉瓷瓶，腹部刻有音译为“则峰氏”的西夏文楷书及汉文草书“斗斤”；另有一件铜镜上，刻有西夏佛教咒语“唵嘛呢叭咪吽”；中国历史博物馆收藏的一件青铜小刀，刀把上刻有译为“夏智年”的西夏文字。

《宋史》卷485《夏国传上》记载：“元昊自制蕃书，命野利仁荣演绎之，成十二卷。字，形体方整，类八分，而书颇重複，教国人纪事用蕃书。”在西夏文物上大量出现的西夏文字，证实了创造于西夏建国前夕的西夏文，在西夏国内的应用，已十分普遍。

早在隋唐以前，党项民族就已形成了自己独立的语言，但经历了四五个世纪以后，才为了建国的政治需要，创造出一种能够记录党项语的书写符号，在当时被称作“蕃书”，而近代学者给它起名为西夏文。汉字的创制，是从写实的图画文字到象形文字，而后又经过漫长的社会发展、演变过程，形成以“六书”法（即象形、指事、会意、形声、假借、转注）确定的方块字。西夏文字虽然仿汉字而制，也采用了一字一音的方块字形式，但是从创制到推广应用，仅仅用了短短数年的时间。由于西夏文字在

---

① 史金波、白滨：《莫高窟、榆林窟西夏文题记研究》，载《考古学报》1982年3期。

② 董居安：《宁夏石坝发现墨书西夏文银器》，载《文物》1978年12期。

笔画结构上采用的斜笔（撇、捺）比例较大，因而对看惯了以直笔（横、竖）为主的汉字的人来说，自然会感到比较繁複。北宋曾巩所著《隆平集》中说："元昊自为蕃书十二卷，文类符篆。"南宋李焘所撰《续资治通鉴长编》中也说："赵元昊自制蕃书十二卷，字画繁冗，屈曲类符篆。"实际上，西夏文字并不比当时的繁体汉字复杂多少。目前发现的西夏文字共5900余字，① 虽然笔划在六画以下的仅占约1%，比起汉字约占5%的比例要少，但二十画以上的汉字，比西夏字也多出许多。

西夏文字受汉字的影响较深，是显而易见的，但许多文字学家都没有注意到，它同时也受到了早已有了拼音文字的回鹘、吐蕃等周边民族文化的影响。党项统治者在创制西夏文字时，之所以没有采用拼音文字，而采用了与汉字相同的方块字，并非由于拼音文字无法记录党项语言，而是由于在西夏统治的国民中，汉族占了主要成分。因此，使用与汉字相同的方块字形式，更容易让汉族人掌握和应用。这是西夏文字能够在短期内迅速推广的奥秘之一。更重要的，是党项民族在创字法上，较多地吸收了拼音文字的合理成分，采用了合成构字法。

所谓合成构字法，就是用各种不同的文字元素的组合，来构成文字。拼音文字，从本质上讲，是一种以音合成的文字，其文字元素采用的是字母；而西夏文字则更多地采用了以意合成，其文字元素是若干个不可再分割的形体符号。西夏文字的这些基本元素，虽然在具有一定的含义上，类似汉字中的偏旁部首，但它们在组字时，并不像汉字的偏旁部首那样，具有固定的位置，而只是利用它的义或音，合成与之相关的字。用一种通俗易解的比喻来讲，就好像用各种各样的几何体积木，不固定它们的位置，就能够搭出千姿百态的景物一样，用这些文字元素，同样能够创造出足以记录党项族语言的丰富多彩的西夏文字。

在西夏文字中，有一部分字是直接采用文字元素来构成的，如：

---

① 李范文、胡若飞：《西夏文字数考辨》，载《国家图书馆学刊》2002年西夏研究专号。

□（一）	□（半）	□（老）	□（小）	□（人）
□（上）	□（禾）	□（圆）	□（带）	□（梯）
□（柔）	□（丘）	□（靴）	□（叉）	□（虫）
□（犁）	□（实）	□（父）	□（皮）	□（阔）
□（颂）	□（山）	□（汤）	□（母）	□（脑）
□（举）	□（柱）	□（鞍）	□（凉）	□（薄）
□（跛）	□（蛹）	□（陈）	□（八）	□（胁）

但绝大部分的西夏文字，是采用合成法构成的，即由两个或两个以上的文字元素组合成字。其中又可以分为：会意合成、音意合成（又可再细分为单音意合成、音兼意合成和间接音意合成）、对称合成、互换合成、反切合成和长音合成等六种类型。

1．会意合成

是将两个或两个以上具有一定含义的文字元素组合起来，构成文字。如：

将具有□（水）意的□与□（土）组合起来构成□（泥）字；将具有□（心）意的□□与具有□（恶）意的□合成□（害）；将具有□（木）意的□与□（雕）合成□（凿）；将具有□（口）意的□和具有□（水）意的□与具有□（无）意的□合成□（渴）；将具有□（不）意的□与具有□（热）意的□和具有□（冷）意的右半部□合成□（温）。

2．音意合成

是将一个起标音作用的文字元素，与一个或一个以上起表意作用的文字元素组合起来，构成文字。所造之字，与起标音作用的文字元素所采用的原字为同音。如：

将□（草）的□和□（读音为“夷”）的□合成□（一种草名，读音为“夷”）；将□（木）的□和□（读音为“毒”）合成□（一种树名，读音为“毒”）；将□（读音为“常”）的□和□（帚）合成□（笤，读音为“常”）；将□（绢）的□和□（读音为“令”）的□合成□（绫，读音为

“令”）；将[illegible]（年）的[illegible]和[illegible]（初）的右半部，与[illegible]（读音为“正”）的[illegible]合成[illegible]（正月，读音为“正”）；将[illegible]（读音为“流”）的[illegible]，与[illegible]（惧）的[illegible]和[illegible]（寒）的[illegible]合成[illegible]（慄，读音为“流”）。

3. 对称合成

是将两个完全相同并具有一定含义的文字元素，按照对称的原则，组合在一起构成文字。这类文字本身就具有对称的含义。如：

[illegible]（唇）　[illegible]（分）　[illegible]（双）　[illegible]（聚）

[illegible]（间）　[illegible]（挤乳）　[illegible]（相似）　[illegible]（分、称）

4. 互换合成

是将同义、反义或字意相关的字，通过文字元素在字中的位置互换，构造文字。即一字的上下、左右互换；或某部分不变，另一部分的上下、左右互换。如：

[illegible]（手指）⟷[illegible]（脚趾）　[illegible]（烧）⟷[illegible]（烤）

[illegible]（盛入）⟷[illegible]（放入）　[illegible]（匿）⟷[illegible]（藏）

[illegible]（逃跑）⟷[illegible]（降服）　[illegible]（水）⟷[illegible]（鱼）

[illegible]（大葱）⟷[illegible]（辣椒）　[illegible]（缩）⟷[illegible]（皱）

[illegible]（旋风）　[illegible]（蚊蝇）　[illegible]（褐衫）

5. 反切合成

是将表示声母的文字元素与表示韵母的文字元素，组合在一起，构成文字。这种用反切合成法构成的字，多为标注汉姓或佛教真言、咒语的字，虽为数不多，但具有拼音文字的性质。如：

将[illegible]（读音为“妻”）的[illegible]与[illegible]（读音为“寅”）的[illegible]合成[illegible]（汉族“秦”姓）；将[illegible]（读音为“伦”）的[illegible]与[illegible]（读音为“段”）合成[illegible]（汉族“栾”姓）；将[illegible]（读音为“矣”）的[illegible]与[illegible]（读音为“哈”）的[illegible]和[illegible]合成[illegible]（梵语“呀”音）；将[illegible]（读音为“都”）的[illegible]与[illegible]（读音为“讹”）的[illegible]合成[illegible]（佛教真言“啅”音）。

6. 长音合成

在党项语中没有长音，为了能够准确的读出梵文佛教经典中的长音，在构造这类字时，就采用了表音的文字元素与西夏文字中表示长意的字中的文字元素组合，构成了一部分长音字，但这类字在西夏文字中所占比例极小。如：

将[illegible]（读音为“阿”）的[illegible]与[illegible]（长）的[illegible]合成[illegible]（阿长音）；将[illegible]（读音为“矣”）的[illegible]与[illegible]（长）的[illegible]合成[illegible]（矣长音）；将[illegible]（读音为“邬”）的[illegible]和[illegible]与[illegible]（长）的[illegible]合成[illegible]（邬长音）。

西夏文字不仅在西夏立国期间，被夏国臣民广泛使用，就是在西夏灭亡后的很长一段时间里，还依然有众多的人能够识读、撰写，并使用这种文字。元朝从世祖到仁宗，数十年间，在江南浙西道杭州路大万寿寺雕刊、印行了 687800 卷西夏文佛经，施发于宁夏、永昌、沙州等西夏故地。[①] 元代至正二年（1342），于北京居庸关建筑的云台“下通人行”的门洞东西二壁上，刻有梵、藏、八思巴、回鹘、西夏、汉等六种文字的经文咒语和造塔功德记。[②] 元至正八年（1348），西宁王速来蛮重修莫高窟的功德碑上，也使用了上述六种文字刻写了“唵嘛呢叭咪吽”六字真言。[③] 北京故宫博物院收藏的木刻版西夏文《高王观世音经》一卷，卷首发愿文中标明的刻经时间为“大明壬子”“五年正月十五日”，即明朝洪武五年（1372）。河北保定发现的两座西夏文石经幢，造幢时间为明弘治十五年（1502）。德国柏林图书馆收藏的藏文甘珠尔（藏文大藏经中的佛语部），是明万历年间（1573—1620）的写本。其中偶有西夏文字，这些字应是万历年间或更晚的年代所书。由此可见，在西夏灭亡后的近四百年里，西夏

---

① 史金波：《西夏文化》，吉林教育出版社，1986 年，第 101—102 页。

② 罗福成：《居庸关石刻》，载《国至北平图书馆馆刊》4 卷 3 号；宿白：《居庸关过街塔考稿》，载《文物》1964 年 4 期。

③ 潘絜兹：《敦煌莫高窟艺术》，上海人民出版社，1957 年，第 23 页；陈炳应：《西夏文物研究》，宁夏人民出版社，1958 年，第 157—158 页。

文字还一直在被使用着。

西夏文物中出现的文字，包括西夏文字，对判定西夏文物的具体年代及有关问题，具有十分重要的意义。因此，从事西夏考古与西夏文物研究的科学工作者，必须将对这种业已死亡的民族文字的研究，作为西夏考古与西夏文物研究重要的辅助手段。懂得西夏文字的造字规律，对识别和解读西夏文字都是十分必要的。

迄今发现的西夏文文献中，有楷、篆、草、行等多种字体，由于西夏文斜笔运用较多，四角饱满，因而在书法艺术上亦可与汉字相媲美。

（原文为宁夏博物馆五十大庆纪念文集《博苑秋实》撰写，因当时出版社没有西夏文字库而未载）

西夏瓷器辨析

中国是世界上最早发明和生产瓷器的国家。对人类来说，瓷器既是日常生活中的实用品，又是供人观赏的艺术品。瓷器的实用价值体现在器物的各种不同类型上，艺术价值则体现在器物的造型、釉色、纹饰、铭文、题款等许多方面。研究瓷器不仅要研究它的使用价值，更要研究它的艺术价值；不仅要研究它的制作工艺和外观，更要研究它所包含的文化内涵。

西夏瓷器是中国瓷器的一部分，由于在20世纪70年代以前，西夏瓷器还不被人们所认识，因此也谈不上对它进行专题性的研究。70年代以来，西夏瓷器被发现得越来越多，使学术界和众多的瓷器爱好者对它产生了浓厚的兴趣。但是，目前在很大一部分瓷器爱好者中，对西夏瓷器的认识，存在着种种误区：

（1）由于80年代中期，在宁夏灵武磁窑堡发现了大规模的西夏窑场和窑址，并由考古工作者进行了连续多年的发掘，出土了大量的瓷器和瓷片，于是有些人便以为只有与宁夏灵武窑相类似的瓷器，才是西夏瓷器。

（2）在灵武磁窑堡窑址中，发掘出土了不少白釉、褐釉和黑釉的剔刻花瓷器和瓷片，于是又有些人认为，只要是剔刻花瓷就一定是西夏瓷。

（3）在宁夏灵武磁窑堡出土的瓷器数量较多，品种也较丰富，其中有些品种在宁夏银川市西郊的西夏陵区陵墓和遗址中，也曾有过发现。因此，有人便认为宁夏灵武窑是西夏时期的“官窑”。

其实，宁夏灵武磁窑堡窑址只是西夏境内一处分布面积较大的窑址，目前在西夏境内发现的西夏窑址至少有四五处之多，这些窑址烧制的瓷器虽然在总体上具有相同的风格，但是在质地、釉色、装饰上还是具有一定的差别。

宁夏灵武磁窑堡窑址中出土的剔刻花瓷，其时代未必都是西夏，有的剔刻花瓷从出土的地层上明显应确定为元代。此外，宋元时期的磁州窑、耀州窑也曾烧制过剔刻花瓷。因此，绝不能把剔刻花瓷均看成是西夏瓷。

尽管说在西夏陵区的墓葬和遗址中出土过一些在宁夏灵武窑烧制的瓷器，但西夏陵区发现的大量瓷器并非出自于灵武窑，而从宁夏灵武磁窑堡窑址中出土的绝大部分瓷器，也都制作粗糙，属提供民间使用的商品瓷。

对西夏瓷器的种种误解，势必影响对西夏瓷器的正确认识，在学术界和收藏界造成混乱。何谓西夏瓷器？西夏瓷器，是以党项民族为主体所建立的封建地方割据政权，即自称“大白高国”或“白高大夏国”，而史称“西夏”的时期烧制的器物，它具有鲜明的时代特征和民族风格。对西夏瓷器的断代和认识，同研究其他历史文物一样，必须持严肃、认真的科学态度，必须依据考古地层学和器物类型学的科学理论与科学方法去进行研究，才能得出正确的结论。

一、西夏瓷器的发现和出土

早在新中国成立以前，西夏瓷器就有不少的发现，只是由于受时代的局限，还不为人们所认识。许多器物的年代，被误定在宋代、辽金或元代。最早被确定为西夏瓷器的是一件黑釉小口瓶（图六），台唇、直口、短颈、圆肩、鼓腹、圈足，除腹下部和底部露胎外，通体施黑色釉，胎质较粗糙，挂釉不匀，某些部位还有缩釉现象，肩部有一较宽的涩圈。从器物的造型上看，与宋代民间窑所烧的器物相似，只是因瓶体的腹部由当时的瓷工随意刻画了三个西夏文字和两个汉字，故被确定为西夏时期的传世品，收藏在上海博物馆内。[①]

1957 年，在内蒙古自治区伊金霍洛旗敏盖村，发现了两件黑釉剔刻牡

① 史金波、白滨、吴峰云：《西夏文物》，文物出版社，1998 年。

丹花梅瓶，由于是村民挖土时无意中挖出的，没有考古学地层叠压关系和其他与之同出的、能够直接反映器物相对或绝对年代的实物加以佐证，因而根据器物特征，最初将它们确定为元代的遗物，后来又划为宋代。20世纪70年代以后，才被确认为“可能与西夏有关”。①

1964—1965年，宁夏考古工作者在石嘴山市郊区（现划归惠农县）庙台乡的省嵬城进行试掘。省嵬城是一处西夏时期修建和使用的城址，城内出土黑釉玉壶春瓶、褐釉罐、褐釉人头像、褐釉长方形砚台（残）各1件，褐釉瓷碟4件、白釉和褐釉碗5件。② 这是首次出土具有确切考古学地层的西夏瓷器。

1972—1975年，宁夏博物馆文物考古组在西夏陵区发掘被编为八号的帝陵，陆续出土白釉瓷碟、白釉瓷高足碗、白釉瓷瓶、黑釉瓷碗、白釉剔刻花瓶和黑釉剔刻花瓶等各类西夏瓷器的残瓷10余片。尽管在八号陵中没有出土一件完整的瓷器，但这些具有确切年代可考的瓷片，对认识西夏瓷提供了重要的实物标本。③

1975年，宁夏吴忠市崇兴乡高台子村村民在挖坑种树时，发现一座古代窖藏，其中有白釉大碗、白釉小碗、白釉盘、白釉高足碗（图十八）等瓷器200余件。起初村民们不知是文物，以为可能是新中国建立前某有钱人家埋下的日用餐具，于是将这些瓷器拿回各家作容器和食器使用，被村干部得知后，报告了自治区文化、文物主管部门。宁夏博物馆得知消息后，立即派人前去调查，收回完整器物112件和部分瓷片。④

1977年，甘肃武威西郊林场发现两座西夏墓，墓中出土点彩瓷碗1件。⑤ 1978年，甘肃武威南营乡青嘴村发现一座西夏窖藏，出土白釉大瓷

① 汪宇平：《伊金霍洛旗发现黑釉剔花瓶》，载《考古参考资料》1958年5期。

② 宁夏展览馆：《宁夏石嘴山市西夏城址试掘》，载《考古》1981年1期。

③ 宁夏博物馆：《西夏八号陵发掘简报》，载《文物》1978年8期。

④ 钟侃：《宁夏灵武出土的西夏瓷器》，载《文物》1986年1期。

⑤ 宁笃学、钟长发：《甘肃武威西郊林场西夏墓清理简报》，载《考古与文物》1980年3期。

碗22件、黑釉大瓷碗3件、白釉高足碗4件、白釉瓷碟5件、豆绿釉瓷扁壶1件、黑釉瓷罐2件、平底褐釉小瓷碟7件、黑釉瓷挂钩1件、共计出土瓷器45件。① 1981年，甘肃武威西夏墓中，又出土白釉高足瓷杯1件、白釉斜壁碗1件、黑釉瓷瓶1件。② 20世纪70年代末至80年代初，甘肃武威地区博物馆还在县城、灵台百里镇、上泉乡牌楼村等地，征集了一批西夏瓷器，其中有白釉高足碗、白釉碗、褐釉瓷扁壶等，计20余件。

1979年，青海省互助土族自治县发现窖藏一座，出土黑釉剔刻花瓷坛3件、白釉高足碗1件、白釉瓷盘2件、白釉瓷碗1件等，共发现瓷器10余件，被定为宋代窖藏器物。③ 实则，这批瓷器的时代应定为西夏时期。

1982年，在内蒙古准格尔旗准格尔召乡发现一座西夏窖藏，出土白釉剔刻花口瓶1件、白釉瓷盆2件、白釉瓷钵1件、白釉瓷碟10件、白釉瓷碗4件、白釉瓷瓶1件、瓷瓮1件，共计西夏瓷器20余件。④

在1984年全国文物普查过程中，宁夏文物工作者在同心县征集到1件白釉双耳瓷罐，内盛西夏文首领印1方；海原县征集到2件褐釉剔刻花瓷扁壶；盐池县征集到1件褐釉剔刻花经瓶；银川市征集到1件白釉瓷鼎；灵武县征集到10余件白釉高足碗。同时，在灵武磁窑堡、回民巷等地，和贺兰山插旗口内发现西夏时期的窑址。⑤

1984—1986年，中国社会科学院考古研究所在宁夏文物普查的基础上，对灵武磁窑堡窑场和窑址再次进行了调查，及连续三个年度的田野考古发掘。除探明了磁窑堡窑场的分布范围和文化层外，还发掘出土了大量西夏与元代的瓷器、窑具和瓷片（图七、八、十九、二十），对进一步深

---

① 钟长发:《武威出土一批西夏瓷器》，载《文物》1981年9期。
② 宁笃学:《武威西郊发现西夏墓》，载《考古与文物》1984年4期。
③ 许新国:《青海互助土族自治县发现宋代窖藏》，载《文物资料丛刊》1983年8期。
④ 伊克昭盟文物工作站:《准格尔旗发现西夏窖藏》，载《文物》1987年8期。
⑤ 宁夏文物管理委员会:《宁夏文物普查资料汇编》。

入研究西夏瓷器提供了前所未有的重要资料。①

1985—1986年，在内蒙古伊金霍洛旗白圪针和瓦尔吐沟两地先后发现西夏窖藏，出土酱釉剔刻花瓷瓶1件、酱釉剔刻花罐7件、酱釉瓷盆3件、白釉瓷碗2件及酱釉瓷壶、酱釉瓷罐、酱釉瓷瓶各1件，计16件。②

1986年，宁夏回族自治区博物馆文物考古队，在西夏陵区北端城址进行发掘。1987年新成立的宁夏文物考古研究所继续前一年的发掘。先后两年度的发掘，出土白釉瓷碗、瓷罐、瓷钵（图二十二）、瓷豆、瓷瓶、瓷盆等10余件及大量的瓷片。在西夏陵区北端城址出土的瓷器、瓷片，从瓷质、釉色和器型上分析，绝大部分非灵武磁窑堡西夏窑所烧。其中有数量不多的一些瓷片，可以明显看出为宋钧窑、磁州窑和耀州窑的产品，但绝大多数的白釉瓷器和瓷片，则与宁夏贺兰山插旗口窑址中出土的白釉瓷片标本完全相同。此外，在该城址中出土的一部分瓷质建筑构件，如白瓷瓦状墙贴、褐釉槽形砖等，在灵武磁窑堡窑址中亦有大量的发现。

1992年，宁夏文物考古研究所在灵武回民巷再次发掘了西夏窑址，从考古地层和器物类型比较中，证明了回民巷西夏瓷窑与磁窑堡西夏瓷窑之间有着前后承袭的关系。这次发掘同样出土了大量西夏瓷器和瓷片，为进一步研究西夏瓷器提供了丰富的考古学资料。

此外，1996年在甘肃榆中县阿干镇发现大量西夏瓷器的残件，据甘肃省文物考古工作者实地调查，那里可能也是一处瓷器烧制的手工业作坊遗址。

近年来，在国家基本建设和农村平田整地过程中，不断有完整或较为完整的西夏瓷器被陆续发现，但因不为文化、文物行政管理部门和文物考古专门机构所知，而流入了文物古玩交易市场。

总而言之，从新中国成立以前至今的近一个世纪，西夏瓷器被发现和

---

① 中国社会科学院考古研究所内蒙古工作队：《宁夏灵武县磁窑堡窑址调查》，载《考古》1986年1期；《宁夏灵武县磁窑堡瓷窑址发掘简报》，载《考古》1987年10期。

② 高毅、王志平：《内蒙古伊金霍洛旗发现西夏窖藏文物》，载《考古》1987年12期。

出土了数以千件，其中完整的也已有近千件。这些实物不仅对研究西夏制瓷工艺具有重要价值，而且对进一步探讨西夏社会的政治、经济、军事、文化也具有十分重要的作用。

二、西夏制瓷业的产生与发展

瓷器的生产，在以党项民族为主体的西夏国内，显然不是一项传统手工业。早在隋唐以前，党项族还是一个以放牧、养殖和狩猎为主业的游牧民族。他们最初的聚居地也不在中国的西北部地区，而是从唐朝初年开始，陆续由今四川、青海、西藏等省区交界的青藏高原，迁徙到西北地区的。① 因而，不具备生产瓷器的能力和条件。

西夏制瓷业的建立，最早也只能追溯到西夏建国以前、党项拓跋氏后裔占领了灵州（今宁夏灵武市西南）、兴州（今宁夏银川市兴庆区）一带的李继迁统治时期。灵、兴地区水草丰美，自秦汉以来就支引黄河，开凿了秦家、艾山、七级、汉伯、汉源、唐徕等多条渠道，形成了较为发达的农业。党项族占据了黄河河套平原后，开始出现以农业为主或农牧并举的定居生活，才会构成对陶瓷器的较大需求。

西夏制瓷业的出现，无疑是受到了中原地区经济和文化的影响。中原地区早在距今4000多年的新石器时代龙山文化晚期，就已经有了原始瓷器。② 商代原始瓷器的发现日益增多，考古资料证明，在河南郑州二里冈、安阳殷墟和辉县琉璃阁，湖北黄坡盘龙城，山东济南大辛庄和益都，以及江西清江吴城等不同时期的商代遗址和墓葬中，均发现有原始瓷器。虽然这一时期所产瓷器用料不精，工艺粗糙，釉层厚薄不匀易脱落，但选用的是氧化铝含量较高，而氧化铁含量较低的瓷土制胎，并施以青釉或青绿色

① 钟侃、吴峰云、李范文：《西夏简史》，宁夏人民出版社，1979年，2001年再版；吴天墀：《西夏史稿》，四川人民出版社，1980年。

② 东下冯考古队：《山西夏县东下冯遗址东区、中区发掘简报》，载《考古》1980年2期。

釉，烧成温度也达到了1200℃左右。西周时期的原始瓷器比起商代又有了明显的进步，迄今在北京琉璃河、河南洛阳、陕西长安和宝鸡、甘肃灵台、安徽屯溪、江苏句容等地的西周遗址、墓葬中出土的原始瓷器，不仅质量提高，而且瓷器的制作和使用也更加普遍。

东汉是中国瓷器发展史上一个重要的转折时期。这时出现了符合成熟瓷器标准的青釉瓷，经有关专家对浙江上虞小仙坛窑址出土的东汉晚期斜方格纹青瓷罍的测试，证明该瓷器的瓷胎已经烧结，显气孔率为0.62%，吸水率为0.28%，烧成温度达1300±20℃，胎与釉结合紧密，在还原气氛中烧成，因而青釉色泽纯正，釉层增厚，略具开片，光泽透明，无流釉现象。这一时期烧制的黑釉瓷，虽然在胎釉质量和制作工艺上都逊色于青釉瓷，但也与商周时期的原始瓷器有了较大的区别。东汉时期，由于对瓷胎原料的精选，瓷釉配方的调整，制瓷工具的改进和窑炉结构的改造，使瓷器的烧制技术和工艺大大提高。因而，出现了中国原始瓷器向成熟期瓷器的飞跃性发展。

魏晋南北朝时期，仍然以烧制青釉瓷器为主。在当时的各瓷窑之中，以浙江余姚上林湖一带的越窑烧制的青瓷质量最好，胎呈灰白色，质密釉匀。江苏宜兴的均山窑、浙江温州的瓯窑和金华的婺州窑所产青瓷，亦各具特色。这一时期的江浙一带，仍采用龙窑，而北方地区则采用馒头窑。在制作技术和成型工艺上，已普遍采用了轮制拉坯及拍片、模印、镂雕、手捏等方法。西晋时，婺州窑烧制的瓷器，为使瓷胎表面更加光亮，还应用了化妆土。同时，在青瓷上还出现了饰褐色点釉和彩绘的新工艺。东晋时，浙江德青窑烧制的黑釉瓷，色泽光亮，近似漆器。北朝晚期，中国北方从青釉发展出白釉瓷，河南安阳北齐范粹墓中出土的白瓷器，釉色中还保留了乳浊淡青色。

隋唐五代继承了魏晋南北朝时期的制瓷成就，在瓷器烧制技法上又有了新的发展。由于从商周兴起的青铜器和从春秋战国兴起的漆器，到这时，在制作和使用上都已经衰落，使瓷器的应用范围更加扩大，产量也不断增多，青、白二瓷成为隋唐五代瓷器生产上的两大主流。在诸多的瓷窑之中，仍以浙江越窑烧制的青瓷最为精良，吴越钱氏盛烧贡器，使越瓷釉色光耀夺目，器型丰富多彩。白釉瓷自北朝晚期萌芽后，至隋朝已逐渐成熟。到唐代，河北邢窑与定窑烧制的白釉瓷显露头角，成为“天下无贵贱，通用之”的流行器。唐代除青、白瓷外，烧制的黑釉瓷也有了很大的进步。大块斑点装饰的出现和釉下彩的创烧，是唐代瓷器制作上的一个重大发展。

宋朝是中国瓷器发展史上取得辉煌成就的时代，在总结前人制瓷技术和工艺技巧的基础上，宋代不仅烧制出许多精美的瓷器，而且还形成了众多各具特色的著名的瓷窑和窑系。

与宋朝同时期的西夏，制瓷手工业的出现，显然是受到了中原地区烧瓷成就的巨大影响。特别是唐、宋时期高度发达的制瓷技术，被西夏制瓷工匠直接应用和借鉴，使西夏的制瓷工艺和技术，从一开始就达到了一个较高的水平。

在西夏制瓷手工业产生以前，党项族人是否已经学会了烧制陶器，目前还没有文献史料和考古发掘资料可加以证明。即使说西夏制瓷手工业产生前，党项族人已经能够熟练地掌握陶器的烧制方法，也只能说明党项人在器物的成型和烧窑方面，有了一定的基础。陶器制作的工艺流程虽然与瓷器制作有一些相似之处，但瓷器的制作要比陶器复杂得多，瓷器和陶器之间也有着本质的区别。

西夏制瓷手工业的产生，主要有以下三个先决条件：

（1）党项封建地方割据政权的建立，使包括制瓷业在内的西夏手工业得到了产生和发展，并成为其政治、经济、文化相对独立的标志。党项族从一个游牧民族向农业或农牧并举的民族转化，是从公元七世纪中叶徙居今陕西北部、甘肃东部后开始的。唐朝末年，党项族大首领拓跋思恭因率部众协助唐朝镇压黄巢农民起义有功，被晋爵夏国公，赐予李姓，授定难军节度使，统有夏、绥、银、宥、静（均在今陕西北部）五州之地。[①] 其后，党项族以夏州一带为基地，逐步向黄河以西发展扩张。1002 年，党项族首领李继迁攻占了宋朝的军事重镇——灵州，改设西平府。李继迁虽未称帝建国，但已开始自王其土了。在党项所统辖的区域内，虽然定居着党项、吐蕃、回鹘、契丹等以游牧或半农半牧为生的少数民族，但汉族居民依然占据多数，在党项族人统治这个地区之前，可能早已建有一些民间的小瓷窑，党项统治阶级为了能打破辽、宋对西夏封建地方割据政权的封锁，在政治、经济上实现相对独立，显然会对民间瓷窑给予大力的扶持和倡导。

（2）西夏宫廷、官府和民间对瓷器的需求，是西夏制瓷手工业建立和发展的重要因素。西夏建国前，党项族逐步走向定居生活，在日常生活中对瓷器的需求量愈来愈大。早已在西北地区定居，后成为西夏统治区域内的汉族人，由于主要从事于农业，因而瓷器已成为他们不可须臾即离的日常生活用品。但因党项封建地方割据政权与中原王朝在政治上的对立，造成与内地贸易的中断或大量减少，他们迫切需要在西夏统辖的地区建立瓷器生产作坊。党项贵族、地主阶级在建立独立政权的过程中，不断吸收汉族先进的封建文化，但同时也在追求汉族统治阶级豪华腐朽的生活方式，也需求大量造型美观、质地优良的瓷器，作为日常生活用品和皇宫、府衙、宅第的室内装饰品。此外，西夏统治阶级在修建宫殿、官府、园林、别墅、寺院、陵墓等大型建筑时，还需要大量瓷制的建筑材料。所有这些，都为西夏制瓷手工业的建立和发展，提供了广阔的市场。

（3）西夏所统辖的范围内，蕴藏有丰富的、可提供生产瓷器的胎料、釉料和燃料。瓷器胎料的主要成分，为瓷石或高岭石。瓷石是由流纹岩、石英粗面岩、长英岩等岩石中的长石类矿物，经后期火山的热液作用，绢云母化而生成的岩石，它主要含石英和绢云母矿物成分。其中的绢云母是

① 脱脱：《宋史》卷 485《夏国传上》。

由水白云母的一种细颗粒所组成，主要起溶剂作用，它比一般长石更容易与石英、高岭石等在高温下反映生成较为均匀分散的玻璃态物质，增加瓷器的致密度和透明度。因此，用瓷石为原料制作瓷器，无需掺配其他原料，瓷石中所含的石英、绢云母、高岭石和长石等矿物，构成了天然掺配的成瓷成分，在1200—1300℃的高温下，烧结瓷化，即可形成致密的瓷器。在西夏所统辖的范围内，贺兰山、阴山、祁连山一带，蕴藏着丰富的瓷石，为西夏的瓷器生产提供了源源不断的制胎原料。

釉是附着在瓷器坯胎表面的玻璃质物质，具有与玻璃相类似的物理、化学性质。它可使器物表面光洁、明亮，防止胎体的吸水和透气，同时还可以提高整个器物的机械强度和绝缘性能。中国古代烧窑都用柴草、木炭为原料，燃烧后的草木灰和处于红热高温状态下的窑具或窑壁相接触，有时会在它们的表面形成一层玻璃态物质。中国古代的烧窑工匠通过这一现象的启发，不断加以总结，终于发明了瓷釉。因而，中国早期烧制的瓷器都采用的是草木灰釉。用草木灰为原料，经过研磨成细粉，加水调成糊状，涂在坯胎表面，在1200℃左右的高温和适当的还原焰作用下，即可形成瓷釉。以后，中国古代烧瓷工匠又发明了以石灰为原料的石灰釉。无论是草木灰釉，还是石灰釉，在西夏境内都可以找到充足的原料。

烧制瓷器对燃料的要求也较高，一般的柴草、木炭和低质煤炭，燃烧温度都很难达到瓷器烧制的要求，必须采用含热卡较高的煤炭作燃料，才能烧制出符合要求的瓷器。从地球的地质构造上来说，煤炭往往都会与瓷石或高岭石共生，凡有瓷石或高岭石矿物储存的地方，一般都会有煤矿的存在。西夏境内储藏着丰富的高质煤炭，足以为西夏瓷器手工业的建立和发展，奠定燃料方面的基础。

由于有上述三个方面的先决条件，西夏制瓷手工业不但能够建立，而且发展迅速。迄今所知，在西夏统辖的范围内，至少已发现烧制瓷器的作坊、窑址十余处。大量瓷器的烧制，既满足了西夏国内广大民众日常生活的需求，同时也烧制出许多可供西夏皇室和贵族地主阶级享用的观赏瓷器。

三、西夏瓷器在中国制瓷史上的地位

虽然西夏瓷器制造业的形成和发展，与中国瓷器生产最辉煌的宋代处于同一历史时期，但客观地说，西夏瓷器在烧制工艺、成瓷质量、器物造型和器表装饰等许多方面都远不能与宋瓷相比。即使是在西夏陵北部城址中，我们所发现的、在宁夏灵武磁窑堡和回民巷窑址中都不曾出土过的、质地较为精良的一批白釉瓷器，也无法同北宋著名瓷窑烧制出的白釉瓷器相媲美。因此，我们不能从西夏瓷器的精美程度上，去论述西夏瓷器在中国瓷器制造史上的地位。因为西夏制瓷业从建立，到西夏王朝被蒙古族所灭亡，只有一百多年的历史。而中原地区，瓷器的烧制到北宋时期已经上千年。

但是，西夏瓷器在中国制瓷史上，依然占有十分重要的地位，主要反映在以下几个方面：

（一）西夏是一个由党项民族为主体建立的地方割据政权。党项族在迁徙中国西北部前，是一个具有悠久历史的中国西南部游牧民族，他们传统使用的日常生活器皿主要为木器。党项族首领嵬名元昊称帝建国前，命大臣野利仁荣创制“蕃书”，即后人所称的西夏文，其中有许多与日常生活器皿有关的字词，都采用了与木有关联的文字元素。如：蘿（碗）、蘐（匙）、蕢（盔，盆一类的器皿）、蕿（盘）、薚（甑）、蕿（桶）、薢（罐）、蕻（盏）、葳（钵）等，说明西夏建国前，党项族还以木质器皿为主要的生活器具。但西夏建国后，瓷器在党项民族中的使用日益广泛，这对中国制瓷业发展，无疑起到了促进作用。

（二）西夏制瓷业建立和发展前，在中国西北部的广大区域内，除有归属北宋所统辖的陕西耀州窑外，还没有其他比较知名的瓷窑，这反映了中国西北部地区经济的落后。在当时的社会发展中，制瓷手工业是一项具有相当潜力和发展前景的制造业，为社会创造着极大的经济效益。西夏制瓷业建立后，不断吸收中原地区瓷器制作的工艺技术，使中国西北部地区的制瓷水平有了较大的提高，为后朝制瓷手工业的发展，奠定了基础。

（三）党项民族崇尚白色，因此，西夏各地瓷窑烧制的瓷器，都以白釉瓷所占比例最大。尤其是在宁夏贺兰山插旗沟西夏“秘窑”遗址中出土的瓷片，为清一色的白釉瓷。而在西夏陵邑（西夏陵北端城址）中出土的瓷器，也以白釉瓷为主。这反映了西夏皇室对白色情有独钟。西夏白瓷烧制工艺显然是受北宋定窑、邢窑的影响，但也具有一些自身的特点，对中国白瓷烧制工艺和技术的发展，产生了一定的作用。

（四）西夏装饰瓷中，较多地采用了剔刻花技法，无论是剔刻釉，还是剔刻化妆土，都能产生很强的花、地反差和立体效果。剔刻花装饰技法虽然并不发明于西夏，但在西夏瓷器的装饰中，应用比较自如。而在北宋众多的瓷窑中，只有磁州窑和耀州窑有能力生产这类瓷器。因此，西夏的剔刻花瓷，在中国瓷器的发展史上占据了十分重要的位置。

（五）西夏瓷器的形制，十分鲜明地反映了游牧民族用器的特点。在西夏瓷器中，有各种器型的高足器，如高足碗、高足盘、高足豆、高足钵等，这与史书记载党项族人“每举兵，必率部长与猎，有获则下马环坐饮，割鲜而食，各问所见，择取其长”的民族风俗，有着直接的联系。高足器皿，更便于游牧民族席地而坐的饮食习惯。此外，西夏瓷器中的瓷扁壶，也是游牧民族特有的一种容器，便于放牧和狩猎时，捆挂在驼、马背上，携带水或酒。

西夏所产瓷器的工艺、器型、纹饰等特点，有些继承了隋唐五代制瓷的成就，有些受与之同时期的宋代影响，还有一些则属独创。总体来看，在中国制瓷业的发展史上，形成了一定的影响。当然，这种影响远不及宋朝，但与辽代相比，有过之而无不及。金朝由于统治了原北宋的大部分地区，原北宋境内北方的一些著名瓷窑生产的瓷器，都成了金朝的产品。所以，金朝的瓷器生产工艺和技术水平，也远在西夏之上。

不过，西夏制瓷业从无到有，从一开始就能够达到一个相当高的水平，已经是一件十分了不起的事。瓷器生产复杂的工艺和制胎、烘干、上釉、焙烧、装饰等一系列烧制技术，党项族人能很快地学会、掌握和应用，这对中国瓷器制造业的推广和发展，就已具有了十分重要的意义，更何况目前所见西夏瓷器，基本上也已达到了瓷器生产在当时的较高水平。

西夏瓷器生产的工艺和技术，对后朝特别是元朝具有极大的影响。中国社会科学院考古研究所20世纪80年代中期，在宁夏灵武磁窑堡发掘的瓷窑遗址，下层为西夏时期的文化层，上层为元代文化层，出土的元代瓷器，显然承袭了西夏时期的工艺和技术，只是在器型上，比西夏瓷器更加厚重，在剔刻花纹上，比西夏瓷器更加粗犷。

党项民族调查与研究

党项人余阙及其后裔调查记

党项族是我国古代西羌的一支，公元 7 世纪以后，自今四川松潘地区逐渐向甘肃东部、陕西和宁夏北部一带迁徙。北宋初年，不断发展壮大的党项族建立大夏王朝，史称“西夏”。1227 年，西夏被蒙古所灭，党项族成为元朝色目人之一，继续生息、繁衍在中华民族大家庭中。但是，随着历史的发展，党项族逐渐融合于汉族和其他少数民族之中。明朝以后，党项这个民族也就在中国历史上逐渐消失了。

那么，现在还有没有党项人的后裔存在呢？这个问题一直为从事民族史研究，特别是从事西夏文史研究的国内外学者所关注。

1975 年，我们考察河北保定西夏文石幢时，曾对入居内地的党项族人在元、明时期的活动作了一些探讨，其中特别提到元末在安徽为官的党项人余阙。① 1976 年，我们又考察研究甘肃酒泉的《大元肃州路也可达鲁花赤世袭之碑》，对留居河西一带的党项人的下落进行了研究探索。② 但是，党项人的后裔是否延续至今，这一问题仍未得到解决。

在《元史》中，党项人有传者三十余人，余阙为其中之一。据《元史·余阙传》记载：“余阙（1302—1358），字廷心，一字天心，唐兀氏（即党项族人），原居河西武威，其父沙喇藏卜，官庐州（今安徽合肥市），遂为庐州人。少丧父，授徒以读养母。与吴澄弟子张恒游，文学日进。元统元年（1333），赐进士及第，授同知泗州事。”③ 后相继在中央、地方为

---

① 史金波、白滨：《明代西夏文经卷和石幢初探》，载《考古学报》1977 年第 1 期。

② 史金波、白滨：《大元肃州路也可达鲁花赤世袭之碑考证》，载《民族研究》1979 年第 1 期。

③ 《元史》卷 143。

官，官至淮南行省左丞，兼都元帅，驻守安庆。至正十八年（1358），农民起义军首领赵普胜和陈友谅率舰万艘，步骑十余万，攻破安庆。余阙自刭，堕水而死。后被封建统治者谥为“忠宣公”。我们又查阅了有关的地方志，终于在《庐州府志》中找到了余阙的后代二十余人。[①] 其中有余思枢者，下注曾任山东布政使。继而又查《山东通志》，知其于清光绪年间在山东为官[②]，然不知其为余阙第几代孙。但这些材料给我们以希望：既然光绪年间尚有余阙后人在此，那么其后人留传到现在也是可能的。

今年4月，为了探索党项人后裔的下落，我们前往安徽地区，对余阙及其后代进行调查。经过调查，发现合肥附近不仅有余阙后人延续至今，而且数量相当多。我们访问的对象包括了解当地情况的基层干部、年岁较高的余姓以及与余姓杂居一处的外姓老人。特别是在调查工作的开始，就得到安徽著名书法家葛介屏老先生的热情帮助。我们在合肥市内先后访问了几位年过七旬的余氏后裔，接着又根据他（她）们提供的线索，陆续调查了余阙后代的几个聚居点——合肥市南门外邬余大郢、合肥市小南门外二里桥、合肥市郊大圩公社黄岗大队余墩、肥东县长乐公社临河大队余大郢。随后又察访了余阙早年读书处——青阳山，在那里至今还可看到后人为余阙建立的祠庙遗迹。

在上述几个调查点上，大部分余姓老人都知道他们是“忠宣公”之后，他们新中国建立前都曾见过本家族的灯笼上有“武威郡、忠宣公”或“陇西郡、忠宣公”的字样。有的还能讲出一些有关忠宣公的传说故事。在邬余大郢，我们还发现一副今年春节贴在院门上的对联，上联是“忠宣延泽世”，下联是“威武振家声”，据说这是余阙后代祖传的对联。但是对于“余阙”这个名字，除个别人外，一般都很陌生，对余阙的父亲沙喇藏卜则更无人知道了。据我们在调查点的统计，这几处余姓共有三百三十余

---

① 《续修庐州府志》卷58《世系表》。

② 《山东通志》卷51《职官表》第4。

户，一千四百余人。他们现今均属汉族，语言、风俗、婚姻、葬俗等与当地汉族无异。他们中有极少数有文化的老年人尚能知道自己的祖先原是少数民族，但误认为是蒙古族。

在合肥市小南门外二里桥，我们访得一部民国十九年重修的《余氏宗谱》，是谱用上好宣纸印成，原为二十五卷，每卷一本，加卷首两卷，共二十七本。现残存卷首上、卷一至六、卷二十至二十五，共十三木。卷首下、卷七至十九佚。这部宗谱虽然残缺，但保留了主要支系从第一世（沙喇藏卜）到第二十五世的传承关系。我们所调查的余姓，五十岁以上的人绝大多数在谱上都列有名字。谱中规定从第二十一代始，字派顺辈排列为“文、章、华、国、忠、厚、传、家、积、善、崇、德、天、必、佑、之”。谱中列名只到第二十五代“忠”字辈，目前合肥附近的余氏已有“传”字辈，即沙喇藏卜第二十七世孙。前面提到做过山东布政使的余思枢，为余阙第十八代孙，家谱上突出地记述了他的事迹。这部宗谱的发现，为研究党项人余阙及后代的传承关系、迁徙地点以及与汉族融合的过程，提供了珍贵的资料。

4 月下旬，我们结束了合肥地区的调查，来到安徽省古老的江滨城市安庆，预计在这里重点调查有关余阙的文物遗址。因为据文献记载，安庆有余阙墓、忠宣公祠、余公庙、风节井、清水塘以及许多碑刻。到这里以后，发现上述各种古迹已荡然无存，有的仅能看到一些残垣碎石，有的遗址已被现代建筑所覆盖，难以考察。我们查阅清康熙六十年所编《安庆府志》，竟意外发现了余氏后代在桐城县洪涛山一带居住的新线索。在安庆市博物馆的大力协助下，旋即前往桐城东北30 里以外的洪涛山下进行实地调查。终于找到了居住在大关公社集镇和卅铺公社莲花塘的余阙后裔。

经过调查，得知洪涛山一带的余阙后代，是其第四代孙余壁之后。住在大关一带的为第十五代孙余莲舫之后，分为四支，分别居住在今桐城县大关公社、龙头公社、王集公社和卅铺公社。共有百余户，约千余人，现属汉族，其语言、风俗等均与当地汉族相同。洪涛山一地余姓很多，但并不都是余阙之后。凡属余阙之后的余氏家族，除了知道自己的祖先“忠宣公”，祖先的祠堂在安庆市西门外大观亭之外，还有一个显著的特点，即他们又称为“余王氏”。所谓“余王氏”，也就是既可以“余”为姓，又可以“王”为姓。我们调查了“余王氏”的来历，大致有两种说法。一种说法是：元末，陈友谅攻陷安庆，余阙自杀，留一子仅周岁，被家人王某救出，故随王姓；另一说法是：余阙死后，其子被杜万户救起，藏于太湖（今安徽太湖县），后娶王氏为妻，子孙遂改为王姓。两种说法究竟哪一种更符合历史事实，还待进一步考证。

在即将结束洪涛山一带调查时，于莲花塘又访得一部《洪涛山余氏宗谱》。此谱修于民国五年，原为十七卷，加卷首共十八卷，每卷一本，现仅缺卷十一。尤为珍贵的是，它完整地保存了从明嘉靖丙寅年（1566）至民国五年（1916）先后六次修谱所做的全部叙录，其中有清朝著名文学家姚鼐撰写的序，以及安庆知府张楷为余氏复姓的经过。此外，是谱记载余阙之后传承关系详备，并载明余阙后人首居安庆，随后一部分迁往合肥，这正为合肥《余氏宗谱》所缺，因而前后两谱互相补充，恰成完璧。

根据查阅两部宗谱和实地调查所掌握到的线索，目前在安徽省肥东县山王公社、长丰县下塘集、寿县余集、淮南市凤台县余圩子、肥西县将军岭以及江西、河南、河北、陕西、江苏等地尚有余阙之后代，估计至少有三千人以上。连同我们所调查的地点，元末党项族人余阙遗传下来的后代，大约不下五千人。

余阙在我国古代文坛上是一位颇有声名的人物，其诗歌、文章自有特点，明初宋濂极为推崇，后其门人郭奎将他部分诗歌、文章整理汇集，名曰《青阳先生文集》；他在大都为翰林修撰时，还曾参与编修《宋史》、《辽史》、《金史》；他还擅长书法，所书庐州城隍庙碑记和安庆“大节堂”匾额，著称于世。余阙为了维护元朝的统治，站在封建统治阶级的立场上，与元末农民起义军相对抗，最后兵败自杀。而作为元末农民起义军领袖之一的朱元璋，在推翻了元朝统治爬上了皇帝宝座以后，又对余阙赞赏备至，为其修祠立庙。对余阙这样一个复杂历史人物的研究，应引起史学界，包括地方史和战争史研究工作者的注意。

党项族是我国古代的一个有影响的少数民族。唐朝编纂的《北史》、《隋书》中就立有党项传，其后修著的《旧唐书》、《新唐书》、《五代史》记载更详。西夏国建立前后，党项族成为我国西北地区一强大的民族，与宋、辽交战，动辄出兵数十万人。入元以后，党项族聚居的河西一带，仍能签征大批党项士兵。据《元史》记载，在宿卫军中有由党项人组成“唐兀卫”三千人曾在北京居庸关驻守。[①] 可见，在元朝党项族人数仍然相当可观。明、清以来，这样一个具有高度文化发展的民族竟渐渐销声匿迹了，确实值得我们深入研究。而元代党项族的一员——余阙，在其死后仅留一襁褓幼子，一脉相承六百多年后，又蔚然成为数千人的一大家族，于民族的兴衰、融合，家族之消长、延伸，堪称为一典型事例，备值得重视。

（本人与史金波先生一起赴安徽等省调查，原文由史先生执笔，载中国民族研究学会编《民族研究通讯》1981 年第 3 期）

① 《元史·百官志二》、《元史·兵志》隆镇卫条。

西夏后裔在安徽

公元7世纪以后，游牧于今四川西部的党项族，[1] 逐渐向甘肃东部、陕西和宁夏北部迁徙。宋初，不断发展壮大的党项族建立了大夏王朝，史称西夏。它先与北宋、辽相鼎足，后复与南宋、金相抗衡，延祚十世，立国近二百年，是我国中古史上的一个重要王朝。

党项族作为西夏王朝的主体民族，对西夏历史、文化的发展起了重要作用。1227 年西夏被蒙古所灭，党项族成为元代色目人之一种，继续生息繁衍在中华民族的大家庭中。但是，随着历史条件的发展变化，党项族逐渐融合到汉族和其他少数民族之中。从明到清，党项族作为一个民族也就最后消亡了。

现有无党项人的后裔存在呢？这是从事西夏史研究的国内外学者十分关心的问题。

1975 年我们考察河北省保定市郊出土的明代西夏文石幢时，曾对入居内地的党项人在元、明时期的活动作了一些论证和研究。其中特别提到元代出生于安徽、后在安徽做官、最后死在安徽的党项人余阙。[2] 1976 年我们又考察了甘肃省酒泉市的《大元肃州路也可达鲁花赤世袭之碑》，对元代留居河西一带的党项人下落进行了考证和推论。[3] 但是，党项人的后裔是否留居至今这一问题仍未得到解决。当时在查阅有关史料过程中，了解

---

① 西夏时期党项人自称为“嵬名”，译成汉语为“番”。元代称为唐兀氏，《马可波罗游记》称为 tangut。

② 史金波、白滨：《明代西夏文经卷和石幢初探》，载《考古学报》1977 年第 1 期。

③ 白滨、史金波：《〈大元肃州路也可达鲁花赤世袭之碑〉考释》，载《民族研究》1979 年第 1 期。

到元代在安徽、山东、河北、浙江、四川、江苏等地都有党项人居住，其中后世记载较详、线索较多的要算安徽的余阙了。

余阙（1303—1358），《元史》有传。据传载："余阙，字廷心，一字天心，唐兀氏（即党项族），世家河西武威。父沙喇臧卜，[1] 官庐州（今安徽省合肥市），遂为庐州人。"[2] 沙喇臧卜死后，余阙在合肥东南的青阳山耕读养母。元统元年（1333），赐进士及第，先后在地方和中央为官，曾三次入大都（北京）。后因丁母忧复归合肥。当时农民起义风起云涌，余阙又于至正十二年（1350），为元朝统治者派遣镇守安庆，官至淮南、江北行省左承、兼都元帅。至正十八年（1358），农民起义军首领赵普胜（赵双刀）和陈友谅率舰万艘，步骑十余万，攻破安庆，余阙被迫自刎。元朝政府追封他为幽国公，谥忠宣。

清光绪年间所修《庐州府志》世系表中列有余阙的二十几个后人，其中有余思枢者下注曾任山东布政使。[3] 又阅《山东通志》，知其于光绪年间在山东为官，然不知其为余阙第几世孙。[4] 这些材料使我们想到：既然光绪年间尚有余阙后人在世，那时离现在不过百年，其后人延续至今也是可能的。

1981 年 4 月，我们先后调查了余阙后代的几个聚居点——安徽省合肥市南门外邬余大郢、合肥市小南门外二里桥、合肥市郊大圩公社黄岗大队余墩、肥东县长乐公社临河大队余大郢。同时还专门考查了余阙早年读书处——位于巢湖北岸的青阳山。在那里，至今还可以看到后人为余阙建立的祠庙遗迹。

使我们高兴的是，在合肥小南门外二里桥余氏后人余华珍、余华龙兄弟那里，访得一部民国十九年重修的《余氏宗谱》。是谱用上好宣纸印成。

---

① 《元统癸酉进士录》记余阙父名屑耳为。
② 《元史》卷 143《余阙传》，中华书局校点本，第 3426-3430 页。
③ 清光绪十一年《续修庐州府志》卷 58《世袭表》。
④ 清宣统三年重修《山东通志》卷 51《职官志》第 4。

原为二十七卷（册），即卷首上、下两卷，谱系二十五卷。现仅残存卷首上、卷一至卷六、卷二十至二十五，共十三卷。卷首下、卷七至十九均佚。由序言可知，明崇祯以前已有宗谱，清康熙甲戌三十三年（1694）、光绪甲午二十年（1894）都曾重修。因系残本，共修几次未能尽知。全书为木板刻印，卷首标明为“同乡翠柏氏杨筱亭刊”。每页版口上印有“武威郡”三字，以示余氏家族之原籍。这部宗谱虽残缺过半，但保留了主要支系从元代第一世沙喇臧卜到现代第二十五世的传承关系。由谱中可以看到余阙死后，遗留一幼子余渊，后于明洪武丙午中举人，子孙繁衍，以至于今。我们调查的、年过五旬的余姓，绝大多数都在族谱上列有名字。谱中还规定了自第二十一世以后的字派为“文、章、华、国、忠、厚、传、家、积、善、崇、德、天、必、祐、之”。在调查中，我们还结识了余阙的后人余章元、余国铨。他们同余华龙分别为第二十二、二十三、二十四代。余章元是余阙子余渊长子支系，余华龙是余渊次子支系。谱中所载当时最低辈分为第二十五世“忠”字辈。目前合肥附近的余氏后人已延续到“传”字辈，即第二十七世。前面提到做过山东布政使的余思枢为第十九世，在家谱上突出地罗列了他的行状。这部宗谱为研究党项人余阙在合肥附近后代的传承关系、迁徙情况以及与汉族融合的过程，提供了确实可靠的资料。

在安庆，我们仔细查阅了康熙六十年编订的《安庆府志》，又意外地发现了余阙后人在安庆地区桐城县的洪涛山居住的线索。在安庆市博物馆的大力协助下，我们在桐城东北三十里以外的洪涛山下，找到了居住在大关和莲花塘的余阙后代。这里的余姓非只余阙后代一宗。凡属余阙后裔的有一特点，就是他们又称为“余王氏”，既可以“余”为姓，又可以“王”为姓。我们向一些老人询问了“余王氏”之称的来历，大致有两种说法。一种是：元末，陈友谅攻陷安庆。余阙自杀，留一子仅周岁，被家人王某救出，遂以王为姓。另一种说法是：余阙死后，其子被杜万户救起，藏于太湖（今安徽省太湖县），后娶王氏为妻，子孙改为王姓。据调查了解，洪涛山下的余氏后代为第十五世余莲舫之后，分为四支，分别居住在今桐城县大关公社、龙头公社、王集公社和卅铺公社。这一带有余氏数百户，约千余人，其语言、风俗也均与当地汉族同，现属汉族。

我们在卅铺公社莲花塘又访得一部余氏家谱，名为《洪涛山余氏宗谱》。此谱原为十八卷，现存卷首、卷一至卷十，卷十二至卷十七，共十七卷，仅佚第十一卷。比起合肥《余氏宗谱》来，它印制较差，但残损较少，保存比较完整。最为可贵的是它收存了从明朝至民国初年洪涛山、枞川余氏后裔六次修谱的全部叙录。这六次修谱的时间是：1. 明嘉靖丙寅四十五年（1566）；2. 清康熙甲申四十三年（1704 ）；3. 清乾隆丙辰元年（1736）；4. 清嘉庆乙丑十年（1805）；5. 清同治甲戌十三年（1874）；6. 民国丙辰五年（1916）。

从叙录中可知，第一次修谱由余阙第九世系余枕（号月泉）主持。在叙录中有清朝文学家姚鼐的行书序言。有些序言中还记明余王氏的来历以及清代安庆知府张楷为改成王姓的余氏后裔复姓的经过。

此外，是谱记载余氏后代的传承关系和居留迁徙比较详备。从谱中可以清楚地看到余阙的后人首居安庆地区，后来一部分人迁往合肥及其他地区，其余仍居安庆。而合肥一带的余氏后裔，仅为余阙后代之一支，这正为合肥《余氏宗谱》所缺载。可以说安庆、合肥两谱互为补充，配成完璧。现把两谱前五代的世系列出，可以看出两地余姓的相互关系。

1. 合肥《余氏家谱》

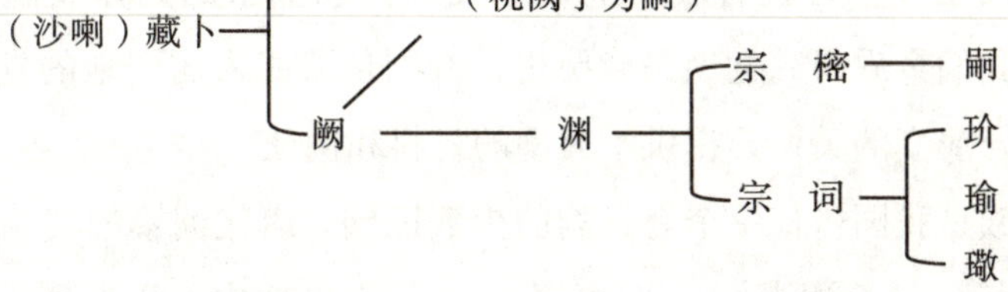

2. 安庆《洪涛山余氏宗谱》

```
                        ┌惠（即德臣）——宗 烈
（沙喇藏卜）——阙——┤
                        │                      ┌嗣（迁往合肥）
                        │                      │楚（枞川）
                        └渊——宗 榁——┤襄（潜山）
                                               └璧（洪涛山）
```

由上第一表（合肥《余氏家谱》）可以看出，合肥族谱记录了余阙之子余渊有二子，长子余宗密有一子名余嗣，次子余宗词有三子名余玠、余瑜、余璥，他们都居住在合肥附近。看了第二表（安庆《洪涛山余氏宗谱》）才明白，《洪涛山余氏宗谱》载明余阙之孙余宗榁共有四子，除长子余嗣迁居合肥外，次子、四子都留居安庆一带，三子迁往太湖、潜山，此谱记余阙儿子余渊只有一子宗榁，次子宗词迁往合肥事缺载，此又为合肥宗谱补足。《洪涛山余氏宗谱》上自十八世也规定了派行用字为“大、成、佳、乘、必、有、余、庆、枝、茂、本、深、克、昌、际、运”。如我们访问对象之一的余有恒即余阙第二十三世孙。

根据调查和查阅两种《余氏宗谱》掌握到的线索，安徽省肥东县山王公社、长丰县下塘集、寿县余集、肥西县将军岭、南陵县洪罗店、六安县西南乡、南陵县西乡、凤台县余圩子，以及河北、河南、陕西、江苏、江西等省都有余阙的后代，仅安徽省的人数估计不下五千。

这次调查的结果，使学术界第一次了解到历史上消亡了的党项族，确有后裔延续至今。并且有表明确切年代和传承世系的具体文献资料为依据，这为我们今后研究党项民族历史，特别是研究入居内地的党项人与其他民族融合演变的关系，提供了典型的材料和例证。

党项族是我国古代一个有影响的少数民族。唐代编纂的《隋书》中就有《党项传》，《新唐书》、《旧唐书》、《五代史》中关于党项族活动的记载更为详备。[①] 党项族建立西夏国前后，已成为西北一大民族。西夏与宋、辽、金交战，动辄出兵数十万人。[②] 党项族有自己的语言，在建立西夏国前还创制了独特的文字——西夏文，为后人留下了大批的文物典籍。[③] 入元以后，在河西党项族聚居地带，仍能签征大批党项族兵士，有的还征调内地。据《元史·百官志》载："三千党项士兵驻守北京，并立唐兀卫亲军都指挥使司，为宿卫诸军中的一支，一千人驻守斡端城，为镇戍军中之一部"[④]，余阙所作《送归彦温赴河西廉使序》中记合肥守军"一军皆夏人"[⑤]，说明合肥一带驻有相当数量的党项士兵。由此可见，那时党项族人数仍然相当可观。直至明朝中叶仍有党项人在河北保定附近为圆寂的僧人立幢。[⑥] 当然这时候的党项人由于长期与其他民族杂居相处，民族特点越来越不明显，人数也大大减少。由明入清，党项族作为一个民族逐渐消失。这样一个在祖国的历史舞台上有过轰轰烈烈的场面，并发展了高度民族文化的民族，在几百年内竟泯然消亡，的确是值得史学工作者、特别是从事民族历史、民族关系以及民族理论研究的工作者深入探讨的课题。作为元代党项民族中的一员——余阙，于其死后仅留一襁褓幼子，一脉相传，子孙蕃衍，继继绳绳。几百年后，在安徽又蔚然成为数千人的一大家族，这于民族的兴衰融合、家族之消长延伸，更堪称一典型事例。

（本人与史金波先生一起赴安徽等省调查，原文由史先生执笔，载《安徽大学学报（哲学社会科学版）》1983 年第 1 期）

---

① 《隋书》卷 83，《旧唐书》卷 198，《新唐书》卷 221，《旧五代史》卷 138《党项传》，《旧五代史》卷 132《李仁福传》，《新五代史》卷 74《四夷附录》。

② 《宋史》卷 485、486《夏国传上、下》，《辽史》卷 115《西夏传》，《金史》卷 135《西夏传》。

③ 史金波、白滨：《西夏文及其文献》，载《民族语文》1979 年第 3 期。

④ 《元史》卷 86《百官二》，中华书局校点本，第 2168 页；《兵志二》第 2527、2539 页。

⑤ 余阙：《青阳山先生文集·送归彦温赴河西廉使序》。

⑥ 史金波、白滨：《明代西夏文经卷和石幢初探》，载《考古学报》1977 年第 1 期。

元代党项人余氏及其后裔

以党项族为主体所建立的西夏王朝，自称“大夏”，正式立国长达189年，若自政权初创时算起，则更为久远。西夏对我国中古时期的历史发展，产生过重要影响。

蒙古兴起后，先后对西夏六次征讨，1227年将西夏灭亡，此后党项人遂为蒙元属民，被列为色目人之一。当时，大部分党项人仍居住在河西地区。由于长期与其他民族杂居相处，密切交往，加之地处边陲家族传承世系失于记载，年长日久，党项人便湮没于蒙古族、汉族或其他民族中了。值得我们注意的是，还有部分党项人在西夏灭亡后，先后入居内地。他们长期居住在汉族聚居地区，文化、习俗、语言逐渐与汉族接近。入明以后，政府又实行了不准少数民族自相婚配的民族同化政策，更加速了党项人的汉化进程。最后，作为一个民族，它终于从历史上消失了。

那么，现在究竟还有没有党项族的后裔存在呢？这是史学界，特别是研究西夏史的学者们十分关心的一个问题。

笔者近年研究党项族历史文献时，了解到一些居住在内地的党项人后裔的重要线索，1981年又根据这些线索进行了实地调查，发现目前在安徽一带仍然生活、居住着元代党项人余阙的后代。这是目前所知唯一繁衍至今并有确切文献可考的党项人后裔。

一、余阙其人

蒙元时期，一部分党项族人上层受到重用，在政治、军事方面十分活跃，对当时的政局产生了相当的影响。如前期的大将察罕，襄阳军马万户李桢，蒙古、汉军都元帅李恒，湖广行省右丞来阿八赤，东西两川蒙古、汉军万户拜延，中后期的有中书右丞奇塔特布齐克，御史中丞杨朵儿只，浙江省平章政事高纳麟，平章政事亦怜真班，淮南行省左丞余阙等。而生前影响较著，死后名声益显的，要算元朝末年的余阙了。

余阙，《元史》有传[①]，系根据主编《元史》的明朝大学士宋濂亲撰《余左丞传》[②]，并参考其他资料缩写补正而成。传记余阙生平简约，仅以封建正统观念介绍了余阙活动的梗概。

余阙（1303—1358）字廷心，又字天心，唐兀氏（即党项人）。先世居武威，其父名沙剌藏卜，因在庐州（今安徽合肥）做官，遂为庐州人。余阙幼年家境不好，十三岁时始上学，学业精勤，系统地接受了君臣父子、仁义礼智信的封建思想。他与元朝著名学者吴澄的弟子张恒交往密切。

元顺帝元统元年（1333）进京会考，为一甲二名，赐进士及第，当时他三十一岁。[③]

元自仁宗朝始设科举，目的是为了更有效地为统治阶级延揽人才。当时规定三年一次会试，蒙古、色目人开一榜，汉人、南人为一榜。[④]这就大大地刺激了封建文人的“进取”之心，一时读书之风盛行，使元末文坛上出现了荟萃的局面。元朝前期有一定政治地位的蒙古、色目人上层子弟，多以武功或祖上功劳博取高官厚禄。自政府行科举法后，其中一部分子弟以读书稽古为事，以此进入仕途。党项人历来接受汉族文化较深，元统元年录取的二十五名色目人进士中，党项族占七人。[⑤]余阙是其中成绩最好的一个。

---

① 《元史》卷143《余阙传》，第3426—4330页。

② 宋濂：《余左丞传》，《宋文宪公全集》卷40，第17—20页，《四部备要》本。

③ 《元统癸酉进士录》，载《宋元科举三录》，徐乃昌重雕元统元年刻本，第2页。

④ 《元史》卷81《选举一》，第2018—2019页。

⑤ 《元统癸酉进士录》，第2—11页。

余阙进士及第后，开始了仕宦生涯。始授同知泗州（今安徽泗县）事，后奉诏入京为翰林文字，转中书刑部主事，因得罪上官而归家。不久又奉诏入京参与修宋、辽、金三史，拜监察御史，改中书礼部员外郎，寻出为湖广行省左右司郎中。后又以集贤经历召入京师预修元朝后妃、功臣传。旋迁翰林待制，又出佥浙东道廉访使事。不久又归养合肥，直至元末农民大起义的爆发。在将近二十年的时间里，它曾三次入京为官，不仅出入翰林，参与编写史传，而且历任刑部、礼部等行政部门的负责官员。这期间他还先后在安徽、广西、浙江等处为地方官。当时阶级矛盾民族矛盾已十分尖锐，他为了维护统治阶级利益，一方面对人民的反抗施以重刑，在泗州曾对数十个所谓“暴民”给以严厉制裁，另一方面他又主张宽刑减赋，对过分残害人民的贪官污吏也十分不满。他任刑部主事时，“三月之间疏涤冤滞狱五百”，引起上司的不满。做监察御史时对朝廷向地方所派使臣扰害人民的行为敢直率上言。任湖广行省左右司郎中时，对行省右丞沙班“怙权自用，多用其私人”的恶行，“每抗辞沮之”。[①] 有人藏黄金于婆律香中贿赠给他，他发觉后即刻退还。这在政治极其腐败、贿赂公行的元朝末年是不多见的。

尽管余阙的职务不断改变，间有两次归家隐居，但他总想有所作为，其政治生活时刻与元朝的命运休戚相关。他与自己的朋友、上司往来唱和时，经常流露出为元朝统治者担忧的思想感情，希望一展自己的政治抱负。在多年复杂的政治斗争中，他逐渐成了统治阶级内阅历较深、经验丰富的一员。

元朝政府对各族人民实行残酷的阶级压迫和民族压迫，引起人民群众的不断反抗。至正十一年（1341），终于爆发了大规模的农民起义。余阙自叙述当时形势是“寇（指起义军）起淮南，自浙西、江东西、湖南北以

① 宋濂：《余左丞传》，载《宋文宪公全集》卷40，第17—18页。

及闽蜀之地，凡城不完者皆陷”①。政府军士气低落，战斗力很差，很多将领投降或望风而逃。元政府惊慌失措，一面利用地主武装组成所谓“义军”，与农民军周旋；一面挑选一些效忠王朝的武将文臣，把他们派往有战略意义的地方去防守。② 在这种形势下，余阙被重新起用，委以淮西宣慰副使，驻守控扼长江下游的军事重镇安庆。余阙到任仅十天，起义军就蜂拥而至。民族斗争、阶级斗争的洪流把余阙推到最激烈的漩涡之中。

余阙本一介文人，却抱着顽固的忠君思想，操戈战守。“竖儒缪从役，任重力乃绵”③ 是余阙对自己处境的真实写照。安庆一带起义军势力很大，“江淮以南郡县，陷没者十九八”④，他妄图保住安庆，与农民军对抗到底，一面招募士兵，修筑城墙，加强守备力量；一面在城郊屯田，储备粮食，以为长久战守之计。他不仅强迫男子上城守卫，还驱使妇女、儿童运粮饷、瓦石。⑤ 余阙极力宣扬忠孝节义的封建思想，使守军为元朝卖命。余阙到任前，安庆守将韩建对抗起义军，保住了安庆，余阙把他的住处誉为“大节堂”，并亲为之作记、题字。⑥ 在战守之暇，他还为军士讲课，提倡所谓“尊君亲上之义”，并立“精忠祠”，以鼓励士气。起义军曾派他的故旧劝其投降，他把来人处死，以示他对朝廷的忠诚。

余阙守安庆孤城达六年之久，经大小二百余战，对此他常引为自豪。然而元朝必定灭亡的历史命运是不可逆转的。起义军对安庆的包围越来越紧，这位“诗书之帅”被弄得焦头烂额。他把安庆的形势比作“如寸草以挡疾风”，“类红炉片雪”。因此，一而再，再而三地向统兵镇抚江南的丞

① 《青阳先生文集》卷3《修合肥城记》，第9页。

② 《元史》卷42《顺帝五》，第897—903页。

③ 余阙：《九日宴盛唐门》，《青阳先生文集》卷1，第15页。

④ 余阙：《安庆城隍显忠灵佑王碑》，《青阳先生文集》卷2，第3页。

⑤ 余阙：《送李宗泰序》、《赠刑部掾史锱彦通使还京序》，《青阳先生文集》卷4，第14、11页。

⑥ 余阙：《大节堂记》，《青阳先生文集》卷3，第11页。

相贺惟一上书，请求派兵策应，火速支援钱粮。[1]甚至乞求城隍显灵，挽救其败局。[2]当时参与镇压农民军的元朝将领大多十分腐败，贺惟一也不得不承认："自方面大臣衔命四方，或要求爵赏，或暴虐黎庶，或猜忌同列，或贪赎货色，使冤魂庶路，奸宄窥伺，城邑陷没，田莱荒芜。"[3]这更激起了人民的反抗。起义军声势越来越大，元政府顾此失彼，穷于应付。安庆虽有两次援军解围，还是经常处在朝不保夕的困境之中。"入其是市廛里萧然，适其野榛莽没人，不见行迹，至其馆莆莨不治，饩牵（牢）不具，委积不充。"[4]安庆几乎成了一座死城。

至正十七年（1357），起义军陈友谅、赵普胜部再次围攻安庆，水陆并进，战舰蔽江而下，使安庆"樵饷路绝"。第二年正月七日攻破安庆。余阙兵败自刎，沉于清水塘内。死时年五十六岁。其妻耶卜氏与其妾及一子一女皆投井自尽。在元末，这样"尽忠死节"的人是屈指可数的。风雨飘摇的元政府为了给其余将领打气，竭力表彰余阙，赠其为"摅诚守正清忠谅节功臣，荣禄大夫、淮南江北等处行中书省平章政事、柱国、追封豳国公，谥忠宣"。[5]

余阙是一个接受汉族文化很深的党项族上层，却仍然有着较强的民族意识和浓厚的民族感情。元代是我国各民族接触频繁、部分民族同化进展很快的一个时期。党项族人在西北河西一带仍有聚居，朝廷内也有相当的政治势力。开始他们的族别还是清楚的。入居内地的党项人大多与汉族通婚，但也有一些与本族人通婚，余阙的夫人耶卜氏就是党项人。

余阙住地合肥所屯驻的镇戍军，从元初至元末皆为党项人组成（称

---

① 余阙：《上贺丞相书》、《再上贺丞相书》，《青阳先生文集》卷5，第1—5页。

② 余阙：《安庆城隍显忠灵佑王碑》，《青阳先生文集》卷2，第3页。

③ 贺惟一：《贺丞相答书》，《青阳先生文集》明正德二年刻本《附录》。

④ 余阙：《赠刑部掾史锱彦通使还京序》，《青阳先生文集》卷4，第11页。

⑤ 《元史》卷143《余阙传》，第3427—3429页。

"唐兀军")。[①] 余阙和他们有一定的联系，他以亲切的情感记述了这些党项人的相貌特征和民族风格："予家合肥，肥之戍一军皆夏人。人面多黎墨，善骑射，有身长至八九尺者。其性大抵质直而上义，平居相与，虽异姓如亲姻。凡有所得，虽簞食豆羹，不以自私，必招其朋友。朋友之间，有无相共，有余，即以与人；无，即以取诸人，亦不少以属意。百斛之粟，数千缗之钱，可一语而致具也。岁时往来，以相劳问、少长相坐，以齿不以爵，献寿拜舞，上下之情怡然。相灌醉，即相与道乡邻亲戚，各相持涕泣以为常。予初以为此异乡相亲乃尔，及以问夏人，凡国中之俗莫不皆然。"[②] 通过余阙细致、精彩的描述，党项人的风俗习惯生动地展现在我们面前，他本人明显的民族情感也跃然纸上。接着他又记叙了几十年后党项人民族习惯的急剧变化："其习日以异，其俗日不同。少贵长贱，则少傲其长；兄强弟弱，则兄弃其弟。临小利害，不翅毫发，则亲戚相贼害如仇雠。予犹江淮之土薄，而人之生长于此者，亦因以变。及以问夏人，凡国中之俗，今亦莫不皆然。"[③] 这说明自元朝统一中国后，无论是聚居在西北地区的，还是入居内地的党项人，随着与其他民族交往的加强，其社会生活已发生了根本的变化。余阙希望派"名臣"到西夏故地"兴学施教以泽吾夏人，吾夏人闻朝廷以儒臣为尊官以莅已，必能勤于学以服君之化，风俗必当丕变，以复于古。"[④] 他对本族人风俗、命运的关心溢于言表，然而这种妄图使社会倒退的复古思想是不能实现的。

二、余阙后裔考查

余阙死后，留一襁褓幼子。宋濂在《余左丞传》后有附记二则，其一

---

① 《元史》卷123《也蒲甘卜传》，第3027—3028页；卷132《昂去儿传》，第3213—3215页。

② 余阙：《送归彦温赴河西廉访使序》，《青阳先生文集》卷4，第1页。

③ 同上，页2。

④ 同上，页2。

曰："濂既作余廷心传，又见其门人汪河言，当廷心死时，其妾满堂生一子，甫晬，弃水滨。有伪万户杜某呼曰：必余参政子，是种也，良不可杀。竟捐所钞诸物怀子以去，今三岁矣。人或戏子曰：汝父何在？子横指拂喉曰：如此矣。"① 宋濂和余阙是同时代人，小余阙七岁，主编《元史》并亲为余阙作传，对余阙事迹、家庭自然了解很多。所记余阙留一子事，又是余阙门人亲自对他讲，当为可信。此子名余渊，明洪武丙子年（1396）中举人。② 当时社会重视科举，对举人的家世都要考核清楚，其为余阙之子，应明白无误。后明朝政府令余阙孙余宗密为奉祀生，使世袭不绝，足证余阙确有子孙传后。但余阙死后数年间，安徽、江西一带陈友谅部还十分活跃，余阙所留一子实际处于被保护、隐匿的状态，当时可能不被更多人所知，以至有人误认为"余忠宣公死后无子"。③

有元一代，党项人入居内地者不少。由文献记载可知在安徽、山东、河北、河南、浙江、江苏、江西、四川、广东等地都有党项人居住。其中对后世记载较详者当推生于安徽，后曾于安徽做官，最后死于安徽的党项人余阙。《续修庐州府志》世族表中列有余阙后代世系，并附记：忠宣（余阙）殉难时，次子渊甫周岁。母投水死节，弃之水滨，万户某知为余参政子，舍所掠物怀之去，遂得免。后中明洪武丙子举人，知完平县，子孙世居合肥城南门。有宗密者为奉祀生，又有居撮城镇东南者，子孙七世入庠序。"④ 现将世族表简列如下：

---

① 宋濂：《余左丞传》，《宋文宪公全集》卷40，第19页。

② 清光绪十一年《续修庐州府志》卷30《选举表一》，第30页《举人》项下载："（明）洪武二十九年丙子，合肥俞渊：教谕"。"俞"为"余"之误。并见下《世系表》。

③ 《青阳先生文集》卷末附彭韶跋。

④ 《续修庐州府志》卷58《世族表》，第29—30页。

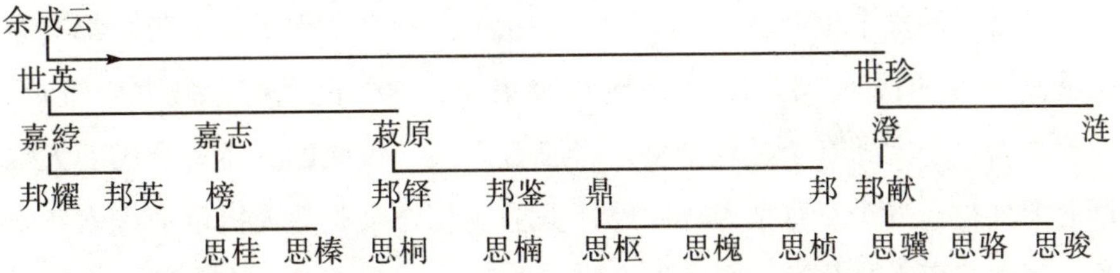

此《庐州府志》为清光绪年间续修，然世族表中所列余氏后人均未注明为哪一代人。表列最后一代有余思枢者，官山东布政使。查《山东通志》，知余思枢清光绪四年（1878）在山东任职，下记为“安徽合肥附贡”。[①] 由此可知，表中所列最后一代在光绪初年还居住在合肥，距今仅百年左右。那么现在当地是否还有其后代居住呢？我们怀着很大的兴趣于1981年到安徽调查。

在合肥经过调查，果真找到了余阙的后代。首先访问了居住在合肥城内的余阙后人余章元、余国铨两位老人。据余章元（退休中学教员）讲，余氏后人自第二十一世以后规定了字派为：“文章华国，忠厚传家，积善崇德，天必祐之。”他是“章”字辈，为第二十二世，其曾祖余榜是余思枢之叔父，曾中举人，[②] 当过李鸿章的老师。他所述家族世系正与《庐州府志》所载世系表相接。余国铨为第二十四代。他们还介绍了一些有关余阙的传说以及本家族的历史情况。接着我们又根据他们提供的线索，先后调查了合肥附近余阙后人的几个聚居点——南门外邬余大郢、小南门外二里桥、大圩公社黄冈大队余墩子、肥东县长乐公社临河大队余大郢。这期间还专程考察了余阙读书处——位于巢湖北岸的青阳山。在那里，至今还可以看到后人为余阙建立祠庙的遗迹。

据我们初步调查统计，邬余大郢分三个生产队：余北队、余中队、余

① 《山东通志》卷51《职官志》第4。

② 《续修庐州府志》卷30《选举表一》，第51页，“举人”项下载清道光十四年甲午（1834）有合肥人余榜。

南队，共有余姓八十多户，男女四百余人。二里桥有余姓三十多户一百余人。余墩子的六个生产队（第九、十、十一、十二、十三、十四）都有余氏后裔，其中十一、十二、十三队比较集中，六个队共有余姓九十五户，近五百人。余大郢有余姓六十多户，三百余人。仅此四处就有余氏后人二百七十余户，一千三百余人。此外，据上述几处余氏后人提供的线索还知道，肥东县西上驿公社上余、下余有三四百户，山王公社有一百余户。巢县东山、撮东公社、大南门常青公社也都有余氏后代居住。与河南交界的埠南县余集也有上千户余姓。

我们所调查的余姓老人都知道他们是“忠宣公”之后。新中国建立前，他们都曾见过春节时家里的灯笼上有“武威郡”、“忠宣公”或“陇西郡”、“忠宣公”的字样。在郐余大郢我们还发现一副对联，上联是“忠宣延泽世”，下联是“威武振家声”。据说这是余氏家族祖传的对联。然而，在余氏后人当中，除了个别人外，一般只知道其祖先是“忠宣公”，对余阙这个名字倒很陌生，对余阙父亲的名字沙剌藏卜就更无人知晓了。合肥一带的余姓现今属汉族，其语言、意识、风俗，包括婚姻、葬俗等方面与汉族无异，他们与当地其他汉族人民亲密无间地生活在一起，只有有文化的老年人知道自己是少数民族的后裔。

我们在合肥小南门外二里桥余氏后人余华珍、余华龙兄弟处访得一部他们珍藏的《余氏宗谱》，该谱系民国十九年（1930）重修。据余氏兄弟介绍，余华龙十几岁时曾随父亲代表二里桥余氏前往余墩子重修家谱。那时余家祠堂设在余墩子，后因临近解放而未修成。

结束了合肥一带的调查后，我们又前往安庆地区调查。

据文献记载，安庆集中了一批与余阙有关的文物古迹，如余阙墓、忠宣公祠、正气楼、尽忠池（余阙自杀落水的清水塘）、风节井（余阙妻妾子女投水之井）等，还有一些有关碑刻。在市博物馆等有关部门的大力协助下，我们逐项访查核实，发现上述各种古迹已不复存在，有的仅遗留一些残垣碎石，有的遗址上已有其他建筑。根据康熙六十年编订的《安庆府志》所载，有佘阙后人安庆桐城县洪涛山居住的线索，我们又前往距安庆一百余公里的洪涛山下进行调查。经过一番周折，终于找到了居住在大关和莲花塘的余氏后代。这一带的余姓非只余阙后代一宗，但凡为余阙后裔的有一特点，就是他们又称为“余王氏”，即可以“余”为姓，又可以“王”为姓。我们向余阙后人余佳泩、余有恒等老人询问了以“余王氏”为姓的来历，大致有两种说法。一种是：余阙死后，留一子被家人王某救出，遂以王为姓。另一种是：余阙死后，遗子被人救起，藏于太湖（今安徽省太湖县），后娶王氏为妻，子孙遂改为王姓。后一种说法与文献记载相近。据余姓老人讲，桐城一带的余氏后人自第十八世始也规定了派行用字，为“大成佳乘，必有余庆，枝茂本深，克昌际运”。上面提到的余佳泩为二十世，余有恒为二十三世。洪涛山下大关附近的余氏后代为第十五世余莲舫之后，大致分为四支，分别居住在今桐城县大关公社、龙头公社、卅铺公社、王集公社，共有余姓数百户，约千余人，现均属汉族，其语言、风俗与当地汉族相同。他们与其他汉族人民杂居相处，互为婚姻。

我们在卅铺公社莲花塘余君龙、余庆生处又访得一部余氏家谱，名为《洪涛山余氏宗谱》。这部家谱的发现不仅为研究余阙后裔增添了新的资料，还能使两部家谱互相印证，增强了资料的可靠性。

这次安徽调查，不仅了解到历史上消亡了的党项族确有后裔延续到现在，并且找到了表明世系关系的文献资料——两部珍贵的家谱。这两部家谱对研究党项族同化于汉族的过程有重要的学术价值。

三、两部余氏宗谱

合肥《余氏宗谱》（以下简称《合谱》）系民国十九年重修，二十年（1931）刊印。是谱以上好宣纸印成。原为二十七卷，每卷一册，包括卷首上、下两卷，谱系二十五卷。余华龙所藏仅残存卷首上、卷一至卷六、卷二十至二十五，共十三册。卷首下、卷七至十九均佚。卷首上包括序言、律例、家规、五服图、茔地图、字派、领谱字号等。序言中有此次重修宗谱的发起人、余氏二十一世孙余文蔚、余文楼写的两篇序，还重印了清康熙甲戌年（1694）武英殿大学士、太傅兼吏部尚书李天馥的序言。由序言可知，明崇祯年间以前已有宗谱，清康熙、光绪年间都曾重修。然而《合谱》始修何时，共续修过几次，因文献残缺仍不得而知。全书为木版刻印，卷首标明“同乡翠柏氏杨筱亭刊”，每页版口上印有“武威郡”三字，以示余氏祖先之原籍。为解决支派紊乱，名讳相重的问题而规定的字派也载于卷首，自二十一世至三十六世的十六字字派，正与我们调查相符。

从《合谱》目录可知卷一载有一世沙剌藏卜至五世世系，卷一至卷十九记录了五世余嗣至二十五世世系，卷二十至二十五记录了五世余玠、余瑜、余敬至二十五世世系。这部宗谱虽残缺过半，但保留了从元代至现代六百多年合肥余氏主要支系的传承关系。其谱系纵观每页五世一提，九世再提，依次为十三至十七世，十七世至二十一世，有条不紊，次第分明；横看大宗在前，小支在后，凡男性介入谱图，女性附于父名之下，每人名下有详略不等的生平、配氏、子女、葬处、迁徙等，条理清晰，一目了然。

桐城《洪涛山余氏宗谱》（以下简称《洪谱》）为民国五年（1916）重修。此谱亦为木刻，原为十八卷，现存卷首、卷一至卷十、卷十二至卷十七共十七卷，仅佚第十一卷。它虽比《合谱》印刷较差，但残损较少，保存比较完整。卷首有家规、谱说、祠堂图等，家规前冠以“河西郡”三字，也标示出余氏之祖籍。最为可贵的是它在卷首至卷四收录了从明代至民国初年洪涛山余氏后裔六次修谱的全部叙录。第一次修谱是余阙第九世孙余枕（号月泉）倡议主持。六次修谱的具体时间是：明嘉靖丙寅四十五年（1560）；清康熙甲申四十三年（1704）；清乾隆丙辰元年（1736）；清嘉庆乙丑十年（1805）；清同治甲戌十三年（1874）；民国丙辰五年（1916）。

在叙录中有明嘉靖年间解元张世熙的序和南京刑部尚书钱如京为余彭氏写的传。清代为历次修谱作序的人更多，其中有康熙年间的文华殿大学士、礼部尚书张英，嘉庆年间的翰林院检讨孙世昌，四库全书纂修官、前翰林院庶吉士姚鼐，翰林院编修何循，同治年间的资政大夫姚翔之，翰林院庶吉士孙慧基，民国五年的国史馆编纂姚永朴。明张世熙序内记“（余阙）遗孤名渊，逃匿太湖县，地名司空后埠，硕果之系，在兹一人。”① 指出余渊年幼时匿居的具体地点。清康熙时张英序则说明了洪涛山余氏又称王姓的原因：“盖所以易余而王者，以受五（余渊之子）公德配王氏，而贞四（受五之子）公又赘于洪涛山王氏，以至其子若孙遂以外家之姓以为氏耳。”②

《洪谱》也刻印了派行用字，自第十八世至三十三世计十六字，与调查所得相同。此外，又续订了自三十四世后的派行用字为“经为世训，文乃国光、蛟腾凤起，松秀兰香”。

《洪谱》的谱系在编纂体例上与《合谱》不同。它的第一部分（卷五、卷六）是世纪图，按五世一图，十世再图的系统，分支别派地记录各代的男性传承关系；第二部分（卷七至卷十八）为渊源图系，按顺序记叙世纪图中每人的生卒年月，重要事迹、妻子、坟茔、迁徙等。实际上形成了世系人名和生平两个系统。

将两部宗谱对照比较以后，发现它们各有特点。《合谱》记录余阙子余渊有二子，长子宗密有一子名嗣，次子宗词有三子名玠、瑜、璥，都居合肥。《洪谱》只记余渊一子宗槛（即宗密），未记次子宗词一支。宗槛不是只有一子，而是有四子。长子嗣迁往合肥，这与《合谱》相符。二、三、四子居安庆枞川、潜山、桐城一带，这又补充了《合谱》之不足。

合肥修谱的余氏后人对居住在合肥的余氏祖先了解最多，所以对合肥

① 《洪涛山余氏宗谱》卷4。同时，端时仪的序中也记载“（余阙）仅遗孤子为渊，晦迹太湖，存奉祭祀”。卷4，第4—5页。

② 《洪涛山余氏宗谱》卷4。

的宗榕长子嗣和宗词一支记载备详，而对远居安庆的宗榕二、三、四子则失于记载。同样，《洪谱》对居住在安庆附近的余氏祖先即宗榕的二、三、四子后裔详加记载，对迁往合肥的人，只记了宗榕长子余嗣一个人名，对其后世一无记述。至于居住在合肥的宗榕之弟宗词，关系更远一层，连名字也未记录。此外，《合谱》还记载了余阙之兄余闡，这与《元统元年进士录》所载相合。闡无子，祧余阙长子德臣为子。德臣即在安庆城破时战败投井死的长子，《洪谱》记为余惠，可能是德臣的字。两谱之差异恰能相互补充，配成完璧，使余阙在合肥和安庆两地后裔的主要支系臻于完善。另一方面，通过现存两部宗谱各自的特点以及它们历次修谱的叙录可以看出，从始修到历次重修，两地未通声气，后世的派行用字也不相统一，然而两谱所记先祖世系却能契合连结，浑然一体，更证明了两部宗谱所提供资料的可靠性。

西夏灭亡后，党项族成为蒙元属民，不再具有主体民族的特殊地位。他们由于处在不同地区，不同的政治、经济、文化环境而分别同化于汉、蒙等民族之中。一般地说，入居内地与汉族杂居的党项人，在经济、文化上逐渐与汉族消除差异，并通过世代与汉族互通婚姻，在血统上凝为一体，在心理状态上渐渐与汉族接近、统一，最后终于成为汉族中的一个组成部分。经过调查在安徽发现的余阙后裔，正是这种自然同化的结果。正如毛泽东同志所说："各个少数民族对中国的历史都做过贡献。汉族人口多，也是长时期内许多民族混血形成的。"党项人余阙的后裔同化于汉族这一典型事例，不仅对研究党项民族史、汉民族形成史有比较重要的研究价值，而且对于民族学、社会学、民族理论等方面的研究都具有一定意义。

（本人与史金波先生一起赴安徽等省调查，原文由史先生执笔，载《宁夏大学学报》1985 年第 2 期）

党项人余阙及其后裔的调查考证

党项是我国古代少数民族之一，很早以前就居住在今四川西部、青海东部、甘肃南部一带，过着比较原始的游牧生活。唐朝赐其首领“李”姓。后因吐蕃强大，部分党项人被迫由原住地向甘肃、宁夏、陕西北部迁徙。五代、宋初，势力不断发展壮大。公元1038年，其首领李元昊称帝，正式建立了以党项族为主体的大夏王朝，史称“西夏”。西夏立国近二百年，对我国中古时期的历史发展产生过重要影响。

公元1227年，蒙古灭西夏，党项人遂成为蒙元属民，系色目人之一种，是当时受到重视的少数民族之一。那时大部分党项人仍居住在宁夏和甘肃等河西地区。后因长期与其他民族杂居相处，密切交往，年长日久，党项人便湮没于蒙古族、汉族或其他民族之中了。值得我们注意的是，还有部分党项人在西夏灭亡后，先后入居内地。他们居住在汉族聚居地区，文化、习俗、语言逐渐与汉族接近。入明以后，政府又实行了不准少数民族自相婚配的民族同化政策，更加速了党项人的汉化进程。最后，作为一个民族，它终于从历史上消失了。

那么，现在究竟还有没有党项族的后裔存在呢？这是史学界、特别是研究西夏史的学者十分关心的一个问题。

笔者近年在搜集、整理和研究党项族历史文献时，了解到一些居住在内地的党项人后裔的重要线索，1981年又根据这些线索进行了实地调查，发现目前在安徽一带仍然居住着元代党项人余阙的后代。这是目前所知唯一繁衍至今并有确切文献可考的党项人后裔。

一、余阙一生

余阙，《元史》有传[①]，系根据主编《元史》的明朝大学士宋濂所撰《余左丞传》[②]，并参考其他资料缩写补正而成。《元史·余阙传》及《余左丞传》记叙余阙生平较简，仅以封建正统观念介绍了余阙一生活动的梗概。今天，我们需要参照其他文献资料，把余阙置于元末特定的社会环境中去考察，才能比较接近于实际地认识这个党项族上层人物。

余阙字廷心，又字天心，唐兀氏（即党项人）。先世居武威，其父名沙喇臧卜，因在庐州（今安徽合肥）做官，遂为庐州人。余阙十三岁上学，元顺帝元统元年（1333）进京会考为一甲二名，赐进士及第，时年三十一岁。[③]

他在会考所作的廷对策中认为“君天下者，凡以仁而已”，并进一步发挥说：“我国家得天下之本，仁也，所当先务者，仁也”，充分反映了孔孟提倡的“仁”的思想体系对他巨大的影响。文中对元太祖、世祖以及当时的顺帝过誉之词甚多，还表达了对元朝竭诚效力的强烈愿望。[④]

余阙始授同知泗州（今安徽泗县）事，后奉诏入京为翰林文学，转中书刑部主事，因得罪上官而归家。不久又奉诏入京参与修宋、辽、金三史，拜监察御史，改中书礼部员外郎，寻出为湖广行省左右司郎中。后又以集贤经历召入京师预修元朝后妃、功臣传，旋迁翰林待制，又出佥浙东道廉访司事。不久又归养合肥，直至元末农民大起义的爆发。在将近二十年的时间里，他三次入京为官，不仅出入翰林，参与编写史传，而且历任

---

① 《元史》卷143《余阙传》，第3426—3430页。

② 宋濂：《余左丞传》，载《宋文宪公全集》卷40，第17—20页，《四库备要》本。

③ 《元统癸酉进士录》，载《宋元科举三录》，徐万昌重雕元统元年刻本，第2页。

④ 余阙：《元统癸酉廷对策》，《青阳先生文集》卷9，第2—7页，影印明正统十年刻本（以下凡不注明者皆此种本）。

刑部、礼部等部门的官员。这期间他还先后在安徽、广西、浙江等地为地方官。当时阶级矛盾、民族矛盾已十分尖锐，他为了维护统治阶级的利益，一方面对人民的反抗绝不宽容，在泗州曾对数十个所谓“暴民”给以严厉制裁，另一方面他又主张宽刑减赋，对过分残害人民的贪官污吏十分不满。

尽管余阙在仕途上时有升沉，但他在政治态度上始终是积极入世的。他与自己的朋友、上司往来唱和时，经常流露出为元朝统治者担忧的思想感情。抒发自己的政治抱负。在多年复杂的政治斗争中，他逐渐成了统治阶级内阅历较深、经验丰富的一员。

元至正十一年（1341）爆发了大规模的农民起义。正赋闲在家的余阙遂被重新起用，委以淮西宣慰副使，驻守控扼长江下游的军事重镇安庆。余阙到任仅十天，起义军就蜂拥而至，民族斗争、阶级斗争的洪流把余阙推到最激烈的漩涡之中。

余阙守安庆孤城达六年之久，经大小二百余战，对此他常引以为豪。至正十八年正月七日起义军攻破安庆。余阙兵败自刭，沉于清水塘内，时年五十六岁。其妻耶卜氏与其妾及一子一女投井自尽。在元末，这样“尽忠死节”的人是屈指可数的。风雨飘摇的元政府为了给其余将领打气，竭力表彰余阙，赠其为“摅诚守正清忠谅节功臣、荣禄大夫、淮南江北等处行中书省平政事、柱国，追封豳国公，谥忠宣”。①

作为一个党项人，余阙在经学上的学问功力是很引人注目的。他“留意经书，《五经》皆有传注”②。宋濂还称赞其专注“多新意”③。余阙受吴澄弟子张恒影响较深，张善谈名理，余对此也颇有兴趣。安庆被围时仍抽暇注《周易》。他曾著《易说》五十卷。④ 上述诸书均已佚失。

---

① 《元史》卷143《余阙传》，第3427—3429页。

② 《元史》卷143《余阙传》，第3429页。

③ 宋濂：《余左丞传》，《宋文宪公全集》卷40，第19页。

④ 《元史》卷143《余阙传》，第3429页。

余阙的文章造诣较深，“为文有气魄，能达其所欲言”[①]。他曾被选参与修宋、辽、金三史，是三史二十三位分撰人之一。[②] 与余阙同登进士的李祁为余阙文集作序说：“其文温厚，有典则出人经传，疏义援引百家，旨趣精深而议论闳达，固可使家传而颂之。”[③]

余阙的诗歌也有其特点，宋濂认为他“诗尚古雅”，《元史》本传中对此评价更高：“诗体尚江左，高视鲍、谢，徐庾以下不论也。”[④] 元代著名文人虞集对他的诗歌也很推崇。《元诗选》认为元代诗歌泰不华第一，余阙第二[⑤]。他以五言诗见长，有些写景诗清新细腻，淡雅可爱。

余阙还是一个书法家，其字体“风采峭整”、“淳古”，[⑥] “隶篆皆精致可传”。[⑦]

著名史学家陈垣在其《元西域人华化考》一书中，于文学、美术、礼俗等篇中多次论述余阙的文章、诗歌、绘画和书法的成就，把他作为元代西域人接受汉文化的一个典型人物。[⑧]

余阙死后，其著作大多散佚。明洪武初，他的门人郭奎搜集了部分遗稿，汇编成集，名为《青阳先生文集》。明初张彦刚也曾整理、刊行《青阳文集》，后经沅陵县丞高诚又订正补充，再行刻印。从明、清以至民国，至少刊印了十几种不同版本的《青阳文集》，现在能看到的有四卷、五卷、六卷、九卷本等。从这些著作中，可以看出入居内地的党项族上层人士的文学造诣和他们接受汉文化所达到的水平。

---

① 《元史》卷143《余阙传》，第3429页。
② 欧阳修：《进宋史表》，《圭斋文集》卷13，第5—8页，《四部丛刊》本。
③ 李祁：《青阳先生文集序》，《青阳先生文集》卷1，第3—4页。
④ 《元史》卷143《余阙传》，第3429页。
⑤ 《元诗选》庚集《顾北集》，康熙三十二年秀野草堂版，第1页。
⑥ 陈垣：《元西域人华化考》卷5。
⑦ 宋濂：《余左丞传》，《宋文宪公全集》卷40，第19页。
⑧ 陈垣：《元西域人华化考》卷416。

二、余阙的民族感情

元代是我国各民族接触频繁、部分民族同化进展很快的一个时期。入居内地的党项人大多与汉族通婚，但也有一些与本族人通婚。余阙是一个接受汉族文化很深的党项族上层人物，但仍然有着较强的民族意识和浓厚的民族感情。他的夫人耶卜氏就是党项人。①

从元初至元末，合肥所屯驻的镇戍军皆有党项人组成，称“唐兀军”。② 余阙和他们有一定的联系。他以亲切的情感记述了这些党项人的相貌特征、民族风尚：“予家合肥，肥之戍一军皆夏人。人面多黎墨，善骑射，有身长至八九尺者。其性大抵质直而上义，平居相与，虽异姓如亲姻。凡有所得，虽箪食豆羹，不以自私，必招其朋友。朋友之间有无相共，有余即以与人，无即以取诸人，亦不少以属意。百斛之粟、数千缗之钱，可一语而致具也。岁时往来，以相劳问。少长相坐，以齿不以爵，献寿拜舞，上下之情怡然。相欢醉，即相与道其乡邻亲戚，各相持涕泣以为常。予初以为此异乡相亲乃尔，及以问夏人，凡国中之俗莫不皆然。”记叙中他的民族感情跃然纸上。接着他又记叙了几十年后党项人民族习俗的急剧变化：“其习日以异，其俗日不同。少贵长贱，则少傲其长，兄强弟弱，则兄弃其弟。临小利害，不翅毫发，则亲戚相贼害如仇雠。予犹江淮之土薄，而人之生长于此者，亦因以变。及以问夏人，凡国中之俗，今亦莫不皆然。”③ 因而，余阙希望派“名臣”到西夏故地“兴学施教以泽吾夏人，吾夏人闻朝廷以儒臣为尊官以莅已，必能勤于学以服君之化，风俗

---

① 《元史》卷143《余阙传》载“阙妻耶卜氏”，《元统元年进士录》记余阙“娶耶氏”，当为耶卜氏之略称。然后世有人以耶氏为妾，以所谓蒋夫人为正妻，似不足信。

② 《元史》卷123《也蒲甘卜传》，第3027—3028页；卷132《昂去儿传》，第3213—3215页。

③ 余阙：《送归彦温赴西廉使序》，《青阳先生文集》卷4，第1页。

必当丕变，以复于古。”① 这一点很值得引起注意，作为一个党项上层人士，相信儒学可以美教化，移风俗，并要以此“泽吾夏人”，这很能反映出元中期以后这一阶层人士对汉文化的态度。当然这里也反映了余阙的民族感情。

余阙对同族人活动的关切，还表现在他与朝中同族大臣的特殊感情。前所引序中提及“今皇帝用嵬名公为御史大夫，公乃历选朝著，尽拔诸名臣为廉访使。”② 按“嵬名”系西夏皇族姓，文中所记“嵬名公”当为西夏皇族后裔。此人应为在朝任御史大夫的党项人亦怜真班。③ 亦怜真班是他蒙古化了的名字，“嵬名”则是他党项族的本姓。余阙不用当时通用的蒙古化的名字亦怜真班，而是多次用本民族原来的姓氏“嵬名”称呼，这也可以看成是一种民族意识的流露。

党项上层在元政府中有相当的政治势力，互相之间有特殊的关切。余阙被围安庆，两次为安庆解围的都是党项将领。第一次是由江西省平章政事、同族人星吉解除了安庆之围。④ 安庆第二次被围时，附近浙江省的平章政事是党项人卜颜铁木儿。余阙遣使求援，诸将皆欲自守其地，唯卜颜铁木儿极力主张赴援，并“大发帑藏以周之，溃军皆大集，而两军之势复振，安庆之围遂解。”⑤ 余阙在写给丞相贺惟一的信中明确提出，前丞相赏罚不明，认为卜颜铁木儿功高赏薄，极力为同族人邀功。⑥

余阙自幼生长内地，从未到过西夏故地，但眷恋故国、故族的感情时有流露。余阙为坚守安庆的韩建所写《大节堂记》中记录了与韩建同时守城的部下四十余人，第一名是“达鲁花赤西夏阿尔长普”。⑦ 值得注意的是

① 同上，第2页。
② 同上，第2页。
③《元史》卷144《亦怜真班传》，第3445—3447页。
④《元史》卷144《星吉传》，第3438—3440页。
⑤《元史》卷144《卜颜铁木儿传》，第3436—3437页。
⑥ 余阙：《上贺丞相书》，《青阳先生文集》卷5，第2页。
⑦ 余阙：《大节堂记》，《青阳先生文集》卷3，第11页。

所有开列的人名中唯有阿尔长普注明了族称。余阙还在安庆时所作《题黄氏贞节集》一文末署名为“淮南省参政西夏余阙识”。[①] 可见他不忘本族、故籍的民族感情。

由余阙上述种种表现可见，一方面，他念念不忘本族，有较强的民族意识；一方面，包括他本人在内，本民族的特点又不断减弱，而且他自己还具有很高的汉文化修养，他以此仕进，又笃信汉文化的代表儒学可以“泽吾夏人”。这矛盾着的两个方面也许具有一定的代表性，它反映了当一个民族同化于另一个文化较为发达的民族时的普遍心理。

三、余阙后裔考查

余阙死后，留一襁褓幼子。宋濂在《余左丞传》后有附记二则，其一曰：“濂既作余廷心传，又见其门人汪河言，当廷心死时，其妾满堂生一子，甫晬，弃水滨。有伪万户杜某呼曰：必余参政子，是种也，良不可杀。竟捐所钞诸物怀子以去，今三岁矣。人或戏子曰：汝父何在？子横指拂喉曰：如此矣。”[②] 宋濂和余阙是同时代人，比余阙小七岁，主编《元史》，并亲为余阙作传，对余阙事迹、家庭自然了解较多。所记余阙留有一子事，又是余阙门人亲自对他所讲，当为可信。此子名余渊，后中明洪武丙子（1396）举人。[③] 当时社会重视科举，对举人的家世都要考核清楚，其为余阙之子，应当明白无误。后明朝政府令余阙孙余宗樒为奉祀生，[④] 使世袭不绝，也可证余阙确有子孙传后。由于余阙死后数年间，安徽、江西一带陈友谅部还十分活跃，余阙所留一子实际处于被隐匿的状态，当时

---

① 余阙：《题黄氏贞节集》，《青阳先生文集》卷9，第12页。

② 宋濂：《余左丞传》，《宋文宪公文集》卷40，第19页。

③ 清光绪十一年《续修庐州府志》卷30《选举表一》，第30页，“举人”项下载“（明）洪武二十九年丙子合肥俞渊：教谕”。按“俞”为“余”之误。并见下《世系表》。

④ 《续修庐州府志》卷58《世族表》，第29—30页。

可能不被更多人所知，以至有人误认为“余忠宣公死后无子”。[1]

有元一代，党项人入居内地者不少。由文献记载可知，安徽、山东、河北、河南、浙江、江苏、四川、广东等地都有党项人居住。其中对后世记载较详者还是余阙一支。《续修庐州府志》世系表中列有余阙后代世系，现将该表简列于下：

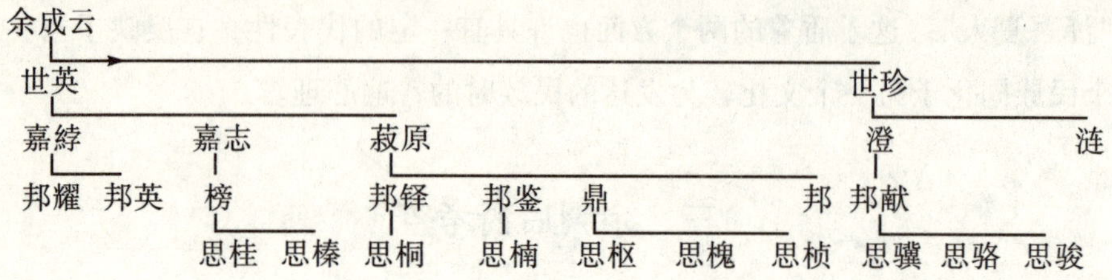

此《庐州府志》为清光绪年间续修，然世族表中所列余氏后人均未注明为哪一代人。表列最后一代有余思枢者，官山东布政使。查《山东通志》，知余思枢在清光绪四年（1878）在山东任职，下记为“安徽合肥附贡”。[2] 由此可知表中所列最后一代在光绪初年还居住在合肥，距今仅百年左右。我们沿此线索于1981年到安徽调查。

经过调查，在合肥果真找到了余阙的后代。我们首先访问了居住在合肥城内的余阙后人余章元、余国铨两位老人。据余章元（退休中学教员）讲，余氏后人自第二十一世以后规定了各代起名字所用十六字为：“文章华国，忠厚传家，积善崇德，天必祐之”。他是“章”字辈，为第二十二世，其曾祖余邦[3]是余思枢之叔父，曾中举人，当过李鸿章的老师。他所述家族世系正与《庐州府志》所载世系表相接。余国铨为第二十四代。他们还介绍了一些有关余阙的传说以及本家族的历史情况。接着我们又根据

---

① 《青阳先生文集》卷末附彭韶跋。

② 《山东通志》卷51《职官志》第4。

③ 《续修庐州府志》卷30《选举表一》，第51页，“举人”项下载清道光十四年甲午（1834）有合肥余榜。

他们提供的线索，先后调查了合肥附近余阙后人的四个聚居点——南门外郐余大郢、小南门外二里桥、大圩公社黄冈大队余墩子、肥东县长乐公社临河大队余大郢。此外还考察了余阙读书处——位于巢湖北岸的青阳山。在那里，至今还可以看到后人为余阙建立的祠庙的遗迹。

据我们初步调查统计，以上四个聚居点有余氏后人二百七十余户，一千三百余人。此外，据上述几处余氏后人提供的线索还知道，肥东县西上驿公社上余、下余有三四百户，山王公社有一百余户。巢县东山、撮东公社，大南门常青公社也都有余氏后代居住。与河南交界的埠南县余集也有上千户余姓。

我们所调查的余姓老人都知道他们是“忠宣公”之后。建国前，他们都曾见过春节时家里的灯笼上有“武威郡”、“忠宣公”或“陇西郡”、“忠宣公”的字样。在郐余大郢我们还发现一副对联，上联是“忠宣延泽世”，下联是“威武振家声”。据说这是余氏家族祖传的对联。然而，在余氏后人当中，除了个别人外，一般只知道其祖先是“忠宣公”，对余阙这个名字倒很陌生，对余阙父亲的名字沙喇藏卜就更无人知晓了。合肥一带的余姓现今属汉族，其语言、意识、风俗，包括婚姻、葬俗等与汉族无异。他们与当地其他汉族人民亲密无间地生活在一起，只有有文化的老年人才知道自己是少数民族的后裔。

我们在合肥小南门外二里桥余氏后人余华珍、余华龙兄弟处访得一部他们珍藏的《余氏宗谱》，该谱系民国十九年（1930）重修。据余氏兄弟介绍，那时余家祠堂设在余墩子，余华龙十几岁时曾随父亲代表二里桥余氏前往余墩子重修家谱，后因临近解放而未修成。

结束了合肥一带的调查后，我们又前往安庆地区调查。

据文献记载，安庆集中了一批与余阙有关的文化古迹，如余阙墓、忠宣公祠、正气楼、尽忠池（余阙自杀落水的清水塘）、风节井（余阙妻妾子女投水之井）等，还有一些有关碑刻。[1] 在市博物馆等有关部门的大力协助下，我们逐项访查核实，发现上述各种古迹已不复存在，有的仅遗留一些残垣碎石，有的遗址上已有其他建筑。根据康熙六十年编订的《安庆府志》所载有关余阙后人安庆桐城县洪涛山居住的线索，我们又前往距安庆一百余公里的洪涛山下进行调查，找到了居住在大关和莲花塘的余阙后代。这一带的余姓不只余阙后代一宗，但凡为余阙后裔的有一特点，就是他们又称为“余王氏”，即可以“余”为姓，又可以“王”为姓。我们向余阙后人余佳泩、余有恒等老人询问了此姓的来历，大致有两种说法。一种是：余阙死后，留一子被家人王某救出，遂以王为姓。另一种是：余阙死后，遗子被人救起，藏于太湖（今安徽省太湖县），后娶王氏为妻，子孙遂改为王姓。后一种说法与文献记载相近。[2] 据余姓老人讲，桐城一带的余氏后人自第十八世始，就规定了十六字派行用字，为“大成佳乘，必有余庆，枝茂本深，克昌际运”。上面提到的余佳泩为二十世，余有恒为二十三世。洪涛山下大关附近的余氏后代为第十五世余莲舫之后，分为四支，分别居住在今桐城县大关公社、龙头公社、卅铺公社、王集公社，共有余姓数百户，约千余人，现均属汉族，其语言、风俗与当地汉族相同。他们与其他汉族人民杂居相处，互为婚姻。

我们在卅铺公社莲花塘余君龙处又访得一部余氏家谱，名为《洪涛山余氏宗谱》。这部家谱的发现不仅为研究余阙后裔增添了新的资料，还能使两部家谱互相印证，增强了资料的可靠性。

---

① 清康熙六十年《安庆府志》卷4《古迹、陵墓、寺观》，卷7《书院》，卷9《祠祀》；明嘉靖三十一年《安庆府志》卷16《艺文志》。

② 当地一族有两姓之称者，非只余姓，《洪涛山余氏宗谱》卷2孙慧其序中记：“吾桐如黄华之许、方，连城之梅、张，皆祖外家姓与本姓并传。”

四、两部余氏家谱

合肥《余氏宗谱》（以下简称《合谱》）系民国十九年重修，二十年（1931）刊印。是谱以上好宣纸印成。原为二十七卷，每卷一册，包括卷首上、下两卷，谱系二十五卷。余华龙所藏仅残存卷首上、卷一至卷六、卷二十至二十五共十三册。卷首下、卷七至十九均佚。卷首上包括序言、律例、家规、五服图、茔地图、字派、领谱字号等。序言中有此次重修宗谱的发起人、余氏二十一世孙余文蔚、余文楼写的两篇序，还重印了清康熙甲戌年（1694）武英殿大学士、太傅兼吏部尚书李天馥的序言。由序言可知，余氏在明崇祯年间以前已有宗谱，清康熙三十三年（1694）、光绪二十年（1894）都曾重修。然而，《合谱》始修于何时，共续修过几次，因文献残缺仍不得而知。全书为木版刻印，卷首标明“同乡翠柏氏杨筱亭刊”，每页版口上印有“武威郡”三字，以示余氏祖先之原籍。为解决支派紊乱，名讳相重的问题而规定的字派也载于卷首，自二十一世至三十六世的十六字字派，正与我们调查到的相符。

从《合谱》目录可知卷一载有一世沙喇藏卜至五世世系，卷一至卷十九记录了五世余嗣至二十五世世系，卷二十至二十五记录了五世余玠、余瑜、余璥至二十五世世系。这部宗谱虽残缺过半，但保留了从元代至现代六百多年合肥余氏主要支系的传承关系。其谱系纵观每页五世一提，九世再提，依次为十三至十七世，十七世至二十一世，有条不紊，次第分明；横看大宗在前，小支在后，凡男性介入谱图，女性附于父名之下，每人名下有详略不等的生平、配氏、子女、葬处、迁徙等，条理清晰，一目了然。

桐城《洪涛山余氏宗谱》（以下简称《洪谱》）为民国五年（1916）重修。此谱亦为木刻，原为十八卷，现存卷首、卷一至卷十、卷十二至卷十七共十七卷，仅佚第十一卷。它虽比《合谱》印刷较差，但残损较少。

卷首有家规、谱说、祠堂图等，家规前冠以“河西郡”三字，也标示出余氏之祖籍。最为可贵的是它在卷首至卷四收录了从明代至民国初年洪涛山余氏后裔六次修谱的全部叙录。第一次修谱是余阙第九世孙余枕（号月泉）倡议主持。六次修谱的具体时间是：

1. 明嘉靖丙寅四十五年（1560）
2. 清康熙甲申四十三年（1704）
3. 清乾隆丙辰元年（1736）
4. 清嘉庆乙丑十年（1805）
5. 清同治甲戌十三年（1874）
6. 民国丙辰五年（1916）

在叙录中有明嘉靖年间解元张世熙的序和南京刑部尚书钱如京为余彭氏写的传。清代的几次修谱，为之作序的人更多，其中有康熙年间的文华殿大学士、礼部尚书张英，嘉庆年间的翰林院检讨孙世昌，四库全书纂修官、前翰林院庶吉士、桐城人姚鼐，翰林院庶吉士孙慧基，民国五年的国史馆编纂姚永朴。明张世熙序内记“（余阙）遗孤名渊，逃匿太湖县，地名司空后埠，硕果之系，在兹一人。”① 指出了余渊年幼时匿居的具体地点。

《洪谱》也刻印了派行用字，自第十八世至三十三世计十六字，与调查所得相同。此外，又续订了自三十四世后的派行用字为“经为世训，文乃国光、蛟腾凤起，松秀兰香。”

《洪谱》的谱系在编纂体例上与《合谱》不同。它的第一部分（卷五、卷六）是世纪图，按五世一图，十世再图的系统，分支别派地记录各代的男性传承关系；第二部分（卷七至卷十八）为渊源图系，按顺序记叙世纪图中每人的生卒年月，重要事迹、妻子、坟茔、迁徙等。实际上形成

---

① 《洪涛山余氏宗谱》卷4。同时，端时仪的序中也记载“（余阙）仅遗孤子为渊，晦迹太湖，存奉祭祀”。卷4，第4—5页。

了世系人名和生平两个系统。

将两部宗谱对照比较之后，发现它们各有特点。《合谱》记录余阙子余渊有二子，长子宗密有一子名嗣，次子宗词有三子名玠、瑜、瓛，都居合肥。《洪谱》只记余渊一子宗榓（即宗密），未记次子宗词一支。宗榓不是只有一子，而是有四子。长子嗣迁往合肥（这与《合谱》相符），二、三、四子居安庆枞川、潜山、桐城一带，这又补充了《合谱》之不足。现把两谱前五代世系列出：

1. 合肥《余氏宗谱》[①]

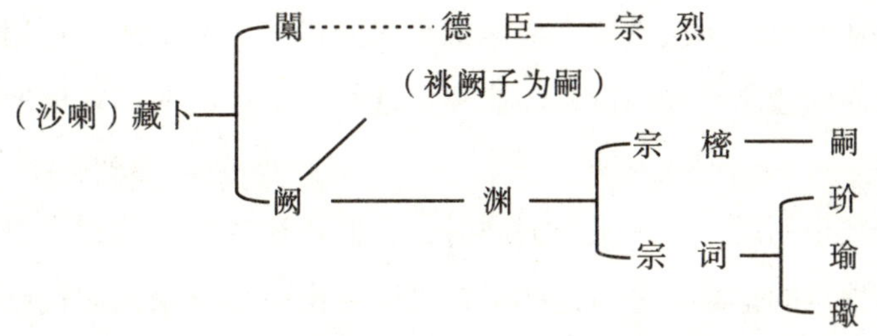

2.《洪涛山余氏宗谱》[②]

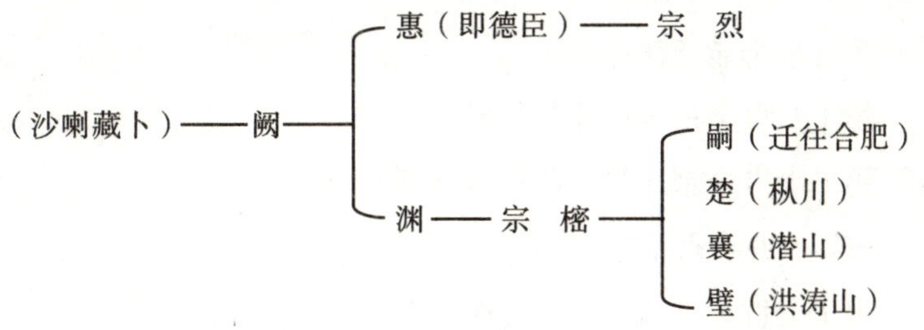

以此比较不难看出，两谱所记有不一致处，这是可以理解的。合肥修谱的余氏后人对居住在合肥的余氏祖先了解最多，所以对合肥的宗榓长子

① 合肥《余氏宗谱》卷1。
②《洪涛山余氏宗谱》卷5。

嗣和宗词一支记载详备，而对远居安庆的宗榓二、三、四子则失于记载。同样，《洪谱》对居住在安庆附近的余氏祖先即宗榓的二、三、四子后裔详加记载，对迁往合肥的人，只记了宗榓长子余嗣一个人名，对其后世一无记述。至于居住在合肥的宗榓之弟宗词因为又远了一层，连名字也未记录。此外，《合谱》还记载了余阙之兄余闤，这与《元统元年进士录》所载相合。闤无子，祧余阙长子德臣为子。德臣即在安庆城破时战败投井死的长子，《洪谱》记为余惠，可能是德臣的字号。两谱之差异恰能相互补充，配成完璧，使余阙在合肥和安庆两地后裔的主要支系的记载臻于完善。另一方面，通过现存两部宗谱各自的特点以及它们历次修谱的叙录可以看出，从始修到历次重修，两地似乎未通声气，后世的派行用字也不相统一，然而两谱所记先祖世系却能契合连结，更证明两部宗谱所提供资料的可靠性。

在研究余阙后代传承系统的同时，我们还注意到两族谱中对一些人迁徙和埋葬地点的记载。分析这些资料可以看出一部分余氏后代已经迁徙到合肥、安庆以外的地方，有的人还迁到其他省份。现把两谱中余氏后人迁往较远地区的主要人物摘录如下：

1. 合肥《余氏宗谱》

第五世余瓛迁往通州；

第十八世余福全迁往江苏扬州；

第二十世余永迁往江苏常叔（熟）县。

2. 安庆《洪涛山余氏宗谱》

第十七世余秉昭、秉证迁往河南内乡县；

第十七世余秉诠迁往陕西蓝田县；

第十八世余曰俊迁往江西饶州；

第十九世余大琨迁往陕西龙珠寨；

第二十一世余佳基迁往江南南宁县；

第二十二世余乘勋迁往六安州。

若依据这些线索进行调查，可能还会找到部分余阙的后裔。

五、结　　语

（一）党项人余阙是一个复杂的历史人物。他的文章、诗歌自有特点，在元末文坛上有一定影响。在元统治者对人民进行横征暴敛时，他主张宽仁政策，因而也有一定的政声。但他的名声显于后世的主要原因是他以安庆守帅的身份为元朝“死节”。这是由长期的封建教育及其阶级地位所决定的。后来在这一地区，对待余阙这个历史人物竟形成了冰炭不能相容的两种态度。自元末至晚清，历代统治阶级中为之撰写记传、哀文、吊诗的有数百人之多。由农民起义领袖蜕变为封建统治阶级代表的明太祖朱元璋，对陈友谅等起义军领袖恨之入骨，称之为“贼”；对抗拒农民起义军的余阙则大肆宣扬其忠君行为。史载“明太祖创业江左，首褒余阙、福寿（亦为党项人），以作忠义之气”①。明朝尚未正式建立，朱元璋于至正二十七年（1367）就“祀元臣余阙于安庆”②。并在余阙葬身地安庆、出生地合肥为之修祠立庙，使祭祀不绝。③ 清代太平天国起义军攻破安庆后立即捣毁了余阙的祠庙，而太平天国革命失败后，镇压太平军的刽子手曾国藩却手书《余阙传》，勒石置于余阙祠内，以示尊崇。

（二）通过考察历史资料并进行实地调查，余阙所留一襁褓幼子，传宗接代，继继绳绳，经六百余年蔚然成为一大家族，并且已同化为汉族，终得以证实。

实际上，党项族与汉族以及其他民族的交融、同化早就开始了。唐朝

---

① 《明史》卷289《忠义传》，第7407页。

② 《明史》卷1《太祖纪》，第16页。

③ 明天顺五年修《大明一统志》卷14《庐州府》“祠庙、五贤祠”条下载：“……本朝正统初改建于此，增祀汉文翁元余阙为五贤祠”，《安庆府》下载：“本朝嘉其忠，为立祠庙，命有司岁时祭之。”

初年，党项首领拓跋赤辞曾臣属吐谷浑可汗慕容伏允，并与之结为婚姻。后来部分党项族几次大规模北迁，最后其居住地正在汉、契丹、回鹘、吐蕃等民族的中间地带。因此，它与周围各民族的交融是不难想象的。以党项族王族而论，在血统上与汉、契丹族的交流十分突出。北宋初年，党项首领李继捧向宋朝献五州地，宋朝令继捧及其他一批党项上层人物进京居住，后虽有人又返回河西，但有一部分留居京师（今河南开封）后，就世代与汉族杂居内地了。以后党项族首领、夏国王李继迁，继迁孙、第一代皇帝元昊，第四代皇帝乾顺都曾娶辽国契丹族公主为妻。更加耐人寻味的是，西夏第二代皇帝谅祚以汉族梁氏为妻，梁氏所生第三代皇帝秉常又以梁氏侄女为妻，第二梁氏所生第四代皇帝乾顺又以汉人曹氏为妻，曹氏生第五代皇帝仁孝又娶汉族罗氏为妻，罗氏生第六代皇帝纯祐。[①] 西夏相连四代皇帝的母亲均为汉族，可见皇族中的汉人血统已占很大比重。值得注意的是，这种民族间通婚的结果不仅限于血统的交流，它对于西夏国政治、经济的发展，尤其是对于西夏国对汉文化采取的开放态度无疑起到了积极的作用。

西夏统治者很注意学习汉族文化。西夏开国皇帝李元昊就“通文字”。1036 年，由他提倡，重臣野利仁荣主持创制的西夏文字，从文字体系、笔划形体、字形结构等方面都受到汉字的重要影响。

西夏所辖之地，早有深厚的汉文化基础，儒学影响很重。野利仁荣曾译成汉文著作《孝经》、《尔雅》、《四言杂字》。毅宗时曾向宋朝求赐《九经》、《唐书》、《册府元龟》。崇宗时设立“国学”，以教授儒学，并专设“养贤务”供国学的廪食。仁宗时，西夏文化全面繁荣发展，儒学也被推上更高的地位。他下令在各州县建立学校，还在宫内设立小学，继而又建立大汉太学，接着又尊孔子为文宣帝。后来仁宗又接受了中原的科举制度，以儒学科士，从而使西夏的儒学教育发展到空前昌盛的阶段。

---

① 《宋史》卷 485、486《夏国传》。

传世的西夏文文献中有译自汉文的儒学经典《论语》、《孟子》、《孝经》以及《贞观政要》等，还有军事著作《孙子兵法》、《六韬》、《三略》等。西夏人自己的著述中也往往渗透着明显的儒家观点。儒学是封建社会汉文化的代表。由上述情况可知，党项族上层对汉文化是采取积极学习的态度的。

西夏灭亡后，党项族不再具有主体民族的特殊地位，他们由于居住在不同的地区，处在不同的政治、经济、文化环境而逐渐地分别同化于蒙、汉等民族之中。一般地说，入居内地、与汉族杂居的党项人，走进了“一个碾碎民族差别的大磨坊”，在各方面渐渐与汉族消除差异，并通过世代与汉族互通婚姻，在血统上逐步凝为一体，在心理状态上也自然地与汉族接近、统一，最后终于成为汉族中的一个组成部分。

生活在元代的党项人余阙，如前所述，他是仰慕并学习了汉族高度发展的封建文化的。这不仅与他本族二百年对汉文化的开放态度有关，而且也与元代对汉文化的态度有关。

元朝统治者对儒学的态度较为复杂。一方面整个元代盛行着轻儒舆论；一方面元统治者并不排斥儒学。他们当时把儒学看作是一种宗教。以蒙古当时的文化水平而论，他们认为各种知天命、运鬼神的宗教士都是值得他们敬重的博学公正之士。成吉思汗说：“每一纯正公平、博学智睿的人，都应受到尊崇。”“一切宗教都应受到尊重，不能厚此薄彼。”这种对各种宗教采取的宽容态度，反映了他们的文化政策。直至元仁宗延祐二年（1315）恢复科举制度时（中间废止了五年两科），定理学为一尊，以理学科士，可以反映出元朝对汉文化也采取了开放政策。当时，入居内地的西北诸族受汉文化影响颇深，汉文化程度普遍有所提高，后期还出现了一批汉文化修养很高的知识分子（如丁鹤年、萨都剌）。余阙就是当时具有较高汉文化修养的一位党项族上层人士。[1] 我们从余阙的思想、诗文、行状，可以从一个侧面看到元代党项族文化上的发展变化情况。

总起来看，尽管余阙不时地流露出较强的民族感情，但汉族较为先进的经济、文化生活实际上对他有着强大的吸引力。其后代更是如此。这次发现的余阙后裔，正是这种自然同化的结果。正如毛泽东同志所说："各个少数民族对中国的历史都做过贡献。汉族人口多，也是长时期内许多民族混血形成的"。[2] 马克思主义经典作家对这种自然同化从来都是持欢迎的态度。列宁曾经指出："无产阶级不仅不坚持每个民族的民族发展，相反地，还警告群众不要抱这种幻想，保护资本主义流通有最充分的自由，欢迎民族的任何同化，只要它不是借助于暴力或特权进行的。"同时还指出："无产阶级不能赞成任何巩固民族主义的做法，相反地，它赞同一切帮助消除民族差别、打破民族壁垒的东西，赞同一切促使各民族之间的联系日益紧密和促使各民族融合的东西。"[3]

党项人余阙的后裔同化于汉族这一典型事例，不仅对研究党项民族史，汉民族形成史有比较重要的价值，而且对于民族学、社会学、民族理论等方面的研究也都具有一定的意义。

（三）党项族在历史上逐渐消亡的时代，也正是另外一些过去曾经十分强大、在我国历史上起了重要作用的民族，如契丹、女真等民族相继消亡的时代。这一时期的民族关系、民族同化问题很值得深入研究。我们可以通过查证包括地方志、家族谱牒在内的历史资料和进行实地调查的方法，去研究这些民族消亡的过程。党项、契丹、女真等民族消亡的历史条件、过程有相同的一面，也有各自的特点。但总的来说，在没有民族平等可言的阶级社会里，采取强迫同化的形式使一个民族归于消灭，其过程无

---

① 本节关于元代对儒学态度部分，参考了姚大力《元朝科举制度的行废及其社会背景》，见于《南京大学学报》专辑《元史及北方民族史研究集刊》第6辑，1982年12月出版。

② 毛泽东：《论十大关系》，《毛泽东选集》第5卷，1977年，第278页。

③ 列宁：《关于民族问题的批评意见》，《列宁全集》第20卷，第18—19页。

疑是十分痛苦的；而以各族人民之间互相学习、互相吸收、互相接近、互相渗透为主要形式的自然同化，其民族消亡的过程则无此痛苦。余阙及其后代应该算是党项人自然同化的典型。

从历史上看，落后民族加入先进民族的经济文化体系是一种进步的社会现象。同时，在这一过程中先进民族也向其他民族学习、吸收了大量有益的东西。尽管这中间免不了有痛苦，甚至有血污，但从宏观的角度看，这两个方面产生的共同结果是他们的经济、文化都得到了发展。所以说，各民族互相吸收、互相依存、逐步接近，共同缔造和发展了统一多民族的伟大祖国，促进了中国的发展，这成了我国历史上民族关系的主流。

（本人与史金波先生一起赴安徽等省调查，原文由史先生执笔，载中国社会科学杂志社《未定稿》1985 年第 13 期）

论党项民族消亡的历史趋势和教训

建立西夏割据政权的主体民族——党项族，在中国的历史舞台上曾经有过辉煌，曾经发挥过重要的作用。但是，在西夏被成吉思汗率领的蒙古大军灭亡后的百余年里，党项民族便渐渐地销声匿迹了，原因何在呢？近二十年来，西夏学者们为揭开了这个历史之谜，进行了多次艰苦的民族调查；一些地区的考古发现，也为揭开了这个历史之谜提供了具有重要价值的资料。

一、西夏的灭亡是不可抗拒的历史潮流

公元11、12世纪，在今中国北部蒙古草原及周围地区，散布着蒙兀部、塔塔儿部、乃蛮部、汪古部等许多游牧部落，其中蒙兀部即蒙古部最为强大。公元12世纪末至13世纪初，蒙古部首领铁木真联合一部分部落，击败、兼并和征服了另外一些部落，于公元1206年结束了草原上长期混乱纷争和分裂的局面，在斡难河边即位为蒙古大汗，尊号成吉思汗。统一成一支强大力量的蒙古汗国，是新兴封建制的代表，在以成吉思汗为首的封建贵族的统治下，开始向外扩张，并不断地完成和实现统一大业。

相对新兴的蒙古封建统治集团，西夏从仁宗嵬名仁孝之子嵬名纯祐即位后，党项贵族和封建统治集团便开始走向腐朽、没落阶段。主要表现在以下两个方面：

（一）最高统治者争权夺利、平庸无能

西夏从元昊建国制定了一系列强国富民的国策后，至第五代皇帝仁孝

在位的中、晚期，经济发展，社会安定，法制健全，佛教兴盛，教育普及，文化繁荣，使整个社会呈现出一片欣欣向荣的景象，西夏社会也发展到一个鼎盛的时期。仁孝在位54年，是西夏十代皇帝中在位时间最长的。

仁孝死后，其子纯祐虽然开始还能基本上奉行仁孝时期的政治方针和外交政策，但是显然缺乏治理一个国家的能力。对内控制不住党项贵族地主阶级的腐败堕落；对外又制定不出适合当时形势的外交政策。十七岁即位，只作了十三年的皇帝，便在西夏最高权力的斗争中，被其叔伯兄弟嵬名安全篡夺了皇位，不久即暴卒身亡。襄宗安全篡位后，终止了西夏和金朝保持了80多年的睦邻友好关系，依附日渐强大的蒙古汗国，开始与金交战，使西夏陷入两败俱伤的危险境地。

齐王嵬名彦宗之子嵬名遵顼发动宫廷政变，废安全自立为帝。虽然有些史书上赞许遵顼“端重明粹，少力学，长博通群书，工隶篆”，“廷试进士，唱名第一”。但是，实际上他也是一位比安全明智不了多少的昏君。遵顼夺得皇位后，全盘承袭了安全的亡国政策，妄图利用蒙古攻打金朝的机会，抢占金朝领土，掳掠金朝财物。因而，不仅遭到了金朝的反击，而且也为蒙古攻夏提供了机会。西夏内外交困的局面，迫使遵顼不得不让位给儿子嵬名德旺，自己作了西夏历史上唯一的一位“太上皇”。

德旺即位后，虽想改变安全和其父“依蒙攻金”的外交政策，企图趁成吉思汗亲自率军西征的时机，联合漠北对成吉思汗不满的部落，共同抗蒙。但为时已晚，这一策略不仅未能实现，反而遭到蒙古军队更加沉重的打击。德旺在位仅两三年，便忧悸成疾，发病而亡。德旺死后，其侄嵬名晛被拥立继位，做了不足两年的末代皇帝，即被蒙古军队俘虏、虐杀，西夏也在他的手中被蒙古汗国灭亡了。

自仁孝以后，至西夏灭亡，仅34年。就传承了五代皇帝，但没有一位皇帝具有治国之才，他们的平庸和无能，直接导致了西夏国力的衰竭。

（二）党项贵族昏庸腐败、不思进取

西夏晚期，面对迅速崛起的蒙古汗国，要使国家继续生存和发展，只有安定国内，增强国力，联合金、宋，共同抗蒙。但是以夏襄宗、夏神宗为首的西夏最高统治集团，却坚持“依蒙攻金”的错误政策，造成国内经济凋敝，统治阶层矛盾重重。夏神宗光定十三年（1223），兴州、灵州等地春旱，粮食颗粒无收，饥民相食。西夏境内的各民族同胞，在战争带来的创伤和大自然形成的灾害面前，已经处于水深火热之中。但是，遵頊却完全不顾人民的死活，继续全力对金作战。太子嵬名德仁反对其父的“依蒙攻金”政策，拒绝领兵进犯金朝，并劝其父曰：“金国兵势依然强大，不如与之修好，结为盟友，共同抗蒙。”遵頊非但不听，还将太子软禁于灵州。当发生跟随蒙古军队去攻打金国的夏军，在积石州遭到蒙古军队围困的事件后，遵頊不仅没有从中吸取教训，反而孤注一掷，倾举国兵力，攻打金国的巩州。御史中丞梁德懿上疏劝阻说：“国家用兵十余载，田野荒芜，民生涂炭，妇孺皆知国势濒危。而今朝臣，却依然清歌夜宴，不思国之危亡！太子以父子之情，为国家存亡担忧，毅然陈述大计，敬献忠言，反遭斥责与软禁，如此公允吗？望国主能抚恤百姓，修睦邻邦。”遵頊不仅听不进梁德懿的忠告，而且还将他痛骂一顿。梁德懿在悲愤和失望中辞官隐居。

夏献宗乾定三年（1225），西夏又遇大旱，河西诸州草木干枯，人、畜大批死亡。但西夏境内的贵族地主依然竭力盘剥、巧取豪夺，完全不顾劳动人民的死活；而各级官吏挥霍着朝廷给他们的巨大“赏赉”，整日清歌夜宴、纸醉金迷。对国家的危亡置若罔闻，无动于衷，“舌结口钳”，拿不出任何拯救的办法。党项贵族统治阶级的昏庸腐败，进一步加速了西夏的灭亡。

正是由于新兴蒙古汗国出于兴旺发展的上升阶段，而以党项民族为主体的西夏已开始衰落，因而中国的统一大业必然是由兴旺发展的一方来完

成，西夏的灭亡也就成为不可抗拒的历史趋势。

二、战争不能使一个民族消亡

西夏虽然被蒙古汗国灭亡了，但是党项民族并不会因西夏的灭亡而与之同时消失。有史书记载，蒙古军队的烧杀使党项族人“免者百无一二，白骨蔽野”。由于在我国近现代的少数民族中，已经没有了党项这个民族，所以也有人相信党项族是被蒙古军队斩尽杀绝的。历史的原貌是否如此呢？

其实，从古今中外的人类历史来看，战争都是以掠夺、征服、占领为目的。尤其是当人类跨入私有制和有阶级的社会以来，战争便成了统治阶级与统治阶级之间、统治阶级与被统治阶级之间，以及民族与民族之间政治斗争的重要组成部分。但是战争虽然可以推倒一个政权，却绝不可能灭绝一个民族。蒙古军队在攻打西夏（1205—1227 年，蒙古大军六次出征西夏）时，曾遭到了以党项人为主组成的西夏军队和国民的顽强抵抗。在双方交战对抗的短时期和局部范围内，特别是在蒙古军队取得了对夏战争的胜利，并占领了西夏都城中兴府和整个西夏疆域后的一段时间内，对党项族进行了残酷地屠杀和镇压，是完全可能的。

然而，对于一个民族来讲，是不可能被斩尽杀绝的。蒙古大军征战中国南方地区时，有一支效忠于蒙元帝国的河西军，这支军队完全由党项族人组成；大元帝国建立后，有不少的党项族人在元朝中央和地方为官，仅《元史》中列传的党项族人就有十多位；元朝建立后，在江南浙西道杭州路大万寿寺雕刊、印刷了 68 万 7 千 8 百卷西夏文大藏经，多施放于黄河中上游的宁夏、永昌、沙州等西夏故地。这些历史事实都证明，在元代党项民族还依然存在，且人数至少也有数十万。

三、明中期以前西夏文字还在使用

党项民族创造了西夏文字，但在西夏这个国家被灭亡后，西夏文字作为一种重要的民族文化，一直在幸免于难的党项民族人群中保留并传承。以蒙古民族为主体建立的大元帝国，在统一中国的历史过程中，也极力地推行蒙古民族的理念和文化。党项民族作为一个被征服的民族，即使被迫接受了蒙古民族的统治理念，但仍然长期保留着维系本民族生存的民族文化，其中西夏文字是党项族人维系民族生存最重要的文化之一。

在北京故宫博物院，收藏着一本西夏文《高王观世音经》，是明朝洪武五年刊刻的。此外，在河北省保定市的人民公园里，出土过两座刻于明朝弘治年间的西夏文经幢。这些遗物和遗迹虽然与元朝中期以前，党项民族还存在的盛大佛事活动相比，已经是寥若晨星的踪迹了，但是它们可以证明：至少在明洪武和弘治年间，这个世界上还有人使用过西夏文字；同时也说明至少在明弘治年以前，还有一定数量的人群能够识别和解读西夏文字。

但是，有人能够识别和解读西夏文字，或者有人还在使用西夏文字，都不足以证明曾经创造这种文字的民族还依然存在。因为随着时代的变化，党项民族文字——西夏文的使用，显然已经从原来的世俗生活和宗教生活两个方面，渐渐退缩到唯一的宗教生活方面了。也就是说，在弘治年间以前的明代，西夏文字已经演变成一种不为一般人群所知晓的宗教文字了。

四、党项民族消亡的根本原因和历史教训

一个民族的生存和消亡，主要取决于这个民族对自身传统文化、民风习俗和语言文字的取舍态度。如果一个民族完全遗弃了自身的传统文化、

民风习俗和语言文字，那么也就意味着丢弃了自身的民族之魂，必然会被其他民族所同化和融合。党项族在西夏被蒙古灭亡以后，无论是留居西夏故土、还是徙居元统内陆，以及迁居川藏旧地的党项族人，起初还坚定地保留着本民族的语言文字、生活习俗和宗教信仰，但随着时间的推移和环境的变迁，渐渐地摒弃了本民族的文化、习俗和信仰，开始随波逐流或入乡随俗，因而也就渐渐地失去了木民族立足的传统文化和灵魂，失去了民族的向心力和凝聚力，自然而然会被其他民族所融合。所以，党项民族消亡的根本原因在于主观因素，而不在客观因素。

西夏王国灭亡以后，党项族被蒙元帝国划为四等人种（即蒙古人、色目人、北方汉人和南人）中的第二等人——色目人。在蒙古语里把党项族人称之为“唐兀”或“唐古特”人。由于党项族人在元朝的社会地位仅次于蒙古族人，因而有不少党项贵族在元朝继续做官或担任军事将领，并在元朝的政治、经济、军事、文化等领域，发挥着重要的作用。

但是，党项族人在蒙古民族的统治下，逐渐遗弃了自身的传统文化、民风习俗和语言文字，因而很容易被其他民族所融合。根据近年来西夏学者们所进行的民族调查，西夏灭亡后党项族人的去向，比较清晰的主要有：

（一）逃往党项族的发源地

1227 年，成吉思汗率领的蒙古大军攻克西夏都城中兴府，迫使西夏末代皇帝嵬名晛举城投降。对蒙古军队进行过顽强抵抗的党项族人，为躲避蒙古军队的屠杀，有一批沿唐代其先祖大迁徙时的路线，向党项民族最初游牧狩猎的川藏地区逃亡。据民族学、历史学、考古学、语言学和西夏学专家的调查，在今四川木雅地区，居住着一批藏民，但他们的语言、风俗与西藏、青海、四川一带的藏民完全不同，特别是他们目前所使用的语言，含有较多西夏时期党项语言的成分。因而，有些西夏学者推测，如今居住在四川木雅地区的藏民，可能就是西夏灭亡后逃回发源地的党项族人的后裔。据藏文献记载，逃亡川藏地区的党项族人及其后裔，还有一部分继续向西转移，有的进入了西藏；有的越过喜马拉雅山，进入了尼泊尔、印度等国。

（二）留居西夏故地

近年来，在陕西、甘肃、内蒙古、宁夏等省、区一些偏远的山区等穷乡僻壤，经常会发现埋有大量西夏钱币的窖藏，证明西夏在被蒙古军队灭亡后，确有不少党项族人，包括有钱的贵族，为了躲避蒙古军队惨无人道的大屠杀，隐姓埋名藏进了深山老林或偏僻的乡村和牧区生活。但是，当政治局势稳定后，这些四处躲藏、幸免于难的党项居民，绝大部分又陆续回到了原居住地。元朝初年，在宁夏、永昌、沙州等西夏故地施放近70万卷西夏文佛经，说明留居在西夏故地的党项居民生活上已基本安定。但是，随着党项族人生活习俗、传统文化的改变，特别是对民族语言和文字的丢弃，他们中的一部分人融入了蒙古族；一部分人融入了汉族；还有一部分人信仰了传入中国不久的伊斯兰教，而融入了回族。

在陕西榆林地区，迄今居住着数以万计的“拓”姓居民，虽然现在已经完全汉化，但追溯其先祖，当为党项“拓跋”氏后裔。

（三）迁居中国内地

迁居中国内地的党项族人，主要为两种途径：一种是元初被朝廷任命为官的一些党项贵族；如沙喇藏卜和余阙父子、御史大夫亦怜真班、浙江省平章政事卜颜铁木儿、江西省平章政事吉星、达鲁花赤阿尔长普等。另一种则是被朝廷征调入伍的党项平民。如由党项族人组成的“河西军”、“镇戎军”等。这些迁居内地的党项族人入乡随俗、改名换姓，在内地定居，他们的后裔目前散布在河北、山东、河南、安徽、四川、云南等地，并与当地的民族完全融合为一体。

党项民族的消亡过程，给后人的历史教训是：民族的传统文化、民风习俗和语言文字，是赖以生存的灵魂，具有强大的向心力和凝聚力。一个民族在自身的发展过程中，不断吸收其他民族的先进文化是完全必要的。但是，绝不能因此而丢弃了本民族的传统文化和民风习俗，特别是对本民族的发展具有巨大影响的文化精髓，不仅不能丢弃，而且还应不断地发扬光大。只有这样，才能使本民族在这个地球上长久地生存和发展。

收藏鉴定与博物馆学研究

明王陵出土三盒墓志疏证

明朝初年，朱元璋为巩固朱姓统治，并使之传袭万代，采取分封诸子为王的重要措施。被分封的诸王，可以在自己的领地建立王府，设置官署，拥有重兵，并节制地方军政官员，因而权力很大。洪武二十四年（1391），朱元璋封第十六子朱㮵就藩宁夏，并在今同心县韦州古城内建造庆王府，[①] 奉旨“理庆阳、宁夏、延安、绥德诸卫军务”[②]。其后子孙相袭为王，死后多葬于螺山之原。

明代王陵区在同心县韦州古城西约五公里的螺山土原上。其范围北起周新庄，南至陶庄，面积约30多平方公里。近年来，在王陵区先后出土了“大明庆靖王圹志”、“庆庄王圹志”和“庆靖王从妃汤氏墓志铭”三盒墓志，这对研究明代初年宁夏的地方史和庆王家族世系，提供了珍贵的资料。

三盒墓志的发现经过

“大明庆靖王圹志”，出土于庆靖王陵墓中。1967年，韦州乡周新庄村为修建水利工程挖墓拆砖，将村西南1公里处的庆靖王墓拆毁，于墓内挖出圹志一盒，随后报告给宁夏回族自治区政府文物主管部门。宁夏博物馆派考古专业人员前去调查，将墓内出土圹志取回，收藏于宁夏回族自治区博物馆。因为圹志记载墓主人朱㮵为朱元璋第“十五子”，与《明史》所

① 韦州现有两座古城。西边一城始建于西夏；东边城池据《弘治宁夏新志》记载，为明弘治十三年（1500）巡抚王珣奏筑。庆王府当建于西夏故城内。

② 《明史》卷117。

载“十六子”不符，引起了有关的学术争论。①

1983年6月，由我主持发掘清理了位于韦州乡任庄西侧的一座王墓，同时又对整个王陵区进行了详细的调查。在调查过程中，了解到当地有些群众为了赚钱，擅自挖掘古墓，曾挖到过两盒墓志和其他一些文物。根据群众提供的线索，我们首先在任庄一位农民的家里找到了“庆靖王从妃汤氏墓志铭”；随后又几经周折，找到了“庆庄王邃坪圹志”。这两盒墓志，也已收为宁夏回族自治区博物馆藏品。

三盒墓志的形制和志文

1. 庆靖王朱㮵圹志

青石质，方形有盖。志、盖皆边长60、厚15厘米，四周有线雕云龙纹饰边栏，宽5厘米。志盖正中竖刻阴文楷书六个大字：“大明慶靖王墓”。志文抄录如下，并加标点：

慶王壙志

王諱㮵

太祖高皇帝第十五子也，母妃余氏，生於洪武戊午正月九日。二十四年辛未四月十三日，冊封慶王。二十六年癸酉五月之國陝西之韋州。三十四年辛巳十二月，徙國寧夏。正統三年八月初三日，以疾薨，享年六十一。惟□

國家至親，令德孝恭，樂善循理，祗事朝廷，始終無間。宜其榮膺壽祉，永享貴福。乃遽罹大故，嗚呼惜哉！妃孫氏，指揮繼達之女，先薨。子男六人：世子秩煃、真寧王秩炃、靜寧王秩熵、安化王秩炵、岐山王秩煉、第六子未封。秩煃、秩煉先薨。女四人未封，亦薨。孫男二人，孫女

① 钟侃：《宁夏文物述略》；牛达生：《庆王圹志与朱棣“靖难之变”》，载《人文》1981第1期；《宁夏同心县出土明代圹志》，载《考古与文物》1981年第4期。

五人。初皇上聞王有疾，即遣中官以名醫良藥馳視，方就道而訃音至矣。

上深感悼，輟朝三日，遣使往祭。

賜謚曰靖，命有司治喪葬。以正統四年五月十三日，葬於蠡山之原，爰述大概，志諸幽堂，永垂不朽焉！謹志。

2. 庆庄王朱邃塀圹志

砂石质，方形无盖，边长45厘米、厚6厘米。志文竖刻阴文楷书，并以朱砂描红。出土时已断为两截，但无缺损。志文抄录如下，并加标点：

慶莊王壙志文

王諱邃塀，慶康王之子也。母孟氏，正統十三年九月初五日庶生。天順二年六月初一日，冊封岐陽王。成化十七年四月十八日，進封為慶王。弘治四年十二月二十二日，以疾薨，享年四十四歲。妃張氏，乃中護衛鎮張銘之女，庶生子二：長曰寘鏊，封為洛郊王；次曰寘鍘，封為鞏昌王。女三：長洛安郡主，（嫁）儀賓王宥；① 次西華郡主，猶未出閣也。訃聞

上輟朝三日，遣官賜祭，謚曰莊，命有司治喪葬如制。

聖慈仁壽太皇太后

皇太后及在京親王、文武衙門、皆至祭焉。以弘治五年九月初四日，葬於螺山之原。惟王宗室至親，享有大國，宜永壽年。夫何一疾，遂至不起，豈非命耶！爰述其概，納諸幽宮，永垂不朽！云弘治五年九月初四日

3. 庆靖王从妃汤氏墓志铭

砂石质，方形无盖，边长33.3、厚5.7厘米。志额横刻阴文篆书大字，志文竖刻阴文楷书小字，字内以朱砂描红。志文抄录如下，并加标点：

慶靖王從妃湯氏墓誌銘

奉政大夫左長史臣趙宣　　　　撰文

奉議大夫右長史臣李巽　　　　篆額

---

① 此句前似缺“嫁”字。

中奉大夫宗人府儀賓臣路昇　書丹

按妃姓湯氏，直隸松江府華亭縣人。父良佐洪武初寓居西夏，早卒。母陸氏，以謹恪選入大內，事

靖園正妃孫氏，妃從焉，時洪武二十九年也。後靖園以妃□媛，日益眷注親幸。永樂初，□生女俱未受封而卒。八年，正妃薨，即委以內政。十三年，康王生。十五年，隨靖園覲南京文廟，視諸藩遇靖園甚厚，特賜冠服者七人，於妃獨異，其制因有次妃之號。十九年，覲北京，抱康王以從，遂

封世子。正統三年，靖園薨。四年冬，康王襲爵，雖因子貴，養有天祿，而自奉甚薄。王即薨，妃以驚憂致疾，竟至不起，時成化六年正月十五日也。妃生於洪武二十一年，壽八十有四。訃聞

遣官諭祭，且營墳於靖園之次。其年八月十五日，遷柩以葬。康王正妃趙氏無子，先薨。庶孫四：長邃壁，封平涼王；次邃塀，封岐陽王；次邃坱，封弘農王，其娶也，王氏、張氏、高氏，俱受冊封郡王妃；最次邃垙，未受封爵。女孫五人，悉封郡主。孫婿升、鉉、函、諒、冕，俱受中奉大夫，曆宗人府儀賓，於戲妃以□婉，寔生賢王，祀

五廟封內山川主，既富且貴，□備五福，可謂無憾也，已矣！謹拜手稽首，系之銘曰：懿哉賢妃，先德隆昌，儷體親藩，翊佐家邦。孕毓王躬，派衍星潢，富貴莫倫，禎多壽祉。晚也考終，不獨善始，福垠既卜，輀車遙指。體魄安只，胤嗣繁只，小臣賓書，感誒太史。

成化六年歲次庚寅仲秋吉旦立石

三盒墓志疏证

同心县大螺山东麓明代王陵出土的三盒墓志，字迹基本清晰，通俗易懂。因此本文不再做全面的疏证。仅就其中的个别问题疏证如下：

1. 庆靖王圹志疏证

“太祖高皇帝第十五子也”：太祖高皇帝，即明太祖朱元璋。据《明史》记载，朱元璋共有子男26人，除长子朱标受封皇太子，第二十六子“踰月”殇未封王外，其余诸子皆受封为王。庆靖王朱栴为“第十六子”。朱元璋死后，由于皇太子朱标早逝，传位于皇孙朱允炆，年号建文。建文元年七月，朱元璋四子燕王朱棣起兵发难，历时四年终于推翻了朱允炆，建立了朱棣的统治。为了从历史上将朱标、朱允炆父子抹去，朱棣竟否认朱标为其长兄。这就是志文中将庆靖王朱栴记为“第十五子”的原因。[①]

“生於洪武戊午正月九日”：洪武戊午年，即洪武十一年（1378），庆靖王的出生年月为明洪武十一年一月九日。

“二十四年辛未四月十三日，冊封慶王。二十六年癸酉五月之國陕西之韋州。”洪武二十四年（1391），朱栴年仅14岁，被册封为庆王。“庆王”因封地于庆阳一带而命名。洪武二十六年（1392）朱栴年十六就藩韦州。韦州在明初隶属陕西道。

“三十四年辛巳十二月，徙國寧夏”：洪武本无三十四年，朱元璋死于洪武三十一年（1398），“靖难之变”以后，明成祖朱棣下诏将朱允炆为帝的建文四年“以洪武三十五年为纪，明年为永乐元年”。[②] 因此，洪武三十四年实为建文三年（1401）。徙国宁夏，即迁徙庆王府于当时由陕西道管辖的宁夏镇城（今宁夏银川市）。

2. 庆庄王圹志疏证

“正統十三年九月初五日庶生”：“正统”为明英宗朱祁镇的年号，正统十三年即公元1448年。庆康王正妃赵氏无子，庆庄王朱邃壜乃康王次妃孟氏所生，故称“庶生”。

“天順二年六月初一日，冊封岐陽王”：“天顺”为明英宗朱祁镇的第

① 参见牛达生：《庆王圹志与朱棣“靖难之变”》和《宁夏同心县出土明代圹志》。

② 《嘉靖宁夏新志》卷1。

二个年号，天顺二年即公元 1458 年，当时朱邃塀年仅十一岁。

“成化十七年四月十八日，進封為慶王”：“成化”为明宪宗朱见深的年号，成化十七年即公元 1481 年，当时朱邃塀三十四岁。朱邃塀是庆康王朱秩煃的次子，本无“庆王”之封，只因其兄邃壆早卒，且又无子，才被晋封为庆王。

3. 庆靖王从妃汤氏墓志疏证

“按妃姓湯氏，直隸松江府華亭縣人”：明代称直属京师的地区为“直隶”。永乐初，明朝建都北京后，又称直属北京管辖的地区为“北直隶”，辖境相当于今北京、天津、河北省大部和河南、山东两省的部分地区；直属南京的地区称为“南直隶”，辖境相当于今江苏、上海和安徽省的大部分地区。松江府华亭县即今上海市松江县，故汤氏原籍当为南直隶松江府华亭县人。

“父良佐洪武初寓居西夏，早卒”：寓居西夏，即从松江府华亭县迁居原西夏故地，定居在今同心县的韦州城。明成化年在韦州所立的《重修康济禅寺塔碑》文中，亦有相似的提法，如：“考自洪武辛巳，受封西夏垣。”

“母路氏，以謹恪選入大內，事靖園正妃孫氏，妃從焉，時洪武二十九年也”：汤氏生于洪武二十一年（1388），到洪武二十九年（1396）时，汤氏年方九岁，随母路氏进庆王府侍奉靖园正妃孙氏。靖园，即庆王朱㮵，死后谥曰“靖”。

“永樂初，□生女俱未受封而卒。八年，正妃薨，即委以內政”：永乐是明成祖朱棣的年号，永乐八年即公元 1410 年。是句与庆靖王圹志中“妃孫氏，指揮繼達之女，先薨”的记述相符。

“十三年，康王生”：永乐十三年（1415），庆靖王朱㮵三十八岁，汤氏二十八岁，生康王朱秩煃。

“四年冬，康王襲爵”：正统四年（1439 年），朱秩煃二十五岁，世袭“庆王”爵位。

庆靖王以下三代世系

庆靖王朱栴就藩陕、甘、宁地区，因而在明代方志中对其宗室世系记载较详，但仍有佚缺，与同心明王陵出土的三盒墓志互为补正，恰成完璧。如庆靖王诸子，在《嘉靖宁夏新志》中，仅录4人，即长子秩烽，封世子；次名秩熒，封真寧王；次名秩炵，封安化王；次名秩炅，封安塞王。[①]但在《庆靖王圹志》中则云："子男六人：世子秩煃、真寧王秩熒、静寧王秩燸、安化王秩炵、岐山王秩煉、第六子未封。"其中长子秩煃、次子秩熒、四子秩炵，方志与圹志记载相同，三子秩燸、五子秩煉，因先薨而方志未载。六子秩炅方志记载"封安塞王"，圹志则曰："未封"。可见朱秩炅受封安塞王，当在庆靖王入葬之年（正统四年）以后。《庆靖王从妃汤氏墓志铭》记载："最次邃坈，未受封爵"，而方志中载："次名邃坈，丰林王"。[②]亦说明邃坈受封丰林王，是在汤氏埋葬之年（成化八年）以后。

方志与圹志相互参证，列出庆靖王以下三代世系及其封号如下：

- 庆靖王朱栴
  - 庆康王秩煃
    - 平凉王
    - 庆怀王邃墼
    - 岐阳王
    - 庆庄王邃塀
      - 洛郊王庆恭王寘鍪
      - 鞏昌王寘釧
    - 弘农王邃埧
    - 丰林王邃坈
  - 真寧王秩熒
  - 静寧王秩燸
  - 安化王秩炵
  - 岐山王秩煉
  - 安塞王秩炅

---

① 《嘉靖宁夏新志》卷1。

② 同上。

庆恭王之后三盒墓志中再无记述，但在《明史》中却有如下记载：“恭王长子台浤封庆王，今以事革爵为庶人。”①

（原文由本人执笔，与许成合作，载《宁夏史志研究》1987 年第 4 期）

① 《明史》卷4。

论我国货币的史料价值

我国货币具有一定的史料价值，不仅由于它极为丰富，而且还在于它具有较为明显的规律性，主要表现在以下几个方面：

一、货币的产生同社会生产力水平相适应

货币不是人类社会之始就有的，也非人类有意识的发明，它是人类社会生产力发展到一定水平的必然产物。

原始社会是一个极其漫长的历史时期，原始社会的早期和中期，人类以攫取经济为主，生产力水平十分低下，因此还根本不可能产生货币。原始社会晚期，由于氏族公社制的出现，生产力水平有了较大的提高，先后发生了畜牧业、农业、手工业的分工，产品有了剩余。为了互通有无，不同部落间以物易物的交换，成为当时最原始的商业活动。传说神农氏时，“日中为市，致天下之民，聚天下之货，交易而退，各得其所”，就是这种原始商业的反映。但是随着交换活动的日益经常化，物物交换发生了困难。于是，在交换的实践中自发地从无数的商品里分离出某种为当时人们都愿意接受的商品，作为交换的媒介，这种商品称作“一般等价物”。人们可以先把自己的商品换成一般等价物，然后再用它来换取自己所需要的任何商品。最初的一般等价物，并不固定由某种商品来充当。不同时期，不同地区往往由不同的商品（如牲畜、兽皮、粮食、纺织品、贝壳等）来充当。但是，随着社会生产力的进一步发展，商品生产的数量越来越多，商品交换的范围也愈来愈大，客观上要求一般等价物需要固定地由某一种商品来充当。于是，这种一般等价物的形态“终于排他地固定在特种商品

上，并结晶为货币形态”。

我国早在四五千年以前，就开始使用货币，能够保留至今的最早的货币是海生的齿贝。在我国新石器时代的遗址中，已有大量的发现。如果说那时的贝作为一般等价物的形态还缺乏足够证据的话，那么在商、周时期的墓葬里出土的这种贝，足以证明它在当时的确已作为货币使用了。在河南郑州和辉县的早商墓葬中，都发现有殉贝现象。尤其是在郑州白家庄七号墓中，随葬的穿孔贝多达460余枚。贝币也叫货贝，它以朋为计算单位，至于多少枚贝为一朋，自汉以来说法不一，或以十为朋，或以五为朋，或以二为朋。据甲骨文和金文记载，商代奴隶主贵族经常以土地、奴隶和贝等赐给臣属，少则一两朋，多则百朋。我国北方西汉时期的匈奴贵族墓和云南滇池附近的滇族贵族墓中，都发现过大量的海贝。有些贝还盛放在精制的青铜贮贝器中，作为贵重的随葬品。云南一带的少数民族一直到清代初年，还是用贝币进行交易活动。

二、金属货币是青铜时代以后的产物

考古学材料证明，在我国新石器时代晚期的遗址中，已出现铜器。对于夏代，我们还没能寻找到代表其考古学文化的遗迹，还不能断定其社会性质，但是从商代起，我国已跨入了青铜时代，这是毫无疑议的。在商代墓葬中，不仅有大量青铜器和青铜工具的出现，而且还发现有铜贝。出土于河南安阳大司空村商代晚期墓中的3枚铸造铜贝，和山西保德林遮峪相当于商代后期墓中的铜贝109枚，不仅是世界上最早的金属铸币之一，而且也反映了货币演变的历史特征。

春秋战国时期，由于处于奴隶主贵族割据称雄的分裂局面，货币种类繁多，也是历史的一种反映。这一时期铸币的主要形制有铲形（布币）、刀形（刀币）、方形（爰金）、椭圆形（蚁鼻钱）、圆形（环钱）五种。

布币是从小型青铜农具“鎛”演变而成，因“鎛”与“布”同声，故称“布币”。初期的布币还保留着鎛的形状，铸有装柄的空首，所以又叫“空首布”。后来渐渐演变成平首，但依然有多种形状，如耸肩平首布、平肩平首布、圆肩平首布等等。有的币上还铸有地名或币值面额，主要流通于韩、赵、魏及附近地区。

刀币是仿照当时的兵器铸造的货币，种类也很多，如曲背刀、小直刀等。刀币上面一般都铸有铸造地点等文字，主要流通于齐、燕、赵等国。

爰金是楚国铸造的金币，多为长方形版状，每版重一斤，其上压印“郢爰”或“陈爰”二字的小方戳记。郢、陈是地名，爰是重量单位。使用时，分割成小块称量支付。

蚁鼻钱是楚国爰金的铜制辅币，正面凸起，并有文字，很像人面，故俗称“鬼脸钱”。

环钱是战国中期才出现的铜质铸币，主要流通于周、魏、秦等地区。起源于刀币柄首的圆环，故钱中间有圆孔，并铸有文字，分有郭和无郭两种。目前在河南辉县固围村战国墓中出土的“垣”字钱和山西闻喜县东镇战国墓中出土的“共”字钱，是考古发掘所见最早的环钱。

上述这些金属货币的出现，都是随着我国青铜时代的形成和发展而出现的。因而，对它们的研究，有益于促进我国青铜时代历史及其分期的探讨。

三、货币的统一是社会统一的结果

在我国历史上曾出现过分裂，也实现过统一。统一不仅使社会昌盛，同时也促进了经济的繁荣。社会统一在经济方面最显著的反映是统一货币。

秦代是我国第一个社会大统一的中央集权制王朝，在币制方面规定了以黄金为上币，单位“镒”（二十两）；铜钱为下币，单位“半两”。为了携带、清点方便，铜钱采用方孔圆钱，正面铸“半两”二字，每枚重十二铢。由于秦半两并不完全由国家统一铸造，地方也可铸钱，所以迄今发现的秦半两钱大小、轻重不完全相同。但是，自秦以后，方孔圆钱成为我国铜币的固定形式，直至清末沿用了两千余年。

汉承秦制。汉初，法定的货币也是黄金、铜钱。黄金铸成“金饼”，大的每饼重一斤，折合铜钱一万枚；小的每饼重一两，折合铜钱六百二十五枚。汉武帝时，还铸过麟趾金和马蹄金。汉初的铜币仍沿用秦制半两钱，但嫌旧钱笨重不便，改铸轻钱。如吕后二年（前186）所铸“八铢半两”；文帝五年（前175）所铸“四铢半两”。民间私铸之币更加混乱，而且越铸越小，甚至半两钱重不足一铢，就像由四片榆荚组成的小薄片，故称“榆荚半两”或“荚钱”。汉武帝时，实行币制改革，禁止民间铸钱。铸币权归中央统一掌握，并于元狩五年（前118），“罢半两钱，行五铢钱”。五铢钱是方孔有外郭的圆钱，重量和钱文都是五铢。从此以后，至隋代的六七百年间，各朝各代虽所铸铜钱的大小、重量有所不同，但均名五铢钱。因此，五铢钱是我国历史上铸造数量最多，流通时间最长的货币。

隋唐时期，是我国历史上经历了魏晋南北朝五胡十六国的大动荡之后，又一次出现国家统一的重要时期。隋代建立的时间较短，但结束了魏晋以来五铢钱在重量上大小不统一的局面，恢复了钱文与重量一致的五铢钱，唐代三百年间，主要铸用“开元通宝”和“乾元重宝”铜钱，唐高祖武德四年（621），“废铢钱，行开元通宝钱”。“开元”意为开辟新纪元，“通宝”即通行宝货。开元通宝在钱文上不标重量，每枚重一钱，合过去的二铢四累（十累为一铢，二十四铢为一两），每十枚为一两。从而取消了我国衡制以铢、累计算的方法，改用两、钱、分、厘的十进位法，其中一钱即指开元钱一枚的重量。唐代把铜钱叫“通宝”、“重宝”的称谓，不仅为以后历代所沿用，而且也影响到邻国。

四、钱币混乱反映了社会的倒退和国家的分裂

迄今发现的古钱币中，在质地、式样、重量、钱文上最为混乱的是西汉末年王莽篡权后，铸造通行的各类货币。王莽时期的货币式样、种类很多，大致上可以归纳为“五物六名二十八品”。所谓“五物”即指金、银、铜、贝、龟甲等五种质地的物质；“六名”是泉货、布货、贝货、银货、龟宝、黄金等六种名称；“二十八品”即有二十八个品种，如泉货有六种、布货有十种等，因而造成了极大地混乱。为了更残酷地搜刮、掠夺人民，王莽时期还铸造了大面值的刀币。如“金错刀”币，钱文为“一刀平五千”，其中“一刀”二字用黄金镶嵌，每枚值五铢钱五千枚，两枚就可以兑换黄金一斤。王莽篡权，托古改制，仿旧币式样铸造新币，并经常改变币制，给社会经济造成严重危机，给人民生活带来沉重灾难，因而只维持了十五年的统治，就必然地被历史所抛弃。

魏晋南北朝时期的货币也十分混乱，虽然铜币基本保持了五铢钱的名称和式样，但由于各国各朝自行铸币，因而钱的重量、大小各不相同。其中有的政权为使自己所铸的钱币与他国钱币相区别，在“五铢”二字前冠以年号，如北魏的“太和五铢”，这是以后各代行年号钱的先驱。

五、对铸币的重视反映了商品经济的繁荣

我国历代货币中，无论从数量还是铸造工艺和钱文字体上看，都毫无疑议地首推宋代货币，这恰恰反映了宋代是我国商品经济空前繁荣的重要时期。

宋代由于商品经济迅速发展，货币需要量巨增，因此铸钱数量极大，北宋平均每年的铸币量相当于唐代的二十余倍。因宋代实行“年号钱”，即皇帝每更改一次年号，就用新年号铸一种钱，所以宋钱的品种之多，简

直难以统计。从北宋仁宗天圣年（1023）起，至南宋孝宗淳熙七年（1180），还实行“对钱”制度，即铸同一种钱时，要求钱文字体不同，但其铜质、大小、厚薄、重量和内外郭宽完全一样的钱，这些钱可以配对。宋代皇帝还亲自为钱币题字，如宋徽宗赵佶用“瘦金体”写的崇宁、大观等钱币，不仅书法秀丽，而且铸造精致，为货币收藏家所喜爱。南宋以后，又开始铸造带有纪年和纪地的钱，即钱背有铸钱年代和地点，如“绍熙元宝”，背面铸有“元”字的，就是绍熙元年所铸；“绍熙通宝”铁钱，背面铸有“春三”的，就是绍熙三年在蕲春所铸。

宋代铜钱铸造量大，有些地方缺铜，只好铸铁钱代替。但因铜贵铁贱，三枚铁钱只能顶一枚铜钱使用，而且铁钱厚重，大的每一千枚重 25 斤，稍小的也有 13 斤。当时买一匹罗，用铁钱两万枚，重几百斤，需肩挑车载，极不方便。于是北宋时有些商人就自己印行了一种叫“交子”的纸币，顶替铁币。这种纸币不仅在我国，在世界上也是最早的。它的出现是货币发展史上的又一次进步。宋仁宗天圣元年（1023）改由政府发行，每次发行都有一定限额，以铜铁钱为后备金。宋徽宗崇宁四年（1105）改名“钱引”，用以代替贬值的“交子”。南宋时又改称“关子”、“便钱会子”（简称“会子”）。这些印制的纸币，发行到元代中统元年（1260），第一次出现了不用兑换的纸币“中统宝钞”，虽然流通范围不很广，但与金属货币一起得到了长期使用。经过明、清至近代，纸币渐渐被广泛采用。

正因为中国货币具有以上这些特点，所以它在我国的史学研究中，具有十分重要的史料价值。

（原文载《宁夏金融》1988 年第 4 期）

提倡民间收藏利国利民

前不久，几位朋友邀我品茶聊天，也许是因为大家都知道我在自治区博物馆从事文博工作二十多年，谈论的话题自然而然地从天南海北、海阔天空，转到了目前正悄然兴起的民间“收藏热”上。

党的十一届三中全会以来，在邓小平同志改革开放和建设有中国特色的社会主义理论指引下，中国社会发生了翻天覆地的变化，老百姓的生活也从“温饱型”走上了“小康型”。人们在吃好穿好的基础上，开始了新的精神和文化追求。于是，“收藏”便成了中国百姓一项新的投资选择。在当前世界上，收藏是衡量一个国家和地区社会文明程度、国民文化素养和人民生活水平高低的重要标志。

谈到收藏，人们往往会想到那些历史悠久、造型美观、价值连城的珍贵文物。当然，拥有一两件这样的收藏品，自然会令世人羡慕不已。但这类收藏品，因其稀有而显贵重，不是人人都有条件和能力收藏到的。普遍意义上的收藏，应该包括十分广泛的收藏对象，如字画、图书、报刊、邮票、钱币、奇石、参观券、扑克牌、打火机、香烟盒等等。在国外，有条件的收藏家甚至还收藏诸如汽车、飞机、轮船、火车头等占地空间很大的大型收藏品。总之一句话，凡是对人类社会发展具有一定促进作用的物品，均能成为收藏爱好者的收藏对象。

收藏对人类社会发展所产生的促进作用，目前在中国人的心里尚未达到共识。尤其是在一部分经历了一次次政治运动和文化大革命的领导干部中，还对它有一种“玩物丧志”的偏见。其实，收藏对个人而言，可以培养情趣，陶冶情操，调节情绪，增长学识；对社会而言，有利于保护人类物质文化的珍贵遗产，启迪人类的聪明才智，促进社会的科学进步和经济发展。这种利国利民的事业，难道不值得我们大力提倡吗？综观世界许多国家的一些专业性博物馆，其实都是以民间收藏为基础发展起来的。中国提倡和发展民间博物馆，必须首先提倡和鼓励民间收藏。

收藏作为一项投资，就像炒股一样，显然不能不考虑投资后的经济回报。没有一个收藏家愿意出钱购买那些不增值，或者不断贬值的收藏品。增值是收藏品的一大特征，失去了这一特征，也就失去了收藏品的收藏价值。许多收藏品，如珍贵文物、名人字画、稀有钱币和邮品等，之所以为收藏家们苦苦追求，除了它的历史、艺术、科研等方面的价值外，高差额的增值率也是其不可掩饰的魅力所在。收藏爱好者们在投资时，选择那些增值快和增值率高的收藏品，也是可以理解的。但是，纯功利主义的收藏，也就失去了收藏的真正意义。

因此，作为一个具有良好素质和收藏水平的收藏家，必须把握好以下一些最基本的收藏原则：

第一，要有正确的收藏目的和符合个人经济收入、收藏条件和鉴赏兴趣的收藏计划。

第二，要严格遵守国家的有关法律、法令和法规，在国家法律允许的范围内，从事正当的收藏活动。

第三，要多学习、多请教、多交流，不断提高自己对收藏品的鉴赏能力和分类收藏与科学保护的水平。

第四，要根据个人确定的收藏专题循序渐进，积少成多，持之以恒，形成一定的收藏规模。

但愿丰富多彩的收藏，给我们的收藏爱好者带来新的欢乐，给我们的社会带来新的生机和活力。

（原文载 1998 年 2 月 13 日《银川晚报》收藏版）

藏品鉴定是收藏活动的灵魂

对于任何一个收藏机构和民间收藏家来说，藏品鉴定都是一项最基本的功力。无论是收藏机构，还是民间个人收藏，藏品的数量多寡固然很重要，但更重要的则在于藏品的质量。因此，衡量收藏家收藏水平的高低，着重体现在鉴赏水平的高低上，如果不懂得藏品鉴定学，也就谈不上收藏。

藏品鉴定学主要包括以下几方面的内容：1. 藏品的真伪鉴定；2. 藏品的年代鉴定；3. 藏品的价值鉴定；4. 藏品的作用鉴定；5. 藏品的级别鉴定。对收藏机构来说，藏品鉴定时以上五方面的内容缺一不可。而对民间收藏来讲，一般能掌握其中的前三项内容即可。

目前，无论是国内，还是国际上，藏品鉴定的基本手段是靠鉴定人员肉眼的观察和大脑的分析、判断。因此，一个合格的鉴定人员，不仅要有广博的学识、较高的鉴定学理论和正确的鉴定方法，同时还必须具备一定的实践经验。

在藏品的五大鉴定内容中，最基本的是藏品的真伪鉴定。如果说，对一件藏品连最起码的真与伪都分辨不清，那么对其他方面的鉴定也就毫无实际意义了。鉴定藏品的真与伪，要根据藏品的具体情况，从多方面进行观察和分析。例如，鉴定一幅字画的真伪，必须从被鉴定字画的内容、技法、风格、题记、落款、印章、纸张等诸多方面的观察和分析中，寻找出与那些已被确定为真迹的字画之间的共同点或不同点。而鉴定一件古代瓷器，则必须从被鉴定瓷器的器形、胎质、釉色、花纹、落款、工艺等诸多方面的观察和分析中，寻找出与那些曾被考古地层学所证实了的真品之间的共同点或不同点。那种仅凭某一点的论证，便确定藏品真与伪的鉴定，往往会得出错误的结论。

藏品的年代鉴定，是藏品鉴定的另一项重要内容。藏品年代鉴定，也要根据藏品的具体情况，制定不同的年代确定原则。一般来说，藏品产生的年代越久，鉴定年代的正负值就越大；藏品产生的年代越近，鉴定年代就越要准确。例如，对奇石收藏品的年代鉴定，以地质年代为限，其时间跨度为百万年，甚至千万年；对原始人类时代的藏品，要确定其产生于旧、新石器时代的哪一种文化，这类藏品年代鉴定的准确性，正负值大约为数千年至数万年；对奴隶制社会至宋代以前的藏品，至少要确定其产生的朝代，正负值大约为数百年至数千年；对元、明、清时代的藏品，不仅要确定其朝代，有可能的话，还应明确为哪一位皇帝年号时期，时间误差一般不超过数十年；而对近、现代产生的藏品，不仅要确定其公元纪年，甚至还应确定具体的月和日。

藏品的价值鉴定，主要包括：1. 历史价值；2. 艺术价值；3. 经济价值；4. 科研价值等。一件藏品，可能同时具有多方面的价值，也可能只具有一两方面的价值。在确定被鉴定藏品所具有价值的同时，还应确定其中最重要的价值，这对藏品的保护和利用至关重要。例如，前不久引起全社会关注的《毛主席去安源》油画，虽然这件藏品具有较高的艺术价值和经济价值，但由于它是中国特定历史阶段的特殊产物，因此它的历史价值也就远远超过了它的艺术和经济价值，而成为这件藏品所具有的一切价值中最重要的价值。类似这样的藏品，国家级的文物收藏机构，理应采取妥善的保护措施，以发挥其最大的社会效益。

藏品的作用鉴定，主要是指被鉴定藏品原有作用、现实作用和未来作用的认定。在人类社会千姿百态的收藏品中，绝大部分藏品的原有作用能够被现代人类所认识，但也有一些藏品的原有作用为今人所不识，这就需要我们去研究和探索。此外，无论是大自然还是人类所创造的一切物品，一旦成为现代人的收藏品，其原有的作用基本上也就消失了，随之而产生的新的作用，有些是收藏者能预见到的，有些则是收藏者乃至整个社会意想不到的。这也许正是藏品的潜在魅力之所在。因此，对藏品进行原有、现实和未来作用的鉴定，实质上也是对藏品的不断探索和研究。这项研究愈深入，收藏工作和收藏活动的意义也就愈大，藏品也才能真正起到启迪人类的聪明才智，促进社会科学进步和经济发展的作用。

藏品的级别鉴定，目前还仅限于在馆藏文物、古代钱币、珍贵书画、善本图书资料等方面。近年来，国家文物局组织全国有关专家讨论并予以公布的馆藏文物级别标准，是进行藏品级别鉴定的依据。藏品的级别，是该藏品在社会上存量多寡、该藏品所含历史、艺术、经济、科研价值和该藏品对现实与未来社会所起作用的综合指数的抽象显现。因此，随意提高或降低藏品的级别鉴定标准，不仅会造成藏品质量的混乱，而且会扰乱我国目前正在逐步开放的收藏品交易市场。更为严重的是，使那些因藏品而违反了国家行政法规和有关法律的人，得不到应有的制裁。

任何一个藏品收藏机构和民间收藏家，要搞好收藏，必须首先掌握藏品鉴定的科学理论和方法，这样才能使人类的收藏活动显示出更强的生命力。

（原文载 1998 年 4 月 27 日和 5 月 11 日《银川晚报》收藏版）

中国古代瓷器的源流

——中国古瓷收藏之一

中国是世界上最早烧制瓷器的国家。瓷器，是指以高岭土或以粘土配加适量的长石、石英（或瓷石）为原料，制坯、施釉后，在1200—1300℃室温下烧成的器物。胎体质密坚硬、不吸水，釉色透莹敲击发音清脆，是成熟期瓷器的明显特征。

近代考古学资料证明，早在距今3000多年的商代，我国就已经有了原始瓷器。在河南郑州二里冈、湖北黄坡盘龙城、河北藁城、山东济南大辛庄和益都，以及江西清江吴城等不同时期的商代遗址和墓葬中，均出土有原始瓷器。不过，这一时期的原始瓷器，选用的是氧化铝含量高，而氧化铁含量低的瓷土制胎，施青或青绿色石灰釉。总的来说，这些出土瓷器用料不精，工艺粗糙，釉层厚薄不匀易脱落，烧成温度仅在1200℃左右，与后代瓷器烧制成熟期生产的瓷器相差很大，故被称之为“原始瓷器”。西周时期，原始瓷器的烧制更为普遍。迄今在北京琉璃河、河南洛阳、陕西长安和宝鸡、甘肃灵台、安徽屯溪、江苏句容等地的西周遗址和墓葬中，都有发现。西周时期的原始瓷器比殷商时期的原始瓷器，在烧制技术上有了极为明显的进步。

东汉，是中国瓷器发展史上一个十分重要的转折时期。这个时期，出现了符合成熟期瓷器基本标准的青釉瓷。有关专家对在浙江上虞小仙坛窑址出土的东汉晚期斜方格纹青瓷罍的测试，证明该瓷器的瓷胎已烧结，显气孔率为0.62%，吸水率为0.28%，烧成温度高达1300±20℃，胎与釉结合紧密，在还原气氛中烧成，因而青釉色泽纯正，釉层增厚，略具开片，透明光泽，无流釉现象。此时烧制的黑釉瓷，虽然在胎、釉质量和制作工艺上都逊色于青釉瓷，但也已进入了瓷器的成熟期。东汉时期，由于对制瓷原料的精选，胎釉配方的调整，制瓷工具的改进和窑炉结构的改造，使瓷器的烧制技术和工艺水平大大提高。故此出现了中国原始瓷器向成熟期瓷器的飞跃性发展。

魏晋南北朝时期，中国仍然以生产青釉瓷器为主。在各窑之中，以浙江越窑的青瓷质量为最高。青瓷的胎呈灰白色，质密釉匀。江苏宜兴的均山窑、浙江温州的瓯窑和金华的婺窑所产的青瓷，亦各具特色。这一时期的江浙一带，依然采用的是龙窑，而北方地区则采用馒头窑。在制作技术和成型工艺上，普遍采用了轮制拉坯及拍片、模印、镂雕、手捏等多种方法。这一时期生产的大型莲花尊、鸡首壶、狮形烛台、蛙形水盂、虎子和各种动物、人物瓷俑等，均反映出青瓷制作技术和成型工艺水平的极大提高。西晋时，婺州窑为了使瓷胎表面更加光润，还应用了化妆土，同时在青瓷上还出现了饰褐色点彩和彩绘的新工艺。东晋时，浙江德清窑生产的黑釉瓷，色泽光亮，近似漆器。北朝晚期，北方出现了白釉瓷，河南安阳北齐范粹墓中出土的白瓷器，釉色呈乳浊淡青色，反映了白瓷是在青瓷的基础上发展而来的。

隋唐五代继承了魏晋南北朝时期的制瓷成就，在瓷器烧制技法上又有了进一步的发展。这一时期，漆器和青铜容器的制造和使用逐渐衰落，使瓷器的应用范围更加广泛，器型的种类也日趋增多。青、白釉瓷成为隋唐五代时期瓷器生产上的两大主流。在诸多的瓷窑之中，青瓷仍以浙江越窑烧制精良为之最。吴越钱氏盛烧贡器，使越瓷装饰丰富多彩光耀夺目。白釉瓷器自魏晋南北朝萌芽，至隋朝已逐渐成熟，到唐代河北邢窑与定窑烧制的白瓷显露头角，成为“天下无贵贱通用之”的流行器物。除了青、白瓷外，唐代烧制的黑釉瓷也比东晋德清窑所烧黑釉瓷又有了新的进步。在唐代，大块的斑点装饰和釉下彩的创烧，是瓷器烧制工艺上的一个重大突破。

宋代，是中国瓷器烧制技术取得辉煌成就的时代。在总结前人制瓷技巧的基础上，在宋朝的南北各地形成了各具特色的窑系和名窑，使这一时期的瓷器制品在胎质、釉色、器型、装饰等各个方面，都远远超过了前朝。有些名窑烧出的瓷器，甚至达到了“薄如纸，声如磬”的技术高度。宋代制瓷技术的巨大发展，主要反映在两个方面：

其一，青瓷的烧制技术达到了至高的水平。中国青瓷的烧制技术，经过隋唐五代的发展，已有了相当坚实而深厚的基础。宋代的制瓷工匠，显然已经能够十分准确地把握青釉中铁的含量，同时对烧成温度及还原焰的控制也达到了十分精确的程度，因而能够使青釉瓷器制品的色泽苍翠透彻，温润明亮。

其二，在装饰花纹上，由原来仅能于单色釉的器物上施加印花、画花、刻花等传统技法的基础上，创造出剔地和填地两种新工艺。此外，在磁州窑系的许多瓷窑产品中，又开创了在瓷胎上用毛笔直接作画的新方法。这种釉下着色绘画的装饰，比过去的传统装饰显得更加自由活泼，比起唐代长沙铜官窑生产的釉下规范图案彩，也大大地向前迈进了一步。绘画技巧在瓷器上的应用，不仅使制瓷工匠和艺人充分发挥了他们的智慧和才能，而且也使中国瓷器更增添了它的艺术魅力。同时，也为后代彩绘瓷器的出现，奠定了基础。

除上述的两个方面外，黑、褐釉瓷的广泛应用，影青瓷和釉上彩瓷的出现，都显示了宋代制瓷工艺的孳乳昌盛。宋代制瓷工艺的巨大成就，直接影响了与宋朝同时期的辽、西夏和金这些以少数民族为主体所建立的封建王朝。辽代的三彩瓷、西夏的白釉瓷和黑褐釉剔刻花瓷、金代的加彩瓷等，也都达到了相当高的工艺水平。

元代承袭了宋代制瓷工艺的成就和技术，突出地发展了瓷器的绘画装饰。从元代开始创烧的青花和釉里红装饰，把瓷器的造型艺术与绘画艺术有机地结合在一起，使我国生产的瓷器更加绚丽、美观。元代瓷器的胎骨厚重，器形较大。大型的缸、罐、壶、瓶、碗、盘、炉等器物，反映出蒙古族浑厚雄壮的气魄和民族个性。元瓷在绘画装饰的题材上十分广泛，内容也十分丰富，除了在器物的主体装饰上采用云龙、双凤、鸳鸯、牡丹、芭蕉、荷花、瓜果、人物故事等图案之外，在器物的顶盖、颈部和下部，还要以周圈的卷草、芭蕉叶、莲瓣缠枝、水纹波浪等纹饰作辅助花纹。这种在瓷器上满地繁缛的绘画，不仅让人耳目一新，也使中国瓷器的装饰出现了前所未有的意境。

在元代瓷器绘画装饰的基础上，到明代青花瓷成为中国瓷器制作的主流。明代的青花瓷，在绘画技巧上比起元代更趋娴熟和流畅，釉色也更加清新素雅。除此之外，在明成化年间开创的斗彩瓷，万历年间开创的五彩瓷，都为清朝彩瓷的大量烧制，敲响了前奏。

中国古代瓷器的烧制，在清代发展到了顶峰。清朝制瓷工艺的卓越成就，集中反映在康熙、雍正、乾隆年间。由于清朝康、雍、乾三代皇帝均酷爱瓷器，故中国的瓷器制造业在清代的前期，也极为繁荣昌盛。清代的制瓷成就也主要表现在两个方面：

第一，在单色釉瓷的制作上，清代的工匠不仅能准确地掌握原料配方，而且能充分把握烧瓷火候的变化。康熙年间烧成的开蓝、苹果青釉瓷和雍正年间生产的仿汝、官、龙泉、钧瓷均超过了宋代的制作水平。而明代中叶即已失传的红釉瓷，到清康熙年间又得以恢复。青花、釉里红瓷器的烧制比起元、明两代，也有了更高的成就。胎骨白釉较之明永乐年间的半脱胎更进了一步。雍正、乾隆年间烧制的单色釉瓷，其透明度很高，单色白釉瓷的洁白度，也明显高于前代的水平。

第二，由清代前期发展和开创的五彩、粉彩、珐琅彩等彩瓷的大量出现，更使中国瓷器享誉中外。清康熙五彩虽步明万历彩瓷的后尘，但与明万历彩有别，万历彩多显凝重，而康熙彩则剔透明澈。清雍正年间的粉彩，其作画技法与国画中的没骨画技法相似，色调、层次都比五彩柔和光润。珐琅彩更是将西洋画风，融于瓷器装饰，成为当时百姓和一般官吏都难得一见的宫廷专利品。五彩、粉彩、珐琅彩均属釉上彩，不仅需要胎细釉白，而且至少要二次入窑焙烧，对瓷胎质地的要求更高。清代瓷器的烧制技术和装饰工艺，在中国古代瓷器制造业发展史上，无疑达到了顶峰。

（原文载 1998 年 6 月 22 日和 7 月 6 日《银川晚报》收藏版）

中国古代瓷器的种类

——中国古瓷收藏之二

中国古代瓷器，不但生产历史悠久，精美质高，而且产量大，种类多。瓷器，按照用途可划分为日用器、陈设器和艺术器三大类；按照釉色可划分为单色釉瓷（包括部分套色釉瓷）和彩瓷两大类。我们在这里按照民间收藏的分类习惯，分类如下：

（一）单色釉瓷

单色釉瓷，是指釉色单一或偶有套色，但器表无花纹装饰的瓷器。主要有：

（1）青釉瓷

又称“豆青瓷”，简称“青瓷”，是中国古代传统的高温颜色釉瓷品种之一。它是在质白的生坯瓷胎上，施以含铁的金属氧化物着色元素的釉料，经过高温烧制而成。瓷器表面的挂釉有一层似新鲜青豆色的锃亮柔光，故有人以“豆青瓷”称之。青釉瓷最早出现在商周时期，魏晋南北朝以来逐渐成熟。隋唐时期江浙一带的越窑、婺州窑、瓯窑，宋代的龙泉窑、汝窑、耀州窑等著名瓷窑，都是以烧制青釉瓷而驰名。发展到清朝前期的康熙、雍正、乾隆三代，青釉瓷的烧制技术达到了巅峰。

（2）影青瓷

又称“映青瓷”、“青白瓷”，因其釉色白中泛青而得名。有人将影青瓷归为青瓷一类，其实影青瓷与青瓷无论在釉料的配制，还是在烧制技术上，均存在着很大的差异。由于影青瓷的烧制技术比较复杂，因而流行时间也比较短。影青瓷始于宋而衰于元，只流行了两朝百余年，就被其他色釉瓷所替代。

（3）白釉瓷

简称“白瓷”，是中国古代传统的高温颜色釉瓷品种之一。它是在质白的生坯瓷胎上，施以不含金属氧化物着色元素的釉料，经过高温烧制而成。器表釉色白润光亮、洁白喜人。白釉瓷创烧于魏晋南北朝时期，至隋朝初具规模。唐代河北地区邢窑和定窑的出现，促进了白瓷生产的迅猛发展。邢窑和定窑出品的白瓷器，胎质细洁，色泽纯白，素有“皎洁如玉”之比喻。南人将邢窑和定窑的白瓷与越窑的青瓷相对比，提出了“南青北白”之说。

（4）卵白瓷

因其釉色乳浊失透，白而微青，犹如鹅卵色泽，故名。元代景德镇窑创烧，胎体厚重，多带印花装饰。常见的是杯、盘、碗等小件器物。有些器物的内壁或内底，印有“枢”、“府”字样，表示是元代最高军事指挥管理机构—枢密院和宫廷官府定制，故也有人称之为“枢府瓷”。

（5）黄釉瓷

低温颜色釉瓷品种之一，是以铁锑元素为着色剂，素坯挂釉，经低温氮化焰烧制而成，釉色黄润晶莹。从宋代开始，每个朝代都有黄釉瓷的烧制，但就色泽和造型而论，以明弘治年出品的黄釉瓷器最为精良。明代弘治年间生产的黄釉瓷，釉色淡雅，光泽亮润，比例匀称，堪称中国黄釉瓷制作史上的精美佳品。黄色是中国古代皇权的象征，故颇受世人喜爱的黄釉瓷器，也成为瓷器收藏爱好者争相获得的收藏品。

（6）红釉瓷

又称“霁红瓷”或“祭红瓷”，为高温颜色釉瓷品种之一，创烧于元代晚期。红釉瓷以氧化铜为着色剂的釉料，经高温烧制而成。产品釉色鲜红亮丽，釉质纯净润泽。清康熙年间，在霁红瓷的基础上，又创烧出宝石红、豇豆红、胭脂红等一些新的红釉瓷器品种。宝石红瓷釉色厚润，光泽强烈，釉面有大片的冰裂纹及不规则形的牛毛纹，全器从上到下色泽不断加深，越往下红色越浓艳。宝石红瓷器的口沿处，一般都有轮状白线，称“灯边草”。由于宝石红瓷器，是清朝康熙年间郎廷极在江西任巡抚时，由景德镇官窑创烧的，故亦称之为“郎窑红”。豇豆红瓷的主要特征是，在柔和的粉红底色中，微显淡紫的色调，其中晕散着深红色的斑点，有的还呈现出少量的绿色或褐色的小点，犹如红豇豆，故名。

（7）蓝釉瓷

又称“霁蓝瓷”或“祭蓝瓷”，是高温颜色釉瓷品种之一。它采用以氧化钴为着色剂的釉料，经高温烧制而成。蓝釉瓷创烧于元代景德镇窑，鼎盛于明末清初，产品釉色深蓝亮泽，光莹滋润，娇艳夺目。明代宣德年间，景德镇窑创烧出一种蓝釉瓷新品种—洒蓝瓷，其制作过程是：用吹釉法先在坯胎上施一层白釉，然后又上一层蓝釉，再上一层半透明釉，经高温烧制成的器物，呈现出既不整齐也不匀称，而且釉层表面还凸凹不平，像是自然喷洒上去的斑点，晕散开如一片片雪花，因此也有人称之为“雪花蓝”。宣德年后，雪花蓝瓷器的烧制技法失传，至清朝初年才又复烧。康熙年间，还创烧了“天蓝釉瓷”新品种。

此外还有黑釉瓷、褐釉瓷、绿釉瓷等单色釉瓷，由于篇幅所限，就不再一一列举。

（二）彩瓷

彩瓷，是指在胎体的表面绘制了花纹图案，或呈现出多种色彩的瓷器。彩瓷根据施釉先后，一般又分为釉下彩和釉上彩。所谓釉下彩瓷，是在成型的器胎体上，以色料绘制出各种事先设想好的图案纹饰，再罩以透明釉，然后在高温下烧制而成的彩色瓷器。釉下彩始于三国时期，到了唐代长沙窑已运用得极为成熟，宋代又被磁州窑系各窑发扬光大，元代景德镇窑所烧釉下彩瓷日益昌盛。明、清时期，釉下彩瓷更得到了进一步的发展。所谓釉上彩瓷，是在已烧成的瓷器釉上，再用釉料绘画各种纹饰图案，然后入窑二次焙烧而成的彩色瓷器。釉上彩瓷图案艳丽，色泽光润，并具有比釉下彩瓷更强的立体感。釉上彩瓷始于宋，发展于元、明，至清代前期达到了炉火纯青的高度。

（1）青花瓷

中国古代的青花瓷，在世界范围内享有极高的声誉。青花瓷是以氧化钴为颜料，在器胎上直接绘画花纹图案，然后再施以透明釉，入窑于1300℃的高温下烧制而成。器表呈白地蓝花或蓝地白花的艺术效果。青花瓷始于元代，釉料采用进口的“苏麻利青”，是在中国传统的烧瓷工艺基础上，接受了阿拉伯彩绘艺术的影响，而产生的烧瓷工艺。明代，青花瓷的烧制达到了鼎盛。明永乐年间，朝廷在景德镇设置了由官方监制的御用场，专门烧制供皇室享用的青花瓷器。明永乐、宣德时所产的青花瓷器，胎质比元代的细腻洁白，器壁较薄，釉色浑厚、莹润、平滑。至成化年间，青花用料改为“平等青”，色泽明快淡雅，加上胎质纯洁，白釉莹润如脂，被国内外公认为中国青花瓷之最。明代后期，青花瓷器的生产规模增大，虽然质量有所下降，但器物的造型却更加优美。清朝初年，随着社会的安定和经济的繁荣，明朝晚期一度走下坡路的青花瓷生产出现转机。由于清康熙、雍正、乾隆三代皇帝嗜好瓷器，故这一时期的青花瓷大多制作得十分精美，胎质细腻，釉料浑厚，釉色莹润，色调纯正。清嘉庆以后出品的青花瓷，又开始滑坡，不仅比不上前三朝的精美莹润，且胎质厚重粗糙。

（2）釉里红瓷

高温釉下彩瓷品种之一。用氧化铜作釉下彩料，在胎体上绘画花纹图案后，再施以透明釉，经高温还原焰作用下，烧制成白地红花效果的彩瓷。釉里红瓷创烧于元代的景德镇窑，产品釉料浑厚光润，精莹美观，深得世人喜爱。但氧化铜的烧制还原技术较难掌握，故釉色纯正的较少，明代曾停止生产。清初，景德镇窑瓷匠为了满足酷爱瓷器的皇帝，奉命研究并逐步掌握了釉里红瓷的烧制技术，使釉色更加艳丽，色调更加纯正，完全达到甚至超过了元代釉里红瓷的艺术效果。因而，清康熙、雍正、乾隆三朝，是釉里红瓷生产的鼎盛阶段。元代还烧制过一些青花釉里红的彩瓷产品。

（3）窑变彩釉瓷

创烧于宋代钧窑，因而亦称“钧瓷”。最初的窑变彩釉瓷，可能是瓷匠在烧瓷过程中无意发现的。后来瓷器制作工匠有意识地在釉料中加入少量铜金属或微量的钛、钴、锰、铁等多种呈色的金属元素，并使这些金属呈色原料在釉料中形成不均匀的分布。上釉后的胎体入窑后，窑工们又通过控制窑火和窑温的办法，使釉料发生窑变，烧制出如海棠红、玫瑰紫等变色的釉瓷。窑变彩釉瓷的特点是：施釉肥厚，晶莹透润，色彩多变。其典型的海棠红、玫瑰紫等釉色，犹如美丽的夕阳与晚霞交相辉映。经过高温烧制而窑变形成的丝状花纹和斑点，有的似垂柳，有的如火焰，给人以艺术的遐想和美的享受。清雍正年间仿制的钧窑瓷，在宋、元钧瓷的基础上，窑变技术又有了新的发展。

（4）加彩瓷

始于宋、金时期，是磁州窑系的一个釉上彩瓷品种。制作方法是：在已烧成的白釉瓷器上，绘以红、绿、黄等釉色的花纹图案，再入窑用低温焙烧而成。迄今所见的加彩瓷器多属碗、盘一类的日常用器，花纹图案简洁明快，画风自由奔放，色彩鲜艳浓丽，具有浓郁的北方地区民间艺术特点。

（5）斗彩瓷

在瓷土坯胎上，用青料勾绘出花纹图案的轮廓线，罩以透明釉后，入窑烧成青花瓷，出炉后再于轮廓线内，用多种色料进行填彩、点彩、加彩、染彩，回炉经二次低温焙烧而成。烧成后的瓷器画面，形成釉下青花彩，与釉上鲜丽色彩的争奇斗艳，产生反差鲜明的艺术效果，故称之为“斗彩瓷”。斗彩瓷的烧制有两个突出的阶段：第一个阶段是明成化年间，斗彩瓷创烧和发展时期；第二个阶段是清康熙、雍正、乾隆年间，斗彩瓷的成熟时期。

（6）素三彩瓷

始烧于明正德年间的景德镇窑。烧制过程分两次完成：先是在制作好的瓷器坯胎上刻画线纹，罩釉后入窑进行烧制；第二步是在第一次烧成出炉的瓷器上，再填绘绿、黄、紫三种颜色的彩料，经二次低温焙烧而成。因烧成的瓷器不施鲜红色料，釉彩的花纹图案素朴淡雅，故名“素三彩瓷”。清康熙年间所烧素三彩瓷，技法更为多样，不仅有白地素三彩瓷，还有多种色地的素三彩瓷。

（7）五彩瓷

创烧于明朝宣德年间，是明、清两代景德镇窑烧制的釉上彩瓷新品种。五彩瓷的烧制，承袭了中国古代制瓷技术的丰硕成果，集中国数千年陶瓷工艺之大成，将低温色釉的传统工艺运用于彩绘与烧制工艺之中，成为中国古代瓷器制作工艺史上一个重要的里程碑。在明嘉靖、万历年间，五彩瓷的生产已具有了相当的规模。至清代，产品数量更是与日俱增。五彩瓷在明、清时期，与青花瓷相互争艳，代表了明、清两代彩瓷生产的两大主流。

（8）粉彩瓷

创烧于清康熙晚期的釉上彩瓷品种，是以不透明的“玻璃白”釉打底，初烧后再用水粉调和的彩料，借鉴国画的用粉及渲染技法，进行器表纹饰图案的晕染，之后入窑经第二次焙烧而成。粉彩瓷的纹饰图案具有浓淡相间，深浅有致，阴阳层次的特殊艺术效果。粉彩瓷器胎薄釉白，构图细致，纹饰工整，图案雅丽，画意盎然，笔法细腻，令人耳目一新。由于粉彩瓷与五彩瓷相比，色调更显柔和，故又称之为“软彩”。清雍正、乾隆年间，成了官窑瓷器中的主流。因粉彩瓷器的烧制技术难度较大，所以产量十分有限，能够流传至今的数量极少。

（9）珐琅彩瓷

又称“瓷胎画珐琅”或“料彩瓷”，是中国瓷器中的名贵品种之一。

为清康熙、雍正、乾隆三朝的宫廷御器。珐琅彩瓷是将中国传统的制瓷工艺，与由法国传入中国的画珐琅技法相结合，而产生的一种釉上彩瓷品种。酷爱中国瓷器的康熙皇帝，极赏识和喜爱珐琅彩的凝重风格，下旨令景德镇窑在瓷器上采用珐琅彩试烧，经反复实验烧制成功。珐琅彩料最初都是从国外进口，故开始烧制出来的珐琅彩瓷，也被称为“洋瓷”。清雍正年间，宫廷制造处自己摸索出烧炼珐琅彩料的配方和方法，于是不再依赖于进口。珐琅彩瓷的胎质，必须具备薄、轻、坚、细、洁五个方面的要求，绘画更是精益求精。图案微微突起，精细华贵，色彩绚丽，具有很强的立体感。图案的题材，以花鸟、人物、山水、婴戏、罗汉等为主，有的还配以相应的题诗，使之成为诗、书、画与制瓷工艺紧密结合的艺术珍品。清朝前期的珐琅彩瓷，是宫廷垄断使用的珍贵艺术品，故产量很少，现存世仅400余件。珐琅彩瓷在当时不要说一般百姓，就是中下层和许多高层官吏，也不得一见。

（10）绞胎瓷

中国瓷器大家族中一种十分别致的品种，创烧于唐代。其制作过程是：把白色与灰色或者白色与赭色两种不同颜色的瓷土，分别制成长片形状的泥料，然后叠放拧绞成双色瓷胎料，用以制作各种器坯，器表施透明釉后入窑烧成瓷器。绞胎瓷虽非彩釉瓷，但器物通体布满了羽毛状或类似木纹的装饰，产生别具一格的艺术效果，十分美观。迄今在河南、陕西等地唐代墓葬中出土的绞胎瓷器，多为杯、碗、三足小盘、长形小枕等器物。传世的绞胎瓷则以瓷枕居多，唐人称之为“花枕”。

（原文载1998年7月20日、8月3日和8月24日《银川晚报》收藏版）

中国古代著名瓷窑

——中国古瓷收藏之三

收藏和研究中国古代瓷器，不能不了解中国古代的著名瓷窑。瓷窑，不仅是瓷器产生的摇篮，而且也是研究和区分各种不同风格瓷器的重要依据。

从古到今，在中国大地上曾出现过许许多多的瓷窑和窑场，其中著名和较为有名的主要有：

越窑

在今浙江省余姚上林湖一带（古时地属越州），始烧于东汉，终止于宋代。是我国宋代以前青瓷生产规模最大，产品质量最高的的著名瓷窑。越窑所产瓷器，质地细腻致密，瓷胎呈灰白色，施釉厚薄均匀。早期产品釉色青中微黄，光亮透明，经不断改进提高，釉色呈现出清水般的湖绿色，花纹图案以刻画花鸟、人物和几何图形为主。

瓯窑

在今浙江省温州、永嘉、瑞安一带，始烧于东汉，终止于宋代。瓯窑瓷器胎质色白细腻，釉呈淡青，透明度较高，古人称之为“缥瓷”。瓯窑瓷器品种大多与越窑相同，且注重器物的造型。晚唐时期，产品釉色纯青或青黄，滋润如玉。尤其是仿花果造型的碗、盘、壶、盏等瓷器，形象、活泼、秀丽。

婺州窑

在今浙江省金华地区，始烧于三国时期，停烧于元代。唐、宋时期，窑场遍布于金华、兰溪、东阳、永康、武义等地。西晋晚期，始用红色粘土做坯胎，烧成后的瓷胎呈深紫或深灰色。由于使用了白色化妆土，婺州窑生产的瓷器釉层更显得滋润柔和，在青灰或青黄釉色中，微微泛出淡褐色。青釉面开裂，并有奶白或奶黄色的结晶体析出，是婺州窑所产青釉瓷器的特点。婺州窑生产民间瓷器，器类虽少于越窑。但风格朴实大方，刻画花纹简洁，精品中有翠青、蛋青、草青、粉绿等釉色，并富有光泽。主要器物为盘口壶、罐、盆、碗、瓶等日用器皿，多数制作粗糙。三国、晋、唐时期，还曾生产过家畜圈、水井、多角瓶、堆纹瓶等冥器。

铜官窑

在今湖南省长沙铜官镇瓦渣坪，亦称“长沙窑”、“瓦渣坪窑”。唐代著名瓷窑，唐代以后断断续续烧制至今。烧制的瓷器釉色，有青、黑、白、黄等，并首创了釉下彩和在青釉或白釉下绘画云纹、几何形纹的装饰技法。此外，还烧制有单色釉瓷和模塑贴花、印花、刻花、堆花等装饰的器物。器类有壶、瓶、杯、盘、碗、灯和各种动物型器物。

寿州窑

在今安徽省淮南上窑镇、马家岗、余家沟和外窑。隋代称“淮南窑”，烧制青瓷。唐代改称“寿州窑”，并创烧黄釉瓷，成为著名瓷窑。陆羽《茶经》有云：“寿州瓷黄，茶色紫”。寿州窑所产瓷器使用了化妆土，釉层透明，釉面光滑，有细小的冰裂纹，呈蜡黄、鳝鱼黄、黄绿等釉色。器型有碗、盏、杯、钵、注子等，坯胎制作采用轮制、模制和手制三种方式。器物胎厚、多平底。

洪州窑

在今江西省丰城赣江西岸的罗湖（古时地属洪州），始烧于魏晋南北朝末年，终烧于唐代晚期，是唐朝著名的瓷窑。洪州窑以烧青瓷为主，釉色青中泛黄，一般较淡。釉色较深的青中泛褐，也有黄褐色釉瓷，胎体多加工得不够精细。另烧制一种青绿色釉瓷器，色调比较深沉。洪州窑瓷器多在器物的周边，印刻对称排列的图案形花朵、花叶，比较讲究装饰。

定窑

在今河北省曲阳涧磁村、燕山村（古时地属定州），宋代著名瓷窑，始烧于唐代，终止于宋代。以擅长烧制白瓷而闻名于世，所烧白瓷胎薄而坚，施釉极薄，白中微黄，呈米白色，可透而见胎。产品以盘、碗等食器为主，瓶、壶较少，瓷枕更为罕见。多素面白瓷，少量有图案装饰的器物，常采用印花、刻花、堆花等方法制成。印花图案秀丽典雅，形态自然，虽巧妙夸张，但构图严谨；刻花、画花较印花更为活泼生动，别具一格。定窑的装饰技艺之精巧，令世人惊叹不已。定窑除烧制白瓷外，也兼烧黑、酱、紫、绿等色釉瓷器。其中紫色釉“灿紫晶澈，如熟葡萄，璀璨可爱”，别具一格而驰名中外。北宋晚期，定窑曾一度专烧宫廷用瓷。迄今所发现的山西平定窑、孟县窑、阳城窑、介休窑和四川彭县窑等窑址所出的白瓷，风格与曲阳定窑相近，属同一窑系产品。

耀州窑

在今陕西省铜川黄堡镇，创烧于唐代，鼎盛于宋代，明代以后断断续续烧造至今。虽声誉不如宋代五大名窑，但其胎质坚实，釉色清新淡雅，雕刻花纹富丽堂皇的独特风格，赢得历代瓷器爱好者的青睐。耀州窑从唐代开始烧制一些白、青、黄、黑等单色釉瓷。唐代晚期，青瓷生产逐渐成为主流。至北宋末年，达到了高峰。北宋耀州窑吸取了五大名窑的烧制技术，并大胆地在纹饰上创新，首创浮雕技法，雕刻出各种复杂、美观、具有强烈主体装饰效果的纹饰，这是其他一些著名瓷窑远所不及的。其所烧青瓷胎薄，质灰白，釉色均匀、纯净。器型以碗、盘、碟、罐、盒、瓶为主。花纹多为结构严谨、构图丰满的印花和挥洒自如、刀法流畅的刻花，风格豪放，美观大方。花纹图案的题材有牡丹、菊花、莲花鱼、鸭、龙、凤等，以莲花图案最常见。北宋神宗至徽宗年间，耀州窑瓷一度成为宫廷贡瓷。与之同时或稍晚，仿耀州窑瓷的有：河南临汝窑、宜阳窑、宝丰窑、新安城关窑、禹县钧台窑、内乡大窑店窑等，从而形成一个与南方越窑系风格不同的北方青瓷窑系。金、元时期，耀州窑青釉瓷器的胎釉较粗厚，花纹图案也略简单，比起宋代的产品，已大为逊色了。

汝窑

在今河南省临安、宝丰一带（古时地属汝州），是北宋初年为满足宫廷特需而设立的瓷窑。位居当时“汝、官、哥、定、钧”五大名窑之首。所烧瓷器胎质细腻，呈深灰色，俗称“香灰胎”，器壁有厚有薄。釉色以淡青为主，开有细小纹片，好似雨过天晴，光亮莹润。亦有豆青、虾青、天青和茶色青，尤以粉青釉瓷烧造最精。主要器形有碗、盘、洗、瓶、尊等，通体施釉，底部常留有支烧的细小支钉痕迹。釉色均匀、光亮、莹润、纯净。装饰手法多为釉下印花，刻花较少。花纹图案的题材以花鸟为主，但以缠枝花最具特色，图案布局合理，构图严谨、美观、大方。虽为北宋宫廷烧制贡器的时间不长，但器物造型美观，质地精良。所谓“汝窑无大器”，是指目前发现的器物主要为碗、盘、碟、盂、洗等小型器物。

钧窑

在今河南省禹县（古时地属钧州）古钧台和神垕镇一带，宋代五大名窑之一。创烧于唐代，宋朝达到鼎盛。明、清以来，断断续续烧造至今。钧窑瓷器胎厚、质细、性坚、体重，釉具五色，浑厚浓润。釉分两种：一曰细平釉；一曰桔皮釉。钧窑制瓷工匠在釉料的配制中，主要是利用了氧化铜和氧化铁呈色不同的特点，烧制过程中又通过控制火焰和炉温等办法，使之产生窑变，从而烧制出蓝中带红或蓝中带紫的变色釉瓷。钧瓷的基本釉色为通体天青相间红紫斑点，红、紫色泽如玫瑰、海棠，花纹错综复杂，潇洒自如，绚丽多彩，灿烂夺目。其典型的玫瑰紫红、海棠红色，有的就像天女散花，有的犹如夕阳与晚霞交相辉映。其中部分佳品的底部刻有数字号码，可能是为宋朝宫廷专烧的贡器。除禹县外，在邻近的临汝、郏县、登封、新安、汤阳、安阳和河北磁县等地，都有仿烧钧瓷的瓷窑，形成了颇具特色的钧窑体系。

哥窑

在今浙江省龙泉的大窑、金村、溪口、瓦窑墙等地，南宋时期的著名瓷窑。曾与汝、钧、官、定一起，并称宋代五大名窑而名扬海内外。据明嘉靖四十年（1561）刊刻的《七修类稿续编》记载："哥窑与龙泉窑皆出处州龙泉县，南宋时有章生一、生二弟兄各主一窑，生一所陶者为哥窑，以兄故也；生二所陶者为龙泉，以地名也。其色皆青，浓淡不一，其足皆铁色，亦浓淡不一。旧闻紫足，今少见焉。惟上脉细薄，釉色纯粹者最贵。哥窑则多断纹，号曰百圾破。"哥哥经营的瓷窑外人称之为"哥窑"，而本名"琉田窑"；弟弟经营的瓷窑外人称之为"弟窑"，本名为"龙泉窑"。兄弟二人烧制的瓷器，在当时都很有名。哥窑烧制的瓷器特点是：黑胎厚釉，紫色体铁色足，釉面开大小纹片，釉的乳浊性较好，色调淡雅。其中一些名贵产品，开片纹线用人工着色，被世人称之为"金丝铁线"。

龙泉窑

在今浙江省龙泉的大窑、金村等地，南宋时期的著名瓷窑，创烧于五代，鼎盛于宋代。其产品的特点是：胎薄质细，釉色莹润清澈，色泽柔和如玉，尤以粉青和梅子青为之最。器类丰富，除生产一般的日用器皿外，还烧制各种文房用具和仿古瓷器。龙泉窑瓷的装饰采用堆塑和贴花，并利用坯胎与釉料热胀系数的不同，使釉质的“开片”有疏有密，有粗有细，形成“鱼子纹”和“百圾碎”等花纹，产生各种不同的装饰效果。南宋盛期，除在龙泉境内有众多窑场外，邻境的庆元、遂昌、云和亦有不少烧制与龙泉窑产品相近的瓷窑，形成了继越窑之后，中国南方又一个新的青瓷窑系。元代龙泉窑系瓷窑扩大到丽水、永嘉等地，大量瓷器远销海外。明代虽在继续烧制，但质量已远不及宋代产品。清朝中期以后，龙泉窑瓷逐渐衰落。

磁州窑

在今河北省邯郸市漳河两岸的观台镇、彭城镇、东艾村、冶子村一带，（古代地属磁州）始烧于唐代末期，最初以烧制黑、褐、白釉瓷器为主，只烧一些碗、盘、瓶、盆、罐、缸之类的民间日用品。及至宋、元时期，烧窑工匠对器形、釉色和纹饰都进行了变革，烧制以白地黑花或黑地白花为特征，以民间喜闻乐见的马戏、童趣（如孩童钓鱼、捉迷藏、池塘赶鸭等）为题材的器物，深受民间的喜爱。器型除碗、瓶、罐等日用器皿外，兼制瓷枕和玩具。磁州窑烧制的瓷器，胎质呈灰白色，坚硬而细腻，白釉瓷釉色白中带黄，上有黑、褐花纹，器内多不挂釉。有绘花、划花、剔花、珍珠地划花等多种装饰工艺。纹饰以卷叶、缠枝牡丹、水波、花卉、禽鱼等为多，构图洒脱，线条流畅，具有北方民间瓷器的独特风格。

景德镇窑

位于今江西省景德镇市。景德镇原名为昌南镇，北宋景德年间因烧制的瓷器精致美观，获得宋真宗赵恒和朝廷高官们的赞誉和青睐，而被命名为景德镇。景德镇窑始烧青瓷于唐高祖武德年间，经五代至北宋烧制技术逐渐成熟，开始烧制质良物美的青白瓷。尤其是宋室南迁以后，北方定窑的烧制技术被带到了南方，景德镇仿烧定瓷，成功地烧制出胎体釉色纯白如粉的器物，被称之为“粉定”。瓶、碗、盘、碟等器物的口沿，还时常做成瓜棱、花瓣等形状。受定窑的影响，景德镇所烧的青白瓷逐渐出现印花、刻花、划花、贴花等多种装饰工艺，并烧制出胎体轻薄、釉质透明，器表花纹在迎光之下若隐若现的隐青（亦称“映青”、“影青”）瓷器。元代的景德镇窑成功地创烧了青花、釉里红和红釉等品种。在元代烧瓷技术突飞猛进的发展基础上，至明清时期，景德镇自然而然地成为中国的瓷器烧制中心，烧制出许多著名品种。如较元青花更进一步的明永乐、宣德年间的青花、红釉、青釉，成化年间的斗彩，正德年间的孔雀绿釉，嘉靖、万历年间的五彩等。清康、雍、乾三朝的青花、五彩、祭红、祭兰、天青、粉彩、珐琅彩、素三彩等，更是以胎细釉润、花纹精美而风靡于世，景德镇也成为中国名副其实的瓷都。

当阳峪窑

在今河南省修武县当阳峪，宋代北方民间瓷窑。生产的瓷器胎质呈深褐色，器外多饰一层陶衣。器物内外皆施釉，釉色洁白莹亮，衬以黑地或黑花，黑白色彩对比反差强烈。花纹以缠枝牡丹居多，有绘花、刻花、剔花等装饰工艺。此外，还生产绞胎瓷，技艺精湛，风格独特。

鹤壁窑

在今河南省鹤壁市，宋元时期北方民间瓷窑。始烧于唐朝末年，北宋中期至元较为兴盛。生产的瓷器有盘、碗、壶、罐等器型。唐代烧制的瓷器多白釉和黄釉，宋元时期则以烧制白釉瓷为主，有白地黑花、白地绿彩等，使用绘花、刻花、剔花等装饰技法，刻绘出明了简洁的花卉、禽鱼等图案。器内往往刻有赵、杨、张、刘等姓氏铭文。元代除烧制传统的品种外，还仿烧钧窑的瓷器。

缸瓦窑和林东窑

缸瓦窑在今内蒙古自治区赤峰以西的缸瓦窑屯，辽代瓷窑。产品主要为粗质白瓷，同时也烧制少量的细白瓷。此外，还烧制三彩及单色釉陶器。白瓷器物多为盘、碗、杯、碟等日用产品，装饰方法有印花、刻花、画花、剔花，以印花为主。

林东窑在今内蒙古自治区巴林左旗辽上京故城的窑城内，辽代瓷窑。主要烧制质地精良的白釉瓷器和黑釉瓷器，此外也烧制绿釉瓷器。器物有盘、碗、杯、碟、盂、盒、瓶、壶、罐等。辽代瓷窑的烧制工艺，主要是受到北宋定窑和磁州窑的影响。

灵武窑和插旗沟窑

灵武窑在今宁夏回族自治区灵武磁窑堡，始烧于西夏时期，元代以后逐渐衰落。主要产品为白、黑、褐、青、茶叶末等色釉瓷及少量的紫釉瓷，同时也烧制两种釉色的套色釉瓷。装饰技法有刻釉、剔刻釉、刻化妆土、剔刻化妆土、印花、点彩和雕塑等，尤以白、褐、黑釉剔刻花瓷颇具特色。器物种类繁多，以用途分类有生活器皿、文房器具、娱乐用品、雕塑艺术品、建筑材料和兵器等。在生活器皿中，适合于在马背或骆驼背上使用的瓷扁壶，极具民族特色。高圈足的碗、盘、杯、钵、豆等器物，更反映了西夏党项民族的生活习俗。灵武窑瓷器圈足“挖足过肩”，是其工艺上的又一特点。灵武窑瓷器的烧制工艺，主要是受北宋磁州窑和耀州窑的影响。

插旗沟窑在今宁夏回族自治区贺兰山插旗沟内，西夏时期一处专为宫廷烧制瓷器的秘窑，只烧制白釉瓷器。主要器物有碗、盘、钵、瓶、豆、罐等，皆素釉并带有冰裂纹。插旗口窑烧制的白釉瓷器，胎厚质白，造型优美大方，釉色晶莹透亮，白中泛青。

德化窑

在今福建省德化市，始烧于北宋时期。迄今发现从宋至清的历代古窑址约180余处。德化窑烧制的青白瓷，装饰题材丰富，在南方地区首屈一指。明代盛烧白瓷观音、达摩等宗教人物的塑像，所烧人物造型生动、形象逼真，神态自如，衣纹飘然若动。胎细釉白，浑然一体，近似白玉，被誉称为“象牙白”、“奶白”或“天鹅绒白”。清代除烧制白瓷外，还烧制青花和彩绘瓷器。

建窑

在今福建省建阳市水吉镇芦花坪，因宋时地属建州建安县，故名建窑（历史上亦称建安窑）。始烧于唐代晚期，盛烧于两宋，而衰于元代。主要烧制青瓷、青白瓷和黑釉瓷，其中以黑釉瓷最负盛名。宋代流行斗茶，建窑瓷胎含铁量高，一向有“铁胎”之称，其所烧茶具—黑釉盏，以胎体厚重、质粗而坚，色泽乌金，釉面垂流窑变而形成“兔毫”、“油滴”、“鹧鸪斑”等自然纹饰，颇受皇臣贵族们的喜爱。其中的“曜变天目釉”，更是受到日本茶道界的推崇。

吉州窑

位于江西省吉安县永和镇境内，隋朝至宋代吉安称吉州，故名“吉州窑”。始烧于晚唐，兴于五代、北宋，盛于南宋，而衰于元末。南宋时期，永和陶瓷业兴旺，“辟坊巷街三市”，“七十二条花街”营瓷店铺数千户，百尺高楼上万家。吉州窑以生产青釉、乳白釉、绿釉、黑釉和彩绘釉为主，产品在宋元时期就大量出口日本、朝鲜半岛和东南亚地区。由吉州窑创烧的“树叶纹天目釉”瓷和“剪纸贴花天目釉”瓷，则更是别具匠心，独一无二。

邛窑

在今四川省邛崃县代方堂（古时地属邛州），始烧于隋代，兴盛于唐代，宋代停烧。以烧制青釉、褐釉、绿釉和彩绘釉瓷器为主，器型主要为碗、盘，此外还烧制各种捏塑的瓷玩具。

邢窑

在今河北省临城县（唐代地属邢州），唐代瓷窑，以烧制白瓷而著名。所烧白瓷胎质细洁，釉色白润。

柴窑

在今河南省郑州一带，相传为五代后周世宗柴荣时烧造瓷器的著名瓷窑。以烧制青釉瓷而闻名，据文献记载，柴窑所烧瓷器“青如天，明如镜，薄如纸，声如磬”，但迄今为止尚未见到有柴窑生产的瓷器传世或出土。

中国古代著名瓷窑当然远不止上述这些，有些窑址由于尚未进行详细的考古调查和发掘，对它们的了解还不够全面和深入，有些窑址还有待于发现。

（原文载1998年9月21日、10月5日和10月19日《银川晚报》收藏版）

中国古代瓷器的辨伪与断代

——中国古瓷收藏之四

鉴别中国古代瓷器的真伪与生产年代，是一项科学性和技术性很强的工作，不仅需要有一定的理论水平和中国古瓷发展历史的基础知识，而且还要掌握正确的鉴定技能和方法。

在我国，对传世古瓷的鉴定，目前基本上采取以肉眼观察的手段。即使是使用现代化仪器进行测试，也依然离不开古瓷鉴定学家肉眼的观察。因此，若要鉴定准确，少出差错，鉴定者自身必须具有“慧眼”。社会上有许多古瓷收藏家和古瓷爱好者，都希望自己能够具有一双“慧眼”，以便对古瓷辨别真假、断定年代。但不知该怎样来练就这双“慧眼”。其实，要想练就一双能够对中国古瓷辨伪与断代的“慧眼”，除了勤学苦练之外，没有捷径可走。

所谓“勤学”，就是要勤奋学习与古瓷鉴定有关的书本知识和不失时机地向行家请教。所谓“苦练”，就是在勤学的基础上，对中国古瓷作深入细致地反复观察。中国有句俗语，曰“冰冻三尺非一日之寒”。古瓷鉴定水平的提高，同样不是一朝一夕所能实现的，必须经过长时间的勤学苦练，不断积累各种必备的知识和鉴定实践的经验，并善于总结和研究，才会使自己的鉴别能力逐渐地真正有所提高。

对古瓷进行人工辨伪和断代的过程，实际上是一个认真、仔细地观察过程；是鉴定者对被鉴定物方方面面所反映出来的各种信息，同那些已知的、有确切年代可考的器物进行比较的过程。因此，在鉴定者的头脑里，首先要存有对中国各朝各代所产瓷器特征和工艺水平认识的大量信息，否则在鉴定时就无法进行比较。当然，对各朝各代烧制的瓷器认识得越广泛、越准确、越深刻，鉴定者在鉴定过程中的可比性也就越大。

鉴定一件瓷器，首先要从辨伪入手，其次才是断代。对被鉴定物如果连真伪都分不清，那么断代也就毫无意义了。古瓷鉴定应该从哪些方面着手呢？

一、观察器物的外部造型

器物的外部造型具有比较明显的时代特征。由于在中国历史上，各朝各代的政治、经济、文化不同，因而反映在人们的审美观念上，也具有明显的差异，所以会形成各朝各代人们不同的审美观。再加上受瓷器烧制技术的局限和使用环境的变化，构成瓷器一定的时代造型特征。这一特征，为我们建立器物类型学奠定了基础。

所谓“器物类型学”，是一门研究器物造型发展、演变规律的学科。利用器物的造型变化，进行器物辨伪和断代，是器物类型学的一种研究方法。通过对器物外部造型的分析，并参照器物形成的其他要素，来判断器物的真假或所生产年代，是古代瓷器鉴定的手段之一。

从总体上来讲，古代瓷器的造型有两大发展趋势：其一，由于瓷器制作技术的不断提高和工艺水平的逐渐完善，因而反映在器物的造型上，则是从简朴到日趋复杂；其二，由于我国宋代以前尚未发明坐凳和背椅，人们在餐饮时多为席地或盘炕而坐，故餐饮瓷器一般都相对较高。宋代以后，因使用环境的变化，餐饮器也随之降低。

然而，就具体朝代来说，由于统治者所代表的是不同民族的不同性格、情感、政治主张和生产力发展水平等等，而反映在瓷器的造型上，也会形成各朝各代明显的特征。如宋、明瓷器从总体上给人以清秀明快的感觉；元代瓷器大多厚重古拙；清朝瓷器则五彩缤纷，器类繁多。

观察古瓷的造型，除把握其总体发展趋势和各代总体特征外，还必须掌握各朝各代各类器物具体的制作特点。如常见的元代大碗，一般为直口、圈足、腹部下垂、底足内部无釉（俗称“墩子式”）；元代大盘，一般为底厚体重，圈足砂底，盘身弧度小而浅，底径略短。由于体积过大，多有翘棱、夹扁、凸底、凹心等缺陷。一般的圈足碗、碟、耳杯等，底心凡露胎的多有一脐状突起。有些器物则为元代仅有的造型，如八方带盖拇瓶、小口短颈砂底四系方扁壶、花口花底足大盘等。明代的瓷盘、瓷碗等类产品，底部中央多外凸内凹，圈足也较元代同类器大。明代中期生产的瓶、罐、壶等一类产品，肩腹部多留有明显的接痕，有的用肉眼就能够看得出来，有的用手抚摸便能感觉出来。清代以后，由于对接旋削技术的提高，这一现象已不多见。清代瓷器在造型上品类繁多，许多器物的造型都有明显特征。特别是清乾隆时期，瓷匠们别出心裁，烧制出诸如转心瓶、合体瓶以及花篮、扇子、书式金钟罩一类造型别致的式样，根据造型便可确定其制作年代的上限，不会早于清乾隆时期（即乾隆或乾隆以后的产品）。

二、观察瓷器的花纹装饰

瓷器的外部装饰，无论是题材，还是工艺和技法，其发展趋势都是由简单到复杂。宋代以前的瓷器，除个别窑生产的产品有简单装饰外，绝大部分的瓷器均无装饰。宋代则较多地使用了刻、剔、划、印等装饰技法，使单色釉瓷器显得更加美观和高档。元瓷继承了宋瓷制作的这些传统技法，又创出了贴花、绘花、剔刻花等多种多样的技法，使单色釉瓷的装饰更为丰富。

元代除有上述的单色釉瓷装饰外，还创烧了青花和釉里红装饰瓷。青花和釉里红装饰技法，开创了绘画艺术与造型艺术相结合的先河，这是元代对中国瓷器制作工艺发展的巨大贡献。但是在明代的文献中对元代制瓷工艺的这一巨大成果，未能作出公正的记载，至使元青花在数十年前还不被学术界所认识。一些外国学者在流失海外的青花瓷上发现有确切的元代年款，提出中国元代就有青花瓷的生产，我国的考古工作者后来又在元代的遗址、墓葬中发现了青花瓷器和大量的青花瓷片，才使得元青花瓷得到了正名。

元代在青花、釉里红瓷的装饰上具有层次繁密的特点，有的青花纹饰多达七八层，且每层又各具特色。在构图上不仅注重主次协调，还惯用连续的花边纹饰，如串枝牡丹、串枝灵芝、缠枝菊、芭蕉叶、水浪、鱼鳞、龟背、卷草、方格及回字等纹饰。主题画面更是以人物、动物、植物、山石和象征吉祥富贵的宝物为题材。

明代瓷器的装饰，往往以一种或几种动植物为主题纹样，配以其他纹样构成一幅完整的图案。明代早期的青花瓷，常用牡丹、菊花、束莲、灵芝、花果等植物纹和龙、凤、孔雀、麒麟、狮子、鸳鸯等动物纹为主题图案。明宣德时期又盛行牵牛花图案，同时配以芭蕉叶、缠枝莲、仰莲、覆莲或如意祥云等纹饰，构成辅助图案。

“八宝”是中国古瓷器上的传统图案。元代瓷器上以八宝为题材的图案，占有相当大的比例，但宝物较杂。不像明代基本上都是法轮、法螺、宝伞、白盖、莲花、宝罐、金鱼、盘肠这八种在佛教供桌上供奉的“八吉祥”。明代后期的瓷器上，也普遍出现了杂宝，且不限于八宝，而是将钱文、祥云、灵芝、书画卷轴、鼎、元宝、犀角、方胜、磬、红叶、艾叶、蕉叶、珊瑚等组合在瓷器的主题图案中，形成了内容多样的画面。

璎珞作为一种佛教装饰纹，在元代瓷器上也较多使用，而明嘉靖年间则特别流行。明代各朝皇帝除普遍倡导佛教外，也极力推行道教。尤其是嘉靖、万历两朝皇帝笃信道教，因此嘉靖以后，八卦、八仙、暗八仙（即八仙的手持物）和云鹤等图案十分风行，如“八仙过海”、“八仙捧寿”、“三仙炼丹”、“乾坤六合”等。

鱼藻纹在元代和明初就已运用，至嘉靖年间的青花瓷上尤为普遍。早期的瓷器上只画一条鲫鱼，以后逐渐演变成在瓶、罐、盘、碗上画鲭、鲌、鲤、鲫四种鱼，相互对称。有的还在空间衬以浮萍、水草、莲花纹等。

龙纹在元以后的各朝瓷器上运用也较广泛，但各朝在龙的画法上却不尽相同。一般来讲，元龙轻盈，明龙清秀，清龙雄伟；元龙普遍画为三爪，明至清初画为四爪，清代较为普遍地画为五爪。

在瓷器的花纹装饰上，还有许多可以细细观察之处，分清了各朝各代在瓷器花纹装饰上的差异，有助于对瓷器真伪和年代的辨别。

文字图案最早出现在明永乐、宣德年间。起初用阿拉伯文或梵文作装饰性图案附加在瓷器画面上。嘉靖、万历年后，发展成用花朵环绕构成“捧字”图案。同时还出现了“福”、“寿”等以汉吉祥字为主题图案的民窑和官窑器，以及以谐音、吉祥语作装饰的题材，如“寿山福海”、“福寿康宁”和用三羊图案所象征的“三阳开泰”等等。

受元代以来木刻版画的影响，明宣德至正德年间，以仙山楼阁为背景的人物故事画在瓷器上比较多见，内容包括神仙高士、闺阁少妇、元曲故事等。标榜元代文人墨客“儒雅清高”气节的松、竹、梅“三友图”，在元末明初的青花瓷上也十分流行。

以婴戏为题材的图案，早在唐长沙窑、宋磁州窑和景德镇青白瓷上就已运用，但最为风行的还是宣德、正德和嘉靖时期。明成化年间的青花瓷上花鸟题材运用得较为普遍，鸟的种类也比以前更多。画面上鸟栖枝头，唧唧细语，形象生动。成化年间创烧的斗彩瓷器，画面则有“芳草斗鸡”、“人物莲子”和各种虫草花鸟。

清代瓷器的图案纹饰，不仅题材丰富、五彩纷呈，而且更为成熟和有规律性。清瓷的彩绘装饰，大致可分为两大类：一类是图案性装饰，如以缠枝牡丹、缠枝菊、缠枝莲等组成的缠枝花纹；以团龙、团凤、团鹤等组成的团花纹饰；以及以龙、凤、云龙、饕餮、云雷、回字、海波等组成的固定纹饰。另一类是以花卉、山水、鸟禽、人物故事等为题材的绘画装饰。花卉题材在康熙五彩和雍正、乾隆粉彩瓷器上尤为突出，常见的有月季、蔷薇、梅花、玉兰、绣珠、海棠、葡萄、石竹等，都给人以细纤繁艳、逼真动人的感觉。

“过枝”技法的运用在清瓷中已经十分成熟，不仅能在器物的外壁和内壁之间过枝，而且还发展到器身和器盖之间的过枝。

三、观察瓷器的款识文字

在瓷器上出现款识文字始于唐宋时期。考古发现唐宋时期瓷器上的款识基本上都是官字款。其上的“官”字，并非表示由官窑烧制，而是示意专管宫廷用瓷的“甄官署”定烧。据文献记载，宋真宗景德年间，以年号命名景德镇窑名，景德镇官窑又以“景德年制”为款识，但迄今为止还未发现有此款识的景德镇瓷器实物。

瓷器上的款识名目繁多，大致上可划分为年款、名款、吉赞语款和图案款等四大类。其中年款包括纪年款、干支款、朝代款等；名款包括堂名款、宫（殿）名款、府名款、馆名款、斋名款、居名款、轩名款、书屋名款、山房名款、人名款、窑名款等；吉赞语款包括吉语款、赞语款等；图案款包括动物纹款、植物纹款、宝物纹款、花押纹款、圆圈纹款等。

瓷器落款的位置不一，有的在容器的颈部，有的在肩部，有的在腹部，但多数则在底部。一般来说，唐宋瓷器极少落款，元代至明代中期的瓷器落款多见于容器的肩、腹部，明成化以后逐渐转向底部落款，清代瓷器则绝大部分落款于容器底部。

瓷器上的落款方式也有所不同，有刻款（又分阴刻和阳刻）、书款、印款等区别。款识文字也有楷书、篆书、行书、草书、隶书之分。刻款出现较早，在广东潮州笔架山宋代窑址中出土的瓷片上，就有“治平三年造”字样的刻款。比此更早的还有一件白釉瓷盖罐腹部刻有宋“至道元年四月”的纪年款。但刻款在瓷器上也不常使用，因而刻款瓷器的数量并不多。早期的书款，较多地出现在器物的颈、腹部，北京故宫博物院收藏的一件元磁州民窑烧制的菊花纹罐，在肩部落款“至正十一年七月廿九日小河东陈家翔造”，即为书写款。明代以后，也有一部分书写款出现在瓷器的底部。瓷器上印款的使用较为普遍，特别是清代瓷器绝大部分都采用了印款。

1. 年款

目前发现最多的是年款中的纪年款，如："大明洪武年製"、"永樂年製"、"康熙年製"、"大清光绪年製"等等。纪年款直接示意瓷器烧制的年代，因而对辨别瓷器的制作年代，是官窑还是民窑，抑或后朝伪造的赝品等，都具有十分重要的意义。官窑瓷器落纪年款，始于明初，至清代逐渐成为定制。明永乐初，宫廷在景德镇设御器厂，烧制的御瓷，大多书写、刻、印篆书体"永樂年製"四字，也有少数用楷书体书写的。如在景德镇御器厂遗址明代地层中，就曾出土过在口沿用釉里红书写楷书体"永樂元年"和"永樂肆年"的残器。清代官窑瓷器所落纪年款，一般都采用"大清××年製"或"××年製"、"××御製"六字或四字款。由专人书写，字体工整，苍劲有力，笔画流畅。但各朝在书体上使用比例上有所不同。康熙官窑纪年款楷体约占95%以上，而篆书体只占不足5%；雍正朝则楷、篆并用，比例相当；乾隆时虽亦楷、篆并用，但以篆书为主；嘉庆、道光多用篆书，而楷书较少；咸丰时一改前朝以篆书为主的情况，多采用楷书；同治、光绪、宣统等后朝则基本效仿。民窑器使用纪年款比较混乱，字体不太工整，字迹草率，缺乏艺术性。后朝的仿制品虽字体工整，但字迹呆板，缺乏神韵。有些还出现错字、别字和简化字。

年款中的干支款虽在明代就已出现，但主要流行于清代的康熙、雍正和乾隆三朝，其中康熙朝所占的数量最多。"干支"是"天干"、"地支"的简称，是中国古代记载年、月、日、时，所采用的计时方法。十"干"与十二"支"相互搭配纪年，每一轮为六十年。循环重复，周而复始。迄今发现最早的干支款瓷器，为明弘治九年落款"丙辰年造"字样的青花残碗。其后，如"大清丁未年製"（康熙六年）、"乙巳年製"（雍正三年）、"乾隆丙午"（乾隆五十一年）等，均属干支款。晚清的干支款多见于瓷屏风与瓷版画的题跋中。

朝代款，是指那些在瓷器上只落朝代，而不落某一皇帝具体年号的款识。如：“大明年造”、“大明年製”、“大清年製”等均属朝代款。

2. 名款

名款的种类极为繁多，五花八门。其中以堂名款发现最多。中国古代唐代以前堂、殿不分，唐以后，在皇宫里殿为皇帝处事所居，堂为官府大臣理政之处。明、清时期，堂名款落于瓷器之上，多为官府、贵族定烧之物。体现了明、清贵族对瓷器艺术品的钟爱。如清康熙时期的“慎德堂”、“恒豐堂”、“美玉堂”；雍正時期的“雲在草堂”、“淡寧堂”、“浩然堂”；乾隆年間的“養和堂”、“一善堂”、“彩潤堂”；道光時期的“寶善堂”、“凝道堂”等等。

宫（殿）名款是指瓷器上以宫殿名落款，仅见于清光绪时期，如“儲秀宮製”、“體和殿製”等。至于北京故宫博物院和台北故宫收藏的北宋定窑和汝窑瓷器上的“奉華”、“慈福”、“聚秀”等宫殿名款，均是瓷器入宫后刻的，有的甚至是后人刻的。

府名款瓷器早在宋元时期就已出现，北宋定窑和元代景德镇御窑都曾烧制过暗款枢府瓷。在韩国新安打捞的一艘元代沉船里发现刻款为“使司帥府公用”字样的青釉大盘，显然是龙泉窑烧制的产品。明永乐瓷器上的“内府”款，字迹风格十分相近。明嘉靖“趙府製用”、“瀋府佳器”和万历“甲戌春孟趙府造用”，以及清“道光乙巳定府製”、光绪“内府”等，均属府名款。

斋名款、馆名款、居名款、轩名款、书屋名款、山房名款等，则多为文人雅士定烧的瓷器。斋名款流行于明末至清代中前期。如明崇祯时期的“博古齋”、“雨香齋”、“白玉齋”；清康熙時期的“金蘭齋”、“壽古齋”、“集雅齋”等。馆名款如北宋的“仁和館”款、明嘉靖的“青蘿館用”款、清道光的“晉甎唫舘”款等。居名款如清康熙的“安吉居製”款、“定清居製”款、“源泉居製”款等。轩名款如清顺治的“梓桑軒”款、康熙的“復香軒玉清製”款、“覺是軒製”款等。书屋名款如清乾隆的

“浴砚書屋”款、道光的“古香書屋珍玩”款等。山房名款如清康熙的“石浪山房”款、“瑞麓山房監製”款等。

人名款分为两类，一类为制瓷者款，另一类为收藏者款。明清时期不少烧瓷工匠喜欢在自己制作的器物上留下姓名，如明“天啟年米石隱製”款、清雍正“王清雅製”款、“宣统北京張造”款等，凡落烧瓷工匠署名的器物，绝大多数都属于民窑制品。落收藏者名款的如“大明天启年陈氏置”款、明嘉靖“桐溪馮宅”款、清康熙“海箴家藏”款等，这类瓷器一般为贵族、雅士定制。

3. 吉赞语款

在瓷器上用一些表示吉祥或赞誉的字词落款，始于明中晚期，清代尤其是清康熙年间蔚然成风。吉语款寄托瓷器制作者和收藏者追求美好生活的愿望；赞语款表达了瓷器制作者和收藏者对瓷器的钟爱。吉语款如明嘉靖、万历年的“福壽康寧”款、“萬福攸同”款、“富貴佳器”款，以及明清时期常出现的“福”字款。赞语款如明洪武的“玉”字款、天启的“美器”款、清康熙的“奇玉宝鼎之珍”款、“怡豐美玉奇珍”款、“熙朝奇玩之珍”款等。

4. 图案款

以各式各样的图案落款的瓷器，在明清时期的民窑器中时常可以见到。图案款十分复杂，动物纹款如龙、狮、兔、鱼、昆虫等等；植物纹款如花、草、树叶、果实等等；宝物纹款如方鼎、圆鼎、神笔、法器等等；画押纹款是在器物底部画一类似方形印章，但其中描画各式各样图案或不易被人识别的变体文字。这种落款的瓷器多出于民窑，其目的主要是防止他人仿造。圆圈纹款明清都曾使用，有双线圈和单线圈之分。人物纹款在瓷器上极少见到。

除上述款识外，不少瓷器上还书有题记。题记与款识不同，其内容往往是示意该瓷器的用途或抒发瓷器制作人及收藏者的情感，如一件北宋黑釉瓷罐上，刻有“京西转运判官贡奉酒□□□”字样，以示该罐的用途。

一件清顺治年烧制的青花瓷瓶上书有“城上保信士黃堂細喜助香炊花瓶壹副敬保男女醜貞保合家清吉　顺治十三年十二月吉旦”，表述了定购人捐瓷保合家清吉的心愿。题记中也会出现纪年、人名，对考证瓷器的真伪和年代亦有一定的参考价值。

仔细观察瓷器上所展现的文字，无论字体、字形、釉色。还是书写是否流畅、是否有古代不曾使用的简化字等等，都对瓷器鉴定具有十分重要的作用。

四、观察瓷器的胎质釉质

瓷器是以高岭土或粘土配加适量的长石、石英（或瓷石）等为原料，制坯、施釉后，在1200—1300℃室温下烧成的器物。在无法采用现代科技手段对瓷胎、釉料进行成分分析的情况下，观察瓷胎、釉料的质感和颜色，也是古瓷鉴定必不可少的手段之一。

瓷器在制坯成型前，对胎料需要进行筛、洗、搓、揉等工序。一般来说，古代官窑和民窑中的精品，由于对胎料加工认真细致，因此烧制出来的器物胎质洁净、细密、质坚，轻轻敲打会发出清脆悦耳的声响。而民窑中的粗品和现代仿制品，对胎料的加工一般都没有下太大的功夫，因而烧制出来的器物胎质较为疏松，内含杂质较多，烧成后的釉底气泡不仅分布不匀，而且大小悬殊。

古代烧瓷基本上采取就地取材，由于各个窑系所用原料成分有所不同，加工工艺也有所差别，因此所呈现出来的瓷胎颜色也不尽相同，这在鉴定时也是要加以仔细观察的。

如果把瓷器的胎比喻成人体，那么瓷器上的釉就是给它穿着的衣服。这一层或几层衣服不仅给瓷器增添了美感，而且还提高了器物的强度、硬度、绝缘度和光泽度，以及防腐蚀效果。

宋代以前的瓷器绝大多数都为单色釉，以素雅的器物造型和精湛的烧制工艺，博得人们的喜爱。元代以后，瓷器的釉面装饰则逐渐趋向色彩斑斓和富贵华丽，釉料的成分和烧制工艺也越来越复杂。

古陶瓷鉴定专家毛晓沪先生把中国古陶瓷釉料发展的过程分为灰釉、土釉、多元釉、化工釉和长石釉等五个实施阶段。灰釉是以草木灰作溶剂配制的釉料，最早出现在商代的原始青瓷上。土釉是用可溶性黏土作溶剂配制的釉料，最早出现在隋、唐时期的黑釉瓷器上。多元釉也叫传统矿物釉，是采用天然矿物原料作溶剂配制的釉料，其早期制品虽出现在南北朝时期的部分青瓷上，但真正的成熟期是在唐代。化工釉是从国外进口的、用化学工业产品作溶剂配制的釉料，最早出现在清康熙年间的瓷器上。长石釉是用长石作溶剂配制的釉料，清代晚期由欧美传入我国的一种透明釉。使用不同的釉料烧制的瓷器，在色泽、光泽、釉面黏着度、坚硬度、透明度以及成色的稳定性等方面都会有所不同。当然，一种新釉料的出现，并不意味着原有的传统釉料的消失，它们在瓷器制作中乃是长期并存。

此外，古代瓷器能够流传至今，无外乎两种途径：一种是埋藏在地下，被前人或今人挖出流散于世，这类瓷器被称之为出土品；另一种是前人不断使用或收藏，代代相传存世至今，这类瓷器被称之为传世品。无论是出土品还是传世品，在器物的表面都会留下埋藏或使用过的痕迹。鉴定瓷器时，必须仔细观察瓷器表面出现的各种痕迹，分辨出是历史的留痕，还是现代人为的做旧，从而判断其真伪。痕迹学的鉴定方法，也是古瓷器鉴定的重要手段之一。

总之，判断一件瓷器的真伪与年代，绝不可只看一点不及其余。不少瓷器收藏爱好者在见到一件器物时，时常会拿它与图册上的器形、纹饰等表面现象作比较，而缺乏对其细部和内在因素的分析和判断，难免会上当受骗。

（原文载1998年11月16日、12月7日和1999年1月4日《银川晚报》收藏版，其中第三、四两节因原文遗失而重新撰写）

中国古代玉器源流

中国古代玉器，是收藏界重点收藏的对象之一。古人所谓的玉，是美石中的一种。《说文》称玉为“石之美者，有五德”。它是一种自然形成的质地坚细而有光泽，及有一定透明度的矿石。

人类收藏玉器，不仅是因为其质地精良、工艺精细和造型精美，而且还因为自古以来有关玉和玉器的传说，使它蒙上了一层神秘的色彩。古人认为，玉是自然界的精华，它与自然界的神灵相通，能够成为现实世界和未知世界相互联系的纽带和桥梁。故而产生了许许多多有关玉被神化了的观念：玉能避邪和逢凶化吉、玉能使人的尸体不腐、玉使人起死回生、玉具有植物的秉性，埋在土里会自然生长等等。帝王用之以示天意，君子佩之显示德尚，俗人带之附庸风雅。

中国玉器起源于原始社会的新石器时代，至今至少有七千多年的历史。考古学资料证明，在我国新石器时代的许多文化类型遗址中，都曾出土过玉器。但不同地区的原始文化，对玉材的选择有所不同。东北地区的红山文化，以黄绿色、有脂肪般光泽、呈半透明或微透明状的岫岩石为材料；山东大汶口文化和由大汶口文化发展而来的山东龙山文化，多以质地细腻、透明度低，但光泽润和的长石为原料；江浙地区的良渚文化，以浅绿色、带有云母状闪亮斑点的透闪石为原料；四川成都地区的广汉文化早期玉器，大量使用一种质地细腻、带有斑纹的石料，及质地较软、表面呈灰黑色的沉积岩为材料。这些不同地区的原始文化，在玉材的选择上虽各有不同，但都遵循了一条共同的原则，即重视原材料的质地、色泽、纹理、光亮及一定的透明度。

原始人类制作玉器，其用途主要有三：（1）实用工具。在新石器文化遗址中发现的带刃的玉刀、玉斧、玉锥等，可以用于切割、防身，是当时具有一定实用价值的生产、生活工具。(2) 装饰佩件。主要为小玉璜、玉串珠、玉发簪及一些动物形、几何形的玉质佩件。(3) 宗教礼器。如琮、璧、璜等一些器形较大的玉器。在良渚文化的遗址中，有的葬坑一次就出土大型琮、璧、璜数十件，这种以玉敛葬的现象，无疑是当时氏族在举行大型宗教葬礼活动后，留下的重要礼器。

商代以后，玉器在礼仪活动中的作用更为突出，从商周至秦汉，玉器成为当时祭祀活动中，除青铜器外必不可少的礼器。《周礼》对玉质礼器有"六器"、"六瑞"之说。"六器"即"以玉作六器，以礼天地四方。以苍璧礼天；以黄琮礼地；以青圭礼东方；以赤璋礼南方，以白琥礼西方；以玄璜礼北方"。"六瑞"即"以玉作六瑞，以等邦国。王执镇圭；公执桓圭；侯执信圭；伯执躬圭；子执谷璧；男执蒲璧"。可见先秦时期玉质礼器不仅具有特定的用途，而且也有严格的等级使用制度。

先秦时期，玉器的选材还较为多样，有岫岩玉、南阳玉、蓝田玉、和阗（亦称和田）玉等。但至汉代，"玉"就主要指新疆的和阗玉而言了。和阗玉又称"软玉"，主要由角闪石族矿物中的阳起石组成。许多学者认为，狭义的"玉"，应仅限于新疆和阗玉，因和阗玉较其他地区的玉，质地更细密，硬度更高，色泽更润和。按颜色区分，和阗玉主要有以下几类：

(1) 白玉　色白质纯，上等的白玉光泽、色彩如同凝脂，称"羊脂玉"。一般白玉都略带青色，较羊脂玉稍有逊色。

(2) 黄玉　色黄质细，是玉材中最名贵的品种。由淡黄至深黄，色泽不尽相同。最名贵的黄玉，色泽纯正，极为难得。

(3) 碧玉　色绿略有透明。因所含成分不同，故有深浅不同的碧玉。色淡的碧玉，称为菜玉；色深呈墨绿或近于墨色的碧玉，只有在强光的照射下，才会透出绿色。有些碧玉还带有铜斑点。

(4) 墨玉　色灰黑，质坚细，多数与青玉相杂。纯如黑漆的墨玉，是玉材中名贵的品种，十分难得。

（5）糖玉　色如糖梨之皮，多与青玉相连，块较小，极少见到块大的糖玉作品。

（6）青玉　色呈天青，或灰色中略带洒墨斑点的玉石，统称青玉。它包含了较复杂、多层次的玉材，是数量最多的品种。

汉代张骞通西域后，和阗玉大量进入中原，成为我国古代玉器制作的主要原料。汉代玉器雕琢简洁，俗称“汉八刀”。同时往往在隐起处，用细如毫发的阴线雕饰，犹如古画上游丝描一般刚劲有力，以增强玉雕作品的立体感。这一技法对后世的玉器制作，产生了深刻的影响。

唐、宋玉器，色如羊脂，光泽晶莹，质地细密，雕技精湛。禽兽花鸟和人物题材广泛使用，玲珑剔透之器增多，写实能力大为提高，并开始出现了世俗化倾向，在形神兼备上达到了极深的造诣。

元、明、清时期，在继承宋代玉雕工艺和玉器特点的同时，无论在题材上还是雕琢技术上都有了新的发展，是中国玉器史上极其辉煌的时代。现存北京北海团城内的元代渎山大玉海、明汪兴祖墓出土的玉带板、朱翊钧墓出土的玉佩、玉带钩、玉碗、玉壶等都是这一时期的代表作。尤其是清代玉器，因玉材丰富，加上皇家的喜好和提倡而数量大增，雕琢技术也日趋成熟，达到了玉器制作史上空前的高峰。清代还较多地采用翡翠为原料，制作各种精美的装饰品。翡翠又称硬玉，是一种珍贵的玉石材料，质纯色正的翠料，尤为难得。

此外，在这一时期仿古思潮的影响下，始于宋而盛于明清，以“返朴”为时尚，追求仿“汉玉”风格而制作的各种玉器大量出现，被称为“仿古玉”。虽然仿古玉的制作年代较晚，但也有其特殊的美学价值，也是中国古代玉器的组成部分。

（原文载1999年3月29日、4月19日《银川晚报》收藏版）

论我国的社会主义文化建设和产业化问题

——重温邓小平《解放思想，实事求是，团结一致向前看》一文后的思考

早在20多年前，邓小平同志在中共中央工作会议的闭幕会上，发表了题为《解放思想，实事求是，团结一致向前看》的重要讲话。当前，在以江泽民同志为核心的党中央率领全党和全国各族人民，按照改革开放的总设计师邓小平同志亲手绘制的、建设有中国特色的社会主义宏伟蓝图，满怀信心、脚踏实地地为实现我国跨世纪发展的伟大目标而努力奋斗之时，重温邓小平同志的这篇讲话，倍感小平同志作为一位伟大的无产阶级政治家、理论家的远见卓识。

邓小平同志在这次为召开党的十一届三中全会而准备的党中央工作会议上，精辟而又深刻地只讲了一个问题：解放思想，开动脑筋，实事求是，团结一致向前看。

回顾20年来我国的改革开放历程，可以说，每前进一步，都是对过去被林彪、“四人帮”禁锢、歪曲了的假马克思主义一次深刻的反思和批判。没有思想上的解放，就没有我们今天的改革开放成果，没有思想上的解放，也就没有我们当前社会主义市场经济的初步建立。

然而，思想的解放绝不是在一个短时期内能够完全解决的，正如邓小平同志在20年前就提醒我们的那样：“在我们的干部特别是领导干部中间，解放思想这个问题并没有完全解决，不少同志的思想还不解放，脑筋还没有开动起来，也可以说，还处在僵化的半僵化的状态。这并不是因为他们不是好同志，这种状态是在一定历史条件下形成的。”由于历史的原

因，有些人怕被扣帽子、打棍子，于是只好不去开动脑筋，不去想问题；由于历史的原因，我们党的民主集中制原则受到了破坏，许多重大问题往往是一两个人说了算，别人只能奉命行事，于是大家就什么问题都不用去思考了；由于历史的原因，造成是非功过不清，赏罚不明，干和不干一样，甚至干得好的反而受打击，什么事不干的、四平八稳的，却成了“不倒翁”。在这种不成文法底下，人们也就不愿去动脑筋了；由于历史的原因，小生产的习惯势力还在影响着人们，因循守旧，安于现状，不求发展，不求进步，不愿接受新事物。邓小平同志透彻分析的这些现象，至今仍然存在，因而也就不可避免地严重阻碍着我国的改革开放和建立社会主义市场经济的进程。

二十年来，改革开放的实践证明，凡是按照邓小平同志关于建设有中国特色的社会主义理论和“改革开放胆子要大一些，敢于试验”的指示精神，按照以江泽民同志为核心的党中央的统一部署，扎扎实实、认认真真搞改革的地区和部门，经济就发展，人心就安定，工作就会出现新的起色；凡是思想僵化，固步自封，安于现状，不求进取的地区和部门，经济发展就缓慢，人心就涣散，工作中的问题和难点就会层出不穷。

目前，社会文化领域里的矛盾和问题就十分突出。改革开放以来，我国的社会文化领域虽然也在不断地探索如何建立和繁荣有中国特色的社会主义文化？如何使我国的社会主义文化同社会主义经济相适应？建立一个什么样的社会主义文化管理体制？文化事业单位在市场竞争中如何摆脱困境，走出低谷等一系列问题。但是，迄今为止没有找到一条符合社会主义文化发展规律和具有中国特色而又切实可行的发展途径。原因何在呢？根本原因就在于没有认真领会和贯彻邓小平同志20多年前就已提出的“解放思想，开动脑筋，实事求是，团结一致向前看”的重要指示精神。

什么是中国特色社会主义的文化？江泽民总书记在中国共产党第十五次全国代表大会上的报告中，有一段精辟的论述：“有中国特色社会主义的文化，就其主要内容来说，同改革开放以来我们一贯倡导的社会主义精神文明是一致的。文化相对于经济、政治而言。精神文明相对于物质文明而言。只有经济、政治、文化协调发展，只有两个文明都搞好，才是有中国特色社会主义。”江总书记的这段论述，从宏观上对我国社会主义文化的主要内容及其社会作用给予了高度评价。这对在科技、教育、文化等战线上工作的广大干部、职工和知识分子无疑是一种巨大的精神鼓舞。同时也更加明确了在改革开放、建设有中国特色的社会主义过程中，文化领域所肩负的重要责任。

但是，如何使我国的社会主义文化同经济基础相适应，同我国的社会主义市场经济相适应，这是值得我们解放思想，开动脑筋，认真思考的问题。回答这个问题，首先必须实事求是地认真分析我国社会文化的现状，特别是改革开放以来社会文化所发生的变化。如果对业已变化了的社会文化现状视而不见，听而不闻，依然抱着过去在计划经济体制下形成的旧思想、旧观念、旧方法管理社会文化，我国的社会主义文化事业就难以发展与繁荣。或者虽有表面上的繁荣，而起不到对广大人民群众增长知识、提高素养、陶冶情操、调节情趣的作用。

改革开放以来，我国的社会文化发生了那些变化呢？

其一，社会文化的内涵发生了巨大的变化。改革开放以前，我国的社会文化按照计划经济的体制有计划的陆续建立起中央、省、地、市、县等各级国有的博物馆、纪念馆、展览馆、美术馆、图书馆、影剧院及各类艺术表演团体，因而逐渐形成了政府办文化，不以赚钱为目的的事业性文化模式。改革开放以后，随着社会经济的不断发展，和人民生活水平的逐步提高，广大人民群众对文化的需求愈来愈强烈，已经不满足于过去那种被动参与式的文化娱乐生活。于是，群众性的、直接参与式的文化活动，像雨后春笋般蓬勃兴起。如出现于各城市街头巷尾的交谊舞、秧歌舞；遍布于城乡的卡拉 OK 歌舞厅；具有众多爱好者参与的民间收藏等等。群众性的文化活动，使我国社会文化的内涵更加丰富。

其二，社会文化的传播方式发生了巨大的变化。改革开放以前，我国的社会文化信息，主要通过图书资料、场馆陈列、剧场舞台等需要群众走出家门、被动接受的方式进行传播。改革开放以后，随着我国科技水平的不断提高，和高科技如广播电视、电视通讯、计算机网络等等在信息传播领域中的广泛应用，人民群众已完全可以“不出门而全知天下事”，社会文化以往主要依赖于场馆、舞台、影院进行信息传播的方式，自然会受到强烈冲击。

其三，社会文化面临的社会大背景发生了巨大变化。改革开放以来，伴随着我国社会主义市场经济的逐步建立，党委权限、政府职能、企业自主权等等，都已发生了很大的变化。过去，文化单位完成一项具有一定教育意义的陈列和展览，演出一场鼓舞人心的戏曲和歌舞，上演一部催人向上的影片等等，只要党委、政府发个文，要求各企事业单位组织参观，无论票价多少，观众都会源源不断。如今这种靠党委、政府捧着办文化的方式，在市场经济的运作规律中已难以施展。社会文化面临的同样是市场经济的严峻挑战，如果文化战线上的各级领导看不清这一点，不能抓住机遇完善和发展自我，必然会被改革开放和社会主义市场经济的大潮所淹没。

其实，文化说到底也是一种产业。不过，是不同于农、工、商的另一种形式的产业。它所产出的商品，是文化、文艺工作者智慧和艺术才华的结晶，有物质的也有精神的，甚至更多的是属于精神产品。无论文物陈列也好，成果展览也好，还是文学艺术作品，包括文学、小说、戏曲、电影、电视剧、书法、绘画、音乐、歌舞等等，一旦创作出来，便需要投向社会，面对广大的人民群众。没有读者、没有观众，没有书画收藏者，再好的陈列展览和文学艺术作品，也会失去其生命力和创作的必要。从这个意义上讲，文化艺术产品归根到底也是一种商品，只是这类商品在交易的过程中，除部分产品可以像其他商品一样，一手交钱一手交货，而绝大多数的文化产品，消费者得到的只是文化知识的信息和精神生活上的满足。在我国现阶段初步建立的社会主义商品经济体制下，社会文化只有走产业化道路，使文化、艺术产品寻找到广阔的市场，才能对广大人民群众潜移默化地起到增长知识，提高素质的促进作用。

改革开放以来，文化领域为了自身的建设和发展，也曾先后提出过“以文养文”、“以文补文”等文化发展战略性口号，鼓励和要求文化事业单位兴办第三产业。实践证明，这些措施不仅没有从根本上改变我国文化基础建设落后，文化战线广大干部、职工和知识分子生活待遇偏低等状况，相反却使大多数文化事业单位、文化科研单位和文化艺术表演团体丢弃了主业，而热衷于副业，造成大批专业技术人才的闲置和流失。这种现象继续下去，不仅削弱了社会文化应有的社会职能，而且也会扰乱我国初步建立的社会主义市场经济。

实现社会文化产业化，也就是把社会文化机构推向市场，让它们围绕自身的主业，创造生产出更多、更适合于我国社会主义政治、经济，更适合广大人民群众需求和受广大人民群众喜爱的文化艺术产品来。社会文化产业化，应包括以下几方面的内容：

（一）全民所有制的文化事业单位、文化科研机构和文化艺术表演团体，应按照文化市场的需求而设立。对那些长期找不到市场的原有文化单位，应坚决予以撤销、合并、兼并和转产。

（二）随着社会文化市场的变化，应设立新的、相应的文化机构。建立自负盈亏的文化产品推销中介机构，如演出公司、展览公司等等，同时鼓励发展以私有经济为主的文化经纪人队伍，使他们在文化产品与市场之间充分发挥桥梁作用。

（三）在文化单位内部及相互之间引入竞争机制，实行优胜劣汰。以此来激励文化专业技术水平的不断提高，和文化单位的不断自我完善。在广大人民群众对文化产品需求品味逐步提高的现实面前，文化产品也必须不断更新和提高质量。

（四）对那些具有社会公益性质和文化理论研究性质的文化机构，以及带有公益性、纪念性、不以赚钱为目的的展览、演出和对外交流等文化活动，政府应酌情给予适当的经费和补贴。

（五）加强政府和文化行政管理部门的宏观指导，建立和健全必要的文化行政管理法规，建立专门的文化执法队伍，严厉打击盗窃、盗掘、破坏、走私国家珍贵文物和制作、销售危害国家安全、黄色淫秽文化制品及借搞文化娱乐活动为名，从事卖淫、嫖娼等违法行为。

实行社会文化产业化，对吃惯了大锅饭，端惯了铁饭碗的文化事业单位和艺术表演团体，无疑将产生一定的阵痛。但只要坚持改革，并通过改革，完善文化单位自身的造血功能，增强它们在市场经济体制下的生存和发展的活力，就一定能使社会文化机构走出低谷，创造更加辉煌的未来。

（原文载《经济日报》出版社2002年11月出版的《中国百业论著》）

馆藏文物科学计量：一个亟待解决的问题

长期以来，我国馆藏文物的计量，始终没有建立起相应的科学标准。因此，各博物馆、纪念馆、文物考古研究所等文物收藏单位，至今没能形成统一的馆藏文物数量登录和统计方法。国家文物局在1978年1月20日颁发的《博物馆藏品保管试行办法》，对馆藏文物藏品的计量，做出如下规定："单位藏品编一个号，按一件计算。成套藏品按整体编一个号（其组成部分可列分号），也按一件计算。"文化部在1986年6月19日颁发的《博物馆藏品管理办法》中则规定："单件藏品编一个号，按一件计算。成套藏品按不同情况分别处理：组成部分可以独立存在的，按个体编号计件；组成部分不能独立存在的，按整体编一个号（其组成部分可列分号），也按一件计算。"上述两项由我国文物、文化行政管理部门做出的规定，虽然对单位（单件）藏品和成套藏品都规定了编一个号，按一件计算。但是，对于什么是单件藏品？什么是成套藏品？都没有做出科学的界定。特别是对成套藏品的计量，还提出了两种不同的意见。由于国家文化、文物行政管理部门的规定不同，再加上全国各文物收藏单位理解上的偏差，必然出现馆藏文物数量登录和统计的混乱。

一、以往馆藏文物计量中存在的问题

我们在对全国馆藏一级文物目录登记表中的文物进行分析研究后发现，目前我国馆藏文物数量的登录和统计中存在的问题，集中反映在以下三个方面：

1. 对“单件藏品”和“成套藏品”的认识不统一

在馆藏文物中，所谓“单件藏品”和“成套藏品”，似乎是一个简单、易界定的概念，其实由于文物涉及面广、类别繁多、器形复杂，许多藏品按单件计算还是成套计算？在目前尚未制定相关标准之前，对各文物收藏单位做具体工作的同志来说，并不是十分清楚的问题。如成都市青白江区文物保护管理所收藏的由9个部件组成的东汉青铜马，属于单件藏品，还是属于成套藏品呢？将其定为单件藏品，它是由组成部分不能独立存在的9部分组成；将其定为成套藏品，它只是一个马的个体。又如许多文物收藏单位收藏的各种质地的带盖器物，一般都是由器体和器盖两部分组成，是属于单件藏品还是成套藏品呢？在全国馆藏一级文物目录登记表中，一部分文物收藏单位将它们视为单件藏品，但也有一部分文物收藏单位则视为成套藏品。类似的问题非常多，诸如串珠、玉衣、带饰、带盖的棺椁、带盖的墓志、带座的碑刻、多层的陶楼、书籍、账册、多页的信函等等，究竟视为单件藏品还是成套藏品，全国各文物收藏单位均按照各自的理解自行确定，因而造成文物数量统计的混乱。

2. 对成套藏品的内涵缺乏深刻理解

两件或两件以上的单体器物组合在一起的文物藏品即为成套藏品，这是大家都能明白的道理。但是，在什么情况下，应该把两件或两件以上的单体器物组合在一起，从而确定为成套藏品？却是一个极其复杂的问题。例如，在同一个考古发掘单元（如墓葬、灰坑、窖穴等）中出土的每一件器物，我们都可以把它们都视为单件文物；但同时也可以把同一个考古发掘单元中出土的相同器型的器物视为一组，确定为成套藏品；甚至还可以把同一个考古发掘单元中出土的所有器物视为一组，确定为成套藏品。然而这种人为确定的所谓“成套藏品”，显然都没有能够真正反映文物藏品最本质的数量内涵。文物藏品最本质的数量内涵，是各类器物在制作、使用、随葬时，所具有的整体或个体存在状态。例如，古代墓葬中出土的编钟、编磬、列鼎、列簋等，古人在制作、使用和随葬时，都是以成套

（组）的形式出现的，它们不仅反映了当时社会的政治、经济、文化制度，同时也是墓主人身份的象征。因此，类似这样的多件文物，必须按成套文物计量。然而有些文物，虽然形制、质地相同，又出土于同一个考古发掘单元，但非古人在制作、使用和随葬时的组合，也不体现古代社会的礼乐制度，就不能牵强地人为组合，将它们视为成套文物。例如，云南省博物馆收藏、出土于同一墓葬的西汉金发针 8 枚，每一枚都应该按单件藏品计量；山西大同市博物馆征集、收藏的木榻、地桌、炕桌、茶几、椅子、盆座、巾架等 11 件金代家具，每一件都是按单件藏品计量。所以，认真研究古人的行为动机，并结合现代文物管理中有利于文物安全保存的原则，来确定所出土或征集的文物应为单件藏品还是成套藏品，这才是对馆藏文物科学的计量。

3. 文物计量单位使用得比较混乱

由于文物的质地、形制和存在形态千差万别，因此各文物收藏单位在馆藏文物计量时，其计量单位也是五花八门，各不相同。在各文物收藏单位填写的全国馆藏一级文物目录登记表上，仅纸质书籍、手稿类文物藏品，使用的计量单位就有套、函、卷、册、本、件、页、张等。详见下表：

文物收藏单位	藏品名称	实际数量	备注
北京市文物局资料中心	十三经注疏	1	一套 106 册
首都博物馆	郑燮手书五经	1	1 套 8 册
国家博物馆藏品保管二部	朱德阅读过的《毛泽东选集》（一至四卷、线装本）	1	1 套（4 函 16 册）
佛山市博物馆	《兰亭序》十一种石刻拓本	1	1 套 2 册 94 面
天津博物馆	宋版妙法莲华经	1	1 函 4 册
天津博物馆	宋拓西楼苏帖	1	1 函 4 册另 1 册

续 表

文物收藏单位	藏品名称	实际数量	备注
北京市文物局资料中心	礼记	9	20卷存9卷
北京市文物局资料中心	太学新增全壁聊珠万卷菁华后集	2	存二卷
首都博物馆	欧阳询《皇甫君碑》拓本	1	1册16开
天津博物馆	周恩来同志在《新约全书》上的题词	1	数量是册
浙江省博物馆	张深之正北西厢记	2	上、下各1册
北京鲁迅博物馆	淞隐漫录 十二卷	6	实际数量（6册）
浙江省博物馆	金光明经（刻本）	4	一函4本
广西壮族自治区博物馆	中国红军第七军翻印的《中国共产党第六次代表大会政治决议案》	1	1本23页
八路军驻疆办事处纪念馆	新疆省财政经济委员会年会议记录本	1	1本40页
八路军驻疆办事处纪念馆	漫画木刻选集	1	1本41页
国家博物馆藏品保管一部	宋拓大唐三藏圣教序	1	1本
国家博物馆藏品保管二部	严复译穆勒著《名学》手稿	1	1件（6册）
福建博物院	唐人写经册	13	1册13页25面。
湖南省博物馆	王船山《噩梦》原稿	70	上册30页下册40页
北京鲁迅博物馆	周作人日记	2156	实际数量2156张（31册）

根据各种不同的文物，使用不同的计量单位，例如，一通碑、一册书、一把剑、一幅画、一方印、一盏灯、一口钟、一支笔、一块墨、一顶凤冠、一尊造像、一面铜镜、一串饰珠、一枚铜钱、一片丝绸、一张残页等等，在从事文物的研究、撰写发掘报告，以及出版专业著作等方面，都是无可非议的。但是在进行文物藏品的数量登录和统计时，必须对计量单位作统一的规定，否则由于使用的计量单位不在同一个计量层次上，使统计工作无法进行。如果把不同层次的计量数据综合在一起，文物的统计数量也不可能准确。

二、目前馆藏文物计量要解决的主要问题

馆藏文物数量的登录和统计，关系到国家文物资产的管理和保护。如果对我国馆藏文物数量不能做到科学、准确的登录和统计，势必会造成国家文物资产的流失。特别是新世纪以来，我国文物系统的管理工作也逐步走上了现代化，文物信息的数据化存储和管理，迫切需要各类数据的标准化和规范化。因此，尽快制定一个科学的《馆藏文物数量登录和统计标准》，已经是迫在眉睫、刻不容缓的问题了。

制定《馆藏文物数量登录和统计标准》，首先必须解决下列一些问题：

1. 科学界定“单件藏品”和“成套藏品”的概念

我国的馆藏文物其实都可以按“单件藏品”计量，那么为什么要提出“成套藏品”的概念呢？这是因为在我国的馆藏文物中，确实有一部分文物是以不可分割的、多个个体组合构成的形态存在的，例如，古代墓葬中出土的、由数十或数百个个体组成的仪仗俑，假若拆分成单件的人物俑和动物俑，显然会失去古人将它们组合随葬，从而体现墓主人身份、地位的真正涵义，同时也降低了仪仗俑的历史、艺术和科学价值。

既然在馆藏文物中存在有“单件藏品”和“成套藏品”，就必须对“单件藏品”和“成套藏品”进行科学的界定。所谓“单件藏品”应该是

由一个或多个单体构件构成的独立的文物藏品。其中所说的“多个单体构件”，有的可以独立成器，有的则不能独立成器。如一件青铜甗，是由可以独立成器的鼎（釜）和甑两个单体构件构成；一棵摇钱树，是由数十个不能独立成器或部分可以独立成器、部分不能独立成器的单体构件构成。所谓“成套藏品”应该是古人或前人在制造、使用、随葬中组合在一起的、由两个或两个以上不可分割的单件文物组成的群体文物藏品。其中包括成对的文物，如耳环、手镯、靴、筷子、对联等。带有附件的文物，如首都博物馆收藏的、附有3个附件的清乾隆赤金嵌宝石舍利无量寿佛；云南省博物馆收藏的、附有3只弓的近代聂耳使用过的小提琴等。装有器物或东西的盛器，如国家博物馆收藏、内装有残金箔9片的唐代鎏金花鸟葵瓣银盒；山东泰安市博物馆收藏、内盛八宝的清乾隆鎏金铜盘等。同一考古发掘单元出土的成套乐器，如湖北省博物馆收藏的战国早期漆木扁鼓12件；湖南宁乡县文物管理所收藏的商代晚期乳钉云雷纹青铜编铙9件，山东阳信县文物管理所收藏的战国石磬13件等。同一考古发掘单元出土的成套礼器，如河南新郑市博物馆收藏的春秋中期青铜列鼎9件、列簋8件。同一处征集的同一题材的文物，如西藏自治区布达拉宫收藏的清代十八罗汉檀香木雕像18件；北京徐悲鸿纪念馆收藏的纸质隶书大屏8条等。可以按照成套文物计量的，当然远不止以上所列举的情况。但是，绝不能不作分析地将一些相同质地、相同形制的文物或同一处征集、同一考古单元出土的文物笼统地视为成套文物。

2. 规范文物数量的计量单位

计量单位的统一和规范，是文物藏品计量、统计科学、准确的前提。我国文物藏品数量的计量，至少应确定两个层次，即文物藏品的件套数量和文物藏品的个体数量。文物藏品的件套数量，其计量单位应确定为“件(套)”；文物藏品的个体数量，其计量单位可根据文物藏品的具体情况，使用×个、×口、×枚、×把、×尊、×面、×棵、×只、×方、×块、×盏、×台、×支、×页等不同的计量单位，但必须避免再使用“件”或“套”为计量单位。统一和规范计量单位，有助于正确反映我国馆藏文物藏品的真实存量，有助于使我国的馆藏文物藏品计量和统计工作尽快步入现代化管理的轨道。

3. 设计科学的馆藏文物信息登录表

馆藏文物信息登录表，是馆藏文物基本信息存储和查阅的直接凭证，也是馆藏文物数量统计的重要依据。以往我国馆藏文物的信息登录和数量统计，主要依据的是各文物收藏单位馆藏文物总登记账，由于过去国家文物行政管理部门一直没有对馆藏文物总登记账应如何建立？账面上应设立哪些必填的信息栏目？文物藏品的编号必须遵循哪些规则等问题作出过明确的规定，因此各省的馆藏文物总登记账设计的各不相同，填写的信息也繁简不一，造成全国馆藏文物信息汇总和数量统计上一定的难度。特别是在有些馆藏文物信息登记表中，提出了所谓“实际数量”的概念，看似具体，其实十分模糊。文物藏品的件（套）数量可以理解为实际数量，文物藏品的个体数量也可以理解为实际数量，构成单体文物的构件还可以理解为实际数量。正是因为概念不清，所以才会在全国馆藏一级文物目录登记表中，出现同样是带盖、带鞘、带底座的一件文物，有些文物收藏单位填写的实际数量为“1”，有些文物收藏单位填写的实际数量则为“2”。同样是一件玉衣，有些文物收藏单位填写的实际数量为“1”，有些文物收藏单位填写的实际数量则为数十或数百。

其实，对我国的馆藏文物，我们需要统计的是文物的件套数量和个体数量，构成单体文物的构件数量，应在备注中说明，而不是填写在所谓的“实际数量”中。如果把构成单体文物的构件数量看作实际数量，我国馆藏文物的个体数量不知会多出多少倍！

（原文载 2009 年 4 月 3 日《中国文物报》）

论博物馆学的基本理论

博物馆学（Museology）是一门年轻的、正在发展中的、不完全成熟的学科，这是目前国际博物馆学界比较普遍的认识。在中国，20 世纪 80 年代以前，尽管从中央到地方已建立起大大小小一定数量的博物馆，但还没有“博物馆学”这一学科。20 世纪 80 年代初，随着中国的改革开放和博物馆事业的蓬勃发展，才从国外引进了“博物馆学”这个学科概念。

目前，学术界对“博物馆学”存在着各种截然不同的认识，捷克斯洛伐克的博物馆学专家 3·斯特兰斯基，把这些不同的看法归纳为四种基本观点：一、博物馆学是一门独立的科学学科；二、博物馆学是博物馆工作的理论与技术即专门的应用学科；三、博物馆学研究的是博物馆工作的方法与技术问题；四、博物馆学根本不是科学，一切都归结为实践问题。①

为什么学术界会对博物馆学的认识出现如此之大的分歧呢？主要有以下几个原因：

（一）对“博物馆学”这个学科名称的命名不够科学。“博物馆”这个名称，在世人的眼里有两层含义：1. 它是收藏社会文化精华，并向观众公开展示的场所；2. 它是从事收藏、研究、展览的机构。把具有上述含义的名称与学科名称直接串联在一起，显然会造成理论上的极大混乱。例如，我们不能把“医学”定名为“医院学”；“金融学”定名为“银行学”；“美学”定名为“美术馆学”；“考古学”定名为“考古所学”一样，以社会机构或场所的名称去直接命名为学科名称，势必会造成一门学科在

① T·Γ·伊古姆诺娃等《博物馆学是一门科学》，载原苏联《博物馆与文物保护，博物馆珍品的修复与保管》杂志，1983 年第 7 期。

概念和内涵上的错乱。

（二）博物馆学产生、形成和发展的历史还比较短。就国际范围而言，真正提出“博物馆学”理论，并用于指导博物馆工作实践，至今不过数十年。在中国，严格地讲也只有二十多年。在这样短的时间里，要形成一门科学的、完全成熟的学科理论，那也是不现实的。

（三）博物馆的门类太多，各类博物馆之间又存在着极大的差异。许多从事博物馆工作的专家学者，往往只对自己所实践过的博物馆工作比较熟悉，并在实践中形成了一套较完整、较系统，并且又能指导自己所在博物馆或这一类博物馆实践的理论。然而，对于其他门类的博物馆就知之甚少，甚至全然不知。由此而提出的博物馆学理论，就很难是一门高度概括和高度抽象的理论。

（四）博物馆机构缺少一定的组织规程。特别是在我国，20 世纪 80 年代以前，高等学府尚未设立博物馆学或文博专业的情况下，博物馆业务人员主要来自历史学、考古学、古脊椎与古人类学、生物学、民族学、民俗学等专业。尤其是博物馆的主要负责人，除为数不多的地方注重选配专家型领导干部外，绝大多数则是由上级主管部门从与博物馆工作毫不相干的单位委派一些行政官员来担任。这就势必把博物馆看成是一个完成收藏、陈列、接待等具体工作的文化单位，认为“博物馆学”是一门只需接触一段时间，人人都能干的所谓“应用科学”，甚至根本不承认博物馆学是一门科学学科。

实际上，无论从理论内涵，还是对事业的指导和对人类社会进步所起的作用而言，博物馆学[①]都应该是一门科学学科。博物馆学的产生和发展，是与社会的发展与进步，以及人类的社会实践紧密相连的。恩格斯在谈到科学分类时，曾经这样说过：“每一门科学都是分析某一个别的运动形式

---

① 这里之所以继续沿用“博物馆学”这个我认为命名不科学的学科名称，是因为要改变一个业已约定俗成的学科名称，可能会造成更大的概念上的混乱。

或一系列互相关联和互相转化的运动形式的。因此，科学分类就是这些运动形式本身依据其内部所固有的次序的分类和排列，而它的重要性也正是在这里。”毛泽东同志在《矛盾论》这部哲学著作中，也曾论述过科学的划分，他指出：“科学研究的区分，就是根据科学对象所具有的特殊的矛盾性。因此，对于某一现象的领域所特有的某一种矛盾的研究，就构成某一门科学的对象。例如，数学中的正数和负数，机械学中的作用和反作用，物理学中的阴电和阳电，化学中的化分和化合，社会科学中的生产力和生产关系，阶级和阶级的互相斗争，军事学中的攻击和防御，哲学中的唯心论与唯物论，形而上学和辩证法观等等，都是因为具有特殊的矛盾和特殊的本质，才构成了不同的科学研究对象。”

那么，博物馆学之所以能够成为一门科学学科，它所研究对象的内部固有形式和运动形式是什么，特殊矛盾和特殊的本质又是什么，这是探讨博物馆学是否是一门科学学科的理论核心。

博物馆学所研究的对象，是具有收藏和对外展览性质的博物馆，这是不言而喻的。博物馆，无论是中国的，还是外国的；中央的，还是地方的；综合的，还是专题的；历史的，还是自然的；民族的，还是民俗的……各种类型的博物馆，其宗旨都是对藏品的保护管理与研究展示，这就如同各种类型的医院，其宗旨都是给人和具有生命的生物治病；各种类型的学校其宗旨都是给学生传授知识一样。一种机构的宗旨，实质上也就是它对社会所担负的责任。

一个博物馆，无论是何种性质和类型的博物馆，必须具备三大要素：即藏品、陈列展览和专业人才。在这三大要素中，藏品是最基本的要素，没有藏品，陈列展览就无从谈起；没有藏品，专业人员也就失去了研究的对象。因此，藏品是博物馆固有的存在形式，藏品的收藏、保护、管理、研究、展示是博物馆物质运动的特有形式。在此运动中，藏品的保护管理与研究展示形成一对矛盾，即保护与利用的矛盾。这对矛盾，是博物馆工作中最基本的矛盾，它不仅渗透于博物馆业务的各个环节，而且贯穿于博物馆所有业务工作的始终。博物馆藏品保护与利用的运动形式和特殊矛盾，是与博物馆业务工作相关的其他学科，如历史学、考古学、古生物学、地质学、民俗学、民族学等学科研究中所不具有的。因此，博物馆学也就不可能以其他学科来代替，而必须形成一门相对独立的科学学科。

博物馆学既然是一门科学学科，那么必然要逐步形成自己的研究范畴。迄今为止，所出版的有关博物馆学专著和发表的博物馆学论文，多把博物馆学同博物馆具体工作混为一谈。甚至将博物馆的行政管理和建筑设计也列入博物馆学的研究范畴，这就如同把医院的行政管理和医院建筑也列入医学一样，不仅不会丰富我国的医学宝库，相反只会削弱医药科学的正常研究。其实，不仅博物馆的行政管理、建筑设计不应列入博物馆学的研究范畴，包括博物馆的图书资料管理，博物馆陈列展览的形式设计，博物馆藏品的修复技术等等也均不属于博物馆学所研究的范畴。此外，在不同类型的博物馆里，科研工作又涉及许多不同的专业学科。例如，在历史性博物馆里，主要涉及历史学、考古学、古文献学、古文字学，钱币学等等；在自然博物馆里，主要涉及地质学、生物学、古脊椎与古人类学、生态学等等；在民族民俗博物馆里，主要涉及民族学、民族史学、民族古文字学、民俗学等等。因此，我们不能把博物馆视为是博物馆工作中包罗万象的研究学科，也完全没有必要将那些早已形成的学科，牵强附会地拼凑在博物馆学的研究范畴中。

博物馆学的研究范畴，主要包括以下几个方面：

（1）藏品搜集、保护、管理、利用的基本原则，方法及其他们之间的相互关系；

（2）博物馆的性质、宗旨、方针、任务和发展方向；

（3）博物馆的分类和各种类型博物馆的基本特点；

（4）中国和世界博物馆事业的发展历史，探索不同社会和不同社会发展阶段博物馆的特点、作用和发展规律。

总之，博物馆学不是博物馆工作的代名词，也不是博物馆工作经验的简单总结，而是研究和探讨博物馆事业发展客观规律的科学理论。

博物馆学理论，来源于博物馆工作的实践，不承认这一点，势必导致背离唯物主义的原则。但是，必须强调指出的是，博物馆工作实践，与人类的其他活动一样，是一种社会的实践。有些人把博物馆工作实践当成是个人或某一馆的实践，用个人或本馆工作经验的总结替代博物馆学研究，这是对博物馆学的曲解。就好比在考古学研究中，对某一具体遗址、墓葬和遗迹的发掘清理，并不代表考古学体系，而由此研究发表的发掘简报、报告或论文也不代表考古学理论，而仅仅是考古学理论的具体应用。个别的、具体的实践活动，能够丰富某一学科的理论，但绝不是理论的本身。如果把个人或个别馆的实践当成是博物馆学理论，而忽视各类博物馆整体实践和普遍经验的总结，就不可能形成博物馆学的科学概念和科学体系。从本质上说，博物馆学应该是以辩证唯物主义和历史唯物主义为基础的马克思主义社会学的一个重要组成部分。

如前所述，博物馆学研究的对象是博物馆，而博物馆的最基本要素是藏品，那么博物馆学理论的形成，必然要围绕着藏品而展开。如果说考古学的形成，主要是依靠了考古地层学和器物类型学两大理论支柱的话，那么博物馆学同样存在着两大理论支柱，即收藏学和藏品应用学。

什么是收藏？收藏是一个过程，是人类不断地将社会物质文化择优弃劣、积累精华、去伪存真的过程。它对保护自然界和人类珍贵的物质文化遗产，启迪人类的聪明才智、促进社会的科学进步和经济发展，都具有十分重要的意义。收藏包含了缺一不可的两大要素：即收藏者与收藏品。收藏者既可以是社会机构、社会团体，也可以是社会个人，但都必须具备相应的科学文化知识和一定的文化素养；收藏品既可以是文物、古玩、书籍、报刊、票证、邮票、书画、奇石、工艺品等，也可以是生产工具、日用生活品、交通工具等，但都必须具有社会文化载体的属性。收藏者与收藏品二者之间的有机结合，才构成收藏。

博物馆的收藏，与社会团体及个人的收藏有所不同。首先，在藏品的选择上，博物馆必须依据自身的类别来确定。自然博物馆与历史博物馆在藏品的选择上是截然不同的，综合博物馆与专题性博物馆对藏品选择的范围也要有所区别，纪念性博物馆同遗址类博物馆又必须按照自身的性质有的放矢的选择藏品。其次，博物馆的收藏作为一个过程，更细致、更复杂，至少应包含六部曲，即搜集—鉴定—登记—分类—入库—保管。这六部曲在博物馆的收藏工作中缺一不可，其中搜集是收藏的基础，鉴定是收藏的关键，保护管理是收藏的重心。收藏是一门科学，它是研究收藏活动客观规律的科学，其研究对象是收藏者与收藏品，以及二者之间的相互关系和作用。

藏品鉴定，是收藏的关键，因而有人把藏品鉴定的理论和方法又视为藏品鉴定学，但实际上藏品鉴定学是收藏学的一个重要组成部分。什么是藏品鉴定学？藏品鉴定学应包括哪些内容？这是收藏学的核心，也博物馆学研究的重要课题。一个博物馆，藏品的多寡固然很重要，但是更重要的是藏品的质量。博物馆藏品的多寡多半是由博物馆所设地区文化是否发达、经费是否充足、征集工作是否经常性地开展等因素所决定的。而博物馆藏品的质量，则是取决于博物馆业务人员的鉴定水平和对藏品鉴定学的理解与认识。藏品鉴定学，是一门专门研究收藏品文化内涵及其存在价值的学问，它主要包括：藏品的真伪鉴定、年代鉴定、价值鉴定、作用鉴定和级别鉴定。而其中最基本的，是藏品的真伪鉴定。因为如果对一件收藏品连真伪都分辨不清，那么对其他方面的鉴定也就毫无意义，同时收藏也就毫无价值。

博物馆学的另一大理论支柱，则是藏品应用学。

博物馆藏品的应用，主要是在两大方面：一是藏品研究；二是藏品展示。但无论研究，还是展示，都是为了体现藏品的社会价值。如果只收藏而不应用，藏品的社会价值就无法体现，收藏也就失去了意义。然而，用就会对藏品有损伤，如对藏品的经常性搬动、照相、化验以及在难以控制温度、湿度和不具备防虫蛀、防空气污染条件的展厅内长期摆放等等，都会给藏品造成不同程度的损伤。但实际上藏品即使不应用，长期存放在保管条件较好的库房内，也会发生变化和自然损伤，只是变化和损伤的进度会缓慢一些。假如一件藏品，在设备完善的库房内，能收藏一百年，而科学的应用后，只能收藏八十年，那么我们是选择毫无意义的收藏一百年，还是使收藏品充分发挥了社会效益和经济效益的八十年呢？显然应该是后者，而不是前者。

因此，藏品应用学所要研究的正是如何科学地对藏品加以应用，如何使藏品既能充分体现自身的社会价值，又能尽可能长的保持其寿命。因为博物馆所收藏的是各种质地不同的藏品。只有对各种不同质地藏品的自然属性有了准确的认识，才能对藏品的应用更科学、更合理。

对博物馆学理论的研究，有助于推动博物馆事业的发展和高质量、高水平博物馆的建立，对提高全人类的文化素养，促进人类科学技术的进步，实现人类的高度文明，都会起到积极有益的作用。

（原文载《博苑秋实—宁夏博物馆五十大庆纪念文集》，宁夏人民出版社2009年8月出版）

宁夏博物馆收藏的西夏文物

宁夏回族自治区博物馆（以下简称宁夏博物馆）是一座省级综合性历史博物馆，原址坐落在宁夏回族自治区首府银川市的承天寺院内。承天寺，始建于西夏第二代皇帝嵬名谅祚时期，是西夏时期的皇家寺院。2008年，新馆建筑在银川市金凤区北京中路人民广场东街落成后，宁夏博物馆迁至新馆办公。馆内收藏有从旧石器至清代的历史文物，从民主革命到抗日战争、解放战争时期的近现代文物，以及反映回族民风民俗的回族文物近十万件。在历史文物中，以西夏时期的文物最为丰富，是目前国内收藏西夏文物数量最多、级别最高的文物收藏单位。

宁夏博物馆的西夏文物藏品，绝大部分来自于科学的田野考古发掘。1972—1978年，宁夏博物馆考古工作队在西夏都城兴庆府（今宁夏银川市）以西、贺兰山下的西夏陵区（图十二）展开了大规模的考古调查和发掘工作。在此期间，除了对陵区的规模、陵园的分布、陵墓的排列、帝陵和陪葬墓的形制、陵墓的地面结构和保存情况等做了详细、反复的调查外，还先后发掘了帝陵1座、陪葬墓4座、专为陵园烧制砖瓦、石灰的窑址3座和陵邑遗址（陵区北部城址）。不仅初步摸清了西夏帝陵、皇亲贵臣大型墓葬地上、地下的形制结构和葬俗，而且还出土了一批极其珍贵的文物，对进一步探讨西夏社会的政治、经济、军事、文化等提供了十分重要的实物资料。同时，也为西夏文物的断代，建立起具有考古地层依据的参考体系。

西夏陵区八号陵，是一座规模宏大的皇帝陵墓，陵园占地面积约10万平方米。坐北朝南，方向南偏东5°。发掘前地面建筑经自然和人为的破坏已成废墟，但遗迹尚存。整个陵园的地面建筑，从外向内由双阙、2座碑亭、4座角台、外城、月城、内城，以及内城中的献殿、墓道、灵台等建筑组成。在碑亭遗址上，原立有用西夏文和汉文篆刻的石碑；月城内原置有文臣武士等石刻雕像，发掘前均已被砸得破碎不堪。献殿在内城近南门处，为面阔五间的长方形殿堂建筑。在高约0.9米的台基面上，用方形花砖铺地，是当时陵园举行祭奠活动的场所。献殿西北为填土隆起呈鱼脊梁的墓道，墓道后端发掘前已有一直径约30米的圆形盗坑。灵台位于内城偏西北处，黄土夯筑，平面呈八角形，边长12米，外沿底边用方砖平砌三层，高16.5米，七层，逐层内收，每层的收分处都残存有瓦当、滴水、筒瓦、檐木等屋檐上的建筑构件。这些遗迹现象说明，灵台在未遭破坏前，是一座实心的八角形七级浮屠。

八号陵是一座阶梯式墓道土洞墓，墓室距地表深24.6米，由甬道、中室和两个耳室组成。在甬道壁上，残留有头顶火焰，身着战袍铠甲，双手叉腰，腰佩宝剑，臂缠飘带的武士画像。中室和耳室四壁均以木板护墙，发掘前木板已朽，墙面上只留下木板的痕迹。中、耳室地面平铺方砖，由于墓室多次被盗，顶部和部分墓室壁早已坍塌，发掘前中、耳室里充满了填土。墓室中未发现葬具，但发现有被烧过的长块朽木，说明墓主人下葬时使用了棺椁一类的葬具。虽然八号陵严重被盗，但在陵园地面、墓室以及盗洞中仍然出土了许多珍贵文物。主要有：人像碑座（图十三）、西夏文和汉文残碑、雕龙栏柱、石刻经幢、石人像、石螭首、琉璃鸱吻（图十四）、灰陶鸱吻、琉璃龙首脊饰、灰陶龙首脊饰、庭院人物竹雕、铠甲片、门钉泡、铜铃、铁剑、荔枝纹金带饰、鎏金银饰、花瓣形镂孔带钉金饰、马鞍前桥金边饰、兽面纹鎏金银饰、镶蓝宝石铜饰、白瓷高足碗 残件、褐釉瓷碗、白瓷瓶残件、汉唐宋夏钱币等。①

西夏陵区一〇八号墓，是一座规模不大，但墓主人身份较高的帝陵陪

① 宁夏回族自治区博物馆：《西夏八号陵发掘简报》，载《文物》1978年8期。

葬墓，占地面积仅3200多平方米。① 地面茔域形制也较简单，四周夯筑宽1米、近似方形的土墙，残留高度只剩0.2米，土墙内外均用白石灰墙皮包裹。南墙正中辟有门道，从门道周围出土的砖、瓦构件来看，初建时设有门或门楼。茔域内除墓道、墓塚外，无任何其他建筑。茔域南墙外40米的东侧，有一边长10米、高出地表0.8米的正方形碑亭台基。其上出土有字的残碑349块，其中汉文残碑216块，西夏文残碑133块。两种文字的碑文，内容基本一致，互为补正，为考证墓葬年代、墓主生平提供了重要线索。同时，也补充、纠正了史料记载的漏缺和错误。从残碑断断续续的内容中，为西夏历史研究至少提供了以下几条重要的史料：（1）碑首称“梁国正献王之神道碑”，说明墓主人曾受封过“梁国正献王”的爵位。史料记载，西夏有封王之制，但梁国正献王之封，史籍缺载。（2）碑文记述梁国正献王“嵬名，讳安惠”，被尊为“尚父”，曾任“太师、尚书令、知枢密院事、六部□□”等职。说明梁国正献王属皇族，姓“嵬名”，名“安惠”，所任之职中，“六部□□”（参照《通典》所记宋代官职，可能是六部监门）文献史料中从未记载。（3）碑文中有“太后亲征怀德军，分遣诸将，公……”的记述。“太后”指梁太后，惠宗秉常之妻，崇宗乾顺之母。“怀德军”即平夏城。“公”指墓主人梁国正献王。据史料记载，西夏永安元年（1098）“冬十月，梁氏复自将收平夏城，溃还”。说明梁国正献王曾随梁太后出征平夏城，但文献史料中无记载。（4）在汉文残碑中记述：“崇宗践位，虽总览乾（坤）……上即令公城中兴，于是……”崇宗乾顺即位后城中兴一事，文献史料中无记载。中兴府在景宗元昊称帝立国时称兴庆府，史书记载兴庆府改名中兴府，是在西夏天庆十二年（1205），因蒙古军队第一次攻打西夏后撤军，桓宗嵬名纯祐以为从此西夏可以中兴，于是将兴庆府改称中兴府。但碑文记述说明在崇宗即位后不久就已经出现中兴府这一名称。在西夏都城改名问题上，碑文记述对史书记载是一

---

① 宁夏回族自治区博物馆：《西夏陵区一〇八号墓发掘简报》，载《文物》1978年8期。

个重大的修正。

一〇八号墓为阶梯墓道土洞墓，墓室距地表深12.5米。单室，室内四壁、顶和地面均没有砌砖、涂灰和使用护墙板的痕迹。墓室被盗严重，发现的三具人骨中，有两具出土层位较高的是盗墓人的完整骨架。墓室内发现棺钉44枚和最长达2.15米的大量朽木，同时发现散于墓底的人骨，有被大火烧过的痕迹。证明墓主人下葬前先采用了火葬，下葬时又使用了棺木。该墓的随葬物中，有大量的家畜、家禽，墓室中出土羊、牛、狗、鸡、鸭等骨骼近百块，并发现有完整的幼羊、幼狗、鸡、鸭骨架和蛋壳。出土文物主要有石马、石狗各1件，丝织品残片数块，唐宋钱币数枚等。其中的丝织品经上海纺织科学院鉴定，品种有素罗、纹罗、工字绫、异向绫和茂花闪色锦等。特别是茂花闪色锦，在国内还是第一次出土，其“经纬组织和织制方法都比较奇特”，“显示了11、12世纪我国丝织手工业的精湛技艺”。[①] 该墓的墓主人身份较高，但墓葬规模较小，出土的随葬品也不够丰富，其原因可能蕴藏了西夏最高统治阶级内部激烈的政治和权利斗争。

继一〇八号墓发掘之后，在西夏陵区的中部，又发掘了一座形制规模较一〇八号墓更大的陪葬墓，编号为一〇一号。这座墓占地面积约18200平方米，坐北朝南，从南至北由东西两座碑亭、放置石像生的月城和茔域主体——内城三大部分组成。月城和内城均面南辟门，内城门处原建有过殿式门楼。在南北长117.4、东西宽101.4、四周筑有宽1.5米围墙的内城中，入门处建一长11.5、宽1.75米的影壁。墓冢和墓道避开南北中轴线，位于内城的西北部。墓冢呈截尖圆锥体，底径11.4、顶径5.8、高10米，外表以石灰墙皮包裹。一〇一号墓是一座斜坡墓道土洞墓，墓室距地表深21米。方形单室，穹窿顶，四壁、顶和地面均为原生黄土。墓室早年被盗，但在墓室与墓道之间的甬道里，发现两件体积极大的珍贵文物，一件

---

① 上海市纺织科学研究院纺织史组：《西夏陵区一〇八号墓出土的丝织品》，载《文物》1978年8期。

是长1.2、宽0.38、高0.45米，重188公斤的鎏金大铜牛（图十六），出土时紧靠甬道东壁，头向墓室（向内）；另一件是长1.3、宽0.38、高0.7米，重355公斤的圆雕大石马（图十七），出土时紧靠甬道西壁，头向墓道（向外）。这两件珍贵文物均为卧姿，造型生动，形象逼真，是十分难得的西夏艺术品，为研究西夏社会的经济、文化、铸造和雕刻工艺以及党项民族的葬俗，提供了极其宝贵的实物资料。此外，在墓室中还出土了铁狗、铁釜、铁矛、石雕人头像（图十五）各1件；铜铃2件；面食点心2块；锦、罗等丝织品10余片；棺钉34枚；最长123、厚5厘米的棺板8块；银质乳帽钉10枚；铁门钉13枚；鎏金铜饰品2件；菱形镶金铜饰品1件；铸铜1块；残破的白瓷碗、褐釉陶罐各1件。墓室中出土的全部残损人骨，经上海自然博物馆鉴定，分属一男三女四个个体，男性为中年；女性为一老年、两中年。在发掘过程中，发现有二次或多次葬的痕迹，说明一〇一号墓是一座一夫多妻的合葬墓。①

位于西夏陵区以东约三公里处的缸瓷井窑场遗址，是专为西夏陵园烧制砖瓦、石灰的土窑，宁夏考古工作者在此发掘了其中的两座砖瓦窑和一座石灰窑。砖瓦窑的平面呈马蹄形，由窑门、火膛、窑室、烟道、烟囱等几部分组成，全长6.3米。从窑壁残存情况看，无窑顶结构。烧砖时，在窑室内装满砖坯后，再从窑室外封一拱形或穹窿形顶。石灰窑结构和建造工序，都比砖瓦窑简单，由火门、火膛、窑室三部分组成，无窑顶和烟囱，装料后封顶并留出烟孔。缸瓷井窑址的发掘，不仅摸清了西夏陵园建筑材料砖瓦、石灰的来源，而且也为西夏砖瓦、石灰烧制工艺的研究，提供了考古学资料。

自从1975年在宁夏盐池县八道梁发现大量西夏窖藏钱币以来，20世纪70—90年代，已在宁夏贺兰山大风沟、榆树沟、滚钟口、小水沟、小耶

① 宁夏回族自治区博物馆：《西夏陵区一〇一号墓发掘简报》，载《考古与文物》1983年5期。

和沟、吴忠崇兴乡、盐池萌城乡、中宁石空镇等地，出土了西夏窖藏钱币约2000多公斤、近20万枚。虽然在西夏窖藏的钱币中，绝大多数为汉代以后历朝历代特别是北宋时期的货币，但也出土了许多西夏汉文和西夏文钱币。其中有些钱，如西夏文“福圣宝钱”、“贞观元宝”；汉文“大安通宝”、“元德通宝”、“元德重宝”等，过去虽有发现，但都属传世品，由于缺少考古地层的验证，而不被钱币学界的一些专家所认可。还有些钱，如汉文篆书“光定元宝”、汉文行书“乾祐元宝”等，为20世纪70年代后首次发现。

中国社会科学院考古研究所1983年在宁夏灵武磁窑堡西夏窑址调查后，从1984年起对磁窑堡窑址进行了连续三年度的考古发掘，基本摸清了西夏瓷窑的结构和工艺流程，也初步掌握了西夏瓷的特征。此后，宁夏文物考古研究所在与磁窑堡窑址相邻的回民巷窑址，再次进行了发掘，证明两处为一个窑场。两处出土的西夏瓷器品种繁多，以釉色分类有白釉瓷、黑釉瓷、褐釉瓷、青釉瓷、茶叶末釉瓷及少量的紫釉瓷和双色釉瓷；以装饰技法分有素釉、刻釉、剔刻釉、刻化妆土、剔刻化妆土、印花、雕塑和点彩；以用途分有生活用品、文房用具、娱乐器具、雕塑艺术品、建筑构件、兵器、窑具等。其中生活用品出土的数量最大，包括食具如碗、盘、碟、钵等；炊具如釜、盆、罐、甑等；茶具如杯、高足杯、壶等；容器如缸、瓮、瓶、盒、扁壶等，以及灯、钩、漏斗、铃等小用具。磁窑堡西夏瓷窑的烧制工艺受中原磁州窑和耀州窑的影响很大，但也具有自己独特的艺术风格和工艺特点。如高足碗（图十八）、高足杯、高足瓶、高足钵等一类高足器，在中原各窑烧制的瓷器中较为少见，而在西夏窑址、墓葬、窖藏中出土较多。此外，剔刻花工艺在西夏瓷器装饰中，运用也比较广泛。西夏生产的白釉、黑釉、褐釉剔刻花瓷扁壶（图二十）和素釉小扁壶，是一种出行时便于挂绑在驼、马背上，用于盛酒、盛水的容器，极具民族特色。磁窑堡和回民巷窑址的发掘，为研究西夏制瓷手工业的发展，提供了极为丰富的实物。①

1986 年，宁夏银川新华百货大楼扩建时，在扩建工程的地基上，发现一个窖藏遗址，宁夏博物馆文物考古队得知消息后，立即派人前去发掘清理。在一个不规则形的地窖内，发掘出土了 10 件十分精美的青铜制品，其中 7 件为佛教人物鎏金铜造像（图二十一），形象生动，神态慈祥，比例匀称，出土时完整无损，金光灿灿。另有 1 对六棱衔环铜瓶、1 口龙首八卦铜钟。埋藏这批珍贵文物的地窖，上开口叠压在元明地层之下，打破了宋代地层。另外，这批文物在不规则形地窖中，是被东倒西歪地相互挤压叠放在一起，如果不是僧侣或佛教信徒出现了生命不保的情况，如此精美的佛教造像，是不可能像垃圾一样被丢弃的。因此，无论从考古地层，还是宁夏的历史背景来看，这批文物的窖藏年代都应在西夏晚期。②

西夏陵区北部，有一处由守陵官兵及其眷属和专为陵园超度亡灵、举行祭奠活动的僧侣们居住的长方形城址，东西宽 160 米，南北长 350 米，总面积约 56000 平方米。城址内为三进院落式布局，主体建筑集中在中院。1986—1987 年宁夏考古工作者在城址的中院进行了大规模发掘，发掘面积达 4400 平方米。发掘中对内院的中心大殿以及周围的过殿、厢房、夹屋作了细致的清理解剖。同时还发掘出土了大批西夏建筑构件和瓷器等文物。出土的建筑构件主要有板瓦、筒瓦、瓦当、滴水、方砖、条砖、槽心砖、白瓷墙贴、琉璃鸱吻、琉璃脊兽（琉璃鸽、四足兽、龙首鱼、宝瓶）等。出土的瓷器主要有白釉瓷碗、褐釉瓷碗、白釉瓷盘、白釉瓷豆、白釉瓷罐、白釉瓷钵（图二十二）、白釉瓷瓶、青釉瓷盆等。其中出土的白瓷器，无论器型，还是釉色，都与磁窑堡和回民巷窑址发现的白瓷器不同，在烧制工艺上也显示出更高的水平。此外，在城址中心大殿遗址上，出土了大量的泥塑残件，可辨出形象的有佛手、佛耳、佛鼻、佛脚、小型秃发人物

① 马文宽：《宁夏灵武窑》，紫禁城出版社，1988 年。

② 吴峰云：《论银川出土鎏金铜造像的年代问题》，见《首届西夏学国际学术会议论文集》，宁夏人民出版社，1998 年。

像、莲花座、蛇头、蛇首含珠、莲花纹饰件、莲蕾纹饰件、石榴纹饰件等，说明中心大殿是一座佛殿而不是祠堂。西夏陵区北部城址的发掘，虽然面积还不够大，还存有许多值得探讨的问题，需通过进一步的考古发掘来加以解决，但仍然为西夏建筑的研究提供了重要的考古学资料。

宁夏文物管理委员会从1985年在同心县韦州，维修、清理始建于西夏时期的康济寺塔起，又先后于1986—1987年维修、清理了贺兰山拜寺口双塔；1987—1988年维修、清理了青铜峡一百零八塔；1990—1991年维修、清理了贺兰县宏佛塔（图二十三）。维修、清理工作，不仅为确定这些古建筑的始建年代，提供了佐证，而且还从塔里清理出一批极为珍贵的西夏文物。在形制为楼阁式和喇嘛式相结合的宏佛塔内，出土的文物主要有绢织彩绘佛画14幅（图二十四）、西夏文木雕刻印版2000余残块（图二十五）、彩塑泥佛头像6件（图二十六）、彩塑泥佛面像2件、彩塑泥罗汉头像18件、彩塑泥力士面像2件、彩塑泥罗汉身像18尊（图二十七）、彩绘木雕菩萨像1尊、彩绘木雕伎乐女像1尊（图二十八）、木塔模1件、西夏文木简1枚、《番汉合时掌中珠》残页1件、西夏文书残页1件、墨书西夏文残绢1件、墨书汉文幡带1条、陶模1件、北宋钱币39枚以及大量灰陶、琉璃建筑构件。在拜寺口双塔出土的主要西夏文物有绢织彩绘佛画2幅、上乐金刚木雕双身像1尊（图二十九）、彩绘长条木供桌1张、彩绘木椅1把、描金彩绘木花瓶1对、绢纸花2束（图三十）、印花绸3块、鎏金铜佛像1尊。① 西夏佛塔中出土的这些珍贵文物，使学术界对西夏佛教文化的认识，产生了巨大的变化。

1990年，贺兰山拜寺沟内，一座西夏时期建造的方形密檐式塔，遭不法分子炸毁。1991年宁夏文物考古研究所派人前去发掘清理，在这座方塔的废墟中，出土了约12万字、36种带有西夏文字和汉文字的佛经、文书。

---

① 宁夏回族自治区文物管理委员会办公室、贺兰县文化局：《宁夏贺兰县宏佛塔清理简报》、《宁夏贺兰县拜寺口双塔勘测维修简报》，载《文物》1991年8期。

其中西夏文刻本约10万字；西夏文写本约7千字；汉文刻本约3千字；汉文写本约1万字。此外，还出土残损的佛画5幅、墨书汉夏文字的八棱塔心柱1根、西夏文木牌1件、绢纱包巾残片3件、织锦荷包2件、绢锦舍利包1件、木刀1把、铜铎1个、麻绳1束、舍利子4颗、小泥塔约5000个、小泥佛约1100个、刻画方格棋盘的方砖3块。[①] 特别是其中的西夏文印本佛经《吉祥遍至口和本续》，为活字印刷本，有专家认为是木活字印本。[②] 对研究中国印刷术的发明和发展，具有十分重要的意义。另有一件西夏文文书，由9张白麻纸粘接而成，总长574、高16厘米，全篇墨书西夏文草体，是目前发现最长的西夏文长卷文书（图三十一）。

此外，在宁夏吴忠崇兴曾发现一批西夏窖藏的白釉瓷器，有碗、盘、高足碗等，其中完整的就有114件。在灵武石坝曾发现一批西夏窖藏的银器，有银碗、银钵、银盒、银发簪等。其中部分银碗、银钵上墨书有西夏文“三两”、“三两半”等字样，对研究西夏社会的衡制提供了难得的实物史料。

上述考古调查、发掘和清理出土的西夏的文物，除极个别的调拨给国家博物馆、西夏博物馆外，基本上都收藏在宁夏博物馆。这些珍贵的西夏文物，为西夏学研究开辟了许多新的和更加广阔的天地。同时，也使世人对西夏社会面貌的认识愈来愈清晰，对西夏历史的了解愈来愈深入。

---

① 宁夏回族自治区文物考古研究所、宁夏回族自治区贺兰县文化局：《宁夏贺兰县拜寺沟方塔废墟清理纪要》，载《文物》1994年9期。

② 牛达生：《西夏佛经〈吉祥遍至口和本续〉的学术价值》，载《文物》1994年9期。

文物普查与不可移动文物研究

西安州古城与天都山石窟

西安州古城，位于宁夏海原县城西南20公里。宋夏时期，为两国兵家必争之地，向为“固靖之咽喉，甘凉之襟带”①。城西7.5公里为天都山，又名西华山，由山之东麓循沟进2.5公里左右，有石窟寺等宗教遗迹。

一、西安州古城

西安州古城，背靠天都山，前临鏁黄川，地宜耕牧战守。西夏元昊时期初建，称“南牟会”。宋元丰四年（夏大安七年，1081），宋神宗遣五路大兵伐夏，熙河经略使李宪率兵一路“营于天都山下，焚夏之南牟内殿并其馆库，追袭其统军仁多唛丁，败之，擒百人，遂班师”②。元符二年(1099)，宋“以南牟会新城建为西安州”，“城周围五里六分，高阔各三丈二尺”③。宋靖康元年（夏元德八年，1126），夏崇宗嵬名乾顺乘宋、金交战之机，攻取西安州。自此，西安州一直为西夏所统辖，并且成为南侵宋疆的重要军事据点之一。又攻占西安州城东南约30里的宋之天都寨，设东牟会城，与西安州城（即夏南牟会城）互为犄角之势。④元灭夏后，“豫王建都于此，城周五里六分”⑤。由此说明，元代仍然沿用了宋夏时期的西安州城。明朝成化四年（1468），巡抚马文升“擒斩叛首满四，乃于城中筑

---

① 《海原县志·形胜》。

② 《宋史·夏国传下》，卷486。

③ 《宋史·地理志》。

④ 《海城厅志·城池》。

⑤ 《海城县志·古迹》。

隔墙一道，分为南北二城，修南城，垣以砖，内设游击及千户所，以资弹压”①。

西安州古城残垣，迄今尚存。城内除西部有少数农家住户外，其余均被耕为农田。古城平面呈方形，边长约700米。城内有隔墙一道，将古城分为南北两城，在隔墙的夯土中含有宋夏时期的砖瓦、陶瓷等遗物，此亦证明隔墙系明代成化年间所加筑。

北城由于荒废时间较早，现存状况远不如南城，大部分城墙倾圮后，仅存2至3米的漫坡状土垄，城门痕迹已无法分辨。但城外周边的壕沟，仍然可以看出痕迹。北城内外的地表上，存有少量宋代瓷器残片。

南城现存状况较好，城墙夯筑，残高4至8米。开东、西二门，绕以半圆形瓮城。四周护城壕痕迹清晰，宽约10米。城内地面遗有大量的残砖碎瓦和陶瓷残片，除少数为宋夏时期的遗物外，多系明清之物。

二、天都山石窟

天都山位于西安州古城西7.5公里，由山口循沟而进约2.5公里，在沟北面南的山崖上，依山势筑台凿窟，沿山建有古寺数处。自沟底上至古寺最上层，沿山开凿有崎岖小径可以攀临。登上山坡即有一泉井，井水清凉，常年不涸。泉井旁原建有龙王祠，今已倾废。由此缘山坡曲径上行百余米，有寺庙废址一处，旁立民国三十三年（1944）重修天都山诸洞庙宫祠碑记一座。再上行约百米，是一块依山势削陡壁修筑的台面，沿山长50余米，前后宽约30米，崖下凿有三窟。窟室皆平面呈长方形，宽3至4米，进深5至6米，平顶直壁，洞内佛像已荡然无存。据碑文所载，此3洞为三圣殿、子孙宫和白衣大士洞。白衣大士洞内有一石碑刻，系后人从洞外移入，但碑文已剥蚀不清。沿山小路再上行数十米，又依山辟筑一

① 《海城厅志·城堡》。

台，沿山长50米，前后宽20米，危崖峭壁下凿有玉皇、观音、祖师3个洞窟。窟室平面均呈长方形，宽5至7米，进深9至13米，皆为平顶，窟内塑像早已毁去不存。在第一窟的供台上，有两块方形小砖，其上各雕一字，合为“玉皇”，原是嵌于洞窟门额之上的。这处寺院前临深沟约百米，背靠悬崖高达40多米，是天都山寺庙的主建筑群，昔日题名“金牛寺”。在寺窟前的台院内，遗有碑记4块。《重修西山上帝祠宁记》为明代万历二十六年（1598）仲春立石。碑高1.74、宽0.8、厚0.12米；下有碑座高1.3、阔0.9米。另有一块《施财姓氏碑记》，与之同年立石，碑高1.45、宽0.72、厚0.14米。清代碑刻两块：一块为康熙八年（1669）所立《补修金牛洞记》，碑高1.74、宽0.45、厚0.12米；下有方形碑座高0.3、宽0.9米。另一块为光绪九年（1883）《重修天都山寺庙碑记》，碑残高1.36、宽0.74、厚0.14米。

天都山寺庙群的台院上和山坡前，散布着大量的残砖碎瓦，以及墨绿色的琉璃屋脊兽，均系明清时期的遗物。从这些建筑构件的数量上来看，寺窟前的台地上原建有高大的殿宇。诚如碑文所载：“相其山之巅末，觀其勢之高下，察其神之大小，由上登下，見其層層居神，迭迭棲聖。至於山之將頂，更有最上一乘煙景迷愔，密林雅致，可以居尊祀上……”① 昔日的天都山寺庙，挑檐飞脊，雕梁画栋，庙貌辉煌，岩俊秀是可以想见的。

天都山寺庙始建年代不见于文献记载，但从以下几点考证，当始建于西夏时期：

1. 清康熙八年的《补修金牛洞记》石刻云：“南牟郡城（即西安州古城）之西，相去十五裏有山焉，名曰天都山，上修寶刹一座。自上而下，或鑿石以成室，或竪木以建宇，諸神無不咸備。考其始基乃宋以來之古刹也。”

---

① 《补修金牛洞记》碑刻，现存天都山寺窟院内。

2. 明万历二十六年《重修西山上帝祠宇记》亦载："西安，古州治也。西门外十里许有山，名曰天都，山内有古刹寺一座。"这条记载说明，天都山寺窟当凿建于明代以前。

3. 西夏的统治者皆好佛事，西夏的主体民族——党项族又笃信佛教，西夏建国前后，即于天都山下置南牟郡城，并于城内建筑宫殿。①《海城县志·古迹》记载："（天都）山下有元昊避暑宫遗址。"而民国年间所立的《重修天都山玉皇洞、观音洞、祖师洞、三宫殿、灵官庙、三圣宫、白衣大士、龙王祠、子孙宫各庙碑记》亦云："我邑天都山，□□□元昊故宫，後又名金牛寺，於歷代即稱為名勝所在。"既然西夏时期曾在天都山下营建宫殿，于山壁开凿石窟修建寺庙也不是不可能的。

4. 西夏元昊时期有野利遇乞者，统兵常驻天都山，号称"天都大王"。这说明天都山一带为夏国所重视。天都山既然有大量的夏兵长期屯驻，那么其在山内修建寺窟也是很自然的。

综上所述四点考证，我们认为天都山寺窟遗迹，始于宋夏之际的说法是可信的。

（原文载《固原师专学报》1984 年第 1 期，与许成合作）

---

① 吴广成《西夏书事》中记载，西夏在西安州建宫殿七座，"极壮丽，府库官舍皆备"。

韦州古城

韦州古城，位于同心县东北85公里。这里青龙山耸其东，大螺山峙其西，两山相对，中间一片平滩地。由此而南，经下马关、豫旺可达固原；北过太阳山，经惠安堡直抵灵州；西穿大、小螺山的连脉处，进入葫芦河川，即可南通关中，北达塞外。所以，就其地理位置而言，在古代曾是一处军事要冲，一向被兵家视为要塞。

韦州现有两座古城址，东西坐落，仅一墙之隔。东面一城，为明朝弘治十三年（1500）巡抚王珣所奏筑，“周回四里三分，池阔二丈，深七尺”①。西边一城，“西夏置韦州于此，又为静塞军”②。宋嘉祐七年（1062），“改韦州监军司为祥祐军”③ 俗称西城为“老城”，东城为“新城”。

韦州老城在今韦州乡镇南端。古城平面呈方形，边长600米。城墙为黄土夯筑，残高5至8米，基宽10米，夯层厚12至15厘米。南墙正中设门，绕以方形瓮城，边长40米，瓮城门向东，倾圮后形成宽6米的豁口。古城的西、北两墙现存状况较好，城墙外侧每面各有跨墙墩台（马面）12个。城内今已荒废，稍有几户人家。

在老城内的东南和西北隅，各有古塔一座。两塔的形制不同，大小不一，遥相对峙。位于城西北角的小塔，是一座实心喇嘛式墓塔，塔基为单层八角须弥座，塔身为宝瓶形，塔身与塔基之间饰莲瓣一周。塔顶十三

---

① 《弘治宁夏新志》，卷3。

② 《读史方舆纪要》，卷62。

③ 《宋史·夏国传》载，西夏初期曾设有“韦州静塞监军司”，属左厢。西夏第二代国主李谅祚改为祥祐军，可见西夏时期的韦州静塞军城，当建在谅祚之前的元昊时期。

层，是“十三天”相轮的一种变体作法。塔身内土筑外砌以砖，表层涂抹白灰，通高约15米。根据建塔所使用的青砖与明代城墙砖形制大小相同的特点，推测此塔当建于明代。城东南的大塔，称“康济寺塔”，坐北朝南是一座密檐式砖塔，塔身十三层，通高约42米，平面呈八角形。塔后立有明代成化元年（1465）和万历九年（1581）的两块石碑。据碑文记载，塔身原为九级，洪武二十四年（1391），重建时又增建4级。嘉靖四十年（1561）为地震所毁，现13层塔身为万历九年重修。根据碑文提供的线索可知，此塔在明代以前就已存在，而韦州老城始建于西夏时期，元灭夏后曾经废去不用，也就不可能于城内修建塔寺。所以，推测康济寺塔亦当始建于西夏时期。

在韦州老城的地表上，散布着很多古代建筑材料残件和陶瓷残片，其中多具明代特征，但也有少量外饰暗瓦纹、内饰乳钉纹的灰陶片，和具有冰裂纹的青、白瓷片，当为宋夏时期的遗物。

明成化元年立石的碑文中，有这样一段记载：“考自洪武辛巳，受封西夏垣。以韦州富美地，携宫室立行府，每于炎夏盛暑之时，必携宫眷野□□□□□□□。”碑文是记述明初朱元璋第十六子庆靖王朱㮵，受封于韦州“西夏垣”的事情。“垣”字的本意为“墙”，这里则指“城”而言。“西夏垣”，即西夏时期所建的城池，明初又将朱旃封庆王于此地，此亦可证韦州老城是筑于西夏时期。在宋代张广远的《地理图》[①] 上，韦州老城被清楚地标在灵、盐二州之间。这说明韦州在西夏时，也是一座颇具规模的城池。

（原文载《固原师专学报》1984年第1期，与许成合作）

① 宋代《地理图》，现藏苏州市博物馆。

宁夏盐池窨子梁唐墓群

一、墓葬形制

墓群位于宁夏盐池县西北约48公里苏步井乡境内的窨子梁上。东距硝池子村约1.5公里，西距乔记梁庄约2.5公里，南至冯记油坊约4公里，北至毛家坑约1公里。

窨子梁亦称窨子山，平均海拔1500余米，石膏岩质。近年以来，山梁逐渐被流沙覆盖，形成一座座绵延起伏的沙丘。发现的六座墓（分别编号为M1——M6）皆为依山开凿的平底墓道石室墓。墓道起于山丘的缓坡处，墓室门开凿于山丘的横断面上，上部无封土。

M1位于窨子梁西部，墓向210°，墓道长26、上开口宽1.6、底宽1.5、深3.6米。门道近似方形，高0.78、宽0.75、进深0.36米。以石块堆砌封门，在墓门右侧的石块内，压有一小石鼎。墓室平面呈方形，边长2.65、高1.8米，平顶略有弧度，直壁稍向外突，壁面用竖凿、横凿和斜凿等方法，雕刻三角形、梯形等几何图案。三角形边长0.3—0.4米，梯形大小不一，上底宽0.5—0.6、下底宽0.26—0.3米，凿痕清晰规整。墓室北部为高0.4、宽1.2、长2.6米的石棺床。棺床上置一木棺，长2.25，大头宽0.71、高0.4米，小头宽0.5、高0.35米，棺板厚4厘米，棺盖呈弓形。出土时基本保存完好，由一块块木板卯榫结合。棺内尸骨一具，已基本腐蚀成粉状，头向东，仰身直肢，身高1.6米左右，牙齿磨损较甚，估计为老年男性。骨架上附有灰白色丝织物残片，头部压一顶残朽的冠帽。墓室中间部分长1.5、宽1.15、深0.33米。近门处还凿有台阶。墓室东西两壁各有一长方形小龛，大小、形制基本相同，均平顶、平底、直壁，长1.65、宽0.9、高0.8米，龛口宽0.6、高0.78、厚0.15米。两龛内皆空荡无物。

M2位于窨子梁西部，西邻M1约10米，东与M3相靠，墓向205°，墓道长16、宽3.8、深3米。墓道填土内出画像石一块。门道近似方形，高0.84、宽0.8、进深0.4米，外侧边沿凿三道折棱，似壶门形，两侧饰卷草纹。清理时门前发现许多大块碎石，应是倒塌的封门石。墓道近门处有一长0.5、宽0.45、厚0.15米的阶石。门内上下各有一道凹槽，宽0.15、深0.1米，估计原镶有石门扇。墓室平面长方形，东西长4.25、南北宽3.7、高2.15米，四壁略呈弧形，平顶微拱。墓室北部为高0.35、宽0.55、长4.25米的石棺床，上有腐朽的棺木和尸骨痕迹。墓室中间部分边长2.4—2.65、深0.35米，边沿竖有长条石板，长1.25、宽0.6、厚0.2米，表面磨制平整，凿刻有由同心圆、三角形等组成的图案。墓室后壁正中有一小龛，东西两壁又各有二龛。龛室皆长方形，平顶，四壁稍弧，长2.1—2.2、宽1.1—1.2、高0.9—1.15米，龛门高0.8—0.85、宽0.7—0.75米，门框上下均有凹槽，可镶门扇。此墓几经盗扰，清理前墓室与龛室内均填满淤沙。后龛顶部有一直径约0.6米的圆形盗洞，直通地表。东壁前龛东南角亦有一高约0.8、宽约0.6米的盗洞，与M3西壁后龛相通。主室扰土中发现墓志一盒，木俑多件。据当地群众反映，这些遗物原是M3的随葬品，十余年前他们在此挖防空洞时，挖开M2墓室，穿过东壁前龛由盗洞爬进M3，将M3的随葬品通过盗洞搬进M2，以后未将这些遗物取出。

M3位于窨子梁西部，西邻M2，东距M4约11.5米，墓向205°，墓道长13、上开口宽3.9、底宽3.6、深4.55米。门道近似方形，高0.94、宽0.85、进深0.35米，外侧凿三道折棱，凿法同M2，但雕刻更为精细。门内上下各有一道宽0.15、深0.1米的凹槽，可镶门扇。墓室长方形，东西长6.5、南北宽3.7、高2.2米。平顶微拱，四壁较直，略向外弧。壁面用竖凿、横凿和斜凿等方法凿出整齐的长方、正方和三角等几何图形。墓室中间部分边长2.5、深0.6米，边沿竖立厚0.2、高0.6、长1.25米的长方形石板，表面磨制平整，并凿有规整的椭圆、三角形花纹。墓室后部有一宽1.1、长2.45、高0.55米的石棺床。墓室中部凿两根八边形石柱，柱高1.25、直径0.5米，一左一右，不十分对称。石柱下部为边长0.75、高0.65米近似正方体的石柱础。石柱上部为石凿斗状体，斗上宽0.5、下宽0.35、高0.35米，与墓顶连为一体。墓室后部正中开一小龛，西壁有前后两龛，东壁有前龛而无后龛。四龛的形制、大小基本相同，龛门宽0.75、高0.8米，上下各有一道凹槽，槽宽约0.14、深0.1米。龛门上镶有石门扇，两门扇形状、大小相同，高0.84、宽0.35、厚0.03米，门扇合缝处均有一圆孔，孔径0.02米左右，可安装锁扣。龛室皆长方形，长2.1—2.2、宽1.1—1.2、高0.9—1.15米，平顶，直壁稍弧。此墓多次被盗扰，清理前墓室内积有1米多厚的淤沙。在西壁后龛的西壁上，有一高约0.75、宽约0.7米的盗洞，与M2的东壁前室相通。除在M2主室中发现的原属此墓的随葬器物外，还在扰土中发现木俑10余件、玻璃球2件和小木条、小木板等木器残件。

M4位于窨子梁西部，西邻M3约11.5米，东距M5约30米，墓向210°，墓道长14、宽1.65、深3.2米。门道高0.94、宽0.73、进深0.5米，以石块堆砌封门，清理前已被扒开一盗洞。门内上下各有一道门扇槽，宽0.15、深0.1米。墓室平面方形，长3.5、宽3.4、高2米。平顶微拱，四壁较直，稍有弧度。墓室北部有一长3.5、宽1、高0.5米的石棺床，其上未见棺木和尸骨的痕迹。墓室中间部分长2.4、宽1.8米。墓门内侧凿有二层台阶。东、西、北三壁中部各开一长方形小龛，长1.7—1.75、宽0.65—0.7、高0.56—0.63米，平顶，龛壁较直。三龛内均有腐朽凌乱的尸骨，后龛与西龛内的各属一个个体，葬式、年龄、性别等都已无法鉴定。东龛残存的遗骸中，有两根肱骨上绕了两圈粗2毫米左右的毛纺线绳。除在封门石处有一盗洞外，墓室顶部亦有一直径约0.75米的圆形盗洞。清理前墓室内已填满淤沙，清理时仅在淤沙中发现红、灰陶各一片。

M5 位于窨子梁东部，西邻 M4 约 30 米，东北距 M6 约 15 米，墓向 155°，墓道长 13.7、深 2.25、最宽处 6、最窄处 1.75 米。墓道后端东、西两壁各开一侧室，两室形制、大小基本相同。平面均呈长方形，长 2.35、宽 1.4、高 0.85 米，平顶。长方形门宽 0.95、高 0.8 米，门内有一石阶。室内四壁较直，壁下有一周宽 0.05—0.07、高 0.4 米的石沿。侧室中部有一道宽约 0.1 米，高与石沿相同的南北向石梁，将侧室分为内外两半。在石梁与后壁石沿间架起三块石板作为棺床。东侧室清理前已有一块石板被移动，棺床上的尸骨下肢已散乱掉落在石板下面，上肢骨保存较好，可看出死者为一老年男性，头向南，仰身直肢。西侧室的石板棺床尚完好，但尸骨已被扰乱，无法辨别葬式，从残存的头骨、盆骨和牙齿等分析，死者可能为中年男性。两侧室内均未发现随葬品。墓室门道方形，宽 0.95、高 0.93、进深 0.41 米。墓室由中室和左、右耳室组成。中室平面方形，边长 4、高约 1.85 米，四壁外弧，顶部已坍塌，清理前墓室已被沙土填满。主室中间部分长 2.5、宽 2.25、深 0.3—0.5 米。北部有一宽 1.17、长 3.5 米的石棺床，棺床上的尸骨已荡然无存。东、西两壁各开三个方形小门，与两侧耳室连通，小门宽 0.75—0.8、高 0.8—0.85、厚 0.45—0.5 米，三门间距为 0.43 米左右。门内为一长方形耳室，西耳室长 3.37、宽 1.5、高 0.94 米；东耳室长 3.1、宽 2.09、高 0.98 米。两室皆横券顶，室壁稍弧。室内尸骨散乱，从残存的骨骼看，东耳室至少葬有四个个体，西耳室至少葬有三个个体，但性别、年龄难以鉴别。此墓盗扰严重，随葬品所剩无几，仅于耳室和墓道填土中发现“开元通宝”3 枚、“货泉”1 枚，于中室东侧扰土中发现漆片数块，小竹棍、小木棍、小木板等木竹器残件 10 余件，灰陶 1 片。

M6 位于窨子梁东部，西南邻 M5 约 15 米，墓向 123°，墓道长 26.1、上口宽 1.95、底宽 1.55 米、深 3.4 米。门道长方形，宽 0.75、高 0.54、进深0.46米。门外以石块封闭。墓门内上下各有一道凹槽，宽0.15、深0.1米，槽两端各凿一直径0.13、深0.15米的圆形门枢窝。清理前，两扇石门板皆保持原状，两门扇的合缝处各有一圆孔，孔内镶环形铁鼻，其上挂一铁锁，将墓门锁住。石门扇高0.89、宽0.43、厚0.05米。门枢圆柱状，直径0.1、长0.13米。门扇正面磨制平整，其上各刻一身着胡服，翩翩起舞的男子，画面以黑色涂染，十分清晰。墓室方形，长3.4、宽3.5、高1.85米，平顶微拱，四壁稍弧。墓室北部凿一石棺床，长3.5、宽1、高1米，棺床上无葬具。墓室中间部分长2.2、宽1.9米。近门处凿一石阶。东、西、北三壁各有一小龛，龛口距墓底0.45米。三龛的形制、大小基本相同，长1.7—1.8、宽0.5、高0.3米，平顶，龛壁稍弧。东、西两龛的龛口各立一块石板，龛内不见尸骨及随葬品。后龛内并置尸骨两具，头西脚东，仰身直肢。里侧一具身高1.83米，为老年男性；外侧一具已无头骨，身高1.65米以上，为老年女性。因后龛的长宽度限制，男性尸骨的头部已顶在龛壁上，而外侧的女性尸骨实际上是在棺床上。清理时在男性胸骨前发现一灰色陶罐。此墓多次被盗，在后龛、东龛和墓室顶部均有盗洞，墓内未见其他随葬品。

二、出土遗物

墓群中除M1外，均于早年几经盗扰，随葬器物损失严重，残存的多已不在原来位置。加之墓葬被盗开后长年风蚀水浸，残存器物特别是木器多已腐朽。现将出土物分类介绍如下：

1. 木制品

木俑皆出土于M3主室淤土中（M2所出亦是从M3移入），多残缺破损。

武士俑　1件，残高49厘米，圆雕，身首分制，在颈部插合。圆面高鼻，双眉上挑，两眸前视。头戴圆帽，身着铠甲战袍，腰系带。铠甲表面饰鱼鳞纹，上贴金箔，现多已脱落。此俑刻工精细，衣纹自然流畅，显得威武雄壮。

文吏俑　2件，皆仅存头部。一件高15.1厘米，戴黑色小冠，面部丰满，表情安详，面饰白粉（部分脱落），嘴口涂红。另一件仅存大半个面部，高11.3厘米，戴黑色冠，横眉立目，鼻梁高凸，表情凶恶。

侍女俑　7件，皆仅存头部，多残损严重。一件为男装女佣，高10厘米。头戴卷檐高冠，帽檐前突呈三角形，帽冠上绘红、绿、黑三色，饰忍冬纹。面施白粉，眉黑口红，脸颊圆润，五官匀称，神态自若，造型优美，雕工细腻。一件残高10.8厘米，高髻浓黑，面施白粉，眉黑口红，脸颊丰满，柳眉小口，造型生动。一件残高7.9厘米，双髻高盘，面部圆润，发髻浓黑，面施白粉，口施红彩，但五官残损严重。其余四件面部、发髻皆残毁不清。

镇墓兽　2件，均残损严重，残高26.3厘米，蹲坐状，腹下残存红、黑色彩绘。

马俑　已残破无法修复，至少为3件的个体。马头2件，残高14.2厘米；马颈1件，残长31厘米；马身2件，残长40厘米；马腿12件，长17.5—26.5厘米。马俑颈部鬃毛披拂，施黑彩，其余部分绘桔红色彩；马身膘肥臀圆，雕刻精细，技法娴熟。

骆驼俑　仅残存1驼腿，长30厘米。

木器残件　出土于M3主室淤土和M5中室东侧扰土中。有圆柱状小木棍6根，长45.1、直径1.2厘米，上涂桔红色彩，一端有榫，其中两根完整，4根残断。长方形小木板4块，分长、短两种：一种长62.4、宽2.2、厚1.5厘米，中间有榫；一种长44.1、宽2.5、厚1.2厘米，两端有榫。小斗栱4件，其中两件较完整，可与小木板榫卯结合。另外还有一些细木条、“Ⅱ”形饰件、卷云纹彩绘饰件等。这些木器残件可能是房屋模型上的构件。

2. 石制品

石鼎　1 件，除足尖残缺外，基本完好。出土于 M1 封门处。卷沿，圆唇，短颈、鼓腹，圜底，鸡心足。变质灰岩质地，表面深灰色，杂有泪痕黑斑，质地坚硬，通体磨光，做工精细。高 6、口径 5 厘米。

石枕　1 件，出土于 M4 扰土中。立面呈梯形，枕面长 9、宽 8 厘米，底长 13、宽 8 厘米。磨制规整，凿痕清晰。

画像石　1 块，出土于 M2 墓道填土中。矩形，残损近半，残长 32、宽 17、厚 6 厘米。中心部位凿一直径约 2 厘米的穿孔。正面刻画一牛一人在地面行走，两只小鸟在空中飞翔。构图简单，雕刻粗糙。

石门扇　1 对（两扇），原安装于 M6 门上。单扇长方形，长 89、宽 43、厚 5 厘米。上下有圆柱形门枢，高 13、直径 10 厘米。两门扇的正面各刻一男子。右门扇上所刻男子头戴圆帽，身着圆领窄袖紧身长裙，脚穿软靴。左门扇上所刻男子身着翻领窄袖紧身长袍，帽、靴与右扇的相同。两男子均单足立于小圆毯上一腿腾起，扬臂挥帛，翩翩起舞。四周衬以卷云纹饰，舞者似腾跃于云气之上。画面线条流畅，人物表情生动，体态优美，写实性很强。

墓志　1 盒，M3 出土。石膏岩质地，方形。志石边长 63、厚 10 厘米。志盖盝顶，边长 59 厘米，中间无字，四周线雕十二生肖，因雕刻较浅，日久剥蚀，图像已不清晰，仅龙、蛇、马、牛还能看出图形。志文竖刻阴文楷书 19 行，行 21 字，行间刻棋盘格线，文字凿刻极浅，以朱砂描红，因长年浸蚀，已漫漶过半。（墓志录文见后）墓志文字中有武则天新造字：匝（月）、𤯔（人）、圀（国）、𡕀（载）、☉（日）、𠡦（年）等。

3. 其他遗物

陶罐　1 件，出土于 M6 后龛男性尸骨胸前。盘口，卷唇，细颈，斜肩，收腹，小平底。泥质灰陶，素面。高 16.2、口径 6.4、腹径 9.5、底径 4 厘米。

在 M2、M4、M5 扰土中，还发现泥质灰陶的口沿、腹部等残片。

玻璃球　2件，出土于M3墓室扰土中。两件遗物的形状、大小基本相同，墨绿色，晶莹透明，上皆有一小圆孔，圆孔边缘稍有残破。直径3.6、孔径0.7厘米。可能为其他器物上的饰品。

铜钱　3枚，均出土于M5。其中2枚为“开元通宝”，钱文端正清晰，轮廓整齐，直径2.4厘米。1枚为“货泉”，直径2.1厘米。

铜饰残件　数片，出土于M3扰土中。两片较完整，为圆形薄片，中有一圆孔，正面鎏金。余皆残碎。

铁器残件　数件，出土于M5墓室中的锈蚀严重，用途不明。M4墓室扰土中出土的几根残断铁条亦锈蚀严重，用途难辨。M1棺床上出土的数枚残断棺钉，最长的12厘米，呈锥形，上端为圆形钉帽。

骨器残件　3件，出土于M5墓室扰土中。一件长条形，长15、宽2.5厘米，两端斜面，边缘刻有席纹，磨制较粗糙。一件为半圆形柱状，一面平整，一面呈弧形，两端各有一小圆孔，内镶金属小钉。一件断面呈栱形。

三、墓葬所反映的几个问题

1. 墓葬的年代

在窨子梁唐墓群中，M3出土墓志一盒，志文记载墓主人卒于唐武周久视元年（700），并使用了不少武周所造新字。M3出土的武士俑衣纹线条流畅，女木俑面颊饱满，马俑体态丰硕、比例匀称，也反映了这一时期的特点。M5出土“货泉”、“开元通宝”等铜币3枚，最晚的为唐初所铸。

其余各墓虽无确切的年代依据发现，但从墓葬的形制来看，与M3基本相同。因此，推测这些墓葬的年代都应在盛唐前后。

2. 墓葬的形制和葬俗

窨子梁唐墓皆依山开凿，没有中原地区盛唐时期墓葬中常见的天井和甬道，普遍采用平底墓道和小墓门（比棺略高、略宽）、多壁龛的做法，反映了这一地区唐墓的特点，也为唐代墓葬的研究增加了新的内容。

在葬俗方面，除M1使用了木棺、M2有使用了棺木的痕迹外，其余各墓均未发现葬具。其中M4、M5、M6内的尸骨，直接陈放在石棺床上或壁龛内。六座墓中，有单人葬、双人葬（夫妻合葬），还有多人聚葬于一室的现象。M4葬尸骨4具，但已被扰乱得无法辨认性别、年龄。M5尸骨多达十余具，应是一种聚族而葬的现象。如果M4也属一夫多妻的合葬墓，那么M5多达十几具尸骨同墓多龛的聚葬，是否是未婚者或贫困者死后的一种埋葬方法呢？

3. 墓主人的族属问题

在窨子梁唐墓群中，唯有M3出有墓志，从志文“大周……都尉何府君墓志之铭并序”、“君……大夏月氏人也”等清楚得知，M3墓主人为月氏人，姓何。月氏人何姓系西域康国昭武九姓中的一支，《北史》、《隋书》、《通典》、《旧唐书》、《新唐书》中多有记载。《新唐书·西域传》云：“康国者……君姓温，本月氏人。始居祁连北昭武城，为突厥所破，稍南依葱岭，即有其地。枝庶分王，曰安、曰曹、曰石、曰米、曰何、曰火寻、曰戊地、曰史，世谓‘九姓’，皆氏昭武。”

其余五座墓的墓葬形制、墓室结构都与M3很一致，且六座墓排列有序，显然是同一族属的墓葬。M6石门扇上线刻的舞蹈形象，应是文献记载中康国的胡旋舞，这也为证明这处墓葬为昭武九姓中何氏家族墓提供了佐证。

4. 关于鲁州的建制

志文中记述墓主人“终于鲁州”。《新唐书·地理志》云：“调露元年，于灵、夏南境以降突厥，置鲁州、胡州、含州、塞州、依州、契州，以唐人为刺史，谓之六胡州。长安四年并为匡、长二州。神龙三年置兰池都护府，分六州为县。”《元和郡县图志》亦有类似的记载。《旧唐书·地理志》云：“调露元年，又置鲁、丽、塞、含、依、契等六州，总为六胡州。开元初废，复置东皋兰、燕兰、燕山、鸡田、鸡鹿、烛龙等六州，并寄灵州界，属灵州都督府。”上述记载中《新唐书》与《元和郡县图志》皆认为长安四年（704）六胡州并为匡、长二州。《旧唐书》则提出六胡州于开元初年（713—717）废，还将废六胡州后复置的东皋兰等六州位置详加记述，并注明皆为“突厥九姓部落所处”，说明复置的六州仍在六胡州故地。从墓葬所处的位置来看，鲁州当在今宁夏灵武、盐池二县界内。

5. 石刻墓门扇上的舞蹈

M6 石门扇上雕刻的舞蹈者，形象极其生动。《旧唐书》中记述康国的舞蹈：舞者一般为两人，身着艳丽的舞服，穿长筒皮靴，双手握帛带，各以圆毯为舞台，纵横腾掷，急转如风，而终不离毯上，俗云“胡旋”。从M6 石门扇上雕刻的舞者形象与舞姿来看，与文献记载完全一致，正是康国流行的“胡旋舞”。这两件作品是现实生活的真实写照，反映了唐代工匠高超的石刻技艺。这类题材的石刻作品，在我国唐代墓葬中似属首次发现，在甘肃敦煌唐代壁画中也不多见，无疑是研究我国唐代乐舞的珍贵资料。

M3 志文抄录如下：

大周□□□都尉何府君墓誌銘並序

君□□□□□□大夏區氏生也□裔□□方流□□

□□□□□□何□□□□鶴陣三千誆得□遠□□

□□□□□□□□春五軍□兵戈□□□□□□□

□□□□□□□□□宣威將軍衘玦啟□盟□□□

□□□□□□□□□戈□塞餘侵行□□冠一時功

□□□祖乙未唐上柱圀□□□齊業□□□踈爵溥

疇清班倚冶父盤池□□都尉□霑光位雅譽早聞由

餘比而稟□⊙碑方而更恥識儻來之不久侶風區以

留情覺生事之無常引琴樽而自賞此君之知命也子

時縱變秋灰舟遷夜壑纏痾積稔奄棄□齡驚靈不留

思熙成謝粤以久視元秊九�七⊙終於魯州如魯縣

□□里私第君春秋八十有五以其匬廿八⊙遷窆於

□城东石窟原礼也其词曰□□□□□□□□□□

玉關靈塞金河貴鄉一從流宕久變□□□□□□□

久匬長桂移新嶺蒼翻舊莊□□□□□□□□□一

上而沉沉落⊙餘驩主靈歸魂□□□□□□從一紅

質踐霜露而形鍇捧瓊瑤而□□□□□□□□□□

□□永□

（原文载《文物》1988年第9期，与何继英合作。此次编辑时，标题和内容做部分修改。）

解读全国重点文物保护单位记录档案的建档工作

《中国文物报》编者按：全国重点文物保护单位记录档案的建档工作，是文物工作的重中之重，国家文物局为此发布了一系列文件，对此项工作做出了具体规定和要求。由于文物工作的复杂性和特殊性，一些文保单位在记录档案的建档工作中遇到一些问题，全国重点文物保护单位记录档案备案工作项目实施小组吴峰云先生的文章，从理论和方法上，对记录档案的建档工作提出了一些具体的意见和建议，希望引起各地对此项工作的重视。

目前，各省、自治区、直辖市的文物行政管理部门都在按照国家文物局的安排和部署，抓紧进行第5批全国重点文物保护单位记录档案的建档、备案工作。

全国重点文物保护单位，是我国不可移动文物中的精华，具有重要的历史、艺术、科研价值和举足轻重的科学地位。从20世纪60年代起，国家文物行政管理部门就开始要求全国各重点文物保护单位建立档案。但是，由于种种原因，至90年代初，尚有相当数量的全国重点文物保护单位没有建立起比较完整的档案，少数单位甚至还完全没有档案。90年代初以来，国家文物局又发布了一系列文件，要求认真抓好全国重点文物保护单位的“四有”建设。截至目前，全国重点文物保护单位的“四有”，在全国范围内已经基本落实。

去年，国家文物局提出，要在2003—2005年的3年内，完成第一至五批全国重点文物保护单位记录档案的建档和备案工作，并在北京建立“全国重点文物保护单位记录档案库”。这是一项规模宏大的基础性科研工程，涉及文物工作的方方面面，同时也会对文物事业今后的发展，产生巨大的影响。

迄今为止，国务院批准、公布的第一至五批全国重点文物保护单位共1271处，仅占我国现存约40万处不可移动文物的3%。这个数字，与我国作为世界文物大国的形象，显然是不相称的。

怎样才能按照国家文物局发布的新标准，做好全国重点文物保护单位记录档案呢？必须从以下几方面入手：

（一）要深刻认识建立全国重点文物保护单位记录档案的重要性

1．建立文物档案是文物工作的基础和重要组成部分

对文物古迹进行发掘、保护、研究、展示等，其目的都是为了真实地揭示人类的历史，正确地反映历史发展的客观规律。

从事文物调查、考古发掘、古建维修、文物修复、陈列展览、文物保护等各项专业技术工作，都会形成各种各样文字性的记录、报告、简报、方案、文件和图纸、照片、拓片、摹本、录像带、电子光盘等原始资料，而这些资料对于文物的科学管理、妥善保护、学术研究以及合理利用，都是极其宝贵的重要依据。文物，是文物工作的主要对象，固然很重要，但是如果忽视了与文物息息相关的原始资料，那么不仅会使文物所包含的大量重要信息丢失，造成文物价值的降低，而且也使我们的文物工作失去了它的社会意义。

因此，文物工作者不仅要重视原始资料的收集，而且还应该把工作中原始记录、工作方案的积累、收集、整理、归档视为文物工作的重要组成部分，视为文物事业发展的基础。让文物档案同文物一样得到有效管理、妥善保护，才能使文物的历史价值、科学价值和艺术价值永不失色。

2．建立文物档案是弥补文物损失的重要依据

各级文物保护单位管理机构头等重要的工作，就是对文物有效的保护。但是，即使我们的保护工作做得再好，由于不可抗拒的外力影响，如

长年的风吹、日晒、雨打、雷击等，都有可能造成文物保护单位局部建筑遗迹的损坏。特别是出现突发性的天灾人祸，如地震、洪水、泥石流、山体滑坡、战争等，给文物保护单位造成的破坏，则有可能是毁灭性的。要修复这些被损坏的建筑遗迹，必须掌握保护单位整体的基本情况和详细的原貌资料。如果没有记录档案，单凭工作人员的回忆，是很难完成这种复原工作的。

一旦出现这种毁灭性的重大损失，文物档案将是唯一能够准确反映文物保护单位全面情况的详细记录。它们不仅会在文物的修复方面成为重要的依据，而且还会在对文物的学术研究方面，产生不可估量的影响。

3. 建立文物档案是现代科学管理的需要

当今世界已经跨入了计算机时代，数据化管理将逐渐成为现代管理的必要手段。文物管理要实现现代化，必然要走数据化管理之路。通过编制计算机软件程序，建立文物档案数据库，以达到科学、准确、简便、快捷的查询方式和互通信息、资料共享的目的。但是，要实现文物档案的数据化管理，必须首先完成标准化纸质档案的制作，才能为文物档案的数据化管理奠定基础。

此外，由于文物的复杂性和特殊性，其中有一些档案，如拓片、摹本等原件，很难采用数据化形式来保存。因此，即使未来的文物档案实现了数据化管理，标准化的纸质档案也依然是必备的文本。所以，不断建立、制作、补充文物保护单位的纸质档案，将是一项长期的工作。

4. 建立文物档案是依法开展文物工作的需要

目前我国的文物工作，还是赶不上新时期形势发展的需要，还不能完全纳入法制化管理的轨道。其中一条重要的原因，就是基础工作很薄弱，多年来没有重视抓文物的档案建设。迄今为止，连全国的国保单位，都还没有建立起一套完整的记录档案。因而造成某些文物保护单位遭到破坏，却无法追究当事人的责任；有些文保单位的文物丢失隐而不报或发生监守自盗，文物行政管理部门还不知道；部分珍贵文物被走私到了国外，由于提供不出文物的相关资料而无法追回。因此，只有把文物保护单位的记录档案尽快地建立起来，才能适应于现代的法制社会，变被动为主动，最大限度地减少文物的丢失和破坏。

（二）要根据相关标准来进行记录档案的制作

俗话说："没有规矩就不成方圆"。建立和制作全国重点文物保护单位记录档案，必须首先确定统一的标准。从各省、自治区、直辖市目前所上报的第一至四批全国重点文物保护单位记录档案来看，由于事前没有制定和公布统一的规范和标准，因此所报档案极不规整：在记录档案的项目和填写、收录的内容上，繁简不一；在文本的格式和大小规格上，差异极大；在档案的装订和外包装上也不统一。这样的档案收藏、保存在一起，不仅不利于统一管理，而且也失去了建立、制作全国重点文物保护单位记录档案的严肃性和科学性。

按照国家文物局公布的新标准建立和制作全国重点文物保护单位记录档案，对所有人来讲都还是第一次。因此，在档案制作的过程中，难免会遇到一些难题，也会产生理解上的错误。为了减少对新标准的误解，需要对全国重点文物保护单位记录档案相关标准，作一些分析和解释：

1．相关标准中5个文件之间的相互关系

全国重点文物保护单位记录档案相关标准，共包含5个规范性文件，即《全国重点文物保护单位记录档案工作规范（试行）》、《全国重点文物保护单位记录档案著录说明》、《全国重点文物保护单位记录档案卷盒、卷内表格、专用纸规范》、《保护单位记录档案档号编制规则》和《全国重点文物保护单位记录档案标准文本》。其中，前3个文件经反复修改和多次专家论证后，已由国家文物局发布；后2个文件需进一步讨论修改，及在个别省市试点后予以公布。

这5个规范性文件有主有次，它们之间的关系应该是纲与目的关系。《全国重点文物保护单位记录档案工作规范（试行）》（以下简称《工作规范》)，为全国重点文物保护单位记录档案的建立和制作，确定了一条主线，显然是“纲”。而其他4个文件，有的是对《工作规范》的详细说明；有的是就记录档案中的部分或某个问题所作的规定；有的是为记录档案的建立和制作提供的样本，所以它们显然应该是“目”。

《工作规范》规定了全国重点文物保护单位记录档案分为三大卷：即主卷、副卷和备考卷。主卷是“以保护管理工作记录和科学资料为主”的案卷；副卷是“收载有关行政管理文件及日常工作情况”的案卷；备考卷是“收载与本处文物保护单位有关、可供参考的论著及资料”的案卷。其中，主卷包括了文字卷、图纸卷、照片卷、拓片及摹本卷、保护规划及保护工程方案卷、文物调查及考古发掘资料卷、文物保护工程及防治监测卷、文物展示卷、电子文件卷和续补卷等10个分类卷；副卷包括行政管理文件卷、法律文书卷、大事记卷和续补卷等4个分类卷；备考卷包括参考资料卷、论文卷、图书卷和续补卷等4个分类卷，共计18个分类卷。

2. 分清“记录”的案卷和“收录”的案卷

在18个分类卷中，按照其属性可划分为3类：即记录性的案卷、收录性的案卷和综合性的案卷。属于“记录”性质的案卷只有一个，就是“主卷·文字卷”。所谓“记录”，就是档案制作人在充分掌握保护单位基本情况的前提下，通过文字记录的方式，完成案卷的制作。在“主卷·文字卷”中，包括4种表格，即《全国重点文物保护单位登记表》、《附属文物登记表》、《重要文物登记表》、《古树名木登记表》和11个综述项目，即地理位置；自然与人文环境；历史沿革；基本状况描述；价值评估；相关研究情况；历次调查、发掘、保护工程、展示情况；保护范围、建设控制地带及建设项目控制情况；保护标志情况；保护机构情况；安全保卫工作情况等。这些表格和综述项目的内容，都要用文字“记录”的形式，来填写或描述。

除上述1个属记录性质的案卷和三大卷中的续补卷外，其余14个案卷都属于“收录”性质的案卷。所谓“收录”，就是档案制作人要将已有的原始记录资料，如图纸、照片、拓片、摹本、调查和发掘记录、保护规划、工程方案、防治监测报告、陈列设计方案、管理文件、法律文书、大事记、影像音响资料等，收集、归类完成案卷的制作。

分清“记录”案卷和“收录”案卷的目的，在于档案制作过程中对这两种不同性质的案卷，要采用不同的方式进行著录。前者需要用文字来直接表述，后者则必须完成资料的收集才能够形成案卷。

3. 分清暂时不做的案卷和部分保护单位不做的案卷

“主卷·续补卷”、“副卷·续补卷”和“备考卷·续补卷”是3个综合性质的案卷。它们分别是三大案卷内容的“动态续补”，所以对所有的全国重点文物保护单位来说，暂时都不需要制作。

全国重点文物保护单位的类别不同，情况比较复杂。《工作规范》所规定的18个分类卷，是根据各种不同类别保护单位的不同情况提出的。对于某个具体的保护单位来说，并不一定都具有全部分类卷中要求记录或收录的内容。没有某些内容的文物保护单位，相应的项目不需要记录，相应的案卷不需要制作。如没有古树名木的文物保护单位，就不必要填写《古树名木登记表》；没有石雕、碑刻、摩崖画、岩画、壁画的文物保护单位，“主卷·拓片及摹本卷”就可以不制作。由于过去工作上的失误，有些原始资料，如调查资料、发掘记录等未能保存下来，也只好宁缺勿乱。但必须将曾经作过的调查、发掘工作填写在相应的项目中。总之，凡收录档案的资料一定要真实可靠。

但是，有些资料即使过去没有，现在还可以作的，应按照建档要求尽力完成。如文物保护单位的地理位置图、总体平面图、主要建筑图、重要遗迹图、全景照片、主要文物遗迹照片等，都应在这次建档过程中设法弥补并归入记录档案。

4. 分清记录档案中的著录对象

全国重点文物保护单位记录档案，要求记录和收录的对象实际上是两个，一是全国重点文物保护单位；二是全国重点文物保护单位的管理机构。在记录档案的制作过程中，一定要严格区分这两个不同的概念。混淆了这两个不同概念，就有可能将记录档案中的记录或收录对象搞错。

例如，在归档原则方面，《工作规范》要求以每处文物保护单位，而不是以每个文物保护单位的管理机构，为一个档案制作单位。因此对于那些跨省区、跨市县或由多个管理机构管理的大型文物保护单位，必须突破以往按文物保护单位管理机构为单位建档的旧理念。

又例如，在案卷项目和内容记录或收录方面，“主卷·文字卷”中的“历史沿革”和“副卷·大事记卷”，二者要求填写和收录的是不同对象的相关内容。前者要求填写文物保护单位发展、演变情况；后者要求收录文物保护单位管理机构建立以来所有重大事件的记录。如果分不清对象，就有可能把二者搞成了完全一样的内容。

（三）按“分散制作、集中归档”的原则建档

全国重点文物保护单位记录档案，涉及的范围广、内容多，几乎涵盖了文物保护单位所有情况和文物保护单位管理机构保护、管理、维修、展览、研究等全部业务工作。要完成这样一套具有科学、系统、全面、翔实资料的完整档案，单靠三两个人是难以胜任的。办法只有把整个档案中要记录和收录的内容化整为零，分配给对其中某个课题研究最深、某项工作最熟悉的人协助来做。最后由档案工作人员把全部资料集中起来，整理、制作、编目、归档。

跨省区全国重点文物保护单位的记录档案，由相关的省级文物行政管理部门或有关单位负责分别制作，然后由全国重点文物保护单位记录档案项目实施小组综合、归纳，制作统一的“主卷·文字卷”。跨市县的全国重点文物保护单位的记录档案，由相关的市县级文物行政管理部门或有关单位负责分别制作，然后由省级文物行政管理部门组织综合、归纳，制作统一的“主卷·文字卷”。国务院公布合并的全国重点文物保护单位，要将合并前的部分和合并后的部分分别立卷，然后综合、归纳，制作统一的“主卷·

文字卷”。

（四）记录档案的制作要实行责任制

全国重点文物保护单位记录档案的制作，是一项科学性很强的研究工作，我们不能把它仅仅看做是一种手工劳动和电脑操作的过程，实际上它是深入挖掘文物保护单位文化内涵的一件非常有意义的工作，在把原始记录、原始资料归档的过程中，让文物保护单位的历史价值、艺术价值、科研价值进一步体现出来，才能显示出文物保护单位档案制作的水平。

所以，在时间紧、任务重的情况下，各文物保护单位更要挑选一些精兵强将，成立专门的记录档案制作小组或实施小组，分工协作，责任到人。力争在年底前，按时、高质量地完成第五批全国重点文物保护单位记录档案的制作、整理、归档、备案工作。同时，记录档案制作小组或实施小组今后还要长期地发挥作用，继续完成省级、市县级文物保护单位记录档案的制作。

（原文载2004年6月18日《中国文物报》）

文物保护单位名称确定和类别划分

1. *文物保护单位名称的确定与更改*

文物保护单位是经国务院、省级人民政府和市县级人民政府审核、批准并公布要实施认真保护的不可移动文物。对于目前业已公布了的文物保护单位的名称，原则上应加以维护，不可轻易更改。

每一处文物保护单位的名称，在很大程度上关系到对该处文物保护单位的定位。因此，各地文物行政部门和文物管理机构在向各级人民政府申报文物保护单位时，应对文物保护单位的名称进行科学的论证，以期给予准确的定位。

文物保护单位的名称，一经各级人民政府批准和公布，即会得到各级行政部门、学术界乃至社会公众的认知，在涉及某处文物保护单位的行政公文、论文著作、新闻报道中，及其他对外公开场合加以引用。轻易更改，显然会造成一定程度的混乱。

有些公布较早的文物保护单位，由于当时的研究水平所限，名称确定得不够准确，必须进行更改的，也应报原公布的同级人民政府，经批准和重新公布后，方可在有关行文和公开场合，使用新公布的名称。这样做不仅可以避免造成不必要的混乱，而且也是规范行政程序，实行法制化管理所必须的。

全国重点文物保护单位记录档案要求填写的名称，是指国务院公布的名称。文物保护单位的俗称或文物保护单位管理机构自行认为应该使用的名称，不能填写在正式的名称栏中。但可以在其他名称栏中填写，也可在备注栏内加以说明。

2. 文物保护单位类别的确定与重新归类

文物类别的划分，在文物界历来存有争议。由于出发点不同，对文物类别的划分，必然产生多种方法。文物可以按时代分类，也可以按质地分类，还可以按属性或文物的其他内涵分类。但分类的原则是一致的，这就是同一性。所谓“物以类聚”，就是说聚在一起的物必然具有一种共性，而此类共性又是其他各类物体所不具备的。

划分文物保护单位的类别，其目的主要是为了便于保护和管理，怎样划分才能够最充分地达到这一目的，是文物保护单位类别划分的科学性之所在。

集文物专家多年的研究成果，我国目前对文物的类别划分，首先依据其体量和存在状态分为两大类，即不可移动文物和可移动文物。在不可移动文物中，又按照其重要程度划分为国家级保护单位、省级保护单位、市县级保护单位和未定级不可移动文物。国务院公布的第1—5批全国重点文物保护单位（即国家级文物保护单位），根据文物的属性，划分成六类。由于历史的原因，这六类不可移动文物在排列顺序和归类原则上，都有一些变化。

第1—3批分类为：（一）革命遗址及革命纪念建筑物；（二）石窟寺；（三）古建筑及历史纪念建筑物；（四）石刻及其他；（五）古遗址；（六）古墓葬。

第4、5批分类为：（一）古遗址；（二）古墓葬；（三）古建筑；（四）石窟寺及石刻；（五）近现代重要史迹及代表性建筑；（六）其他。

以上两种分类，后者显然比前者更符合我国不可移动文物存在的现状和特点，更具科学性。但两种分类的原则，基本上是一致的，只是前者分类正处在“突出政治”、“以阶级斗争为纲”的年代，难免带有时代的色彩。此外，将“历史纪念建筑物”同“古建筑”分开，与“革命遗址及革命纪念建筑物”合并，统称为“近现代重要史迹及代表性建筑”类，则更趋于合理化。

在全国重点文物保护单位记录档案的制作和备案过程中，国家文物局要求按照第4、5批的分类，对第1—3批进行重新归类，其目的主要是为今后的数据化管理奠定基础。

（原文载2004年11月26日《中国文物报》）

第三次全国文物普查中若干问题的思考

第三次全国文物普查，是在现代科学技术高速发展的新形势下，开展的一次不可移动文物全面的调查工作。因此，它不同于前两次全国性的文物普查，也不同于各省、自治区、直辖市自行开展的区域性文物普查及一般性文物、考古专题调查。这次文物普查的特点主要是：1. 各级政府为此次普查工作的领导者和组织者；2. 普查程序和内容规范化、标准化；3. 应用新科技进行普查信息的采集、整合和汇总；4. 对普查的质量进行多级监控；5. 加强普查信息的数据统计；6. 普查工作将形成一批重大的科研成果。这些特点体现了此次文物普查工作，与国际上通行的文化遗产保护措施的一致性。

怎样做好第三次全国文物普查工作？有许多问题是值得我们研究和思考的。

一、普查中不可移动文物的计量和分类

我国对不可移动文物的计量，是以“处”为计量单位，但是对每一处不可移动文物的范围应该如何确定？一处不可移动文物应包含哪些文化内涵？却始终没有作出过明确的规定。致使我国目前所确认的不可移动文物，小到一通石碑、一件石狮，大到跨多个省、自治区、直辖市的长城、大运河以及一些超大型的遗址。从文物保护的角度来说，某些文化性质、文化内涵，以及时代完全相同的不可移动文物并为一处，也许是有益的。

但是，从普查工作的需要来讲，每处不可移动文物的范围划分得越大，越不利于对文物本体及其周边环境信息的采集。因此，在此次文物普查中，一处不可移动文物应该是指在时代、内涵或地层关系上以独立或相互关联的方式存在的遗存。凡被自然地理因素分割的文化遗存，应当按多处不可移动文物计量。每处不可移动文物如包含有不同文化内涵的，还应作单体的数量统计。

目前我国的不可移动文物划分成六大类，严格地讲这六大类的划分还缺乏一定的科学性，其中的古遗址、古墓葬、古建筑、石窟寺及石刻，是按不可移动文物的存在形态划分的，而近现代重要史迹及代表性建筑，又是按时代划分的，这就违背了分类学中最基本的同一性原则。但是这六大类的划分在我国文物界已广泛使用，因而此次普查仍以六大类为基本的分类，在此基础上再划分出更多的小类。不可移动文物的分类，在统计学上具有十分重要的意义，通过对普查的各类数据的统计分析，为国务院和地方各级政府制定文化遗产保护和国民经济发展战略，提供详细、准确的依据。

二、不可移动文物名称和年代的确定

第三次全国文物普查中，将对我国地上、地下和水域不可移动文物进行全面调查，除复查已知的近40万处外，新发现的不可移动文物亦将达数十万处之多。近年在编制全国县级以上文物保护单位代码时，已发现目前已知的不可移动文物出现相当数量的重名问题，如果在此次普查中，各地将新发现不可移动文物的名称定得过于草率和简单，在全国范围内就会出现大量的重名，不利于全国不可移动文物的检索和查询。因此，在此次文物普查中，各地文物普查队、组应严格按照国家制定的不可移动文物定名标准进行定名。

不可移动文物的年代确定，也是一个目前必须严格加以规范的问题。

我国人类社会历史悠久，朝代更替复杂。在以往的文物调查和考古发掘中，考古学纪年、朝代纪年和公元纪年同时并用。但是过去对于在哪一种情况下应使用何种纪年，使用某种纪年时应如何表述，使用两种纪年时又应如何表述等，均未作出过明确和严格的规定。这种使用纪年混乱的现象，在撰写一个文物发掘点的简报或报告时，还无碍于大局。但是在全国性的文物普查中出现年代表述混乱，就会造成普查数据无法统计的严重后果。因此，在此次文物普查中，各地文物普查队、组也应严格按照国家制定的不可移动文物年代标准，对新发现的不可移动文物进行年代标示。

三、提高文物普查工作的科技含量

学术界有人常开玩笑说，文物考古工作的对象是老古董，使用的工具也是老古董。这话虽说是有些尖刻，但也不无道理。长期以来由于文物考古工作体制、人员结构和经费等情况的制约，现代科技和一些科技含量较高的仪器设备及调查发掘工具，在文物考古工作上的应用微乎其微。迄今为止，在考古调查和古遗址、古墓葬钻探中，考古工作者还使用着古代盗墓人使用的探测工具——探铲。在不可移动文物的测绘中，绝大部分文物考古部门还使用着测绘部门早已淘汰了的小平板测绘仪。设备、工具的简陋和人员构成的不合理，严重地影响了我国文物考古工作发展的现代化进程。第三次全国文物普查对文物考古部门来说也是一次转变体制，提高现代化管理水平的极好机遇。在文物普查过程中，突破传统的调查模式，尽可能多地与相关部门协作，采用卫星定位、航空摄影、摄影测绘、计算机数据汇总等先进的科学技术，必将产生事半功倍的效果。普查工作结束后，如能建立全国不可移动文物地理信息系统和各省、自治区、直辖市的不可移动文物地理信息系统，将使我国的物质文化遗产保护和管理水平得到极大的提高。

四、重视对消失不可移动文物的调查

第三次全国文物普查除要调查和发现新的不可移动文物外，还应认真调查已知不可移动文物的消失情况。了解和掌握不可移动文物消失的数量、原因和由于各种原因造成文物消失的比例，目的是为了进一步加强对我国文化遗产的保护。我国的文化遗产保护工作，多年来在党中央、国务院的正确领导下，在地方各级党委、政府和全社会的共同努力下，取得了很大的成绩，为我国经济社会发展提供了强大的精神动力和智力支持。但我们也必须清醒地看到，经济社会发展进程的加快，使我国的文化生态发生了巨大的变化。在城镇改造和大规模基础设施建设中，不少历史文化名城、古建筑、古遗址整体风貌遭到不同程度的破坏；有些地方由于过度开发和不合理利用，使许多重要的不可移动文物消失；有的地方由于管理不善，盗掘古遗址、古墓葬和盗窃石窟寺造像、石刻的违法犯罪活动依然十分猖獗。面临这种严峻形势，文物普查工作不能只把眼光盯在新发现不可移动文物上，而忽视了对文物消失和文物生存环境破坏情况的了解。掌握不可移动文物的消失情况，和掌握不可移动文物的生存情况同等重要，都将为各级政府制定文物保护方针、政策，提供重要的依据。

（原文载 2007 年 8 月 10 日《中国文物报》）

同心清真大寺的始建和改建年代考

同心清真大寺坐落在宁夏同心县城关，是宁夏最著名的清真寺之一。相传始建于明初，明万历、清乾隆和光绪年间曾三次重修扩建。该寺建在耸出地面达7米之高的青砖台面上，建筑面积2870平方米。整座寺院呈倒卷帘式布局，为中国传统建筑与伊斯兰教装饰艺术有机结合的高台建筑群，其建筑结构独特，规模宏伟，可容纳一千人同时礼拜。1936年中国工农红军西征时，曾在这里成立了陕甘宁省豫海县回民自治政府，实现了我国回族历史上的第一次民族自治。该寺为全国重点文物保护单位。

对这座既是历史文物、民族文物，又是革命文物的古建筑，早在1984年宁夏博物馆的考古工作者许成、牛达生就撰文①做过简要介绍。1990年同心县文物管理所马振福所长，在《宁夏文物》上对同心清真大寺的历史沿革作了较详细的论述。② 2000年6月，由马平、马金宝、丁克家三人合著的宁夏旅游丛书《宁夏清真寺》中，也对同心清真大寺作了介绍。③ 2001年4月，由宁夏回族自治区政协文史和学习委员会与自治区文化厅合编并正式出版发行的《宁夏考古记事》一书，刊登了由马玉峰、马占珍署名的《同心清真大寺》一文，对大寺的建筑造型、重修经过和文物价值做了阐述。④ 著名回族学者刘伟在其《宁夏回族建筑艺术》一书中提出，同心清真大寺“相传始建于万历年间”。⑤ 几乎在所有有关同心清真寺的文章

---

① 许成、牛达生：《宁夏名胜古迹》。

② 马振福：《略述同心清真大寺的历史沿革》，载《宁夏文物》1990年总第4期。

③ 马平、马金宝、丁克家：《宁夏清真寺》，宁夏人民出版社，2000年。

④ 马玉峰、马占珍：《同心清真大寺》，见《宁夏考古记事》，宁夏人民出版社，2001年。

⑤ 刘伟：《宁夏回族建筑艺术》，宁夏人民出版社，2006年。

和著作中，对该寺的始建年代均未作出明确的论述，最多只是“推测可能始建于明朝”。只有马振福在《略述同心清真大寺的历史沿革》一文中说：“同心清真大寺的始建年代，史书记载甚少，从保存的建筑群体风格及碑石、题记看，似是在元代喇嘛寺院旧基址上于明初改建而成。”① 以后的文章多引用这一观点。

现在的同心清真大寺内依然保留着很多喇嘛教寺院的痕迹。马振福在其文章中就此已作了详细的论述，这一观点也已被公认。但其对该寺作为喇嘛教寺院的始建年代，及改建为清真寺的年代似都有商榷之处。

一、关于同心喇嘛教寺院改建为清真寺的年代问题

元朝政权建立以后，元代统治者在对待伊斯兰教的问题上采取的是“兼容并蓄”、“恩威相济”的政策。在政治、经济、文化等方面对伊斯兰教都给予了优待和宽容，使得伊斯兰教在元朝建立以后取得了较高的地位。这对伊斯兰教在中国的发展起着重要的促进作用。

元代时，大量地修建或改建清真寺，也是元代官方承认伊斯兰教的一项重要举措。我国现有的许多清真寺，如著名的广州怀圣寺、泉州清净寺、杭州真教寺、西安化觉寺、北京牛街礼拜寺等，都是创建或重建于元代。在元初，关陇河西地区（包括宁夏南部）伊斯兰教已十分盛行。《多桑蒙古史》曾记：元成宗从弟阿难答镇守唐兀（西夏时统辖的宁夏、甘肃等地），“阿难答幼年受一回教徒的抚养，皈依回教，信之颇笃，因传播回教于唐兀之地，所率士族15万人，闻从而信教者居其大半”。② 这说明在元朝忽必烈之后的第二代皇帝——元成宗铁穆耳时期，宁夏地区就已居住了许多信仰伊斯兰教的穆斯林教民。

① 马振福：《略述同心清真大寺的历史沿革》，载《宁夏文物》1990年总第4期。
② 《多桑蒙古史》卷3。

在同心清真大寺礼拜大殿前的左右两侧八字墙上，现在还留有用朱砂书写的题记，一直未引起人们的重视。左壁上书："金玉其心，芝蘭其室，仁之為友，道德為師。"右壁上书："朕進唐兵，移在西域，更換回軍，來之中國。"从题记的内容来看，显然是元代所题，特别是右壁题记"朕進唐兵"中的"朕"字，当为皇帝的自称，"唐兵"指中国军队。"移在西域"，应是成吉思汗亲率大军，攻打西域信奉伊斯兰教的阿拉伯国家之事。"更换回军"，是指蒙古大军西征后，将阿拉伯国家信仰伊斯兰教的士兵组成回军。"来之中国"，即来到了中国。整句话当出自于当时业已称王的蒙古可汗成吉思汗之口。是否是成吉思汗亲自率军攻打西夏时，留言于同心喇嘛寺院内，尚无证据可考。但最晚也是蒙古建立大元帝国后不久，元朝镇守宁夏一带的蒙古族统领，才有可能将其所尊崇的大汗之语，丹书于墙。而明代人是不可能将成吉思汗的语录奉为圣旨而如此记录的。同心清真大寺礼拜殿前八字墙上的朱砂题记，涉及"西域"、"回军"等内容，显然与伊斯兰教的清真寺有关。在喇嘛教寺院尚未改为清真寺院之前，这样的题记是不可能出现于寺内的。因此，可以断定题记书写的年代一定是晚于喇嘛教寺院改为清真寺院的年代。由此可见，同心喇嘛教寺院改建为清真寺院应该在元代初年。这是符合当时的历史和地域条件的，而其改建的具体年代，最晚也在元成宗执政时期（1295—1307）。

二、同心清真大寺改建前的喇嘛教寺院的始建年代

喇嘛教是公元 7 至 8 世纪由印度传入的密教、汉族地区传入的大乘佛教与西藏原始宗教"苯教"相结合的产物，其高僧被尊称为"喇嘛"，因此人们俗称藏传佛教为"喇嘛教"。

西夏建国以前，佛教在党项民族中已经得到了广泛的传播。西夏建国后，由于统治者的大力倡导，佛教的影响进一步扩大，达到了高度繁荣。"在西夏中后期则对吐蕃佛教也采取了兼收并蓄的态度，使藏传佛教在西

夏迅速传播，形成了西夏佛教多来源、多层次的情况。”① 在此之前，学术界一直认为喇嘛教传至中原及甘肃、宁夏一带，最早是在元代。因此，过去我们在确定一些明显具有喇嘛教风格的寺庙、佛塔和古建筑群时，都未能逾越这一“禁区”。但近些年来，在许多的考古遗址、遗迹及古文献资料中有了大量新发现。比如，在内蒙古额济纳旗黑水城、宁夏青铜峡一百零八塔、贺兰山拜寺口双塔、贺兰县宏佛塔等古城址、古建筑遗址中，发现了藏传佛教的唐卡、版画、木雕佛像；在西夏瓷器中有喇嘛经常使用的如意轮、金刚杵；在西夏佛经中有藏族佛教高僧到西夏传教，并被封为国师的记载等。这些都足以说明藏传佛教对西夏的影响极深。喇嘛教兴盛，喇嘛教寺院的兴建自必不可少。

元朝从元世祖忽必烈建大元帝国（1271）起，至元成宗即位（1295）只有24年，如果同心清真大寺的前身——喇嘛寺院始建于元初，那么至元成宗时期改建为清真寺的时间仅有一二十年，把一座刚刚建成不久的喇嘛寺改为清真寺，显然是不可能的。那么唯一能够解释的是，该寺院始建于西夏。蒙古灭西夏后，喇嘛寺院经战火被损坏或焚毁，寺院周围信奉喇嘛教的教民，也因惧怕被蒙古军队所杀戮而移居他乡，到元朝建立后，才有可能因当地信奉伊斯兰教的人增多，而将前朝所建的喇嘛教寺院改为清真寺。

根据以上论述，我们认为：同心清真大寺始建于西夏中晚期，而改建于元成宗时代。

（原文载《博苑秋实——宁夏博物馆五十大庆纪念文集》，宁夏人民出版社2009年8月出版，与丁延辉合作）

---

① 史金波：《西夏佛教史略》，宁夏人民出版社，1988年。

不可移动文物代码编制规则

将我国境内所有不可移动文物编上代码，是第三次全国文物普查的一项重大任务。不可移动文物代码应如何编制，是我今天要讲的内容，题目就是：不可移动文物代码编制规则。

一、编制不可移动文物代码的重要意义

（一）什么是不可移动文物代码

要搞清什么是不可移动文物代码，首先必须搞清文物的含义，换句话说，也就是什么是文物？所谓文物是指：历史上人类活动中创造并遗留至今，具有历史、艺术、科研价值的实物。因此，构成文物特征的要素是：1. 必须是历史上形成的物体；2. 必须是人类在地球上活动创造出来的物体；3. 必须是遗留至今的物体；4. 必须是具有历史、艺术、科研价值的物体；5. 必须是实际存在的物体。具有以上这五大要素的物体，我们才能够把它们称作“文物”。那么，什么又是不可移动文物呢？不可移动文物是中国的叫法，在国外一般称之为“文化遗产”，日本叫“文化财”。在我国称“不可移动文物”，是相对于“可移动文物”而设立的另一种文物类别。可移动文物，我们也把它们称作“馆藏文物”，也就是那些能够在博物馆、纪念馆、民俗馆、美术馆、文化馆、档案馆、图书馆等文化机构收藏，能够保存在库房里、柜架上，同时又能够放置在展厅里陈列展览的文物。如石器、骨器、陶器、青铜器、金银器、丝织品、瓷器、书画、家

具等。不可移动文物实际上不是不可以移动，而是不应该移动，移动后其文物价值就会消失或大大降低的文物，如遗址、墓葬、建筑、构筑物、石窟寺、石刻、岩画、故址、民居、纪念地等。明确了什么是不可移动文物，那么也就应该明白所谓“不可移动文物代码”，实际上就是用数字表示某一处不可移动文物，它是具体的不可移动文物数字化名称。

（二）编制不可移动文物代码的意义

编制不可移动文物代码的意义，归纳起来主要有以下3点：

1. 有利于进一步加强对不可移动文物的保护

以上我们搞清楚了什么是文物，那么就应该清醒地看到，文物是一种不可再生的东西，一旦被破坏就会永远地消失。因此，为了加强对文物的有效保护，我们必须采取各种有力的文物保护措施，以防止文物的破坏和消失。编制不可移动文物代码，就是进一步加强文物保护的重要措施之一。我国的不可移动文物数量很大，据国家文物局的统计，在上世纪第二次全国文物普查之后的80年代中后期，我国的不可移动文物数量已达近40万处。预计第三次全国文物普查之后，我国不可移动文物的数量可能将突破100万处。如此数量的文物，对目前我国仅有的几万人的文物工作队伍，是一个严峻的考验，要做到对每一处不可移动文物的现状及变化情况了如指掌，就必须对每一处不可移动文物进行编码，使它们都像我国的人口管理一样，要有一个身份证和身份证号码。第三次全国文物普查登记表，其实就是不可移动文物的身份证，不可移动文物的代码，就是不可移动文物的身份证号码。

2. 有利于对不可移动文物及其类别进行统计

第二次全国文物普查之后，国家文物局根据各省上报的数据，对我国已发现的不可移动文物进行过统计，但是统计数字忽而多了，忽而少了，至今没有形成一个准确的数字。所以，对外只能讲我国现有不可移动文物近40万处。造成这种情况的原因，可能是多方面的。但是，不可移动文物缺少代码，应该是其中一个最重要的原因。从2005年起，我们开始对我国县级以上的文物保护单位进行了代码编制工作。经过一年多的努力，目前我国县级以上的文物保护单位已经全部有了“身份证号码”，由此对我国各级文物保护单位的总计数量、分省数量、各不同类别文物的数量等，都有了准确的统计数字。第三次全国文物普查后，我国不可移动文物若能全部完成代码编制工作的话，将对各种普查数据高效、准确的统计，提供良好的基础。

3. 有利于利用现代科技对不可移动文物进行管理

当今世界已经跨入了计算机时代，数据化管理将逐渐成为现代管理的必要手段。对不可移动文物的管理要实现现代化，也必然要走数据化管理之路。通过编制计算机软件程序，将数据化的不可移动文物信息存入数据库，才有可能达到科学管理，准确统计，简便操作，快捷查询，互通信息，资料共享的现代化管理模式。因此，对不可移动文物进行代码编制工作，是实现文物现代管理的基础，也是一项必须要做，而且是晚做不如早做的工作。早一天完成不可移动文物的代码编制，就能早一天实现对不可移动文物的现代化科学管理。

二、不可移动文物代码编制规则

（一）制定代码编制规则的原则

1. 唯一性原则

前面我们讲到，“不可移动文物代码”实际上就是每一处不可移动文物的数字化名称。对于数字化名称来说，最重要的是不应出现重复，重复了就会造成混乱。比如说，在我们这个培训班里有两三个同名同姓叫张三的，我提问叫到张三，呼啦一下子站起两三个人，那我肯定会不知道该问谁了！不可移动文物如果出现重复号码，同样也会造成计算机无法识别的情况。同时，在总量和分类统计中必然会出现漏缺和数字不准确的情况。所以，唯一性应该是不可移动文物代码编制中的重要原则之一。

2. 选择性包含信息的原则

我们在给不可移动文物定名的时候，不可能将该处不可移动文物的所有信息都包括到名称里，例如，周口店遗址，从名称上我们只知道这是一处遗址类的不可移动文物，地点在周口店；又比如，明孝陵，从名称上我们只能得知这是一处明代的墓葬类不可移动文物；再比如，遵义会议会址，从名称上我们只能得到这是一处近现代的重要史迹这样一个信息。在编制不可移动文物代码的时候，当然可以考虑在数字中包含一部分与之有关的信息，但是，要考虑到代码只是用数字标示的不可移动文物名称，因此，数码位数不能过长，太长了不仅不容易被记住，而且还会给代码的管理和维护造成一定的困难。比如在不可移动文物代码中地域信息包括到市县，那么由于我国市县行政区划的变化很快，不可移动文物的代码就必然要经常不断地进行变更。还有一些人曾建议将不可移动文物的年代信息含入代码，中国历史的纪年很复杂，有历史学纪年、考古学纪年，还有公元纪年等。在历史学纪年中，除中原王朝的纪年外，还有边疆少数民族政权的纪年，农民起义军政权的纪年等。不可移动文物的情况就更加复杂了，有的年代比较单一，如单体墓一般汉墓就是汉代、唐墓就是唐代。但是墓葬群，就不一定都是同一时代的了。有些墓群可能会包含多个时代。古遗址、古建筑、石窟寺类的不可移动文物多数都不是同一时代的。所以，在不可移动文物代码中包含年代信息，难度相当大。正因为如此，对不可移动文物代码中应包含哪些信息要有所选择，尽可能选择那些较容易识别的、相对稳定的信息，并将这些信息数字化后编入不可移动文物代码，才能便于操作、管理和维护。

3. 有序变更的原则

不可移动文物代码编制后，由于某种情况发生了变化，有些代码必须进行变更。因此，在不可移动文物代码的编制规则中，必须对哪些情况下代码需要变更，怎样进行变更，变更后原代码如何处理等等情况作出明确规定。这样才能做到有序变更，而且不因为某些不可移动文物的代码发生了变更，而出现代码混乱的局面。

4．明确责任的原则

不可移动文物代码由哪一级文物行政部门来编制，代码生成后由哪一级文物行政部门来管理和维护，某些不可移动文物的代码发生变更时，由哪一级文物行政部门来进行变更。这些问题在代码编制规则中，都必须作出明确规定。也就是说，不可移动文物代码的编制、管理和维护，都必须明确责任。责任不明确，全国几十万、上百万处不可移动文物的代码就会出现混乱。

（二）不可移动文物代码编制规则

国家文物局在2004年4月20日发布了《文物保护单位记录档案档号编制规则》，各级文物保护单位是不可移动文物中的一部分，所以，《文物保护单位记录档案档号编制规则》中的绝大部分条款，也适合于不可移动文物代码的编制。只是在《文物保护单位记录档案档号编制规则》中没有提到“代码”这个概念，而是使用了“全宗号”这个词。从档案的角度讲，把一处文物保护单位的各种分类档案归到一起，应该有一个统一的号码，这个号码可以称作为“全宗号”。但是，从一处文物保护单位或不可移动文物自身的数码名称来讲，应称作“代码”。因此，一处文物保护单位或不可移动文物的档案全宗号，实际上也就是这处文物保护单位或不可移动文物的代码。

参照《文物保护单位记录档案档号编制规则》的规定，我们在这里给不可移动文物代码的编制作一些规则上的规定：

1．不可移动文物代码的结构

不可移动文物的代码，由9位阿拉伯数字的字符组成，结构为：

××××××××××

- ××：不可移动文物所在省、自治区、直辖市代码
- ×：不可移动文物的级别代号
- ×：不可移动文物的类别代号
- ×××××：不可移动文物的顺序号

2. 不可移动文物代码标示规则

（1）不可移动文物的代码，依据不可移动文物所在省份、不可移动文物的级别、类别，及排列顺序进行标示。

（2）不可移动文物代码的第一、二位数字，引用国家标准 CB/T2260 的省份代码，来标示不可移动文物所在的地域。参见表 1。对于分布范围跨省的不可移动文物，这两位代码用“99”表示。

表 1

省份代码	省份名称	省份代码	省份名称
11	北京市	43	湖南省
12	天津市	44	广东省
13	河北省	45	广西壮族自治区
14	山西省	46	海南省
15	内蒙古自治区	50	重庆市
21	辽宁省	51	四川省
22	吉林省	52	贵州省
23	黑龙江省	53	云南省
31	上海市	54	西藏自治区
32	江苏省	61	陕西省
33	浙江省	62	甘肃省
34	安徽省	63	青海省
35	福建省	64	宁夏回族自治区

续 表

省份代码	省份名称	省份代码	省份名称
36	江西省	65	新疆维吾尔自治区
37	山东省	71	台湾省
41	河南省	81	香港特别行政区
42	湖北省	82	澳门特别行政区
99	跨省区直辖市		

（3）不可移动文物代码的第三位数字，要标示不可移动文物的级别。根据表 2 的对应关系来确定。

表2

级别代码	不可移动文物级别
1	全国重点文物保护单位
2	省级文物保护单位
3	市、县级文物保护单位
4	尚未核定公布为文物保护单位的不可移动文物

（4）不可移动文物代码的第四位数字，要标示不可移动文物的类别。根据表 3 的对应关系来确定。

表3

类别代码	不可移动文物类别	类别代码	不可移动文物类别
1	古遗址	4	石窟寺及石刻
2	古墓葬	5	近现代重要史迹及代表性建筑
3	古建筑	6	其他

（5）不可移动文物代码的第五至第九位数字，表示在第一、二位代码所标识的地域范围内，级别相同，且类别相同的不可移动文物的顺序号，在00001—99999的取值范围内升序编号。排列时应以不可移动文物的年代为依据；不可移动文物的年代不明确时，按其名称音序为依据排列。

（三）不可移动文物代码的管理和维护

1. 不可移动文物代码编制、管理和维护的责任机构

不可移动文物代码的编制、管理和维护，由文物行政部门负责。

国家文物局负责编制、管理和维护全国重点文物保护单位的代码。各省级文物行政管理部门负责编制、管理和维护本省地域范围内、除全国重点保护单位外的各级文物保护单位，及尚未核定公布为文物保护单位的不可移动文物代码。各省、自治区、直辖市编制的不可移动文物代码，应向国家文物局备案。

2. 不可移动文物代码的维护要求

（1）每处不可移动文物在具体时间范围内的代码，必须具有唯一性。

（2）不可移动文物的代码在下列情况下，应予以变更：

①当一处不可移动文物并入他处不可移动文物后，该不可移动文物的代码应予撤销；

②当一处不可移动文物被分成多处不可移动文物后，原不可移动文物的代码应予撤销，重新登记的多处不可移动文物，应分别编制新的代码；

③当一处不可移动文物所属的行政区划、级别、类别之一发生变更时，应撤销原代码，并按变更后的实际情况，重新赋予该处不可移动文物新的代码。

（3）凡被撤销的代码，不得再赋予其他不可移动文物。

（4）对不可移动文物代码进行变更时，应注明变更的时间、原因、变更前后的代码对照，以保持文物档案及登记注册的延续性。

三、不可移动文物代码编制的操作办法

截至2005年，国家文物局和各省、自治区、直辖市文物行政管理部门，已经将全国不可移动文物中的县级以上文物保护单位代码的编制、备案工作全部完成。同时也完成了我国县级以上文物保护单位数量的统计。参见表4。

表4 全国各级文物保护单位数量统计表

统计截止日期：2005年12月15日

省份	全国重点文物保护单位	省级文物保护单位	县（市）级文物保护单位	合计
北京	59	264	565	888
天津	8	119	155	282
河北	85	579	2885	3549
山西	117	577	5601	6295
内蒙	32	116	600	748
辽宁	33	199	1661	1893
吉林	18	123	1082	1223
黑龙江	14	162	412	588
上海	15	165	292	472

续 表

省份	全国重点文物保护单位	省级文物保护单位	县（市）级文物保护单位	合计
江苏	53	463	2169	2685
浙江	72	279	2741	3092
安徽	36	403	1491	1930
福建	45	248	3463	3756
江西	24	259	1956	2239
山东	50	352	4348	4750
河南	97	628	5514	6239
湖北	52	407	4013	4472
湖南	34	295	2751	3080
广东	48	269	2076	2393
广西	22	233	1723	1978
海南	7	23	229	259
重庆	13	134	1375	1522
四川	61	337	3051	3449
贵州	19	50	2152	2221
云南	32	286	1725	2043
西藏	27	55	139	221
陕西	88	465	1977	2530
甘肃	42	476	2617	3135
青海	11	322	390	723
宁夏	9	33	232	274
新疆	41	263	1189	1493
跨省	6			6
总计	1270	8584	60574	70428

以上的全国重点文物单位数量，是国务院公布的第一至五批，加上2006年国务院公布的第六批全国重点文物单位，目前我国的全国重点文物单位数量为2350处。

在第三次全国文物普查中，凡是已编制了代码的不可移动文物，即2005年6月底以前，由各级人民政府公布的县级以上文物保护单位和2006年由国务院公布的第六批全国重点文物保护单位，就不需要再编制代码，直接将已编制确定的代码填入《第三次全国文物普查不可移动文物登记表》的规定栏中。其中由于种种原因需要变更的，由各市、县普查队、组上报省级文物普查办公室，以便在普查田野调查工作结束后，由省级文物行政管理部门统一进行变更。

对于原已登记的、尚未核定公布为文物保护单位的不可移动文物，和此次普查新发现的不可移动文物，在填写《第三次全国文物普查不可移动文物登记表》时，代码一栏暂空，待普查田野调查工作结束后，由省级文物行政管理部门统一编制。

（本文为在第三次全国文物普查培训班上的讲课稿）

国保单位的确定及文化内涵

公布文物保护单位，是我国各级人民政府在文物保护领域，实行的一种针对不可移动文物加强保护与管理的制度和措施。从20世纪60年代初（1961年）国务院公布我国首批全国重点文物保护单位开始，其后每隔若干年公布一批，至2006年已陆续公布了六批共2350处全国重点文物保护单位。省（自治区、直辖市）、市、县（区）各级人民政府依照《中华人民共和国文物保护法》的有关规定，截止2004年底，也陆续公布了省、市、县一级的文物保护单位69216处。各级文物保护单位是我国现存约40万处不可移动文物中保存较好、价值较高的部分，被列为各级文物保护单位后，文物本体及其周边环境的保护工作得到了进一步的加强，有力地促进了我国文物保护事业的发展。

一、全国重点文物保护单位的内在价值

长期以来，我国对文物的概念一直含糊不清，2002年通过的《中华人民共和国文物保护法》对什么是文物，也没有作出明确的界定，只规定了哪类文物受国家法律的保护。随着文物保护理念的不断深化，文物的概念越来越清晰了。2005年颁布的《国务院关于加强文化遗产保护的通知》中，提出了"物质文化遗产是具有历史、艺术和科学价值的文物"，从而解决了文物的概念问题。参照《国务院关于加强文化遗产保护的通知》的表述，文物的定义应表述为：文物是具有历史、艺术和科学价值的物质文化遗产。由此可见，具有历史、艺术和科学价值，是文物的最主要内涵。

文物，包括可移动文物和不可移动文物两大部分。其中的不可移动文

物，又分为古遗址、古墓葬、古建筑、石窟寺及石刻、近代现代重要史迹及代表性建筑、其他等类别。全国重点文物保护单位，是我国最高级别的文物保护单位，也是我国不可移动文物中的精华。因此，全国重点文物保护单位内涵中的三大价值，相对于省、市、县级文物保护单位和尚未核定公布为文物保护单位的不可移动文物来说，自然是更为重要。

文物本体自身的内涵是不变的要素，但对已知的不可移动文物为什么不能一次性确定各级文物保护单位，而需要分期分批地进行核定公布呢？原因主要有：

（1）对不可移动文物价值的认识需要经历一定的过程，有些不可移动文物的价值显而易见，有些不可移动文物的价值则需要认真地进行研究、探讨，逐步加以认识。

（2）在原有已知不可移动文物的基础上，不断会有新的不可移动文物被发现，其中不乏一些价值特别重要的，可以直接核定公布为国家最高级别的文物保护单位或其他级别的文物保护单位。

（3）确定各级文物保护单位，目的在于从法律、行政、财政等多方面对它们加强保护，特别是核定公布为全国重点文物保护单位的不可移动文物，国家不仅要投入一定数额的资金，对文物本体进行维修加固，同时还要尽可能改善文物本体的周边环境，以利于文物的持续生存。绝大多数的全国重点文物保护单位，还需要建立专门的保护机构，负责日常的保护和管理。所以，文物保护经费的投入，与国家社会经济的发展形成正比。国家经济的不断发展，才有可能使数量更多的不可移动文物，列入文物保护单位，特别是全国重点文物保护单位的行列。

二、全国重点文物保护单位的保存现状

由于历史和自然的因素，我国的不可移动文物能够完整保存至今的为数不多，绝大多数都会受到不同程度的损伤和破坏，特别是古遗址类的不

可移动文物，正因为地面建筑、构筑物、设施等已被破坏殆尽，或基本被破坏殆尽，所以才被划分为古遗址类。

确定为全国重点文物保护单位的不可移动文物，相对于省、市、县级文物保护单位和尚未核定公布为文物保护单位的不可移动文物，应该更加完整。由于各种类别的不可移动文物保存现状不同，对于全国重点文物保护单位的真实性和完整性要求，主要体现在以下几个方面：

（1）古遗址类不可移动文物本体的真实性一般都毋庸置疑，但遗存不会很完整，因此必须在考古调查或发掘的基础上，将文物本体的分布范围、文化内涵和特征界定清楚。

（2）古墓葬类不可移动文物一般既有地下部分，又有地面部分。经考古钻探或发掘的古墓葬，地下部分的文物本体基本可以界定清楚。未经考古钻探和发掘的古墓葬，只能对地面的文物本体进行界定。

（3）古建筑、石窟寺及石刻和近现代重要史迹及代表性建筑类不可移动文物基本上属于地面文物，这类文物的真实性和完整性，主要应体现在其文物本体的基本面貌，如主要结构、材质和传统技术等方面，在整体或主要部分上能够真实地显示出与其时代特征相一致的原创性。

（4）除文物本体外，真实性和完整性还应该体现在文物本体周边的生态环境上。特别是古建筑和石窟寺及石刻类不可移动文物周边的生态环境，对文物的持续生存影响很大。因此，尽可能保存文物本体周边的生态环境，使其对文物的持续生存产生良好的作用，也应该是体现文物真实性和完整性重要原则之一。

（5）申报全国重点文物保护单位时，文物的真实性和完整性取决于基本信息的采集和上报。因此上报的基本信息必须系统完整和真实可靠。

三、历史文化名城（镇、村）中国保单位的确定

自20世纪80年代以来，国务院相继公布了数批历史文化名城（镇、

村)，为我国在城镇的规划和建设中，保持城镇的历史文化风貌，加强对历史文化遗产的保护，起到了十分重要的作用。但是，归根结底历史文化名城（镇、村）和文物保护单位是不同的两个概念。

公布历史文化名城（镇、村）的着眼点在于对城市、城镇、村落建设的规划，使其保持原有的历史文化风貌。而公布文物保护单位的着眼点在于对不可移动文物的保护，使其在国家法律保护、行政管理之下，不被破坏和随意拆除。历史文化名城（镇、村）公布的对象是一座座城市、城镇和村庄，而文物保护单位公布的对象是一处处具有重要价值的不可移动文物。

一些城市、城镇、村庄之所以被公布为历史文化名城（镇、村)，是由于在这些城市、城镇和村庄中保留了某一历史时期的环境风貌和一定数量的文物古迹，其中包括各级文物保护单位和其他不可移动文物。因此，不能笼而统之地将整个历史文化名城（镇、村）确定为全国重点文物保护单位，而要通过细致的实地调查，实事求是地对每一处不可移动文物进行认真的评估，其中符合全国重点文物保护单位申报标准的不可移动文物，可以向国家文物局申报全国重点文物保护单位，经国家文物局组织的专家组评审，并报国务院批准，由国务院公布确定为全国重点文物保护单位。

四、确定全国重点文物保护单位应有利于文物的保护

我国的文物保护单位和尚未核定公布为文物保护单位的不可移动文物，是以“处”为计量单位进行确定和统计的。一处文物保护单位或尚未核定公布为文物保护单位的不可移动文物，从保护的角度来看，其规模不宜过大。有些不可移动文物，从研究的角度把它们规划在一起，有利于研究的广度和深度，如长城、大运河、大遗址等，但是不利于保护和管理。特别是一些跨行政区划的文物保护单位，在保护和管理上具有相当大的难度。

过去由于国务院每次审批公布的全国重点文物保护单位数量有限，为了多保一些面临破坏的不可移动文物，而常常把多处不可移动文物并为一处予以公布。因而使全国重点文物保护单位中出现数量较多的跨县、跨市、甚至跨省的情况，出现保护范围超过数十、数百，甚至上千公里的超大型不可移动文物。由于这些超大型的不可移动文物，超出了县级、市级或省级文物行政管理部门和文物保护管理机构的管理权限，因而对文物的保护极为不利。

还有一些全国重点文物保护单位，把在地域、年代、文化内涵都不相干的不可移动文物捆绑在一起，不仅不利于文物保护单位的保护和管理，也不利于文物的研究，如内蒙古自治区额济纳旗的黑城遗址为西夏时期的古城址，而位于内蒙古自治区额济纳旗和甘肃省金塔县之间的居延遗址为汉代的古遗址，二者相距近百公里，遗址年代相差近千年，文化内涵也截然不同，合并为一处全国重点文物保护单位，无论给文物的保护、管理还是研究，都造成了极大的困难。

因此，今后在全国重点文物保护单位的遴选、申报、审核、公布等环节中，均应避免这种将多处不可移动文物合并为一处文物保护单位的做法。一些超大型的文物保护单位，从有利于保护和管理的原则出发，应当划分为多片或多段，按行政区划建立文物保护管理机构，进行文物的保护和管理。其实，按行政区划分片、分段确定全国重点文物保护单位，对于那些超大型的全国重点文物保护单位来说，并不会影响对它们的研究，同时还有利于管理和保护。即使从目前我国全国重点文物保护单位的数量来看，也远远不及那些不可移动文物数量比我国少得多的国家，所以每次审批全国重点文物保护单位时，核定公布的数量，不应受到过分的限制。

（本文为在第三次全国文物普查培训班上的讲课稿）

论黑城遗址的保护和利用

20世纪初，因沙俄皇家地理学会会员科兹洛夫（P. K. Kozlov）、英国人斯坦因（M. A. Stein）、瑞典人斯文·赫定（Sven Hedin）等国际探险家在黑水城发现大量文献和文物，使位于我国内蒙古自治区额济纳旗达赖库布东南约35公里的黑水古城名扬四海。2001年，国务院将黑城遗址公布为全国重点文物保护单位，体现了黑城遗址作为我国境内的一处不可移动文物所蕴藏的重要历史、科研价值，同时也反映了中国政府对历史文化遗产保护的高度重视。

一、对黑城遗址重要价值的认识

黑水城始建于西夏建国初期，是西夏王朝黑水镇燕监军司的所在地，西夏时期担负着守卫西夏王朝北部疆域的重任。西夏灭亡后，元朝又在此设亦集乃路，成为一座重要的军事城堡。因此，黑水城在中国古代军事上，具有重要的战略地位。

从黑城遗址的城市布局和城内遗存的众多宗教遗迹，以及目前在黑城遗址发现的大量重要文献和文物来看，西夏时期的黑水城，也是西夏王朝北部区域的经济贸易中心和文化、宗教活动中心。黑水城地处中国的边缘地区，在古代能够形成一定的城市规模，对探索我国城市的形成和发展，无疑具有极其重要的研究价值。

黑水城的废弃，显然是由于周边环境的变化所造成的。黑水城西纳林河的干枯，使黑水城内人畜饮水短缺，城周农田、牧场粮草不生，土地逐渐沙化。人们失去了赖以生存的淡水资源，又遇流沙南侵，于是只好沙进人退，移居他乡。黑水城废弃的过程，对人类是一个警示，若不能有效的保护人类的生存环境，必将带来严重的恶果。因此，研究黑水城的变迁，对现代人类具有重要的启迪作用。

自20世纪初以来，在黑城遗址出土了极为丰富的西夏和元代文物，对研究西夏和元代社会的政治、经济、军事、文化、宗教等，都具有十分重要的价值。但是，早年帝国主义列强掠夺性的挖掘，实质上也是对我国古文化遗址的严重破坏，他们盗掘的文物，既没有科学的考古地层，又没有详细的发掘记录，因此造成不少文物的年代判断不清，同时也忽略了许多极为重要的遗迹现象，使本可提供科学研究的更多考古资料严重损失。对黑城遗址重新进行科学的考古发掘，将成为今后西夏考古学研究的重要课题。

帝国主义列强对黑城遗址文物的掠夺，如同对甘肃敦煌莫高窟藏经洞文物的掠夺一样，是腐朽、没落的清政府带给中国人民的巨大耻辱。黑城遗址不仅是一处重要的古代城址，同时也因其被深深地打上了殖民地、半殖民地时期的中国遭受帝国主义列强文化侵略和掠夺的烙印，而必将成为对中国人民，特别是我国的青少年，进行爱国主义教育的重要基地。

二、对黑城遗址的保护措施

黑城遗址目前已被国务院公布为全国重点文物保护单位，对它的保护工作必须按照《中华人民共和国文物保护法》的有关规定，采取有效的保护措施。

（一）建立黑城遗址文物管理保护的专门机构

国务院在公布黑城遗址为全国重点文物保护单位时，将它归入了居延遗址。但是，居延遗址无论从时代，还是从遗址的文化内涵来看，都与黑城遗址不同。而且，两座古城相距甚远，不便集中管理。为了对黑城遗址实施有效的保护，有必要建立黑城遗址文物保护的专门机构，专人负责，加强对黑城遗址的保护工作。

（二）抓紧编制黑城遗址的保护规划

黑城遗址既然已经公布为全国重点文物保护单位，那么就必须按照《中华人民共和国文物保护法》的规定，在划定保护范围，作出标志说明，建立记录档案，设置专门机构或者指定专人负责管理的同时，尽快制定保护规划。制定黑城遗址的保护规划，一定要从黑城遗址的保存现状、所处自然风貌、周边的地理环境等实际情况出发，采取切实可行的规划方案，使黑城遗址的保护工作科学化、规范化。

（三）尽快制定黑城遗址保护条例

由于黑城遗址具有多重科学研究的价值，因此对它的保护不仅要采用行政和科技的手段，还应采用法律的手段。近年来，随着我国改革开放的不断深入和商品经济的飞速发展，个别单位不顾国家法令，在文物保护单位周边乱拆、乱建。严重破坏了文物保护单位的原貌和周边环境。更有一些不法人员，四处盗掘古代文化遗存，使我国的古文化遗产遭到严重破坏。为了坚决制止这些违纪违法行为，县旗人民政府或县旗以上人民政府有必要对我国境内一部分重要的文物保护单位，有针对性地制定专门的保护条例，使我国的文物保护工作具有更加细致的法律条文和具体的规定。

（四）争取流失国外出土文物尽早回归

20世纪以来，黑城遗址出土的各类文物达数千件之多，但保存在国内的却不足5%，绝大部分都流失在国外。这些文物，对研究我国宋元时期的社会历史、民族关系、科技水平、宗教文化等，都是极为重要的实物资料。因此，通过新闻媒体的舆论宣传、外交部门的文化斡旋、民间组织的海外收购等多种方式，争取尽早将流失海外的黑城遗址出土文物收归国有，应该成为黑城遗址保护工作的一个重要组成部分。黑城遗址海外文物的回归，不仅关系到维护我国的主权，同时也关系到维护中国人民的尊严。

三、黑城遗址的合理利用

对黑城遗址保护的目的，还在于对它的利用。但是，对文物利用的前提，是文物要达到有效的保护。所以，对文物的利用，必须是合理和有节制的。不合理和过度的开发利用，不仅有可能达不到利用的目的，而且还可能造成文物的重大损失。

对黑城遗址的利用，应当正确处理好“保护和利用”这对矛盾，按照国务院提出的“保护为主，抢救第一，合理利用，加强管理”的方针，将黑城遗址的保护、管理、维修和利用进行统筹规划，使黑城遗址在我国的文化遗产保护和社会主义文化建设中，充分发挥应有的作用。对黑城遗址的利用，主要应体现在以下几个方面：

1. 利用黑城遗址现存遗迹和出土文物，进一步探索西夏社会政治、经济、军事、文化、科技、宗教等方面发展水平，为我国中世纪封建所有制关系、政权关系、民族关系、阶级关系等重大课题的研究，提供必不可少的实物和文献资料。

2. 利用黑城遗址所处的地理位置、自然风貌和周边环境，研究我国北方沙漠的形成及其历史变迁；深入探讨被沙漠淹埋的古代文化遗存，应如何防止进一步沙化；摸索一条治理沙化古城址周边环境和进行科学保护的新路。

3. 利用黑城遗址在国际、国内的知名度，组织有关方面的专家、学者对黑城遗址进行科学考察和专题性的学术研讨；组织国内外旅游爱好者到黑城遗址及周边地区进行探险旅游。

4. 利用黑城遗址曾经被外国探险者肆无忌惮盗掘的屈辱历史和其独

具魅力的历史感、沧桑感，组织区内外的大学、高中学生和机关工矿企事业的团员、青年到黑城遗址参观旅游，对他们进行爱国主义和历史唯物主义的教育。

黑城遗址是一座具有重要历史、科研价值的古代城址，同时还充满了迷人的传说和无穷的幻想，只要我们加强保护和管理，就一定能够使它发挥出巨大的社会效益和经济效益。

（本文为在内蒙古额济纳旗召开的黑水城保护国际会议上的发言稿）

关于长城定义的探讨

长城是中国历史上古代劳动人民创造并遗留给现代人类的一份极其珍贵的文化遗产。对于这份遗产，我们不仅要认真地加以保护，而且还应深入探讨和研究，使其在现代社会中充分体现出自身的价值。

自长城修建以来，从《史记》到《明史》的二十四史和各种方舆志中，都有对长城的记载，但是对长城真正意义上的研究，还是始于近代。然而，长期以来，近现代人对长城的探讨和研究，主要集中在长城的起源、沿革、建置、走向和分布等方面，而对于何谓长城，长城的定义是什么，几乎没有人论及。近年来，随着我国改革开放的不断深入和社会经济的快速发展，国家对历代长城的保护力度不断加强，对利用长城开展旅游也愈加重视，不少地方经过认真调查，又新发现了许多长城遗迹，其中有的确属长城的范畴，有的则虽具有长城的某些外形或功能，但与长城毫无关联。出现这种鱼目混珠情况的主要原因，是长期以来忽视了对长城自身涵义的研究，缺少对长城的科学定义。

探讨和研究长城定义的意义，不仅在于要回答什么是长城这样一个简单的问题，其重要性主要体现在以下三个方面：

1. 关系到长城的价值

研究长城的定义，搞清哪些建筑和遗迹属于长城的范畴，哪些建筑和遗迹不属于长城的范畴，对于探讨长城的价值具有重要作用。如果把属于长城范畴的建筑和遗迹，看成非长城建筑和遗迹，就可能会使长城的一些重要作用和功能被忽视。反之，如果把不属于长城范畴的建筑和遗迹，看成是长城建筑和遗迹，也会极大地降低长城的重要价值。

2. 关系到长城的保护

长城不仅是全国重点文物保护单位，同时也是世界文化遗产。如果对长城没有一个科学的定义，就有可能把属于长城范畴的建筑和遗迹排斥在长城保护的范围之外，而把一些不属于长城范畴的建筑和遗迹列入了长城保护的范畴，造成在文物保护上的偏差，使该得到重点保护的文物得不到重点保护，不该得到重点保护的文物占用了大量人力、有限的保护资金和其他资源。

3. 关系到长城的形象

长城是我国历史上伟大的建筑工程，体现了我国古代劳动人民的聪明智慧和巨大的创造力。它犹如一条巨龙俯卧在中华大地上，向世人展示了高大冗长、弯曲盘旋的形象，是中华民族的象征。如果把不属于长城范畴的建筑和遗迹，看成是长城的建筑和遗迹，就会极大地损伤长城在世人心目中的伟大形象。

除各类辞书条目外，最早对长城定义进行探讨和研究的，是中国文物研究所研究员景爱先生。他在由上海人民出版社2006年10月出版的《中国长城史》一书中，从长城的外形、建筑材料及方法、功能、修建区域和相对年代等五个方面，对长城的定义进行了论证。结论的定义是："长城是以土、石、砖垒筑的连续性高城墙，系古代边境御敌的军事工程。"或"长城是古代边境御敌的军事工程，系以土、石、砖垒筑的连续性高城墙。"2008年景爱先生又在由学苑出版社9月出版的《长城》一书中，再次对长城的定义进行了论证。在前定义的基础上，主要增加了"人工修筑"和"建筑"6个字，定义为："长城是人工修筑的以土、石、砖为墙体的连续性高墙，系古代边境御敌的军事建筑工程。"景爱先生对长城的定义，有许多可取之处，但笔者认为依然不够全面和准确。

定义是对于一种事物的本质特征或一个概念的内涵和外延的确切而简要的说明。定义的原则，必须要简练、准确、科学与严谨。在定义的简短文字中，不仅要概括出事物的本质和内涵，而且必须具有唯一性。对长城定义同样需要遵循这样一个原则，长城定义中不仅要包括对长城存在形态和功能的概括，而且应涵盖中国的历代长城，并排除所有虽具有类似长城外在形态或功能，但不具备长城本质内涵的“连续性高墙体”和“军事建筑工程”等古代建筑物、构筑物及遗迹。因此，对长城应定义如下：长城是中国古代为维护国家利益，人工修筑的、由连续性墙体和与之连接的关城及相关设施组成的巨型军事工程建筑。

上述定义中概括了以下内容：

一、长城是中国的古代建筑

根据文献记载和长期以来多次的文物调查，目前已知的长城有战国齐长城、战国楚长城、战国魏长城、战国赵长城、战国中山长城、战国燕长城、战国秦长城、秦代长城、汉代长城、北魏长城、东魏北齐长城、隋代长城、唐代长城、辽代长城、金代长城、明代长城等，虽然各时代的长城由于历经沧桑，绝大部分已被战火和风雨、地震等自然力摧毁殆尽，但无论是现保存基本完整的还是尚存遗址的各时代长城，都是以中国古代的建筑形式存在过。因此，凡不属于中国古代建筑形式的构筑物，如沟壕、柳条边等，均不属于长城的范畴。

二、长城是为维护国家利益而修筑的建筑

无论是战国时期，还是秦汉以后的各朝各代，修筑长城的目的都是为了维护国家利益。尽管在中国古代“国家”的概念和统治区域与今天的国家概念和治理范围已完全不同，但无论是哪个朝代修筑的长城，都体现着爱国主义的精神。因此，那些为维护家族利益而修筑的庄园城堡和连续性的高墙；为解决民族、部落间冲突、维护民族、部落利益而修筑的城堡和连续性高墙等，均不属于长城的范畴。

三、长城是人工修筑的建筑

中国的历代长城，不仅凝聚了古代劳动人民的聪明才智，同时也饱含了古代劳动人民的血汗和生命。正因为长城是人工修筑，才真正体现出人类伟大的创造力。在各时代修筑的长城连线之中，确实有利用自然形成的陡峭山体、宽深沟壑、湍急河流等古代兵士难以徒步逾越的险境，作为长城防御工程的一部分。这些非人工修筑的自然物体，在统计长城连续长度时可以计入，或确立长城保护环境时可以列入保护范围，但从本质上而言，非人工修筑的自然物体不属于长城的范畴。至于长城是用什么建筑材料修筑，并不影响长城的本质，在长城定义中不必要列出。

四、长城不仅是连续性高墙

长城在我国的不可移动文物中，是以线形的状态存在的，连续性的高墙是其显著的特点，这是不言而喻的。但是长城绝不仅仅是连续性的高墙，与高墙连接或相互联系在一起的关城，以及高墙上的敌楼、马面等设施，都是长城重要的组成部分。长城之所以雄伟，就是因为在蜿蜒曲折的长城上有数以百计的关城和长城墙体上不时出现的马面、敌楼等多种形式、富有变化的建筑。因此，决不能把长城只看作“连续性高墙”。特别是巍峨耸立的关城，更是中国古代长城之精华。

五、长城是巨型军事工程建筑

在古代人类的活动中，建造了许许多多的建筑，长城是其中建造时间最长，规模最大，占地面积最广，投入资金和动用劳力最多的巨型建筑。其功能显而易见是用于军事。连绵不断的高大城墙和关城，虽然在军事上主要适用于防御，但重要的关口和关城有时也作为集结众兵，出击征讨的场所。所以，还不能说长城只是用于军事防御。把长城视为巨型军事工程建筑，应该是合乎实际、合乎情理的诠释。

（本文应中国长城学会邀请撰写）

台州府城墙与北方明长城

临海，位于浙江沿海的中部，历史悠久，古文化底蕴深厚，早在公元前就有了行政建制，西汉昭帝始元二年（前85）设回浦县，东汉改名章安。三国时期的东吴孙权于太平二年（275）设置临海郡，南北朝至隋代，逐步发展为军事港口。唐代高宗武德四年（621）设台州，临海为台州府衙治所。从此临海一直是台州的政治、经济、军事、文化中心。

临海市内的台州府城墙，始建于东晋安帝元兴元年（402），唐代扩建为北沿大固山巅，西南两面濒临灵江的布局。北宋仁宗庆历五年（1045）六月，洪水将城郭冲毁，造成城内居民家破人亡。灾后朝廷派遣太常博士彭思永赴台州重修，为防洪水再度冲击，墙体两面用砖石包砌，使其更加坚固，首开以砖包城之先河。明嘉靖年间倭寇猖獗，我国东南沿海屡遭倭寇侵扰，台州成为倭寇烧杀掳掠的重灾区。嘉靖三十五年（1556）七月，朝廷急从山东调戚继光任宁、绍、台三郡参将。三十八年（1559）四月，倭寇数千登陆台州，围攻桃渚城达七昼夜，戚继光与浙江海道副使谭纶合力抗倭，于肯埠、章安、海门、金清、桃渚、菖埠、南湾等地痛击倭寇连连获捷。桃渚城解围后，戚继光立即着手加固城墙，并在桃渚东北、西北角城墙上创造性地修筑了两座空心敌台，极大地提高了城墙的防御能力。

空心敌台是修筑在城墙顶上的楼层建筑，具有登高望远及早发现敌情、增强对敌作战的杀伤能力和在空心楼层内储存粮食、武器、弹药，及必要时驻扎士兵等重要作用。嘉靖四十年（1561），戚继光又在台州府城的城墙上修筑空心敌台13座，使台州府城更加坚固。

现存的台州府城墙，为明代嘉靖年间戚继光会同台州知府谭纶主持修筑，其特点有三：

（1）城墙修筑坚固，保存至今基本完好。台州府城墙以条石奠基，墙体砖石包裹，修筑至今近500年，除东部城墙在1958年“大跃进”时为扩大城市建设被人工拆除外，南、西、北三面城墙不仅依然耸立，而且墙体上的明代砖石基本保存完好。我国现存的明代古城很多，但绝大部分城墙或砖石脱落，或已坍塌成遗址或遗迹，能像台州古城墙（图三十二）这样保存完好的，实在是为数不多。

（2）部分墙体修筑在山峦峰巅之间，崎岖蜿蜒的古城墙突出体现了一个“险”字。我国北方地域辽阔，明代城址多选择在地势平坦的平原、河滩地段，城址呈方形或长方形的居多。而台州府城位于灵江如海近处，依山傍水，城墙沿江而上，依山就势修筑，逶迤曲折，城楼高耸，堞台林立，雄伟壮观。这种不规则形的城址平面布局和墙体上下盘旋的气势，在我国现存明代古城址中是不多见的。将台州府城墙誉为“江南八达岭”（图三十三），并不为过。

（3）具有江南古建筑的显著特点。如城墙较北方明城相对低矮，城门洞顶开设天窗，马面小巧玲珑。为减弱南方沿海海潮、洪水的冲击，马面迎上水一面修筑成半面圆弧形（图三十四）；瓮城辟左右对称的双门，便于排除洪水等。这些建筑特点在北方古城址中都是极少见的。

台州府城墙与我国北方明长城有着不解之缘，这倒不是因为台州府城墙逶迤曲折、依山盘旋的雄伟气势类似北京昌平的八达岭长城，而是它们的修筑和增建都牵连着同一个人，这就是明代著名的民族英雄戚继光。

戚继光任职台州期间，不仅修筑了桃渚城和台州府城，而且还制造战船、改进兵器、整顿卫所、招募勇士，训练了一支英勇善战的“戚家军”。戚继光发明的“狼筅”，是一种攻守兼备的兵器。戚继光创造的“鸳鸯阵”、“一头两翼一尾阵”，在我国南方抗击倭寇的实战中，发挥了显著的作用。明嘉靖四十年四、五月间，戚家军4千将士面对2万余倭寇，在新河、花街、上峰岭、长沙等地水陆作战九战九捷，给来犯的倭寇以沉重的打击，令倭寇闻“戚家军”之名而丧胆。四十一年（1562）十二月，戚继光升任分守台、温、福、兴、福宁等处副总兵。四十二年十一月，升任福建总兵。在闽粤一带，戚继光又与谭纶、俞大猷、刘显等将领联合作战，使危害我国东南沿海数百年的倭患得以彻底平定。

鉴于戚继光抗击倭寇的辉煌战绩，明朝廷为了加强对北方鞑靼的防御，于隆庆元年（1567）十月，将戚继光调任蓟州神机营副将，会同谭纶督师辽蓟。二年五月，“命以都督同知总理蓟州、昌平、保定三镇”。戚继光奉旨北上后，将在台州修建府城的经验和技术，带到了北方明长城的修建上。据《明史·戚继光传》记载：“自嘉靖以来，边墙虽修，墩台未建，继光巡行塞上，议建敌台。”在内阁首辅大学士张居正、兵部尚书谭纶等人的大力支持下，戚继光的建议得到了朝廷的恩准。于是，戚继光以北调的戚家军为骨干，带领驻军和民工在长城上大规模建造空心敌台，至万历九年（1581），蓟、昌两镇所辖长城上共修空心敌台1448座。同时，还针对原筑城墙“岁修岁圮”的状况，将长城墙体内外用条石、青砖包砌，墙顶砖石铺地，极大地提高了长城墙体的坚固耐久性。

明代北方长城功能性和坚固性的大幅度提高，戚继光功不可没。戚继光无论是在南方的抗击倭寇，还是在北方的抵御鞑靼战争中，始终推行着一条积极防御的军事战略路线，变消极防御为积极防御是戚继光军事战略思想的核心。戚继光在总理蓟、昌、保三镇兼任蓟州总兵期间，不但加固了东迄山海关西至雁门关，长达数千公里的北方长城，而且还严格训练了北方边军。针对北方边军战斗力不强，军纪涣散、军法不严等弊端，戚继光“请募浙人为一军”，浙兵三千至陈郊外，“天大雨，自朝至日昃，植立不动，边军大骇，自是始知军令”。戚继光用纪律严明的浙江士兵为样板，对北方边军进行严格训练，极大地提高了北方边军的作战能力。

戚继光变消极防御为积极防御的军事战略思想，体现在对军事防御工事的加固和防御功能的加强，武器装备的改良和战术战法的创新，士卒军纪的严明和战斗素质的提高等诸多方面。因而，无论是在南方抗倭还是北方御虏战争中，都能够取得防御战争的主动权。

对台州府城墙与北方明长城相互关系的探讨，也进一步加深了我们对民族英雄戚继光历史功绩的认识。过去史学界对戚继光的评价，主要是在南方沿海地区的抗倭斗争上，其实戚继光在今山东、浙江、福建、广东一带抗击倭寇的掳掠11年，而在今北京、天津、河北、山西、辽宁一带抵御鞑靼的侵扰长达16年。因此，对民族英雄戚继光在我国北方地区维护国家统一和领土完整的历史功绩，也不能不给予符合辩证唯物主义和历史唯物主义的正确评价。

（本文系应邀参加中国长城学会和台州市文化局举办的专家论证会上的讲稿）

历史的记忆
与回顾

在西夏王陵发掘的日子里

如今的西夏王陵，已经是旅游业的王牌人文景点，每年接待来自世界各地和国内的观众达40万人次。而且，参观人数还在逐年递增，也许在不久的将来，西夏王陵会像埃及的“金字塔”一样，成为人人向往的中国真正的“金字塔”。

然而，30多年以前，这里还是一片荒无人烟的苍凉戈壁，除了有一些牧羊人赶着羊群，哼着“宁夏花儿”或西北地区流行的牧羊小调，漫步在一座座陵墓古塚之间外，很少有人涉足这块风水宝地。

长期以来，在宁夏当地居民中就流传这样一段故事：从前，有一个统治宁夏一带的元昊王，生性残暴，在他称王期间，下令在其统治境内，征调民工数万，于贺兰山下为自己开凿陵墓。但是，他又担心自己死后陵墓被盗，于是就决定让民工们每天为他修一座墓。经过整整一年，建成了365座陵墓。元昊见陵墓已经完工，便将参与修陵的民工全部杀死。元昊死后，他的儿子将他葬入了其中的一座。因此，后人有前去盗墓的，但始终找不到哪一座陵墓是真的。祖辈相传，这里叫“昊王坟”，至于昊王是哪一个朝代的帝王，却不得而知。

我是50年代末随父母支边来宁夏的。小时候常听当地老人讲这段故事，于是在幼小的心灵中，便对“昊王坟”产生了神秘感。上大学期间，在学校的图书馆里，查阅到许多有关西夏的史料，并开始对西夏历史产生浓厚兴趣。同时意识到小时候听到的传说并不真实，那里应该是建都于现在银川市、当时称兴庆府的西夏王朝历代帝王的陵墓。

为了大学毕业后能从事西夏学研究，暑假我自费去了北京，找中国社会科学院民族研究所研究员、我国著名的西夏学专家王静如先生学西夏文。那时的中国。还处在“文化大革命”的后期，驻所的工宣队头头对我说：“所里正在搞运动，一切业务活动都停止了，你还是回去吧。”我赖着不走，反复向他们说明到北京不容易，并表示了毕业后要搞西夏学研究的决心。也许是我的诚意打动了这些“领导一切”的工人师傅，他们终于同意我自己去找王静如先生，说只要王静如愿意给我讲授，他们不干涉。走出工宣队办公室，在楼道里我想打听王静如先生家的地址，无意中结识了王先生的助手白滨和研究生史金波，他们那时都还年轻，却也被定为“反动分子”，成为运动对象。

我第一次见到王静如先生，就感到他是位学识渊博、和蔼可亲、平易近人的老人。当时，他虽然还顶着“反动学术权威”的帽子，但还在伏案写作，准备编著一部西夏文大词典。我向王先生说明了来意，王先生不仅一口答应做我的老师，而且还把他多年搜集的有关资料借给我抄阅。与王先生相处久了，才知道他身患多种疾病。但他依然谈笑风生，每天给我孜孜不倦地讲授西夏文字及其研究方法。在此期间，史金波、白滨、黄振华等诸位先生也给我介绍了许多有关前人和国外在西夏学研究方面的成果，使我受益匪浅。

70 年代中期，我被分配到宁夏博物馆工作。报到后的第二天，当时主持博物馆业务工作的副馆长马文忠和考古组组长张心智同志就把我派到了西夏陵区发掘工地。因为那时正在发掘一座被编为八号的帝王陵，工地正缺人手。搞西夏陵墓发掘，正合我的志向和意愿。我满怀喜悦地接受了组织上的安排，即刻上了西夏陵工地。

西夏八号陵发掘工地，在原空军机场老家属院的南侧。我当时不明白为什么要选择这座被盗得十分严重的帝陵来发掘？钟侃同志向我介绍说，整个西夏陵区里只有这座陵的位置接水、接电比较方便，具备考古发掘的条件。空军部队的领导非常关心和支持我们的发掘工作，特意让附近的部队小学为我们腾出了一间教室。但工地上使用的民工较多，只好让民工们住在教室里，而我们工作人员只能住在帆布帐篷里。

夏日里，被烈日晒透了的帐篷里又闷又热，让人难以入睡；严冬季节，寒风呼啸，吹得帐篷哗啦哗啦直响，令人无法入眠。连我自己也没有想到，在这样的居住环境里，我居然一住就是五年。1975 年至 1980 年，我从参加西夏八号陵发掘之后，又先后参加和主持了一〇八号和一〇一号陪葬墓的发掘，同时对整个西夏陵区进行了一次认真细致的考古调查。通过脚踏实地的艰苦工作，获得了西夏考古学的重要资料。

其实，西夏陵区并不像当地老人们传说的，只是“昊王”一人的陵墓。“贺兰山下古塚稠，高下有如浮水沤”的壮观场面，实际上是西夏王朝近 200 年历史的写照。陵区内现存的 9 座帝陵和 250 余座陪葬墓，埋葬西夏时期的 9 位帝王和数百名皇亲贵族、王公大臣。西夏考古学从这里揭开了序幕，西夏历史学也将从这里破解出愈来愈多的难解之谜。

考古工作是一项艰苦的科学工作，而 70 年代西夏王陵考古发掘工地的生活、工作条件更为艰苦。西夏陵区虽然距银川市不过四五十公里，但工地上没有一辆现代交通工具。工作人员回馆里汇报工作或取有关图书资料，只能从工地走到场站，搭乘每天只来回一趟的公共汽车。那辆破旧得早就该淘汰的“老爷车”，经常“抛锚”。特别是在冬天，有时站在刺骨的寒风中，一等就要好几个小时。

发掘八号陵，帐篷就搭在深 24 米多的陵墓旁边。有时帐篷里就剩下我一个人，还真有点让人胆怯。发掘一〇八和一〇一号陪葬墓时，因为距山上有水、有电的地方较远，无法在发掘现场附近搭帐篷，于是只好每天从八号陵驻地走路去发掘现场。一〇八号墓离八号陵近些，每天两个来回，要走差不多一个时辰。一〇一号墓距八号陵较远，每天要走两个多小时。在西夏陵区调查，每天背着野外测量工具，早出晚归，也完全凭着两条腿在工作。

西夏陵工地的伙食也十分单调，因为回一次银川极不方便，所以凡工作人员下山一趟，总要带一些能放得住的蔬菜上去，一吃就是十天半个月。平日里基本上都是吃素，只有在有工作人员上山的这一天，才有机会饱食一顿荤餐解馋。后来，油库连的战士在学校附近开垦了一块荒地，借他们引来的水源，我们也种植了一小片菜地，这才在夏秋时节，每天都能吃到自已种植的新鲜蔬菜。

那时西夏陵发掘工地的工作条件虽然很差，但工作人员的生活却过得十分充实。白天在发掘现场劳累一天，晚上坐在帐篷里静静地看书或整理考古发掘资料。闲暇时还可以下几盘象棋，自娱自乐。

我十分敬佩老一辈文物考古工作者们那种对工作认真负责、兢兢业业、废寝忘食的精神和一丝不苟的科学态度。当时还带着“右派”帽子的李范文、钟侃，默默忍受着政治上受歧视的内心痛苦，在西夏陵工地从事考古发掘和文物整理。李范文先生不是学考古专业的，在西夏陵工地一直担任着后勤工作，但一有空就着手整理西夏陵出土的数千块残碑，并一一做了编号、拓印和分类。现已去世的李志清先生，冒着烈日酷暑，花了大约三四个月的时间，一个人夜以继日地钻在文物修缮棚里，拼对一件八号陵地面遗址上出土的琉璃残片，最后终于将上百块残片，粘接成一件国内现存最大的琉璃鸥吻。这件国家级西夏文物的原件，现在被收藏在中国国家历史博物馆内。

有人说考古工作既浪漫又有趣，其实真正令人兴奋的，只有当发现重要文物的一瞬间。在墓葬发掘的过程中，多数时间都是既枯燥又乏味的。特别是发掘埋葬很深、又多被盗掘破坏得十分严重的西夏陵墓，更是如此。我所主持发掘的一〇一号陪葬墓，深 21 米，历时 10 个多月。前 8 个多月，主要是发掘不含任何遗物的墓道填土。春天狂风席卷沙尘，打在脸上阵阵作痛；夏季烈日炎炎，让人无处藏身。当发掘到出现墓门时，民工们也开始精神抖擞。打开墓门，清掉甬道中的淤土，在甬道两侧露出了两件大型文物，一件是如真马一般大小的石马，一件是如真牛一般大小的鎏金铜牛，在场的工作人员和民工都激动不已，有的民工甚至都高兴得呼叫起来。总算没有辜负我们10个多月的辛勤工作和期望，这两件造型生动、形象逼真的铜牛和石马，后来被国家文物局组织的专家鉴定组确定为一级文物。其中鎏金铜牛，不仅在80年代就走出国门，越洋去日本参加国际间的文化交流，而且还被列为国宝。

我在西夏陵帐篷中居住的五年里，先后完成了西夏一〇八号陪葬墓、西夏一〇一号陪葬墓发掘简报和《西夏陵园建筑的特点》等数篇论文的撰写。同时与钟侃、李范文同志合作，编写了我国解放后第一部阐述西夏历史的专著——《西夏简史》。所以，每当我回想起那顶曾经立在西夏八号陵旁、常常被风吹得哗哗作响，却始终未被狂风刮倒过的帐篷时，就会想到人一生中，若要有所建树，必须付出辛勤的劳动。而我们自己也应像那顶帐篷一样，顶风而立，面对人生。

现在，许多人怀着一种增长知识、了解历史的欲望，去西夏王陵参观旅游。人们在这里感受着历史的沧桑，追寻着古人的足迹。而我因工作上的关系，也经常去西夏王陵，每当走到这里，便会产生一种难以忘怀的情感。因为我所迈出的人生之路，是从这里起步；我所追寻的事业，在这里找到了真正的起点。

80年代以来，我和同事们一起在原西夏王国统辖的区域内，进行了全面系统的文物、古迹考察。在安徽等地进行了西夏灭亡后党项民族去向和消亡过程的调查。又先后两度主持了位于西夏陵区北部的陵邑遗址的发掘。同时，与中国社会科学院民族研究所研究员史金波、白滨合作搜集和研究国内外现存的西夏文物。经过10年的努力，《西夏文物》一书由文物出版社出版，总算使西夏文物、考古被社会上更多的读者所了解。

西夏王陵由昔日的荒凉，到如今的繁荣，西夏历史从以往的鲜为人知，到现在的尽人皆知，这其中包含了我区几代文物考古工作者的辛勤劳动和心血。在宁夏对外开放、经济腾飞和西部开发、走向未来的时候，虽然他们中的一些人已经与世长辞，一些人已经离开了原来的工作岗位，还有一些人开始步入老年行列，但是人们不应该忘记他们对宁夏文博事业发展所做出的杰出贡献。

（原文载《宁夏考古记事——宁夏文史资料第二十四辑》，宁夏人民出版社2001年出版）

在沙漠中出土的国宝

盐池县苏步井乡窨子梁古墓，是县文物普查队在1984年文物普查中发现的。后来我带了几位专业人员下去复查，确定是一处唐代的墓群。于是决定报经国家文物局批准，准备对这批墓葬进行考古发掘。

1985年，我亲自主持了窨子梁唐墓的发掘工作。

苏步井乡位于盐池县北部，东临内蒙古毛乌素沙漠，自然条件十分恶劣，当地流传着这样一句民谣“一年一场风，从春刮到冬”。我带领的考古发掘队，是1985年6月进驻苏步井乡的，但即使是在炎热酷暑的盛夏季节，这里从早到晚风沙依然不断。

苏步井乡虽然是个贫困乡，但这里的民风非常淳朴。由于交通不便，村里除少数从事运输业的年轻人外，大多数人则很少出过远门。我们一到乡上，村里的男女老少都跑来围观，也许他们很想知道外面的世界，看看城里人到底长的是个什么模样。乡长见了我们也十分热情，早几天他就接到县里的通知，知道自治区的考古发掘队要到这里来工作，由于在发掘现场的周围找不到可以安排我们食宿的地方，便早早把乡政府的办公室腾了出来，安排我们住在乡政府大院里。

我们这次去苏步井乡搞考古发掘，盐池县的各级领导都十分重视。刚刚建立起来的县文物管理所，包括所长任永训同志在内，共有五六个工作人员。县文化局将他们全部派到了苏步井发掘工地，并指示他们：一要全力以赴地为我们做好后勤保障工作；二要认真学习田野发掘和室内整理的各项技术。银川市文管所刘敬村所长，听说我去主持盐池唐墓的发掘，也派该所的张志军同志前来实习。这样一来，我们这支考古发掘队成了一支庞大的队伍，大家挤在乡政府的几间办公室里居住，倒也十分热闹。

从苏步井乡政府到窨子梁唐墓的发掘现场近10公里路程。我们没有自己的交通工具，只好雇了一辆手扶拖拉机，每天带着干粮和饮水，早出晚归。其实，即使雇了手扶拖拉机，也无法将大家送到发掘工地，因为墓葬周围厚厚的流沙，使任何车辆都无法靠近。手扶拖拉机只能把我们送到距墓群最近的地点，然后大家再背上考古发掘工具、干粮和水，踏着松软的流沙，步行约40分钟，方能到达发掘现场。

窨子梁，也叫窨子山，是一座石膏岩质的小山丘，墓葬依山开凿。我们进入发掘现场后，先在已发现的两座墓葬周围，打了数十条探沟，又探出墓葬四座，然后分组依次进行发掘。市县来的同志，由于第一次参加田野发掘，工作热情很高，而且工作得十分认真，不时向专业技术人员请教。

六月份的气温，虽然还不是一年中最闷热的时候，但在烈日当头的野外工作，那滋味也是可想而知的。尽管刮着大风，但那风却没有一丝的凉意，相反如阵阵热浪，扑面而来。墓道中扬起的沙尘，被风席卷着刮得发掘现场周围昏昏暗暗，落在大家的脸上和身上，不一会儿，工地上所有的人便都成了“土人”，连鼻孔和嘴里也都是沙子。女同志起初还想用纱巾和长袖衣衫把自己紧紧地包裹起来，但热得实在难以忍受，只好脱去长衫，扯下纱巾，随它去了。

窨子梁是座秃山，如今又被流沙覆盖，山上山下寸草不生。中午休息吃饭的时候，大家都想找一块能够遮阳蔽日的阴凉之地，但根本无法找到。只有当墓道挖到深一两米时，才在东西向的墓道壁下出现了一道不宽的阴影。大家聚在墓道的阴影处，边吃边聊，乐在其中。几天下来，考古发掘队员们一个个已经晒得像黑脸包公一样。有的年轻人，因缺乏野外工作经验，一热就脱掉外衣，只穿件背心、短裤，结果肩部、手臂和腿部都晒得脱了层皮。

后来，大家向我建议，把作息时间调整一下，每天早上四点半天不亮起床，吃过早饭天也就亮了，赶到工地还不到七点钟，天凉气爽，便于作业。中午两点收工，回驻地休息，这样也就避开了每天最热的时段。我觉得大家的建议很有道理，便接受了大家的建议。果然，工作效率比以前提高了许多。

我们在苏步井乡的考古发掘工作进展了两个月，由于墓葬严重被盗，出土的文物数量不多，其中完整或较为完整的有木雕武士俑 1 件、文吏俑头部 2 件、侍女俑头部 1 件、马俑头部 1 件、马身 1 件、马腿 12 件、驼俑 1 件、石鼎 1 件、石枕 1 件、画像石 1 件、石门扇 2 件、石刻墓志 1 盒、陶罐 1 件、玻璃球 2 件、“开元通宝”铜币 2 枚、“货泉”铜币 1 枚。

在这些出土文物中，最引人注目的，是正面刻有跳胡旋舞人物形象的一对石门扇。胡旋舞起源于西域，唐代传入中原，史书上虽有记载，但具体的舞蹈动作形象，在现存的唐代书画、石雕和壁画上极为罕见。而这对石门扇上的雕刻作品，不仅刻工精细，线条流畅，人物形象，表情生动，体态优美，而且写实性极强，是一件不可多得的唐代艺术珍品。被国家文物局组织的专家鉴定组确定为国宝。

在宁夏回族自治区博物馆的所有馆藏品中，被确定为“国宝”的文物，只有三件。雕刻胡旋舞图案的石门扇，能够被定为国宝，绝非偶然。它不仅反映了唐代石雕工匠高超的雕刻技艺，而且表现了唐代的现实文化艺术生活，是研究我国唐代，乃至整个古代文化和艺术极其珍贵的实物资料。

这群唐墓发掘的意义，还在于通过对墓葬形制、葬俗的研究，和对墓葬年代、墓主人族属，唐代有关地名的考证，反映了中国古代民族的迁徙和融合。在窨子梁其中一座唐墓中，出土一盒墓志，记载了墓主人为西域康国昭武九姓中的一支——月氏人，何姓。参照文献可知，在唐高宗调露年间，灵、夏一带曾设有六胡州，安置归降的突厥族人。而窨子梁唐墓中的墓主人，正是西域突厥族人的后裔。

盐池县苏步井乡窨子梁唐代墓葬群的发掘距今已十六七年了。但每当回想起那段往事，总有一种虽苦犹乐的感觉。

（原文载《宁夏考古记事——宁夏文史资料第二十四辑》，宁夏人民出版社 2001 年出版）

老骥伏枥　志在千里

——贺史先生古稀之年的西夏学研究成就

时光如梭，光阴荏苒，想不到史金波先生今年已经70周岁了。可是在我的心里，史先生好像还是我认识他时的模样，年轻、潇洒、充满活力。

我认识史先生的时候，他刚过而立之年，作为我国20世纪四五十年代著名西夏学专家王静如教授的研究生，毕业也就几年时间。1973年，我还在西北大学历史系考古专业读本科。那年暑假自费从西安来到北京，想求学西夏文于王静如教授。不想中国社会科学院民族研究所和全国其他科研单位一样，正在“以阶级斗争为纲”开展文化大革命，领导一切的工人阶级就驻扎在研究所里。工宣队队长起初不同意我去找王静如先生，说王静如是反动学术权威，运动对象。在我一而再，再而三的恳求下，才勉强同意我自己去和王静如本人商量。从工宣队办公室出来，在民族所的楼门口询问王先生家地址时，恰巧遇到王静如先生的助手白滨，他不仅把王先生家的住址告诉了我，而且还介绍说，学西夏文你还可以找史金波，他是王先生的学生，虽然年轻，但在西夏文研究方面的造诣很深。我找到王静如先生家，他尽管接受了我这个学生，但毕竟年事已高，又身患疾病，每天最多只能给我讲授一两个小时。于是我又去找史金波老师，在他们孜孜不倦的教诲之下，我对西夏文、西夏史和国内外西夏学研究的动向有了更深的了解，也初步掌握了研究西夏文的基本方法。自从我认识史金波先生后，我们便成了超越师生关系的很要好的朋友。他做人正派，为人忠厚，待人坦诚；在学术研究上更是谦虚好学，一丝不苟，治学严谨。

我从事西夏学研究以来，与史金波先生在学术研究方面有过两次重要的合作。一次是他在《山东府志》上首先发现清光绪年间有党项人余阙的后代在山东为官、家住安徽合肥小南门外的线索。余阙之父名沙喇藏卜，家在武威，后迁入内地。余阙乃元朝进士，元末驻守安庆，被农民起义军陈友谅部攻陷，战败自刭后留有一子。《元史》上有《余阙传》，作为西夏党项族人后代的余阙，事迹比较典型，是探讨西夏灭亡后党项民族生存和去向的重要线索。史先生觉得清光绪年距今只有百余年，合肥现在可能仍有西夏后裔存在，便邀我一起到安徽搞民族调查。我们在安徽省合肥市、安庆市周围调查到余阙后裔数千人，同时在合肥、安庆分别找到各一部详细记录其家族血脉相承的余氏家谱。这是首次发现有确切文献依据的党项人后裔。[①] 之后我们还从安庆到南京，在南京图书馆查到由明代人祁尔光撰写的、已成海内孤本的《宋西事案》。[②] 史先生和我一连数日坐在南京图书馆的查阅室里，将这本最早探讨宋夏关系的史书，几乎全部抄录了下来。另一次是史金波、白滨和我三人合作，共同编著《西夏文物》。那时已发现的西夏文物资料极为分散，除宁夏、甘肃、内蒙古等省区外，北京、上海、天津、西安、保定等地和国外一些国家都收藏有西夏文物，我们一起查阅资料，奔赴各地调查西夏文物的收藏情况，分析文物的分类，撰写研究论文。十年含辛，终于出版了国内第一部有关西夏文物的著作。

史金波先生一生著作颇丰。据不完全统计，截止2009年底，他独立完成以及与他人合作完成、出版的学术著作26部；参与撰写、编辑的著作、专刊等12部；在国内外学术刊物上发表的西夏学论文、文章141篇；发表的民族史、民族学论文、文章25篇；发表除西夏以外的少数民族文献、文字研究论文、文章17篇；为他人著作撰写的书评、序言等29篇；翻译俄

---

① 史金波、吴峰云：《党项人余阙及其后裔调查记》，载《民族研究通讯》1981年第3期；《西夏后裔在安徽》，载《安徽大学学报》1983年3期；《元代党项人余阙及其后裔》，载《宁夏大学学报》1985年2期；《党项人余阙及其后裔的调查考证》，载中国社科杂志社《未定稿》1985年13期。

② 吴峰云：《〈宋西事案〉评介》，载《宁夏图书馆通讯》1984年1期。

罗斯、日本著名西夏学专家的学术论文4篇，共计撰写发表文章216篇，字数超过三四百万。如此丰厚的科研成果，在全国社会科学研究领域是不多见的，可谓是中国社会科学研究的顶尖专家之一，无愧为“中国社会科学院学部委员”的光荣称号。

史金波先生的西夏学论著涉猎的研究领域十分广泛，其中《文海研究》、《番汉合时掌中珠》、《类林研究》、《电脑处理〈文海宝韵〉研究》等论著，主要是对西夏的语言、文字所作的深入研究；《西夏社会》、《西夏文化》、《西夏佛教史略》、《西夏用兵史话》、《西夏社会文书研究》、《中国风俗通史·辽金西夏卷》等论著，深刻探讨了西夏的历史、文化、宗教、军事和民风民俗；《西夏文物》、《西夏艺术》等论著，利用出土和传世的西夏珍贵文物，展现西夏的社会风貌及文化艺术；《西夏天盛律令》、《天盛改旧新定律令》等论著，对西夏天盛年的法律、法规做了深入的探讨和解析；《俄藏黑水城文献》、《中国藏西夏文献》等论著，对流失海外和散藏国内的西夏文献资料做了认真、细致的整理、编辑和研究；《中国活字印刷术的发明和早期传播》、《西夏出版研究》、《中国出版通史》等论著，从西夏出版业的兴盛和木活字印刷技术的应用，深刻探讨了西夏社会文化和科学技术的发展水平。总之，史金波先生在西夏学研究领域，不仅仅局限于对西夏语言、文字和历史的研究，同时还从文献学、民族学、考古学、佛学、经济学等学科，多层次、多角度地剖析西夏社会的方方面面，为西夏学的深入和发展做出了杰出的贡献。同时，在史金波先生出版的专著和发表的学术论文中，除了西夏学研究成果以外，还有相当一部分是对中国其他少数民族历史、文化、语言、文字、风俗等方面的探讨，从而足以看出史金波先生广博的学识和深厚的功底。

史金波先生在西夏学研究方面的深度，也远远超越了国内外所有专家学者。早在1981年他所发表的《略论西夏文字的构造》① 一文，就深刻分

① 载《民族语文论集》，中国社会科学出版社，1981年。

析了西夏文字的组成结构，对国内外学者，如中国的罗福苌、德国的本汉底夫人（Bermharlti）和查赫（Zach）、日本的西田龙雄等早年提出的“偏旁说”提出了质疑，并首先确立了西夏文字“合成造字法”的理论。他在党项人自己编著的《文海》里，找到了确立这一理论的重要依据，把西夏文字分解、归纳出数百种文字要素，又将西夏文字从文字构成上分成两大类，一类为单纯字，一类为合体字。在单纯字中，又分为表意单纯字和表音单纯字。在合体字中，又分为会意合成、音意合成、音兼意合成、间接音意合成、反切合成、长音字合成、互换合成和对称合成等多种合成形式。西夏文字“合成造字法”的理论，目前已被国内外绝大多数西夏语言文字学专家所认可。

1986 年，史金波先生撰著的《西夏文化》[①] 一书，从语言文字、宗教信仰、政治制度、儒学思想、文学艺术、科学技术和风俗习惯等方面，对西夏社会的上层建筑进行了深刻的剖析和探讨，从而为西夏史学研究开辟了一条新的途径。史料匮乏是西夏学研究的最大难点之一，然而从史金波先生撰写的近 150 篇西夏学研究论文中可以看到，他所运用的史料极为丰富。除现存的古籍文献外，残存的碑刻、壁画中的题记、佛经里的序跋和发愿文、出土的文献和文书契约，以及各地历次考古发掘出土的各类文物等等，均能恰如其分地应用在他的文章中，可见史金波先生对西夏各类史料的熟悉和了解。

史金波先生由于在北京的中国社会科学院民族所工作，对国际上西夏学研究的动态和不断公布的早年出土文献总是最早得知，为推动国内西夏学研究的不断深入，他经常把刚刚得到的信息，及时传递给西夏学界同仁。20 世纪 70 年代末、80 年代初，国内对内蒙古额济纳旗黑水城出土的文献，除《番汉合时掌中珠》外几乎一无所知。史金波先生从前苏联社会科学刊物和出版物上，获得黑水城出土文献目录和《文海》、《音同》、

① 吉林教育出版社出版 1986 年出版，中国少数民族文库丛书之一。

《文海宝韵》、《类林》、《天盛年改旧新定律令》、《圣立义海》、《贞观玉镜》等文献原件，复印后赠送给了宁夏、甘肃、内蒙古的西夏学者。同时，他在学术刊物上还不断将这些重要信息公布于世。1979 年，他与白滨合作撰写的《西夏文及其文献》[1]，第一次向世人传递了国内外收藏的西夏文献信息。此后，他又与白滨合作发表了敦煌莫高窟、安西榆林窟的西夏资料[2]、陕西省收藏的西夏文物资料[3]和俄藏黑水城出土的遗书资料[4]。与聂鸿音合作，发表了《俄藏西夏文世俗文献目录》[5]。与王菡等合作，刊布了国内出土并收藏的西夏文献目录[6]。此外，还独自发表了《简介英国藏西夏文献》[7]、《国家图书馆藏西夏文文献》[8] 等。这些信息为国内的西夏学研究，提供了重要的基础性资料。

虚心好学是史金波先生一贯的学风。年轻时他除了经常不断地翻阅古籍和国内外学术杂志外，为了专业调查和工作的需要，还自学摄影和照片洗印，年近花甲时又开始学习电脑。这些年他的书稿和文章，都是自己在电脑上撰写、修改、打印出来的，他的电脑操作水平，不亚于一般的年轻人。尽管史金波先生现在已经是桃李满天下，但是他从不欺世盗名，所有的著作和文章，都是自己掌灯伏案，亲自撰稿，从不让他人代笔，也从不让他人撰写而自己挂名。

20 世纪 70 年代以前，不要说中国的普通老百姓，即使是学术界，也很少有人知道在中国的历史上还曾存在过一个由党项族人建立的封建王

---

① 史金波、白滨:《西夏文及其文献》，载《民族语文》1979 年 3 期。

② 史金波、白滨:《莫高窟榆林窟西夏资料概述》，载《兰州大学学报》1980 年 2 期。

③ 史金波、白滨:《西安市文管处藏西夏文物》，载《文物》1982 年 4 期。

④ 史金波、白滨:《黑水城的发现与俄藏西夏遗书》，见《首届西夏学国际学术会议论文集》，宁夏人民出版社，1998 年。

⑤ 史金波、聂鸿音:《俄藏西夏文世俗文献目录》，载《传统文化与现代化》1998 年 2 期。

⑥ 史金波、王菡、全桂花、林世田:《国内现存出土西夏文献简明目录》，载《国家图书馆学刊》（西夏研究专号）2002 年增刊。

⑦ 载《国家图书馆学刊》（西夏研究专号）2002 年增刊。

⑧ 载《文献》2003 年 1 期。

朝。那时，无论是中学的历史课本，还是大学的历史教材，都没有关于西夏历史的叙述。史金波先生是新中国成立到文化大革命前，在西夏学领域唯一深造过的学者。但他从不以此自居，为推动西夏学研究的深入，为建立中国的西夏学研究队伍，他一生不仅自己呕心沥血著书立说，而且还诲人不倦。文革期间我和后来的美国学者邓如萍教授向他登门求教，他毫无保留地将自己读研期间的笔记和多年积累的资料、卡片提供给我们学习参考。史金波先生成名后，费尽心血地培养了一批又一批的西夏学青年人才。在国内外西夏学和民族学研究领域，不少学者聆听过史先生的学术报告，有些人还得到过他的亲临指导。由于史金波先生思维敏捷、学识渊博，因而凡他指教过的人都受益匪浅。同时对他的谦虚谨慎、平易近人也都留下了深刻的印象。

史金波先生虽然今年已是70岁高龄，但依然神采奕奕，精力旺盛，在他70岁寿辰即将来临的2010年前10个月里，他又出版了西夏学著作2部，发表西夏语言、文字和其他少数民族文字、文献研究论文及序言8篇。在史金波先生70华诞到来之际，我们祝愿他幸福、快乐、健康、长寿，并成为西夏学界，乃至中国社会科学界的一颗巨星。

（史金波先生七十寿辰西夏国际学术研讨会论文）

后　　记

在解放战争震耳欲聋的隆隆炮火声中出生的我，已经走过了整整65个春夏秋冬。在65岁生日即将来临之际，我想将一生撰写的主要论文汇集起来作为礼物呈献给社会，呈献给未来的年轻一代，希望能对青年一代的知识增长和学术研究有所帮助。本书在编辑过程中，受到许多亲朋好友和同事们的关心和帮助，他们在百忙之中协助我从博物馆、图书馆和原文发表的有关单位查找资料。宁夏社会科学院历史研究所原主任景永时，将多年来辛勤研制的《西夏文字处理系统》软件无偿赠与我使用。学苑出版社及其历史文化编辑室主任洪文雄、编辑何纯谱为此书的出版发行做了大量的编辑工作，在此一并表示衷心的感谢。

后　记

在解放战争震耳欲聋的隆隆炮火声中出生的我，已经走过了整整65个春夏秋冬。在65岁生日即将来临之际，我想将一生撰写的主要论文汇集起来作为礼物呈献给社会，呈献给未来的年轻一代，希望能对青年一代的知识增长和学术研究有所帮助。本书在编辑过程中，受到许多亲朋好友和同事们的关心和帮助，他们在百忙之中协助我从博物馆、图书馆和原文发表的有关单位查找资料。宁夏社会科学院历史研究所原主任景永时，将多年来辛勤研制的《西夏文字处理系统》软件无偿赠与我使用。学苑出版社及其历史文化编辑室主任洪文雄、编辑何纯谱为此书的出版发行做了大量的编辑工作，在此一并表示衷心的感谢。